早稲田の戦没兵士 〝最後の手紙〟

校友たちの日中戦争

早稲田大学大学史資料センター 編

芙蓉書房出版

刊行にあたって

八〇年前の一九三七年七月、日中両軍の交戦（盧溝橋事件）をきっかけとして、日本は宣戦布告のないままに、以後、八年間にわたる中国との全面戦争に突入していった。

早稲田大学の卒業生から構成される校友会の雑誌『早稲田学報』は、同年一一月号で「戦線の華と散った校友の面影」という欄を設け、日中戦争の最前線で戦死した校友七人の履歴・軍歴・戦死状況を記載して、それぞれの末尾に彼らが家族に宛てた最後の手紙を掲載した。以来、この連載は一九四一年八月号まで続き、掲載された戦没校友の数は二六六人にのぼった。対象となったのは、日中戦争勃発から一九四一年五月までの戦没者である。本書は、この連載のすべてを影印版で収録・刊行することによって、戦争の実態を早稲田大学の歴史のなかで問い直そうとするものである。本書はこの時期に関する研究、とくに戦争史・社会史の研究にとっても有益な資料となるに違いない。

戦後、『きけ　わだつみのこえ』などの遺稿集が出版され、戦没学生の手記に注目が集まった。それは、基本的に、①一九四一年一二月以後のアジア太平洋戦争段階を中心に、②陸軍・海軍に所属した、③学徒兵を中心とする戦没者の（卒業生も含まれる）、④戦後、遺族などから提供された遺稿類を編集・収録したものである。そこには、遺稿類を編集した人びとの「平和」への思いが込められている。

これに対し本書は、後年の蒐集・編集物ではなく、同時代資料であることに特徴がある。戦争（つまり戦死）と同時進行の、リアルタイムの資料だといってよい。本書に掲載されているのは、①アジア太平洋戦争に先立つ日中戦争段階に、②陸軍将兵として中国戦線に赴き、③若くして戦死した卒業からほどない時期の早稲田出身の青年たちの（収録者の七割が二〇歳台）、④戦死のさまを詳細に記載し、遺族提供の「最後の便り」によって彼らの〝肉声〟を伝えた記録である。当然ながら、連載名に冠された「華と散った」という表現や、戦死状況の記事に頻出する「名誉の戦死」「壮烈な戦死」といった言葉には、その死を追悼・顕彰しようとする思いが込められている。しかし、この「面影」に掲載することは、『早稲田学報』にとって、客観的には構成員である校友の喪失を記載する営みでもあった。

本書は、早稲田大学に学び、社会に出、あるいは結婚して、それぞれの新たな人生をスタートさせた青年たちが、中国戦線で何を見、体験し、感じ、思ったのかを、同時進行の記録によって浮き彫りにしている（本書巻末の解説を参照）。同時に、生い立ちと経歴をあわせ読むことによって、戦争によって彼らの人生が消滅していったこと、彼らの死後には、子を失った父母、夫を失った妻、父親を失った子が残されたことを、あらためて思い知らせてくれる。たとえば、一九三七年八月二六日に戦死した橋本正一の記事の末尾には、「母ひとり子ひとり、夫人との間に二歳になる一子があるが、君の冥福を祈るべく一家を挙げて故郷に帰られた」と記されている。戦死によって本人の人生は終わり、家族は遺族となった。

本書では、新たに活字に組み直すのではなく、『早稲田学報』の誌面をそのまま影印版で収録する方法をとった。当時の誌面から、戦死した一人ひとりの姿（写真）とあわせて、「戦争」という現実が何をもたらしたのかが、八〇年近い時間を越えて迫ってくるに違いない。同時に、戦没者の向こう側にいる中国の人びと、とくに彼らが戦った相手のことを想起することを忘れてはなるまい。それは、彼らが死ぬことになった戦争の意味を問うことにもつながる。

本書に収録された最後の手紙は、『きけ　わだつみのこえ』などと同様、戦争というものの現実を読むものに強く訴えかけている。日中戦争の全面化から八〇年目の今日、戦争の記憶の風化は著しく進行している。しかし、他方で戦争とは何か、戦争で死ぬとはどういうことかを深く思慮してみることが、あらためて重要な課題となっている。本書がその手がかりとなることを切に願う。

最後に、本書出版にあたって協力にあずかった早稲田大学校友会、ならびに本書出版の意義を認めて刊行を引き受けていただいた芙蓉書房出版にあつくお礼申し上げる。なお、本書の編集と解説執筆には、当センター嘱託の望月雅士があたった。

二〇一七年七月

早稲田大学大学史資料センター所長
大日方純夫

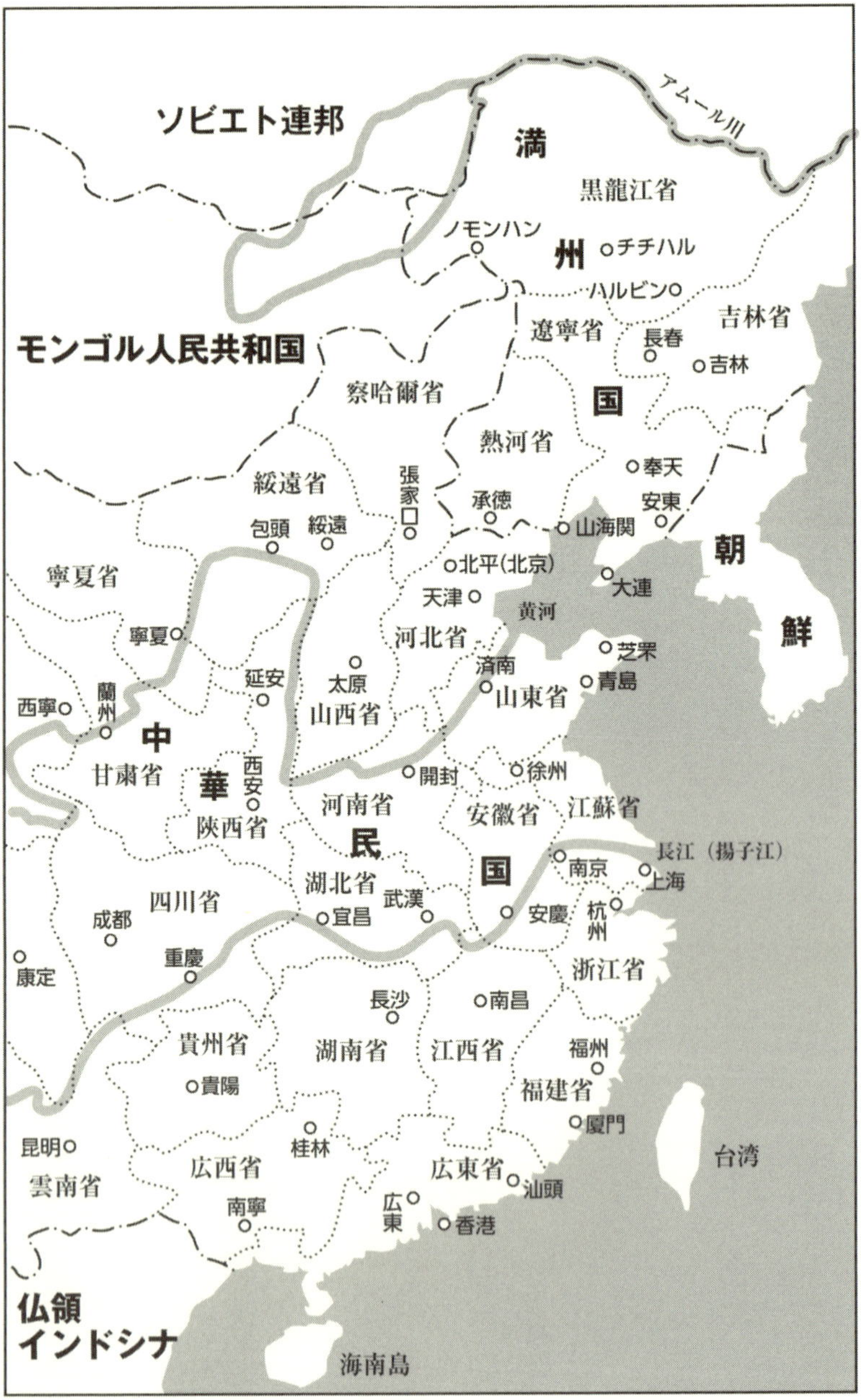
ソビエト連邦
アムール川
満
黒龍江省
ノモンハン
州
チチハル
ハルビン
吉林省
遼寧省
長春
吉林
モンゴル人民共和国
察哈爾省
国
熱河省
奉天
綏遠省
張家口
承徳
安東
包頭
綏遠
山海関
朝
寧夏省
北平(北京)
大連
天津
黄河
鮮
寧夏
河北省
芝罘
延安
太原
済南
山東省
青島
西寧
蘭州
中
山西省
甘粛省
西安
開封
徐州
華
河南省
陝西省
安徽省
江蘇省
民
長江（揚子江）
湖北省
国
南京
上海
四川省
武漢
成都
宜昌
安慶
杭州
康定
重慶
浙江省
長沙
南昌
貴州省
湖南省
江西省
福州
貴陽
福建省
廈門
昆明
桂林
台湾
広西省
広東省
雲南省
汕頭
南寧
広東
香港
仏領
インドシナ
海南島

早稲田の戦没兵士〝最後の手紙〟❖目次

【解説】戦没校友の中国戦線

戦線の華と散った校友の面影

凡　例

一、本書は、『早稲田学報』一九三七年一一月号から一九四一年八月号まで連載された「戦線の華と散った校友の面影」の全文を影印で出版するものである。

二、記事本文中には、誤字や誤植などが見られるが、そのままとした。

三、各記事末尾に付された遺族欄は削除した。

四、今日から見て適切でない表現が見られるが、歴史資料としての性格を考慮し、そのままとした。

五、巻末に、解説と「戦没校友二六六人の履歴と情報」を付した。

※94頁の「柿沼平八郎」は顔写真が違っていたため、次号に再掲されている（100頁）。なお、94頁の顔写真は「宮川育男」（102頁）である。

昭和十二年（一九三七年）

戰線の華と散つた
校友の面影

陸軍歩兵伍長　木村鬼雄君

明治四十二年大阪市に生る。昭和十年母校政治經濟學部政治學科を卒業、直ちに日本鋼管株式會社に入る。同年十二月一日平壌歩兵第七十七聯隊に入營、同十二年六月除隊再び日本鋼管に復職勤務中七月十一日充員召集を受け野戰第○中隊に編入せられ、同十六日未明軍旗と共に勇躍北支に出動した。

七月二十六日未明敵第二十九軍は通信援護隊たる第○○中隊（五ノ井中隊）を郎坊に於て攻撃したるにより我鯉登部隊との戰鬪は開始せられた。當時天津に在つた鯉登部隊主力は直に出動郎坊の敵を攻撃し、之を北平方面に敗走せしめた。

此日北支特有の暑氣は益々度を高め百三十度を上下する狀態であつたが、郎坊の戰鬪に引續き行宮陣地を攻撃することになり、二十七日未明木村君の屬する中隊は敵陣地前約三○○米附近に攻撃前進した。天明と共に敵陣地よりの射撃は益々激しく、皇軍も酷暑と昨日の戰鬪に引續く不眠不休の活動に加へ糧食なき有様に稍苦戰の狀況にあつたが、終始積極的に活動してゐた木村君は此時とばかり戰友を激勵し敵前至近の距離に前進するを得た。大隊の右中隊が突撃を開始し敵陣に突入せんとするや敵の機關銃の側防火を受け死傷續出、此狀態を目撃したる木村君は愈々突撃の有利なるを思ひ、衆に先立ち突撃を決行せんとする時、敵の迫撃砲を全身數ヶ所に受け再び起つ能はず、分隊長は本人を附近の高粱畑に背負込み自己の水筒の水を與へたが、之を最後として遂に北支の花と散つた。此木村君の勇敢機宜に適する動作は所屬中隊に突撃の動機を與へ戰勝の第一歩となつたのである。

令兄宛の出征第五信は君の最後の便りとなつた。

『家を出て早や十日、天津に來て五日になります。未だに事變は定らず毎日午前中は明日の準備として天津郊外で演習をしてゐます。天津は暑い處ですね。毎日午前中でも一三○——一三五度の暑熱で、昨日なども午前七時宿舎を出て十一時半頃歸りましたが、何しろ一三五度といふ暑さにて、簡單な演習してももう宿舎に着く頃には腹は減るし暑熱でフラ〳〵今にも倒れんばかりです。勿論滿身これ汗といふ譯で靴にまで汗がたまる次第です。天津はチブスの本場なる故絶體に水は禁止されてゐます。又特に天津の水は惡質です。僕も身體が大切ですから、水特に生水は口にしたことはありません。その代りサイダーをがぶ〳〵やつてゐます。

僕は相變らず元氣百倍です。然し可成り決心して出征した僕に近頃の北支の風雲に氣拔けしてゐます。譯の分らぬ支那相手なる故に如何に變化するかは豫測し難しですが、そのときはそのときでやります。

明日は塘沽方面に工兵隊援護の爲に出動

します。來月二日よりは楊村方面に軍用電線保護に一週間行きますが、この楊村には敵の一個聯隊がゐる處で、下手やるとここで一度はブッパナスかも知れません。今の處こんな具合でしたら當分天津居据りでせうね。唯暑いのには閉口です。然し元氣でやります、マザーは元氣ですか、暑氣に負けぬ様申して下さい。そして僕の歸京するときは倍舊の元氣を祈ります。(七月二十五日)』

陸軍輜重兵特務兵

岡崎確君

明治四十一年島根縣鹿足郡靑原村に羽野省介氏六男として生る。昭和十一年叔母方の岡崎家を繼ぐ。昭和八年母校高等師範部國語漢文科を卒業、同年廣島輜重兵第五聯隊に入營、翌昭和九年除隊後母校調査課に入る。

北支に戰雲起つて間もなく應召、七月三十日〇〇第〇〇〇聯隊に入隊し、北支那目ざして出動、爾來各地攻略戰に參加して苦鬪行軍を續けること二ケ月、北支征定に一エポックを劃すべき〇〇占據を目前に控へた九月二十五日、靈邱附近に於て敵の逆襲をうけ名譽の戰死を遂げた。

令兄に宛てた最後の一文は左の通りである。

『兄上樣御無沙汰致してをります。私も出征後毎日ホーラ〳〵と元氣に暮してをります。人間は案外丈夫ですが、去る二十三日山叉山の戰地、第一戰に這入つてから馬が斷涯から落死したり、敵彈の爲に死んだりして、馬數も殆んど半減して來ました。支那の兵馬牛の死體が腐つて臭氣紛々たるものです。

二十三日から本隊に別れ、馬砲川といふ部落です。二十八日まで毎日毎夜敵襲に逢ひ、ヒュー〳〵と敵彈が頭上をかすめて飛び、進退を阻まれて、死を決したことも一二回ありましたが、丁度後から來た部隊の援助を得て、漸く敵の包圍を避け、山と平野の境まで出て來ました。支那軍は堅固な高山岩石の要塞に居て、味方も相當損害を受けました。チャン〳〵といつてあまり馬鹿になりません。

支那には便所といふものがなく、まして戰場では到る所黃金の山、足の踏む所さへなく、野糞するにも相當上手に自信がついて來ました。

父上樣にはお變りありませんか。家の方は宜敷お願ひ申上げます。レニ(犬)は如何なりましたか。私の歸るまで置いてやつて下さい。お願ひ申上げます。凱旋氣分を胸に描いて馬の尻を叩いてをります。今日(二十九日)北柳樹林にて休養、明日から二十里程前進又敵地に侵入致します。後何日頃お便りすることが出來るか判りませんが元氣にやつてをりますから御安心下さい。

北支は晝け内地の秋ですが夜分は身體がガタ〳〵震へる程、溫度の急變には少なからず參ります。(八月二十九日)』

尙君の一子巍さん(二歲)の遊び相手であつた愛犬レニは過日形見として故鄕へ送られた。

陸軍歩兵少尉

橋本正一君

明治四十一年德島市に生る。昭和七年母校高等師範部英語科を卒業、直ちに岩井商店に入る。同年末甲府第四十九聯隊に入營、翌年除隊後岩井商店東京支店に再び

勤務中、充員召集により八月十七日〇〇歩兵第〇〇〇聯隊に入隊、同二十日第一大隊第一中隊第一小隊長として勇躍出征した。

上海に敵前上陸後第一線にあつて奮戰を續けて來た君は、八月二十八日午後五時頃羅店鎭附近の戰鬪に於て某クリーク畔の某洋館二階窓より双眼鏡にて敵狀視察中、敵彈額面を貫通し壯烈な戰死を遂げたのであつた。

君からは留守宅へ一本の便りすらなかつたといふ。それ程出征後の君は寧日なき戰鬪を續けてゐたのである。母ひとり子ひとり、夫人との間に二歳になる一子があるが、君の冥福を祈るべく一家を擧げて故郷に歸られた。

陸軍歩兵伍長

木村一郎君

明治四十四年栃木縣足利郡筑波村に哲一郎氏長男として生る。昭和十年母校商學部を卒業、直ちに株式會社名古屋製陶所に入る。昭和十一年宇都宮歩兵第五十九聯隊機關銃隊に入營。除隊後又名古屋製陶所に勤務、八月十五日應召、〇〇部隊の一員として同月二十六日偉風堂々原隊を出發した。

九月四日天津に到着後憩ふ暇もなく涿州平原の敵を撃破しつゝ同月十五日拒馬河左岸に達した君の所屬部隊は同夜月明下に於て、河幅五十メートル濁流滿々たる拒馬河渡河を決行した。右岸には敵中央軍第十師が既設保壘に據つて頑强に抵抗、彈雨を降す中を寡兵能く努め、僅少の舟を幾回となく往復させ、高さ十メートルに及ぶ岸壁を猿の如く攀ぢ登つて、十六日未明迄には完全に右岸に據點を占め、續いて涿州を陥れ一擧に保定を衝いたのであるが、此渡河戰に於て君は壯烈な戰死を遂げたのである。

嚴父宛の戰地からの一便は次の通りであつた。

『前略、先便は要領を得なかつたことゝ存じます。九月三日東京に於ける横濱の如き太沽港に停船、本日天津に着きました。これから豐臺へ行く筈です。目下天津には〇〇〇集結して居ります。これから我が〇〇は第二軍、上海方面が第一軍となり總攻撃を開始する豫定になつてをります。私は非常に元氣であります。(九月四日夕)』

陸軍歩兵上等兵

日高繁雄君

大正二年福岡市官内町に長次郎氏三男として生る。昭和十年專門部政治經濟科を卒業、京橋區役所に奉職。昭和十一年四月公主嶺山崎部隊へ入隊、今次事變勃發するや勇躍出動、北支戰線を轉戰活躍中、九月十一日午前八時頃山西省天鎭城北門々前に於て美事なる最後を遂げた。

公主嶺〇〇隊長より嚴父に宛てた左の一文は君の勳功を語る好材料である。

『(前略)過日御悔み申上候際不取敢御令息様の行動戰死の狀申上候も昨日出動部隊長〇〇中尉より隊長及小官宛詳細なる書翰並に戰鬪詳報參り候間別紙の通り拔粹御報告申上候

豫想に違はず誠に立派なる拔群の功績を殘して名譽の御最後誠に武人の本懷殊に當時本人の身たしなみ又別報によれば戰死後御本人の服の物入に出動當時御尊父より出されし「天皇陛下の御爲しつかり働け」と

の電報を常に肌身離さず捧持しありしを聞くに及び襟を正し涙なくして讀む能はず候いき

直に中隊一同を集め其狀況を訓話致すや全員粛然として感激奮起戰友數へ兒を失ひし涙にくるゝと共に其武勳にあやかりたく皆期する所あるを考察仕候其際一同より弔意の議あり中隊將兵全員より集まりし金員極些少ながら一同心の有る所を御量察の上何卒故人御生前の好物に代へ御靈前に御供へ被下度候誠に故人の靈が小官に聲を借し斯くも兵員を感奮せしめ益々中隊の團結を鞏固ならしめしと思ふの外なく今更感激の外無之候（以下略）』

尙左記は戰地より兩親に宛てた君の絶筆である。

『御兩親樣、先日の御便りは二十日の總攻擊の日出發前に讀みました。返事すべきですが毎日戰鬪に次ぐ戰鬪で第一次參戰もすみ、息を休ませる暇もなく今日又〇〇の目的地に行きます。支那軍も相當猛烈にやつて居ります。地雷火の上をタンクで通つたり幾度か危い目に遭ひましたが武運長久と言はうか拔群の功を樹てました。生きて歸らふとは思ひません。（中略）二十日に〇〇を出て萬里の長城線を突破して、鬪へば必ず敵を敗る、皇軍の威力です。晝は支那軍夜は南京蟲、支那家屋には之がつきもので、外には寒くて寢られないので仕方なく防戰やりつゝ寢ます。頭と言はず額、足手一面やられます。壁にゐるのをローソクで五六十匹燒殺して防ぎますが次々に來るので手のつけやうもありません。風呂も十八日以來入らず約二十日近くなります。（九月二日）』

陸軍步兵伍長

青木秀夫君

明治四十三年靜岡縣庵原郡庵原村に生る。昭和八年母校專門部政治經濟科を卒業、滿洲國派遣軍第十八聯隊に入營、除隊後三井生命保險會社營業部に入る。八月十五日充員召集により〇〇步兵第〇〇〇聯隊に入隊、同月二十八日上海戰線に向け出征した。

九月二十三日上海戰線の堅壘〇〇を占領すべく青木君は決死隊〇〇〇名を指揮しつゝ堅固なる陣地に據つて頑强に抵抗する敵軍を蹴散らし之を占領した。此際の戰鬪で決死隊の兵數は〇〇名となる。其後青木君は又〇〇名の決死隊を指揮し、彈雨を潜り地を這ひ敵の堅壘に決死の突擊を行ひ此敵も又蹴散らしてしまつた。この戰鬪にて兵力は僅か〇名に減じてしまつたが、この〇名中に青木君の勝利に輝く勇姿を見た。しかし上官多く戰死のため、青木君は殘少くなりし隊より〇名の決死敵前偵察隊を率ひて塹壕を這ひ出で、彈雨を冒し敵前へ迫つた。この時武運盡きたか頭を擡げて敵狀を偵察せんとした青木君の頭を敵の一彈は額より貫通上海戰線の華と散つたのである。數多い戰死の中でも終始決死隊の先頭を切つて奮戰してをつた君の死は、戰友達からいたく惜まれてゐる。

左の一文は下宿先に宛てた君の最後の通信である。

『今日も雨がしと〳〵降つてゐる。不相變敵機關銃、野砲が眼前にて猛射を浴せて來る。支那軍も非常に頑强に抵抗する。今日で戰鬪開始以來九日目、肉彈又肉彈で前進す、その間敵彈は絶えず耳をかすめて飛んで行く。今日まで生きたのは不思議な位、又二三日腹下しをして閉口したが今は癒つた。今はただ〳〵運命を賭して戰ふのみ。望むものは食ふものばかり。では後は宜敷く。（九月二十一日午後三時）』

陸軍步兵少尉

菊地正治君

明治三十九年宮城縣刈田郡福岡村に生る。昭和七年母校政治經濟學部政治學科

を卒業、直ちに東京日日新聞社に入社。同年若松歩兵第三十九聯隊に入營、翌年十二月除隊再び東京日日に復職、新潟支局より山形支局詰として在勤中、九月十一日召集令下り、翌十二日○○歩兵第○聯隊に入隊同月二十四日○○發勇んで出征の途に就いた。

十月十三日上海戰線に於ける○○部隊の進出を有利たらしむべき任務を帶びた○○健兒は、敵の○○陣地を攻擊之に迫つたが、○○部落の敵の機關銃隊が友軍の突擊に障害を來たすので、菊地君引率の部隊は同部落占據の重大任務を帶び、同日日沒より行動を起し、稻田を一歩〳〵敵に接近した。菊地君は此所で部隊中から銃劍道の猛者を選び、自ら軍刀を拔き眞先に敵陣に突入、逃ぐる敵兵を殲滅した。これを知つた○○陣地の敵は十字砲火を浴せ、新手をもつて逆襲して來た。菊地君は全滅するとも此地を敵に渡すなと部下を勵しながら逆襲する敵へ、敵の手榴彈を奪つては投げつけ激戰を續けること數十分。此間他の友軍は菊地部隊に敵が十字火を集中しているのを利用、流河の勢でなだれ込み、翌十四日東天白む頃○○部落を完全に占據した。菊地君は身に數彈を受けながら友軍の來着までよく奮戰、部下を指揮してゐたが、完全なる占據を見るや天皇陛下萬歲を叫びその場にどつと倒れそのまゝ江南の華と散つたのであつた。

母堂に宛てし左の手紙が最後のものとなつた。

『上海に三日ばかり泊つて惡路を衝いて月浦鎭といふ所の近くに一泊、又雨中の泥路を衝いて、七日夕方傀家宅といふ所に着きました。毎日夜中といはず晝中といはず、敵の迫擊砲、小銃、砲彈の中に文字通り惡戰苦鬪を續けて居ます。明日愈ゝ第一線に出ます。もつとも現在でも第一線ですが、敵線と約一千米、肉眼でも青服を着た支那兵が戰線を步いてゐるのが見えます。

明日からは愈ゝ大戰鬪が開始されます。仲ゝ彼等は戰爭が上手く而も頑强です。死骸は所々に壘々、家の汚いことゝ臭いこと、とてもお話になりません。それに水がなく泥水を高價な濾過機械に通して、それを沸して飮んでゐます。食物も仲々手に入りません。

此處の氣候は內地九月頃の陽氣で、田の稻はまだ青く、棉の栽培が盛んです。後略

(十月八日)』

校友戰死者(二)

(詳細ハ次號)

伊藤德次郎君(昭8獨法)十月於上海
(遺族　麻布區市兵衞町二ノ八四伊藤みどり)

大串　銳彥君(昭2英文)十月十一日於上海
(遺族　德島市西富田弓丁一丁目　大串嘉代子)

萩原　俊雄君(昭9專門政)九月十六日於上海
(遺族　橫濱市磯子區六ツ浦町三五二九萩原春惠)

梶川勝太郎君(14專商)十月七日於上海
(遺族　四谷區新宿三ノ二二梶川玉子)

川瀨　富雄君(昭9英文)於上海
(遺族　岐阜縣稻葉郡佐波村佐波川瀨恭一郎)

佐藤　一人君(昭9專商)九月十五日於上海
(遺族　岐阜市柳瀨町二ノ一二佐藤一)

高井　立夫君(昭6英法)十月二十四日於上海
(遺族　小石川區關口町一〇九高井よし子)

鶴田　勝次君(昭11專法)九月於上海
(遺族　岡崎市材木町一六一鶴田安五郎)

遠山　史郎君(昭9專政)十月八日於上海
(遺族　埼玉縣所澤町所澤七〇三遠山運)

橫井　勝郎君(昭11商學)十月十三日於上海
(遺族　愛知縣津島町向島居森橫井小三郎)

嶺村　長贇君(昭4國文)十月十八日於上海
(遺族　中野區宮前町一四嶺村とく子)

戰線の華と散つた
校友の面影

陸軍歩兵中尉 井關茂君

明治四十三年和歌山縣那賀郡上名手村に生る。昭和七年母校專門部政治經濟科を卒業、直ちに嚴父の經營される朝鮮の農場に歸り、嚴父に代つて之が經營に從ふ。

九月十五日は君が戰死の日であるが、當日我軍の總攻擊開始せらるゝや、君は所屬部隊右翼第一線の部隊長として琉璃河を渡河、揚子崗を占領した。午前十一時過ぎ部隊長の命に依り兵○○名を率ひて將校斥候となり、敵中深く進入して田各庄東端の敵陣地の狀況を偵察無事歸還、部隊長に有力なる資料を提供した。午後四時頃君の部隊は後方部隊との連絡を一時絕たるゝに及び、君の部隊長は田各庄に對する夜襲決行を決心し、暮靄漸く戰場を包まんとする頃夜襲準備を命じた。よつて君は敵陣地北方約五百米附近に於て部下を集め折敷の姿勢にて指示中、一彈來つて君の左顴面より後頭部に貫通した。時午後六時五十分。既に夕暮濃くして人面を辨ぜず、君は僅かに唇を動かしてかすかに陛下の萬歲を唱へ、折柄馳つけた部隊長より水筒の水を與へられつゝ英靈は遂に天に歸した。時七時六分。

令弟に宛てた左の一文は最後の通信ではないが、君の覺悟の程も偲ばれ、今日一讀誠に悲壯な思がする。

『愈ゝ第一線に總攻擊に出ることに決した。あと十日位はあるだらう。

色々なことは君枝(夫人)にきいて呉れ。出るからには勿論覺悟をしてゐる。

萬一の時は君枝と子供をよろしくたのむ。兄弟皆仲よくお互に力になり合つてやつて呉れ。これは俺のずつと持ちつゞけてゐた考へだ。お父上や母上も段々と御老體になるのだから餘り心配をかけないやう、孝行してくれ。父上も俺のことを御心配になつてゐると思ふが、餘り御心配なさらないやうよろしくたのむ。

ぢやみんなの健康を祈る。(九月二日)』

陸軍歩兵伍長 佐藤一人君

大正元年岐阜縣本巣郡土貴野村に生る。昭和九年母校專門部商科を卒

業後、○○聯隊に入營、爾來一年半の間滿洲に於ける討匪行に參加、幾多の功績を殘した。その後商工省貿易局に職を奉じてをつた。

今夏○○部隊の先發隊として上海吳淞路に果敢なる敵前上陸を行ひ、以來前線へ前線へと躍進、戰鬪數十度、吳淞鎭、金家宅等の激戰にも參加、武運に惠まれた君は常に凱歌を擧げてをつたのであるが、九月十五日賽宅の戰にて壯烈なる最後を遂げるに至つた。

此日の戰は激烈言語を絕し、クリーク、家屋、トーチカ等に據つて頑强に抵抗する數知れぬ敵に對し、寡兵しかも何等の援護物なき我軍は勇戰力鬪、壯絕なる白兵戰肉彈戰を繰返し、執拗なる敵を擊退し、よく占據地を確保したとのことであるが、雨飛する彈を意に介せず、進んで退くことを知らざる君は、遂に腹部に敵彈をうけ、江南の綿畑は君の尊き熱血を以て彩られたのであつた。

陸軍步兵中尉

北村忠夫君

明治四十三年三重縣度會郡北濱村に生る。昭和七年母校政治經濟學部經濟學科を卒へ、直ちに中外商業新報社經濟部に入る。

『しばらくペンを捨てゝ劍で戰つて來るよ』と今夏勇躍出征した君は、爾來北支に轉戰中であつたが、九月十五日遂に武運拙なく護國の鬼となつた。當日午前九時姚馬渡に向つて急流を舟にて逆航前進した君の一隊は、午後四時頃姚馬渡に近き右岸より二ケ大隊程の敵の襲擊に遇つたので、河岸に上陸之に對し、やがて敵を擊破すべく河の深さを測る爲に土手の上に立つた君の腰部に敵の一彈飛來して名譽の負傷をうけた。直ちに看護兵によつて彈雨飛下する中を、僅か四丁の道を約一時間もかゝつて、やつと後方本部に運ばれた君は、從卒に「自分は喜んで死んだと家へ傳へて吳れ」の一言を殘し軍刀を握りしめつゝ命脈を斷つた。

今度君が鄕關を出る折『自分が名譽の戰死をしたならば姉さんの子供に私の家のあとを繼がして下さい』と兩親にいひ殘して、別れの盃をくみ交して征途についた程で、心中深く今日あることは期してをつたのである。

陸軍步兵少尉

遠山史郎君

大正三年埼玉縣所澤町に生る。昭和九年母校專門部政治經濟科を卒業直ちに內務省警保局圖書課に奉職、明朗なる運動家であつた。君の戰死狀況は十月八日揚家宅の激戰に於てといふのみで詳しく知る由もない。

十月一日付卽ち戰歿一週間前に左の手紙が父君の手許に届いてゐる。

『早や十月、支那の秋風も夜分は冷氣を加へて來ました。大陸特有の氣候で、日中は可成りの暑さですが、夜間は特に露營の冷氣は身に染み入る位です。然し御安心下さい。僕の健康は建全ですから。內地は如何ですか。と御伺ひしてもこちらで便りを受取るには相當の期間を要しますね、先づ當地の狀況をお知らせ致します。

○○日上陸以來あちこちと移動を重ね、現在數百米を距て支那軍と對峙して居ります。彼等はなか／＼利口な戰法を採つてゐます。勿論防禦ですが、彼等の亂射は流彈となつてよく飛んで來ます。先日飛行機の急降下爆擊を目擊致しました時には、思はず萬歲の聲となつて表はれました。こう書いてゐる間にも銃聲が砲聲爆音と混つて來ます。ではお身體を大切に、又書きます』

陸軍步兵中尉

小迫勝一君

明治三十九年廣島縣賀茂郡廣村に生る。昭和五年母校高等師範部國語漢文科を卒業、直ちに敎育界に身を投じ、吳市の大正中學を經て吳港中學、吳商業學校に敎鞭をとり若き子弟の披導に任じた。

八月十五日南口の激戰を皮切りとして順次山岳戰をなしつゝ躍進を續けた君は、同二十二日の千五○米高地に於ける大激戰に先頭に立ち奮戰中、胸部貫通銃創を負ひ斃れたのである。

山岳戰に移るや自身彈丸を脊負ひ、他の者の水筒を持つてやる等、部下をいつくしみ愛してをつた君は、部下から慈父の如くに慕はれてゐたといふ。

左の手紙は遺留品中にあつた夫人へ宛てたものである。

『もう大分永い間御無沙汰して居る。本當の山の中へ入つて手紙なんか書いても、もう出せないのだ。今は千米程ある山の中で敵と向ひ合つてゐる。野營をつゞけつゝこんな所まで來た。雨が降つて褌まで濡れた事も度々ある。腰部位もある河を渡つた事もあつた。一寸でも雨が降ると足が取れないやうな泥土の所も通つて來た。山地にかゝつてからは車も通らないので彈を馬に乘せた。そしたら馬が弱つて歩かないので閉口した。それで支那馬を十頭ばかり徵發したが未だ足りないんだ。深い山の中だから後から彈を送る事なんか出來ないので、動けない程持つて來て居る。前の山には敵が歩いて居るのが見ゑるのが、距離が遠いので擊つ事が出來ないのは口惜しかつた。

何時此の手紙が到着することか。

運は天に任せる。

昨夜は夜通し雨が降つたがそれでも敵は間斷なくポン／＼擊ち續けた。頭の上をピュー／＼と飛んだがそれでも疲れて寐てしまつた。

明けて今朝（十八日）は霧が深くて向は見ゑない。それでも支那兵は擊續けて居る。

今（正午）もう食物はなくなつてしまつた。山の中で後方の連絡はなし、

（こゝまで書いて後は白紙）』

陸軍步兵一等兵

鶴田勝次君

大正四年岡崎市に生る。昭和十一年母校專門部法律科を卒業遞信省簡易保險局主計課に入る。本年一月步兵○○聯隊に入營、事變勃發とともに征途につく。

過ぐる九月二十日軍工路攻擊の際に於ける鶴田君の奮鬪は目覺しいものであつた。

君は我〇〇隊の擲彈筒手となり、敵前八百米の稻田の稻株につかまり、全身泥まみれになりつゝ一同腹這となつて彈雨の中を一歩宛前進した。特に擲彈筒を持つての前進は想像以上の苦しみだつたであらう。しかも君はよく小隊長に隨ひ、軍工路に一番乘りの小隊長に『小隊長殿、鶴田參りました』と殺氣立ちて軍工路に飛上り、忽ち敵二名を斃し第三トーチカを占領、敵を攻撃中、部隊長は敵手榴彈により負傷した。其の時鶴田君は傍に馳寄つて『小隊長殿殘念でせう。仇は自分がきつととります』といふ一言を殘して突撃又突撃、雨中に敵彈雨下する眞只中を白襷決死隊の一員として奮戰、遂に武運拙なく江南の華と散つたのであつた。

何しろ君は敵前上陸以來常に最前線に立つて戰鬪に參加してをつたので、家郷への音信は遂に一本もなかつた。

陸軍歩兵少尉

伊藤德次郎君

明治四十四年麻布區市兵衞町に生る。昭和八年母校法學部獨法科を卒業、直ちに都廣告社を起し、之が經營に專心、現に君の遺業は夫人によつて繼續されてゐる。やがては本年生れた君の第二世によつて益々榮え行くことであらう。

君は出征後部隊を率ひて揚家宅、江家宅等の戰鬪に偉勳を樹てつゝ、十月六日吳淞クリーク敵前渡河決行後第一線となり、翌七日小宅攻擊戰に參加、敵の第一線を突破、部落へ約十米位に接近、敵塹壕中にて部隊を指揮中、左方楊家宅方面より狙擊兵により頭部貫通銃創を受け壯烈なる戰死を遂げた。

友人に宛てた一文が最後のものとなつた。

『上陸以來〇〇の護衞隊となり尖兵となり、戰場着卽日夜襲を受けました。(中略)なれましたのでタマの音で敵の强弱や遠近を知り、又夜襲をうけましても居眠りをすることが出來るやうになりました。夜襲といつても支那のは銃劍で突込んで來ませんから、寢てゐて間に合ふのです。當地は砲彈と戰塵で一面見渡す限り廢墟です。大震災の燒跡を御想像下さい。(十月三日)』

陸軍歩兵少尉

嶺村長賫君

明治三十五年仙臺市に生る。昭和四年母校文學部國文科を卒業著述に從つてをつたが、今春來滿洲帝國協和會東京事務所に勤務、滿洲國の將來に大なる希望を持つてをつた。偶々今夏北支事變勃發風雲急を告げるや、應召の準備として劍道に腕の撚をかけてをつた君は、〇月〇日部隊長兼輸送〇〇として勇躍出征した。

君の戰死は十月二十日江蘇省三家村附近の激戰の折であつた。君の部隊が向つた敵は將介石直系の精銳部隊で、他の所は退却して了つても此處ばかりは增援して來る形勢にある大敵だつたといふ。加ふるに連日の降雨で半身を沒するクリークや泥濘の路を行軍十里餘、激戰に次ぐ激戰に、士氣彌々振ふ我軍も、文字通りの苦戰だつた。既に十八日には君の行方不明が傳へられたさうであるが、その折は最前線の先頭にあつて指揮力を揮つてをつたのである。二十日には正午頃から一大激戰が展開され、燒夷彈、機關銃、迫擊砲の十字砲火の中を進軍、敵の直前にある塹壕の小山を軍刀振翳して驅け登る君の後姿は勇しき限りであつた。がその勇姿は終に最後のものとなつた。しかしそれ以來敵は浮足立つて、二十三日には總攻擊が開始されるに至つたといふ。君の死もその捨石として誠に尊いものであつた。

御兩親に宛てた便りは次のものが最後となつた。

『上陸後の近況を御知らせします。今月○日部隊は上陸完了、共同租界の平涼路、中國毛織廠に宿營しました。此邊には支那人の姿は見られません。一ヶ月程前には他人事の樣に新聞で見、ラジオで聞いてゐた其場所に起居して居て全く夢の樣です。楊樹浦路と言ふ所は町幅三間足らずの所で、片方は歐米人の家、他方は支那人家屋が竝んで居るのですが、支那人の家屋はメチヤメチヤに爆擊されて居るのに、歐米人の方には破片の跡もありません。痛快でもあり力強くも感ぜられました。浦東には未だ三萬の敵が殘つて居て、時々射擊して來るのです。先日伏見宮殿下が御負傷なされたのも是等の爲でした。○日の夜三度、○日に一度敵機の空襲がありましたが、何事もなさずに逃げてしまひました。最初は一寸ビックリしましたが、二度目からはその美觀に魅せられて空襲を待ちわびる樣になりました。四、五日後には第一線に出る事に成つて居ますから、充分やりますよ。(十月五日)』

同日付で奧さんに宛てたものには戰地の日常生活を述べた後に『皆變る事無いか、僕は相變らず元氣だ。兩親と子供の世話を良く頼むぞ』とあつた。

次の述懷は君の嚴父がものされたものである。

國のため君に捧げし一人子か
　いくさの庭に華と散りける。
一人子の戰死の寫眞眺めつゝ
　生けるか如く母はもの言ふ。
戰ひの庭に散りしと知りながら
　歸へり來む日を待つ心して。

校友戰傷者

岩元和夫君(昭7國漢)

八月廿八日上海戰線第一線に於て奮戰中敵彈のため左腕に貫通銃創を負ひ骨折、目下高知陸軍病院に於て加療中。

大湊八郎君(昭10專商)

十月上旬○○部隊に屬し保定攻略の際の大冊河敵前渡河に部下を引率奮戰中一彈鐵兜に當り反れて顏面を傷け、他に左腕上膊部、右腕上膊部に銃創を負ひ、目下宇都宮衞戍病院に於て加療中。

島田　信君(昭9專商)

十一月廿一日北支戰線に於て活躍中敵彈を足部に受け膝骨骨折にて目下奉天陸軍病院第一外科八號病室に於て加療中。

東田正信君(昭9經濟)

九月廿九日北支津浦線滄州に於て活躍中敵彈腔口より顎を貫通、更に左肩胛骨第一、第二の關節に及ぶ盲貫銃創を負ひ目下大阪陸軍病院に於て加療中。

昭和十三年（一九三八年）

戰線の華と散つた
校友の面影

陸軍步兵上等兵
荒野健常君

大正二年荒川區日暮里町に生る。大倉高等商業中等部を卒業後、日清生命に入社、傍ら母校專門學校商科に通學、昭和十一年卒業。昭和十二年一月入營、

昨夏北支の風雲急を告ぐるや、君の所屬部隊にも出動の命下り、君は小銃手として參加、天津附近の殘敵を掃蕩し、開平北方の冀東保安隊千五百名の武裝解除に任ずる等、常に積極的に行動しつゝあつたが、敵第二十九軍と中央軍合して約二十萬が察哈爾に侵入し我北支作戰を脅威せんとしたので、我軍は內蒙張北に前進、攻擊準備掩護の爲東南方に陣地を占領した。同夜(八月十九日)敵大部隊の夜襲を受けたが、陣地前警戒の步哨に立哨中であつた君は、沈着敵襲の方向を確め報告し君の部隊は何等の損害もなく衆敵を擊退した。越えて二十一日朝長城線築城中最難關のトーチカ陣地に對して力攻、夜に入り敵陣奪取を決行するに決し、日東男子の名にかけ部隊の全滅を堵して夜襲に移り、敵の側脊より急襲する爲、急峻目を覆ふ溪谷を渡り、戰車壕を超え敵線深く背後に向つた。荒野君は進路維持の爲連絡兵として活躍、かくて難嶮を渡り敵背二百米の近距離に進出した。此時敵斥候の誰何に君の部隊は突擊を命ぜられ、不意を受けた敵が狼狽、自動小銃、輕機、重機を亂射す中を猛進、長城線を飛越え、トーチカ陣地背後に蝟集する敵陣に突入した。君は部隊長と共に寸時にして群がる敵を數人斃したが左腕に受傷、折柄負傷殪れんとする部隊長に青龍刀を揮はんとする敵を目擊、猛然之と格闘して斃し部隊長の危機を救ひしも、掩護陣地よりする敵の猛射は雨注し、不幸君は連續數彈を左腸部に受けて再び立たず、重傷に屈せず「敵はどうした、味方は、部隊長殿は」と近接看護せる戰友に訊ねつゝ「後は賴むぞ、しつかり……天皇陛下萬歲」と眠る如く護國の鬼と化した。其後君の部隊に軍司令官より感狀を授けられたといふことである。君等奮闘の賜といへやう。

次の手紙は兩親に宛てた最後のものであつたが、君の期待した進級も悲しき進級となつた。

『前略　皆さん御元氣の事と思ひます。小生愈去る七月十二日より進級して星が二つ(選拔一等兵)に精勤章を貰ひました。下手な二年兵よりは偉くなつた譯ですが、矢張り二年兵は恐しいです。階級より年功ですからね。然し街で步くと初年兵だか二年兵だか分らないです。初年兵が敬禮をして行くです。十二月には間違ひなく上等兵になれると思ひます。先づ〳〵御安心下さい。

先は不敢取御知らせまで。七月廿二日』

遺族として嚴父、令弟二人、令妹一人がある。

陸軍輜重兵特務兵
稲垣隆君

明治四十三年東京府大森町（現大森區池上本町）に生る。昭和十年母校理工學部電氣工學科を卒業直ちに愛知時計電氣株式會社に入社。

君は七月歡呼裡に出征の勇途につき、豊臺に下車以來殆んど不眠不休晝夜を分たず、悪路と戰ひながら殘敵を掃蕩し、勇敢積極的に自動車隊本來の任務たる軍需品の補給任務に當り、北支の曠野を處狭しと馳驅活躍した。

九月二十四日〇〇に於て直接第一線に協力を命ぜられた君の部隊は勇躍任地に趣いた。明れば九月二十五日昨夜來の豪雨全く晴れ、一入身に泌みる寒氣ではあつたが、輝く朝陽に勇士の赫顏亦潑剌と輝いた。しかるに第一線の戰況は急を要し、君の部隊は至急歸還して、新鋭の歩兵部隊を輸送すべく命ぜられたので、午前九時〇〇に向つて前進を開始したところ、計らずも昨夜の雨を衝いて迂廻せる敵の正規一個旅に遭遇したので、僅少の部隊全員を以て良く此大敵と奮戰すること四時間、稲垣君は自衛隊に参加、十數倍の敵に對し、砲煙彈雨の中にあつて沈着良く敵に有效なる射撃を加へ、戰況愈切迫、彼我相肉迫するに至つて、敢然銃劍を取り敵中に突撃、群がる敵を薙倒しつゝ奮戰中、不幸一彈を腹部に受け北支の華と散つたのである。

陸軍歩兵伍長
大串鋭彦君

明治三十三年小石川區に生る。昭和二年母校文學部英文科を卒業、著述に從つたが昭和四年頃郷里徳島市に歸り徳島縣廳に奉職。今夏〇〇部隊書記備員として勇躍征途に上つた君は、寧日なき活躍を續け、家信も〇〇日上海に上陸した旨を代筆にて簡單に報じて寄したきりであつた。

十月に入つてからの戰鬪は、連日打續く雨に文字以上の困苦の連續であつた。十月八日！君が戰死の日、此日上海曹宅附近の掃蕩戰は誠に壯烈言語を絶するものであつた。塀と化した塹壕に首まで浸り、掩護物なき前方より飛來する敵彈は雨よりも激しく、泥の爲に銃も機銃も使用に堪へなくなつたので、君の部隊は最後の突撃を敢行した。此の突撃戰に於て君の尊き生命も最後のものとなつた。その後數度の敵の逆襲を撃退しつゝあつた君の部隊長も、數日後には戰死を遂げたのであつた。

長女喬子（十二歳）、長男浩（十歳）、次男寛（八歳）さん達の外に母上の五人が静かに君の冥福を祈つてゐる。

陸軍歩兵伍長
梶川勝太郎君

明治三十五年四谷區新宿に生る。大正十

四年母校專門部商科を卒業清水組に勤務したが、後令兄の家業を繼ぎ浴場鑛泉を經營。

九月下旬○○へ上陸以來第二線にあつて殘敵掃蕩に當つてをつたが、十月に入り第一線に立ち、六日吳淞クリークを渡河した君の部隊は激戰に次ぐに激戰を續け、七日早朝君は十字砲火の中を兵三名を引連れ傳令に赴く途中、直前に落下した迫擊砲の爲に一名の部下と共に、文字通り戰線の華と散つた。敵地に上陸僅か二旬ならずして殪れた君の武運は、まことに惠まれなかつたものといへやう。

戰死の一週間前に出した夫人への次の一葉が最後のものとなつた。

『こちらは既に秋だといふのに大陸的氣候の爲か、日中は未だ酷暑甚しく、夜はさすがに寒さを感じ、風邪を引くものもあります。幸に小生愈壯健ですから御安心下さい。○○上陸以來既に週日を過しましたが、其間輾々移動を續け、落付く暇もない位です。早くも三日前より○○部隊の一部は第一線に立ちましたが本隊は目下○○にて第二線となつてゐます。殘敵が附近に居り、流彈と共に相當危險を感じます。近日第一線に立つものと思ひます。十月一日』

一子博司君（八歳）を擁し夫君の遺業を繼いで働く夫人の姿はまことに男々しい。

陸軍歩兵中尉

高井立夫君

明治四十年新潟縣西蒲原郡米納津村に生る。昭和六年母校法學部英法科を卒業、後小石川の現所に衞生材料商を開業。

十月二日吳淞に上陸以來第一戰に出で、奮戰よく敵を壓しつゝ前進した君の部隊は、十月二十三日「マキヨト」に到着。其夜數回に亙り十數倍する敵の夜襲を擊退しつゝ敵前二百米位の所で、翌二十四日を迎へた。その日午後前進命令が下るや、君の部隊は敵彈雨飛する中を第一回の突擊を敢行し、敵を斬りまくつた。先頭に立つて軍刀を縱橫に振翳しつゝ兵を指揮した君の武者振は見事なものであつた。かくして前進また前進孟家宅の手前まで進んだ時、戰車を落す壕があつたので、君の部隊は一先づその中に入つた。君は更に敵狀を視察せんと壕を出でた、その一瞬一彈來つて名譽の戰死を遂げたのであつた。

君の誕生日に當り、次の一文を夫人に送つて、今日迄の惠まれた武運を壽いだ君ではあつたが、天無情、遂にその幸を終りまで與へなかつた。

『（十月九日正午以降）

手紙を書き終らずに仕事を爲して居る際に集めに來たので戰友が出してくれたので妙なものが出來ました。

兎に角七日早朝より十二日迄雨の降り續け、道路惡しき事おびただし、九日は又一日待機、目下の處直接に彈の下をくぐらないが、僅かに半道位の處にて盛に聞える、仲々戰場も多忙のものです。然し生命に保證はないが○○よりは樂です。

十日も難なく過ぎて十一日相不變。

十二日より晴天となる、本十二日正午より十三日迄巡察將校を命ぜられ、今迄の雨の日でなく月は皎々として道良く、全く惠まれました。午後三時、午後十一時翌日の午前五時巡察の兵隊を三人伴ひ連れて廻る。巡察を終ると午後二時半部隊前線に異動の爲め、設營長として二里程前に先發。（中略）幸にして天氣に惠まれ、部隊のために最も良き所を取る。目下の處第一線より約一里。砲の音は相當に近く聞ゆ。

尙十月十五日は小生の生れた日、それに鯛の頭付きが分配されました。「誕生日」に鯛の頭付は全く惠まれた運命です。これで愈一二日位にして第一線に出動することとなるのでせう。

惠まれたる運命、天命有難く活動します。白骨となつて歸るか、このまゝ歸るか大いに期待して下さい。

兎に角軍に關する詳細の報告は出來ません凱旋後に預ります。又通信します。次は彈の中にて書くことになりませう。

十月十五日小生の生れた惠まれた日』

鄕里に兩親、東京に夫人が君の遺骨の到着を待つてゐる。

陸軍步兵伍長 川瀬富雄君

明治四十一年岐阜縣稻葉郡佐波村に生る。昭和九年母校文學部英文科を卒業、直ちに日本放送協會に入り、名古屋中央放送局を經て福井放送局に勤務。

十月十日、上海大場鎭總攻擊の前哨戰たる東趙角附近の激戰にて、決死隊長として先頭に立ち突激中であつた君は、臀部（左より右に貫通）に貫通銃創を受けたが、强氣な君は更に屈せず、なほも敵陣中深く突入、西塘橋北端に迫つた時、不幸又も一彈來つて君の下腹部に命中、再び立つ能はず野戰病院に無念なる戰死を遂げたが、此戰鬪に於ける君の決死隊長振は、壯烈無比なるものであつた。

君が故國を出發の際、見送りの人々に「今度は戰死するものと思つて下さい。之が最後です。次の面會は靖國神社にて致しませう」と殘した言葉は悲しくも僞はらざる約束となつて了つた。

なほ君は滿洲事變の際にも出征、勳八等を賜つてゐる。

陸軍步兵上等兵 萩原俊雄君

大正二年沼津市に生る。沼津商業卒業後遞信省簡易保險局文書課に入り、勤務の傍ら母校專門學校政治經濟科に入學、昭和九年卒業。

九月上旬敵前上陸、楊行鎭、火燒場と續いて占據敵を壓迫した君の部隊は、同十六日夕刻勇猛にも金家濱の一角に突入したが、他の部隊が進擊を阻まれてゐる間に敵の重圍に陷つた。此戰鬪に於て、部隊全員全滅を覺悟したといはれてゐるが、奮戰よく圍を破つて部隊長以下生還するを得た。この激戰中に君は不幸右下腹部に貫通銃創を受けて戰死した。劉家行の占領もさることながら、金家濱の激戰こそ我部隊としては絕對に忘れ得ないものだ。若し江南の地に滿洲の如く皇軍のために記念碑が樹つならば、我部隊は劉家行よりは寧ろ金家濱の地を選びたい。今迄數次に亙る激戰で多數の犠牲者を出したが、その過半は實に金家濱攻略のため生じたものであつた。金家濱は地形的に複雑で、上陸以來最慘の戰闘を演じた。」と君の部隊長も述懐してゐる位であるから、その激戰振も想像を許さぬものであつたらう。君も亦上陸後日尚淺くして武運拙なく殪れたのは甚だ殘念であつたであらう。

身重である夫人は今、君の令兄の家にあつて夫君の冥福を祈りつゝ、併せて遺兒の安産を祈つてゐる。

陸軍步兵伍長

土屋儀正君

明治四十五年、靜岡縣富士郡上野村に生る。君の亡父君は日蓮正宗總本山大石寺の管長土屋日柱師にて、君も亦僧籍にあり、僧名を慈像と言ふ。

沼津中學を經て、昭和十年母校文學部獨文科卒業、直ちに立正大學に學ぶ。同年末、甲種合格にて○○聯隊に入隊、滿洲に討匪戰を續け、昨年六月歸休除隊となつたが、憩ふ間もなく昨夏應召にて○○部隊の一員として上海に派遣され、華々しき敵前上陸の後第一線に立つた。九月十五日、楊行鎭の戰に傷を負ひ、野戰病院に在る事半月、癒えて再び前線に活躍したが、十月十八日、大場鎭附近の激戰に遂に名譽の戰死を遂げた。

君の遺骨を拾つた戰友が、母堂に寄せた手紙に、

『前にも戰傷した土屋上等兵殿には、元氣にて再び原隊に復歸、小生等と共に第一戰に活躍して居りました。驚き下さいますな、○○の戰闘突撃に於て、不幸敵彈に殪れました。それは突撃の後に於て知りました。銃を握つた儘無念に戰死致されました。泌々『戰友の歌』の文句が自分達に當てはまる事を知らされました。此の先小生の身も分りません。砲彈のうなり、小銃、機關銃の聲、人のうめき、眞に暗き夜の奮戰激闘を御想像下さい。『やられた、萬歲』を最後に戰死する人、誰の聲やら分らず、後に到り始めて知つた時の驚き。戰場の常とは云ひ乍ら、戰ひは無情であります。」云々と。

また十月十日君が戰線から友人に宛てた最後の便りには、

『再び第一線に立つた。愈々激戰だ。こちらの損害も多いが、敵の損害も多い。前進すると何處にも死體がごろ〳〵してゐる。

此の頃、他の部隊の知人と會へば、誰は死んだ、負傷した、未だ生きてゐる、こんな話ばかりだ。內地での生活――恐らくあまり望ない夢。この頃誰も內地での生活を話さなくなつた。苦しくなるからだ。雨だ。毎日雨だ。畑の中の壕の中で、ぐしよ濡れ、泥まみれ、どろ〳〵になつて戰つてゐる。あゝ、その上戰場には嫌な病氣さへ蔓つてゐる。

だが、しかし元氣だ。今度こそは、うまくやつて來やう。若し會へる日があつたら、その時話さう。』と。

今、同君には唯一人、母君が殘されてゐる。

戰線の華と散つた 校友の面影

陸軍歩兵一等兵 **横井勝郎君**

明治四十三年愛知縣海部郡津島町津島に生る。昭和十一年母校商學部を卒業、翌十二年一月歩兵〇〇聯隊に入營事變勃發と共に軍に從つて出征した。

十月六七八の三日に亘る西六房攻擊に於て、三日二夜霖雨泥濘中を濡れ鼠となり、不眠不休の激戰をなし、頑強に抵抗する敵の堅壘を破つた君の部隊は、戰塵を拂ふ暇なく九日夜東趙家角に進出の命を受け、連日の降雨に足を奪はれやうとする暗夜中を進軍し、同夜八時過所命の地點に進出した百數米前に陣地を占領する敵から、機關銃の猛射を浴せる中を、君の部隊は一先づ陣地を構築し、嚴重なる警戒裡に十日を送りが、翌十一日遂に敵壘を屠り、十三日を迎へた同日午前八時部隊は田堵宅に在る敵陣地攻擊の命を受けたので、一擧に之を屠るべく前進猛擊を開始したが、敵機關銃の猛烈なる側射をうくる中を勇敢にも率先突擊の先頭に立つてをつた横井君の胸部を敵の一彈貫通し、「無念」と叫びつゝ伏臥したので、附近に在つた馳せつけた戰友の止血繃帶も空しく、右手に堅く銃を握り締めたまゝ 天皇陛下萬歲の聲も微かに、征戰二ケ月生死を俱にと誓つた戰友達と幽冥へ別れを告げたのであつた。

陸軍歩兵中尉 **上岡己年君**

明治四十三年愛媛縣喜多郡五十崎町に生る。昭和八年母校高等師範部國語漢文科を卒業す。君は在學中より繪筆に親しんでをつたが、卒業後は本格的の研究に移り、春陽會に入選すること數回、昭和十一年歸鄕五十崎青年學校に教鞭を執り、傍ら愛媛縣青年美術家集團に加盟し、地方畫壇の爲に盡力した。

九月二十五日部隊長が戰傷したので、君が代つて部隊長となり、二十六日羅店鎭近傍の沈家橋を攻擊したが、猛烈なる降雨に加へ敵頑強にして之を拔くことが出來ず、その夜は對陣警戒裡に一夜を明した。明けて二十七日、是が非でも敵陣を攻略することを決意した君は、猛烈なる敵の側射を冒して、兵を敵陣地の側面に進めしめ、午後二時頃略所期の地點に達し、君は五六名の兵を連れて戰車と協同連絡をとる爲に、敵前八十米の所を馳驅するうち、機銃彈を右頭部並左胸部に受け壯烈なる最後を遂げた。

次の一文は、最後の便りに替るべき、君の日記の、最後の一頁である。

『〇月〇〇日

今朝は素晴らしき晴天なり。午前七時三十分全員甲板に整列、皇居遙拜、國歌合唱、輕き體操、軍歌を歌ひて船底に解散す。

黑潮に向ひ腹の底から聲を出して軍歌を歌ふ時、我に敵なしの氣慨を感ず。

昨夕眺めし〇〇の〇〇島を最後として島影を見ず。目的地に上陸するのは今夜か明日か。意氣盛なるものあり』

陸軍砲兵軍曹

筒井專太郎君

明治三十四年麻布區西町に生る。大正十五年母校商學部を卒業し、王子製紙株式會社に入り、後黑澤工場に轉じ庶務課長に就任。

昨年中秋征途についた君は、首都攻略の軍に從ひ、躍進又躍進を續けたが、南京陷落を翌日に控へた十二月十三日句容縣孟塘附近の戰鬪に於て名譽の戰死を遂げた。

この日甘家山方面の敵は君等の部隊に熾烈なる猛射を注ぎ、且つ數十名攻擊し來つたが、寡兵を以て奮戰之を擊退し、君は戰友と共に率先陣頭に立ち、敵中に突入勇戰し數名を斃して、陣地、器材を死守安全ならしめたが、不幸敵の一彈は筒井君の頭部を貫通、之に屈せず悲壯なる奮鬪をつゞけた君も、遂に起つ能はず後送中幽明境を異にした。

陸軍步兵伍長

河東田德三郎君

明治四十年宮城縣宮城郡七北田村若生德右衞門氏の三男として生る。昭和八年河東田家と緣組をなす。昭和七年母校專門部政治經濟科を卒業し直ちに大同生命保險株式會社に入社、仙臺支店に勤務す。

十月一日上海上陸間もなく決死隊に加はり、常に敵陣寸前に進んで奮戰を續けた君は、傷一つ負はず、薙るゝ戰友の手當をなしつゝ元氣一杯に前進した。十月十五日君は斥候を命ぜられ、兵二人を引連れて出發、敵地深くに入り、同夜は一水車小屋に、附近より摘取り來つた綿に包まり夜を明した。翌十六日曉君一人傳令として部隊に赴き、使命を果して再びとつて返し戰友の待つ壕の五間近迄來つた時、敵の迫擊砲によつて右足頸と膝に負傷、壕内にて戰友より應急看護をうけ、我突擊を俟つて後方に送る用意を戰友が爲しつゝある壕中へ、再び迫擊砲彈落下し、君は頭部と肩より胸部への銃創を負ひ、重大使命を果した君は莞爾として同行の兵一人と共に悲

壯なる最後を遂げた。

左の一文は母堂と夫人宛に書いたものだが心配を顧慮して令弟宛にしたものである

『五日〇〇より〇〇〇に向ひ夜行軍十三時間、落伍するものもあつたが小生は元氣だ。同日は天幕露營、翌六日は一日〇〇に過し、七日午前五時〇〇〇に向ふ。雨に降らる。途中敵の襲撃に會ひ一同散開危機を免かる。この夜は一睡もせず警戒一夜を明す雨に全身濡れ鼠の如く火はたけずぶる〱震へつゝ此の日も過す。八日、自分の身も自分の身と思はず後方に置き來りし背嚢もとる事出來ず、濡衣のまゝ、〇〇部隊の占領せる塹壕を死守する。寡兵を以て全塹壕に一日を過す。雨は降る、體は益々濡れ塹壕に水はたまる、苗代の中に一夜を過せる如し。丁度僕の頭の上にてポン〱音がする、時々小銃彈が自分の身邊に落ちて來る敵は無鐵砲に吾々の宿舍に打つてゐる。頭でも姿でも見せたら最後。味方は一彈も放たず、ヂーッとこらへた。壕の中はハラバヒになつてやうやく歩く位のもの、服は全部泥まみれ、姿をかくすべく堀つた穴は雨にくずれ土が頭にかぶさつて來る。靴に水はたまる體下半身は冷えて痛し。敵死體の上を上つて歩く。その死體の腐爛し居る爲臭がどうしてもとれず飯を食ふに困つた。乾パンは九日まで三日間食ひ通し飯は十日に到り初めて食ふ。一同舌ツヾミを打つ。顔も口も暫く洗はない。書き遅れたが塹壕の上には敵機關銃小銃があり（十米位——しかはなれて居らなかつた）一命をひろつてホッとした。宿舍に歸つてから一同徒死せざりし事を喜べり。吾々は第一線にて、敵との距離五十米、餘りに近過ぎたる感あり。明後日頃總攻撃とかの事なれど、敵はコンクリートの立派なザン壕、味方は雨と食料に疲勞困憊の情態にあり、幾分不利かと思はる。第一線、敵前五十米、十米と接近、此の思ひは吾々決死的歩兵ならでは味はひ得ぬ事と話の種なり。敵重砲の破片に負傷者三名出せるも未だ一名の犠牲者を出さざるを喜んで居る。

支那の民家には老人（殊に女）と子供五六才位のものばかり、實に悲慘なり。田には稻が實り綿は各所に栽培されて居り、農民にとつても大した損害かと思はれる。僕は元氣です。此の書面は母と春子宛に書いたが、反つて心配をかけさせる事ともならうと思ふから貴殿より一、二、三頁を見せて呉れるなり、御傳言御願ひする。

讀賣新聞記者殿に投函方依頼す（十月十日）』

陸軍輜重上等兵

橋本宇一君

大正三年東京府北多摩郡三鷹村に生る。昭和十一年母校專門部商科を卒業し、自邸内にある尙武館道場に於て地方青年に、又東三鷹青年學校にて生徒に劍道を指南日本精神の鼓吹に力む。

黄河北岸に於ける快速部隊の大迂回戰に方つて、滄州出發以來鹽山、慶雲、武完、濟陽等の戰鬪に奮戰した君は、十一月十五日快速部隊の到達地たる濟南北方の八里庄及鵲山の攻撃に方り、機銃、小銃彈雨下し、榴散彈炸裂する下を勇敢に斥候勤務、傳令勤務に從ひ、又我自動車隊の寡兵中に加はりよく八里庄の確保に勇戰し、迂回部隊の任務遂行を全からしめたが、此激戰に於て君は腹部盲貫銃創を負ひ立つ能はず、直ちに軍醫の應急手當を受け後送され、二十日德州に到着、兵站病院に入院卽夜切開手術の結果良好、經過も極めて順調であつたが、二十五日に至り壞血症を發し、遂に十一月二十七日午後八時五十分護國の鬼と化した。

君の勇敢なことは部隊内に鳴響いてをつたが、殊に兵站病院に於ける切開治療及壞血症の爲右胸部を二ヶ所大切開を行つた折、顏色一つ變へることなく、自若として平常と異ならないその態度には、軍醫一同その精神力に舌を卷いたといふ。

君は劍道四段、母校在學中は劍道部の重鎭であつた。

左は戰地よりの一文

『市街の殘敵掃蕩戰にて敵將兵四名に出會ひ、敵將校は靑龍刀にて立向ひ來るを日本刀にて應戰、直ちに之を血祭に上げしかば兵は雲を霞と逃出したるも我戰友が銃殺せり。眞劍勝負は生れて始めてにて、切合中は無中なりしも、人を切倒したる時の心境は餘りよきものにあらず。』

陸軍輜重兵特務兵

立石蘇一君

明治四十二年福岡縣宗像郡赤間町に生る。昭和八年母校高等師範部國語漢文科卒業後敎育界に身を投じ、福岡市第一高等靑年學校、同縣立黑木高等實業女學校を經て、同久留米高等女學校に勤務中であつた。

十一月五日未曾有の杭州灣に大敵前上陸をした君の部隊は勇奮敵を急追擊し、大雨と泥濘を冒して難行軍を續けた。この追擊戰中我將兵は食事、睡眠をとれず、爲に疲勞甚しき折に、君は不幸病に冒さるゝに至つたが、戰況は君を殘すことを許さず、そのまゝ部隊と共に奮鬪を續けるうち、病勢惡化、途中より戰友に守られて十月九日野戰病院に入つたが、加療も空しく翌々十一日、感激の南京入城を幻に描きつゝ護國の鬼と化した。

君が應召して入隊する朝、家族一同を佛前に集め、共に敎育勅語を拜讀し、亡き父上の位牌に對し、二十九年間のお禮を述べ、母堂や夫人に後事を托し、弟妹達に夫々の道に向つて正しく生きることを言聞かせ、勇躍出發したといふ話は、聞く者をして思はず襟を正さしめる。

今は亡き夫君の魂を守りその冥福を祈る節子夫人は、昨年五月末に結婚したばかりであつて、その新生活もまことに夢の如く淡いものであつたのも、心から同情を禁じ得ない。

陸軍步兵上等兵

市川祐三君

明治四十五年埼玉縣大里郡明戸村に生る。昭和十一年母校商學部を卒業、直ちに名古屋の貿易商桃井商店に

入る。昨年〔三〕月入營、支那事變勃發と共に南支に出動。

呉淞敵前上陸以來轉戰二ケ月、數度の激戰にかすり傷一つ負はず武運に惠まれた君も、十月十九日大場鎭を去る北方一里の地點にある○○部落攻擊の際勇戰奮鬪の末遂に名譽の戰死を遂げた。

○○部落は實に敵最後の抵抗線であつて、我軍の苦鬪惡戰十月十九日迄既に五日間、猛攻するも占領し得ず、多くの犧牲者を出した所であるが、君の部隊は十月十八日先部隊と交替す可く○○部落に向つて前進、敵と五十米乃至百米の距離に對峙した翌十九日君の部隊は我砲兵の集中射擊と共に敵陣に突入を敢行した。前進を阻む敵の猛射と手榴彈の猛擊の中を、市川君は最先頭にあつて獅子奮迅、突擊又突擊の折柄敵彈頭部を貫通し、無念の一言を殘して江南の華と散つたのであつた。後に續く者戰友の仇を報ひんと部隊協力遂に○○部落を占領、之が爲に大場鎭の敵も總退却を餘儀なくせしめられた。

一人兒を失つた君の嚴父孝平氏も、日露戰に出征、金鵄勳章を賜つた勇士である。

戰地だより

×

丈夫で越年、卽興を左の通りものしました。

廢墟迎歳

楊柳如今翠色新　青帘無復誘遊人

廢墟光景君知否　唯有江流洗戰塵

一月五日

南支にて

新田　明（昭7英文）

×

過日は陣中第一戰にて懷しき學報拜見仕り、母校の現狀を知得する事が出來ました。御禮申上げます。其後小生北支那戰の而かも最尖端に日夜士氣旺盛奮鬪致してをります。先に御通知申上げやうと思ひしも、陣中餘暇得難く、其機を得ず申譯なく、失禮致しました。

果しなくつゞく大曠野を踏み分けて暴戾極みなき支那軍を討伐しつゝ、今後も行動を續ける事でせう。

校友にも過去二、三度他部隊にて會ひ、共に母校の發展を陣中にて語らひました。

一月七日（着信）

深津　貢（昭11專商）

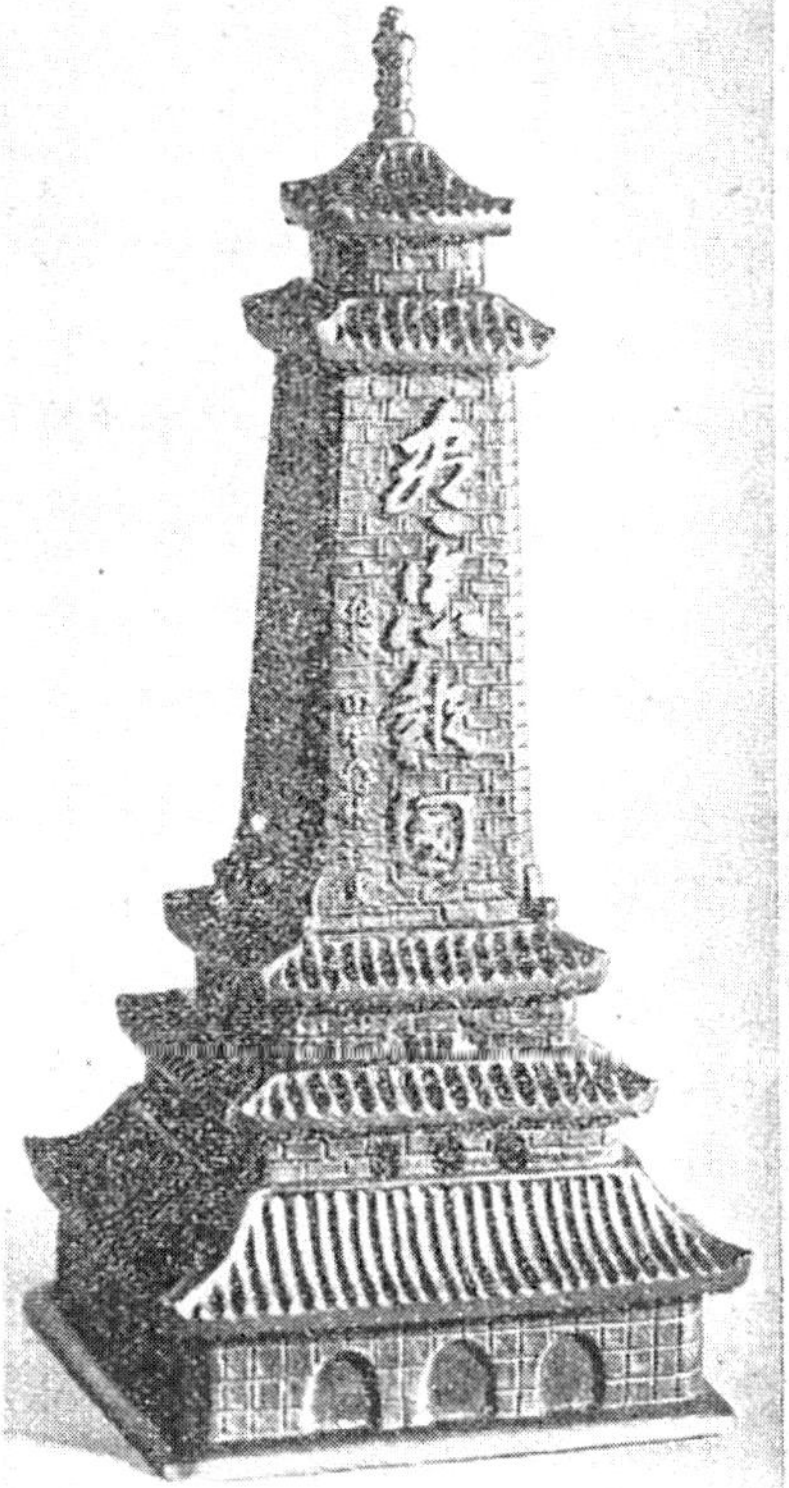

（本會より戰死校友の靈前に供ふる忠靈塔型花瓶）

戰線の華と散つた
校友の面影

陸軍步兵伍長　伊藤勇君

明治三十六年福岡縣嘉穗郡千手村に生る。大正十五年母校高等師範部英語科を卒業し、直ちに教育界に身を投じ福岡縣立嘉穗中學を經て熊本縣立御船中學校に在り、子弟の訓育に專念してをつた。

昨秋杭州灣敵前上陸以來、寧日なき轉戰に伴ふ强行軍、猛突擊の連續にも不拘、極めて元氣にて常に先頭に立つた君ではあつたが、十二月二十五日富陽鎭に於ける大殲滅戰の當日、壯烈武人の龜鑑ともいふべき戰死を遂げた。

當時敵の大部隊は富陽鎭北方、通稱お寺の高地を據點に兵力を集中してをつたが、地勢上同高地を敵に占據されることは、友軍が非常な不利の狀況におかれるので、これを攻擊奪取の任を帶びた○○部隊長は挺身重機の猛射をくゞつて二百米の急傾斜をかけ上つた。この時續いたのは伊藤君の指揮する○○隊以下八名で、君は「隊長を殺すな」と部隊長を庇ふやうに前に出で、機關銃座に懸命の敵側膺を企てゝゐたが、この時敵一線との距離は高地の稜線を挾んで、僅かに五、六尺、敵の放つた拳銃の一彈は君の頭部眞正面に命中貫通し、君はただ一言「萬歲」を殘して息絶えた。部隊長は之を見るや「伊藤お前一人は殺さぬぞ」と殘りの部下と共に敵中に躍り込み、組んずほぐれつの白兵戰を演じて敵を蹴散し、遂に此高地を確保、敵の退路を完全に遮斷し、大殲滅戰の端緒を開いたが、此戰ひ終つて後部隊長は「伊藤は私の身代りに戰死してくれた」と暗涙に咽んだといふ。此高地には、隊員の手によつて君の英靈を弔ふ墓柱が建てられてゐる。

陸軍步兵少尉　山本祐一君

明治四十三年駒田勳氏の二男として三重縣安濃郡安西村北神山に生る

昭和六年母校專門部商科を卒業。昭和十二年山本家へ入籍、津市大門百貨店經理部へ勤務中であつた。

出征以來常に死線を越えての君の勇戰振は武人の典型とも云ふべきものであつた。北支太沽に上陸後君は部隊長として子牙河を廻行、孫河部落占領の折は、敵を擊退後間もなく敵兵續々その數を增して逆擊を受け、本隊との連絡は絕たれ、孤立無援の狀態に陷り、全員死を覺悟して、敵との距離僅かに十米乃至三十米の間にあつて徹宵死鬪を續けて、孫河部落を守り通した。八房の敵を攻擊した時は、水濠を築いて一齊に機銃陣を布き頑强に抵抗する敵に果敢な進擊をなし、之を敗走せしめたが、此の邊は大濕地なので子牙河の堤防を追擊するうち逃げながら射つ敵彈に、君は左下腿部に貫通銃創を負ひ、後送天津病院に收容されたが經過良好にて、二十數日後全治退院再び第一線に立つことになり、白茆口に敵前上陸をした君は、敵を蹴散しつゝ常熟を攻略した。此の時は、以前から猛部隊長として名を馳せた君ではあつたが、八房での負傷全快後更に勇氣を倍加し、敵兵を斬つて斬つて斬りまくり、部下をしてその勇猛振りを驚歎せしめたといふ。その後敵兵二十萬が幾多のトーチカ或は散兵濠に據つて我軍を邀えた無錫の大攻略戰に於て、最も壯烈なる激戰が行はれた東亭鎭の戰斗に參加した君は、敵が我猛擊に怯んだ折に乘じ、部下を率ひて先頭に立ち、手榴彈を抱いて敵のトーチカに突入の刹那、迫擊砲彈は君の左手をもぎ取り、腹部胸部に無數の機銃彈を受け、トーチカ五米前にて壯烈無比の戰死を遂げた。時昭和十二年十一月二十三日午後二時三十分であつた。老母、夫人と昨年生れた楠子さんの遺族がある。

陸軍步兵軍曹

藤田清五郎君

明治四十二年靜岡縣賀茂郡下田町に生る。昭和六年母校專門部商科を卒業し、直ちに歸鄉父業（吳服商）の經營に當つた。後兵役終へて除隊するや下田青年訓練所指導員を囑託せられ、家業を見る傍ら歸里青年の訓育指導に專念した。

昭和八年嚴父清五郎氏逝去後、舊名吉五郎を改め清五郎と襲名をした。

上海上陸後楊行鎭、劉家行等の戰鬪に於て偉勳を樹てつゝ、昔時遼陽攻略前の首山堡に勝るとも劣らぬと言はれる、兪宅、黃宅、海宅等を結んだ頑强なる抵抗陣地を前に控へた大場鎭の大攻略に軍を進めた君の部隊は、十月二十三日前部隊と交代して、大場鎭前方一粁の地點に在る朱宅を攻擊したのであるが、此の戰鬪は、文字通りの惡戰苦鬪であつて、我軍に於ても幾多の精鋭が壯烈なる最後を遂げた。此の日君も腹部に貫通銃創を受け、重傷に怯まずなほ敵陣深く突入し、手榴彈にて更に四肢を傷けられ、遂に部隊繃帶所に收容されるに至り、翌二十四日午前一時野戰病院にて護國の鬼と爲つた。次の書信は君が死の直前出したものである。

『御母上樣、大分涼しくなつて來ました。お母上樣始め皆々元氣で御座いますか。昨夜（十九日夜）の月は眞丸の樣でしたが、十三夜ではありませんでしたか、二本程手紙を出しましたが着いたでせうか。部隊は負傷、戰死者が多いので、始めから元氣の者は少なくなりました。

お母上樣には每日神參りにお出掛の樣ですが、餘り無理をして病氣にならぬようお氣をつけ下さい。それを心配してをります。

手紙をよく出してゐた連中は皆戰死をしたので、あまり方々へは手紙を出しませんから、丈夫だと知らせてやつて下さい。

（十月二十日）

遺族には母堂、嘉子夫人、政子（三歳）さんがある。

陸軍通譯

稻村國次郎君

明治二十二年鳥取縣岩美郡美保村富安に生る。大正二年母校專門部政治經濟科を卒業し、渡英牛津大學オールソールス・カレッヂに學ぶこと五ケ年、歸朝して早稻田大學講師に任ぜられ、後聘せられて憲兵練習所（現陸軍憲兵學校）に教授囑託として教鞭を執り、外に府下花小金井に在る東京高等拓殖學校の創立に參畫し、同校教授として國際事情、植民史、植民政策等を講じた。

昨秋陸軍通譯を命ぜられて出征、爾來各地にあつて活動中であつたが、昨年十二月二十三日南京郊外紫金山東北地區の敗殘兵の掃蕩及び浮虜取扱狀態視察中、同日午前十一時頃紫金山北方約四千米の高地南側路上にて、敗殘兵數名の射撃を受け、頭部に受傷し、應急處置を施し自動車を驅つて南京に歸還の途中名譽の戰死を遂げた。

戰地から、左の手紙が夫人の許へ齎らされ、家族相寄つて讀んで居つた折に、戰死の電報を受けとつたといふ。まことに皮肉なる天の悪戯ではある。

『年内も餘日が無い。陣中には盆も正月も無い。南京の落ちた時が正月でもありクリスマスでもある。（中略）何れ數日内には南京へ飛行機で行つて來やうとは考へてゐるが、次ぎ／＼に仕事がある。兩地間は一時間四十分で到着する。自動車ならば一日では難しい。汽車は今は無錫迄しか行かない。

戰場はまだ、北に南に擴大するやうだから、いつまでもは此の地には居ないのかも知れず一切未定だ。（中略）今日は大場鎭方面の戰跡を詳細に視察して來た。此の地には自動車の便が極度に不便なので、上海近傍の視察でも容易ではない。種々慰問團など來ても結局徒歩で視察し出來得る程しか見られない。今日は自動車を十分使用して見て來た。此の地は敵が本戰爭の上海附近の根據地であつた丈に、トーチカあり塹壕あり、山あり谷あり、クリークあり鐵條網あり、實に堅固其のものゝ所だ。之れでは佛のヴエルダンも同然だと思つた、と同時によくも落したと感心した。僕の到着以前の陷落だのにまだ死體も晒されてある。手が屆かないのだ。我が兵の死體は片付けが即座に濟んで、野晒されてあるのは元より敵のものだ。戰爭には敗けられない。

（中略）正月にもなつたが、戰地で年を重ねる事はよい記念になる。肉彈を提供する勇士の事を思へば如何なる辛棒も物の數ではない（中略）やつぱり年取つた母上の事が氣にかゝるから、どうか咳の癒るやうに手當をして貰ひたい。吸入は爲めになる。殊に咳にはよく喉を切るのに宜しいからと勸めてほしい。（中略）では芽出度く皆が年を重ねるやうに。（十二月二十日）』

倘君が心を配つた母堂きよ子刀自も、君の戰死した一週間目の舊臘二十九日に遂に長逝された。

遺族には夫人の外に二男三女がある。

訂正　前號本欄上岡已年君ハ『上岡已平君』ノ誤植。遺族ハ『母上岡キクエ』ト訂正

戰線の華と散つた
校友の面影

陸軍步兵軍曹
鴻田重德君

明治四十二年九月小石川區表町に生る。昭和九年母校理工學部電氣工學科を卒業し、松下電器産業株式會社に入社昭和十二年松下無線株式會社工場長となる

君は昨夏出征、呉淞砲臺附近に上陸以來晝夜なき戰鬪に參加し、上海附近の敵掃蕩に從事し、自ら卒先常に一線に立ち、殊に中途から戰死せし部隊長に代り兵を指揮し、他の部隊とよく連絡をとりつゝ戰局を有利に導いた。斯くして十月二十八日猿家角の敵を追拂ひ、同日夕刻より更に前進を開始し、翌二十九日午前二時盛家宅を占領、憩ふ暇なく前進命令が下つたが、前方クリークを控へた竹藪中に倚て多數の敵兵防禦する爲意の如く前進出來ず、クリークに架橋して渡らんとしたが、このクリークは幅廣き爲め狹き箇所を求め、君は兵五名を從へて斥候に出でたところ、他部隊が架橋を了つたことを發見し、之を渡つて謝家宅に突入之を占領した。かくて近傍竹藪中の一軒家に入り兵に午餐を命じたその一瞬計らずも敵彈飛來し、左胸部に貫通銃創を受け壯烈なる戰死を遂げた。時午後一時、奇しくも一年前他界された君の母堂と日時を同じうしたのも、よく〳〵盡せぬ母子の緣と言へやう。

君は松下無線に最初の校友として入社した人で、業界を沸騰せしめた同社賣出しのラヂオのナショナル受信機三號型は、實に君の研究設計に成つたもので、今や君を偲ぶ永遠の記念物となつた。今度君が應召して內地在營中松下無線に於て職制の改正を行ひ、君はラヂオ工場の工場主任に推されて工員六百餘名の主腦者としての手腕を期待されつゝ空席のまゝ君が凱旋を待たれてをつたのである。君もこの改正の通知を受くるや多忙なる兵營生活中より工場編成に關する巨細なる所信を寄せて責任者としての熱意を示してをつた。

出征以來戰死の三日前に至る迄、一日も缺くことなく書いてゐる詳細なる陣中日記は努力家たる君の片鱗を窺へるが、その十月五日に「木日待機、午前食事後寒けを感じ熱を計ると三十九度二分。午後食事進まず、夕食は拔く。熱四十度二分。」とあり、しかも此高熱を押して第一線に奮鬪を續ける奉公振りは尊き限りである。

君はまことによく各方面に手紙を書いてゐるが次の一書は嚴父に宛てた最後のものである。

『其後皆々樣には御變りなきことと存じます。九月も過ぎ十月も早や半ばとなり、內地に於ては最もよい氣候と存じますが、當地に於ては晝は夏服にても丁度よいが、夜と朝はさすがに寒いです。

呉淞上陸後前進々々現在は當地に於て殆んど敵を包圍して居ます。歩兵の肉迫戰は常ながら、漸く空軍の第一線參加に、それに加ふるに砲兵等の參加に、一前進距離ものびて來て居ります。一部落々々を攻擊しなければならぬので相當なものです。然し支那兵は少し抵抗すれば、いや步兵が匍つて近付けば逃げる始末です。だが前から聞いて居るやうな支那兵と大部違ひ、兵隊らしくなつて居るには感心です。しかし支那兵の若いのには驚きます。大抵十七八歳位です。當地も雨が多いのには閉口です。

敵は蔣介石系軍とのこと、時々軍隊手帳迄捨てゝ逃げるので、その軍隊の原籍がわかります。國民革命軍第○○軍とか色々書いてあり、內容は日本のそれに能く似て居ります。チャンも矢張り夜襲したりして來ますが日本軍には何の效果なく、唯殺されに來るやうなものです。

日本軍の夜襲及突擊は常に成功し、之れにはチャンもあわてゝ逃げまくります。逃げる敵を擊つ面白さも又一段です。（中略）

小生は現在無事、これから戰鬪にも十分活躍する考へです。十月八日周家屯にて』

なほ高君（昭3獨法）道治君（昭7應化）は君の令兄であり、義光君（昭11專商）は令弟である。

陸軍歩兵伍長

魚谷太郎君

明治四十二年朝鮮全羅南道光州府に生る。昭和八年母校專門部商科を卒業し、直ちに光州に歸り、父業鹽屋商店の經營に當つてをつた。

必勝を誓つて勇躍北支に向け出征した君は、天津、南苑、石家莊等を經て太原攻略に至る迄、誠に武運に惠まれ、此間の數十合に及ぶ激戰にあつて、常に寡兵よく大捷を博し、太原攻略後は楡次及びその附近の警備に任してをつた。その後君は第二次山西戰に參加し、最前線に奮戰中であつたが、二月二十五日の戰鬪に於て敵の迫擊砲彈を右臀部にうけ、太原南方二十餘里の野戰病院に收容された。何しろ右臀部の肉を剝脫され下向きのまゝ動きがとれぬ重傷ではあつたが、明朗な君は至極元氣で、軍醫の診察の結果も樂觀を許すものがあつた。然るに二十六日夜より病勢惡化し、前線の病院として最善の手當を盡したが遂に二十七日午前七時頃山西の野に護國の鬼と化した。

本年還暦の齡を迎へた君の嚴父與藏氏は、光州草わけの一人で實業界に重きをなし、日露戰役當時海の勇士であるが、太郎君戰死の公電を受取るや、直ちに原隊に宛「謹んで太郎在營中の御厚誼を感謝し御禮申上ぐ」の答電を打つたといふ。軍國の父としての謙讓な心、確乎たる意肚も偲ばれて自ら頭の下るのを覺える。

魚谷君と共に光州校友會幹事を勤むる宮道明君宛に寄せた左の一書は悲しくも君の絕筆となつた。

『（前略）毎夜の如く部落を襲ふ銃聲に、まんじりと寢た日とて一夜もなき一ケ月餘に亙る北同鎭の獨立警備の任も無事に終り、去る三日吹雪の中を元の○○へ引揚げ、息詰る樣な緊張から解放され、久し振りに親許へでも歸りたるが如き氣持を味合ひ喜んで居りました處、憩ふ暇もなく愈々第二次戰の火蓋は豫想外に早く切られて○○攻略。連戰連敗の支那軍は既にその大半は戰意を失つたとは云へ、失地を奪回しやうと、峻峰連なる天險を利用して強固な防禦陣地を構に、之れを最後の陣地と死守致し、小癪にも日本兵一兵たりとも入れじと頑強な抵抗を試みるとの情報にて、之れを攻略せんとする我々の苦戰激戰は從來以上のもの之有と今から充分豫想致され、尚ほ且つ飢と寒氣に依る困苦缺乏は猶甚しきものあると存ぜられ、而も此の度は正面攻撃ならば相當の損害はあるものと一同全く悲壯な決心をいたして居ります。

出征いたせしからには既に死は決心し、又過ぎし戰に亡くなるべき筈の命なれば、惜む心は毛頭之無きも過去半歳の尊き實戰の體驗にもとづき、血氣にはやる猛勇は素より自ら深く戒め善戰致す覺悟に付御休心下さい。

或は戰に臨む以上これが最後の便りとなゐやも圖り難くとも、今後の快勝の便りをお樂みに御待ち下さるやう。皆の連中によろしく御傳言下さい。二月七日』

尚君の遺族は兩親及び七人の弟妹がある。

陸軍歩兵中尉

三留武雄君

明治三十九年神奈川縣中郡旭村に生る。昭和四年母校專門部政治經濟科を卒へ、更に政治經濟學部に入り、昭和七年同科經濟學科を卒業した。

君は昨秋吳淞に上陸以來、打續く激戰に當り勇敢なる良き部隊長として部下に慕はれつゝ常に勇猛果敢なる突撃のトップをきつてをつた。殊に吳淞クリークの敵前渡河戰に於て、敵陣に飛込み文字通りの傍若無人の奮戰振りは、今でも部下達の語草になつてゐるといふ。十月二十二日○○の敵陣地を奪取すべく午後四時○○を出發した君は、先頭に立つて部隊を誘導し、やがて敵陣に近附くや側面よりの猛射をものともせず、幅六米ばかりのクリークを渡り、今度は彈雨を正面よりもうけつゝ李家橋附近の棉畠の中を這ひ乍ら敵前三十米に肉迫して突撃に移るばかりになつた。此時君は部下を顧み「日の丸の旗を用意しろ」と命じたしかし雑嚢の中から旗が一寸出せないのを見て、自分の胴に卷いてゐたものを解いて渡し、一同に突撃區所を命令して、いざ突入せんとずるその瞬時、嗚呼敵の一彈は腹部に、そして續く一彈は頭部に命中、「やられた」の一言を遺した君は、遂に敵陣中に揭げらるべき日の丸を仰ぐことなく江南の華と散つた。此部隊長の死に憤激した部下達によつて忽ち○○を攻略、二十三日の追擊戰となり二十四日の大場鎭占領となつたが、その後も部下全員常に部隊長の弔合戰のつもりで戰鬪に臨んでゐるといふ。部下思ひであつた君の英靈も定めし此部下の勇奮に感激してゐることであらう。

君が死の三日前令兄宛に出した左のハガキは最初にして最後のものとなつた。

『廟行鎭三キロ餘の李家橋と云ふ部落(敵前五十米の地點)に對陣中でありますが、相變らず元氣で軍務に精勵中でありますから御安心下さい。氣候不順の折柄御身御大切の程祈ります。隨分犠牲者もありますが部隊は幸ひ少數で喜んで居ります。何れ幸便にて逐次御知らせします。十月十九日』

戰線の華と散つた
校友の面影

陸軍步兵軍曹

渡邊利雄君

明治四十一年富山市に生る。昭和五年母校專門部商科を卒業し、富山縣魚津稅務署に奉職、更に富山縣警察部警務課に轉じ、警察練習所教官として勤務中であつた。

君は前の上海戰にも從軍した勇士であるが、今次事變に於ても戰線に參加以來決死隊に志願すること三度、常に赫々たる武勳をたて、部隊戰斗に多大の效果を齎した。

偶々十月十二日君の部隊の最激戰地であつた盛宅突角陣地の猛攻に際し、豫備隊として參戰するを心良しとせず、第一線參加を切望して已まなかつたが、遂に君の望は達せられたと同時に、君の念願通りに身命をも皇國に捧げ盡したのであつた。午後一時半を期し盛宅の堅陣に肉彈となつて突入した第一線部隊はその一角を奪取したので、戰果を擴大すべく豫備隊も又肉彈となつて之に續くことになつた。勇猛なる君は時こそ來れと許り兵に先立ち敵陣に躍込み格斗すること數分、一彈來つて腹部に命中し、傍らの一兵と共にクリーク中にドット倒れた。しかし剛勇な君は「小癪な敵」とクリーク中でその兵にもたれ起上らうとしたその一瞬、敵の投げた手榴彈に兵はクリークの華と散つて終つた。强氣な君は尙も兵の死體を擔ひつゝ突入せんとしたけれども重傷に身の自由思ふに委せず、とかくするうち最後を知つた君はクリーク中に東天を拜し「大元帥陛下萬歲」を三度唱へ、勇奮中の戰友を眺めつゝ莞爾として息絕へた。時午後二時。君は此日あること豫知し、最後の便りとして次の一文を家に寄せてゐる

『その後御兩親樣、とめ子には御變りありませんか。今日愈々目的に到着致しました

之より後は一切を皇國に捧げ申上げたる吾身、暴戾あくなき彼等に正義の劍を突きつけん迄。何卒後はお變りなく御過し下さい。されど母上樣には御心配なされるかも知れざるも、或は命ながらへ凱旋することなきとも限らず、その邊心配なさらぬ樣御慰め下さい。とめ子も御兩親樣によく仕へ、二人の子供も無事成長させるやう、己がつとめと思ひ宜しく家事に心を用ひやつて下さい。今後の音信は望めないと思ひますから、宜敷後々を御願ひ致します。

九月廿九日午後二時二十分』

陸軍步兵軍曹

西山隆治君

明治三十三年神奈川縣中郡吾妻村に生

る。大正十三年母校專門部商科卒業直ちに東京稅務監督局に奉職し、後藤澤、茂原、横濱各稅務署を歷任。

昨年初秋呉淞上陸を敢行した君の所屬部隊は當初より終始第一線にあり、クリーク戰にトーチカ戰に晝夜を分たぬ未曾有の惡戰を繼續しつゝあつたが、上陸以來一ヶ月の後大場鎭に向つて突進しつゝあつた君の○○部隊は、十月二十五日午前大場鎭北方の要地南金宅の敵陣地を破り、息つく暇もなく更に姚宅敵陣を强襲し、翌日は目ざす大場鎭を攻略したのであつた。此南金宅の戰鬪に於て、君は敵の迫擊砲彈下に壯烈無比の戰死を遂げた。二月二十六日無言の凱旋をした君の英靈は、今は夫人及び達雄君、健次君、充子さん三人の遺兒に護られつゝ墳墓の地に尊き眠りについてゐる。

陸軍步兵伍長

津田秋邦君

明治四十一年和歌山市東鍛冶屋町に生る。昭和九年母校政治經濟學部經濟學科を卒業し直ちに大藏省爲替局に奉職、昨夏召に應じた。出征以來北支各地を轉戰、傷一つだに負はずまことに武運に惠まれた君ではあつたが、本年二月二十四日午前九時十分山西省靈石縣燦赫山附近の戰斗に於て手榴彈創を腹部に受け壯烈なる戰死を遂げた。

當日の戰況は文字通りの惡戰苦鬪であつて、戰鬪激甚を極め、○○部隊の急先峰が燦赫山を攻略日章旗を立てたのが午前九時五分、その一瞬突如敵六百程の逆襲を受け山頂を隔てゝ彼我互に銃砲、手榴彈を交すうち僅か五分の後には、君の元氣な勇姿は無言の勇士と變つたのであつた。その後この戰鬪は一晝夜に及んだといふから、如何に激しい苦鬪であつたかが想像される。

陸軍步兵二等兵

熊谷國男君

明治四十三年宮城縣登米郡寶江村田沼に生る。昭和十一年母校法學部英法科を卒業後明照社會館に入り社會施設並に救濟事業に專心した。

江南の地一先づ收つて、一月末君の部隊は池河驛警備に配置されて、爾來二十日間といふものは緊張の中にも和やかな日が續いた。君は選ばれて指揮班に入り部隊事務を執つてをつた。ところが二月中旬頃より町の周圍に敵兵現るとの報があつて、衞兵步哨はとみに守備を嚴重にした。すると二月十七日早朝迫擊砲、平射砲を有する我に數倍する敵部隊が逆襲し來つたので我哨兵は勇戰之を擊退したが、敵は小癪にも町に包圍陣形をとり、我に猛射を浴せ來つたので、敵の配陣を確める爲めに將校斥候を町外れの望樓に派し敵情を監視察せしめた。この時熊谷君は指揮班連絡員として敵砲彈小銃彈雨下する中を右望樓と部隊間の連絡に當り、交替を再三命ぜられたが「大丈夫です」とガンバリ通し、二時間に亘つてよくその責務を果し、その奮闘振りは部隊の賞讃の的であつた。かくて戰斗進捗し夕刻迄に敵を約二里先迄擊退したが、その間も君は傳令として東奔西走脚を休めず、彈丸に當らないのはまことに不思議な位であつた

翌十八日早朝より再び交戰、敵は我猛擊に堪へかねて早くも主力は退却し始めたので、その退路を遮斷すべく君の屬する斥候群は進擊を開始した折、山中に隱れ居たる敗殘一部の敵兵は山腹より重機を猛射し來つたので我斥候群も敢然之に應戰した。此戰斗に於て流石に武運强かつた君も遂に胸部左肺に貫通銃創を受け殪れて再び起たず、時午前十一時頃であつた。しかし部隊全員は夕刻迄君の死を知らず、姿なきは大方負傷して何處かにゐることとのみ思ひ、部隊長等は決死の戰闘中も「熊谷、熊谷」と連呼し續けたといふ。過ぐる日露戰當時旅順港に於ける廣瀨中佐、杉野兵曹長最後の情景も偲ばれて、眼頭の熱くなるのを覺える

部隊長より君の遺族に寄せた手紙中にも「……戰死戰傷は戰場の常に候も、熊谷は高等の學府も出で、人柄も良き爲め中隊全員より愛敬され、何につけ生字引等と申し仕事を頼まれ尊重され居りし爲め特に感慨深く、遺骨燒香に部隊長室に出入するもの絶間なく、○○隊長等も歌など書き靈前に捧げ居り候云々」とあつて、君の死が如何に部隊全員から惜まれたかが判る。次の歌が君に捧げられたそれである。

昭和十三年二月十八日

兵に民笛を弄するあり、戰の後など無心に鳴らすは耳掩ひて尙嘯々身に浸て哀し

夜をこめて呼ぶに聲なし笛の音

熊谷と呼べどホロ〳〵笛の音す

月に吹く笛の音しみてよゝと泣く

陸軍步兵少尉 白石春男君

明治四十三年小石川區久堅町に生る。昭和七年文學部國文科卒業、國民精神文化研究所に在勤した。

君は昨秋陸家橋附近に於ける序戰以來、部隊長として轉戰十數度勇戰奪斗を續けたが、十月二十日北桃園濱附近に於ける戰斗の際、敵砲彈に因り右上眼瞼に砲彈破片創を受けた。しかも剛膽不撓毫も屈せず、後方に下ると肯んぜず、敢然指揮を續け、その沈着なる態度に部隊の士氣益々揚り部下の信頼を一身に集めた。

かくて有史以來未曾有の敵首都南京攻略戰に參加し、十二月九日腹背敵を受け、殊に城壁上よりは釣瓶擊に雨下する銃彈の中を迅速巧に命ぜられた陣地を占領し、光華門及同城壁上の敵陣地要點に對し猛射を加へ、第一線部隊の突入を支援した。翌十日第一線部隊の果敢な突擊奏効し、光華門上高く日章旗飜るを見るや、士氣彌々揚り、十一日之が占領を執拗に妨害する敵に對し火力を最高度に發揚すべく部下を叱咤指揮しつゝあつた君の左胸部を敵の一彈貫通し戰場極めて騷然たる裡に、微かに天皇陛下萬歲を唱へてこと切れた。時午後六時、暮色漸く戰場を覆はんとしてをつた。君も夢に描いたであらう、あの輝かしき南京入城を直前に逝いた君は定めし無念であつたことゝ思ふ。

戰線の華と散つた
校友の面影

陸軍歩兵伍長 島田松雄君

明治四十二年高知縣吾川郡弘岡下村に生る昭和八年母校専門部政治經濟科を卒業し直ちに荒川區役所に奉職したが、同年末入營の爲退職、除隊後大阪石炭協會に入り昨年の應召迄に及んだ。

昨年夏上海方面に出征した君は、果敢なる敵前上陸以來元氣に充ち〳〵た華々しい戰闘を繰返し武運誠にめでたく見えたが、初日に夜を次ぐクリーク戰に脚氣に罹り、初めは病を氣力で押へ戰友に伍して勇戰を續けたが、何分にも病勢は君の意氣と逆行して進み、遂に歩行全く不可能に迄立至り内地に歸還される途上、病院船〇〇丸にて脚氣衝心の爲護國の鬼となつた。心を江南の戰野に走らせつゝも、日一日と自由を失ひ行く我身に焦燥を高めつゝ死んだ君の胸中を憶ふ時、轉た暗然たらざるを得ない。

君の遺族として兩親、一人の姉の外に美知代夫人と一粒種の雄一君（二歳）がある。

陸軍歩兵上等兵 伊豆野信也君

大正四年熊本縣甲佐町岩下に生る。昭和十一年母校専門部政治經濟科を卒業し、翌年三月〇〇に入營、幹部候補生として軍務に精勵中支那事變突發により直ちに出動、西河鎭の戰闘を初陣として北支各地を轉戰中、風邪より肺炎を併發月餘に亙る病院生活後、〇月〇日再度勇躍して第一線に出動し、山西及内蒙に散在する敗殘兵討伐の任に當つた。

本年二月二十二日〇〇を出發した君の部隊は、山西省各地に蠢動する敵を撃滅すべく懸河の勢をもつて先づ北部一帶の敵を掃蕩中、三月十七日虎北村と稱する部落附近に於て約七倍の兵を擁する敵と遭遇した。しかし我勇猛なる部隊は此大敵を何等意に介せず、敢然之に猛撃を加へ退却せしめたが、敵は我部隊の兵力少なきを侮り反撃し來つたので此處に一大激戰が展開された。君の部隊は士氣彌々振ひ、集中雨下する敵彈に對し一歩も讓らず却つて之を制壓したこの戰斗中伊豆野君は輕機關銃をとり、第一線の先頭に立ち敵に掃射を加へ、その勇戰振は誠に見事なものであつた。がやがて部隊全員が限りある彈丸を射ち盡した頃、執拗なる敵は再び我が前面に押し迫り、手榴彈等を投じつゝ二三米迄も近接し來つたので、此好機逸すべからずと部隊長の號令一下全員一團となり、壯烈無比我軍獨特の肉彈突擊を敢行した。時、日没の山西の野は暮色迫つて、其處に出現した一大修羅場は筆舌を超えた凄絶の極みであつた。伊豆野君は此時も部隊の先頭に在り、部隊長と共に群敵中に跳り込み、當るを幸ひ突き伏せ斬り倒し、字義通り鬼神の如き働き振りを示してをつたが、不幸一彈來つて左上膊骨折貫通銃創を受け、戰ひ終つて直ちに部隊負傷者集合所へ、更に〇〇病院へ後送され、重態ながらも軍醫より再起を約され、自身もその日を待つうち經過思はしからず四月十九日遂に護國の鬼と化した。

温厚且自ら進んで難事に赴くといつた君の性格は部隊全員から敬愛され、一度君の死が傳へらるゝや一同暗然として、君眠る遙かの空を望んで心から冥福を祈つたといふ。

陸軍歩兵伍長 松田幸助君

明治卅六年三重縣北牟婁郡桂城村に生る。昭和三年母校政治經濟學部經濟學科を卒業。昭和六年同村島勝浦漁業組合常務理事に推され、後輿望を負ふて村會議員に選ばれ村政並に漁業の開發進展に專心し、鄕黨の信望を集めてをつた。

昨年〇月北支へ出征した君は各要衝の地を攻略しつゝ南下し一先づ〇〇線の掃蕩を了へ、〇〇の警備に着いてをつた。本年三月二十日匪賊化した敗殘兵を討伐する爲め〇〇を出發した君の部隊は三月二十八日潞縣城に據る殘敵殲滅戰に參加した。この日拂曉より攻擊は開始され、君の部隊は東門攻擊の最前線となりよく敵を制壓午頃には早くも城門目近迄前進した。かくて十米餘の城壁を梯子に依つて登攀し、城內へ突入の凄絶なる肉彈戰が展開されたのであつた。

勇敢なる松田君は一番乘りをなさんものと、梯子班に續いて部下を率ひ、機關銃彈手榴彈雨の如き中をものともせず猛進、城壁下に至つて梯子班の作業を待つうち、之を阻もうとする敵は更に左右より猛射し來り、あつといふ間もなく敵彈は松田君の胸部頭部を同時に貫いて終つた。時午後二時五十分。此有樣に憤激措くところを知らず奮ひ立つた部下は、敵の凡ゆる阻止妨害にかゝはらず遂に城壁を登り夕刻日章旗を飜すに至つた。

戰場に於ける隊長部下の情は、親子以上のものがあるそうであるが、陽落ちて春風寒き夕空に聳え立つ城壁上、萬歳を叫んだ君の部下達の眼には、言合せた樣に涙が光つてゐたといふ。昨日迄は戰友の死に部下の最後に限りなき涙を注いで來た君が、今日は部下から涙をもつて冥福を祈らるゝ身となつたのは、誠に悲しき運命の皮肉ではある。

戰線の華と散つた
校友の面影

陸軍歩兵伍長 石村繁君

明治四十四年富山縣下新川郡石田村に生る昭和九年政治經濟學部經濟學科を卒業と同時に日本紙業株式會社に入り購買課に在勤した。

昨年九月南支に出征、戰史上前古未曾有の難攻激戰の上海戰に參加した。〇〇を攻略した君の部隊は十月二十日クリークの敵陣地の攻撃を命ぜられたので、折柄の暗夜を利し敵前六十米に突撃陣地を構築、夜の明くるを待ち、翌二十一日猛烈なる空爆、砲兵援護射撃の下に突撃を起し一擧にして敵陣を奪取、更に丁家橋宅の堅陣に突入した。此間部隊をして良く戰果を收めしめたのは、全く石村君の適時適切なる本隊との連絡に俟つものが多かつた。動けば姿勢も大きくなり、從つて狙撃を受くることが多い。しかも彈丸雨飛する中を不完全なる壕を傳ひ一進一止前進する君の姿を眺めて前線の戰友は手に汗を握りつゝ無事到着を祈り、塹壕に飛込むや相抱いてその勞を慰めあひ、任終へて本隊に歸る時は、その姿の無事に消ゆるのを見て漸く胸を撫で下したものだといふ。かうして生命を敵彈に曝すこと幾回なるを知らず、君の此勇敢なる行動は、部隊全員をいたく感激させた。

二十三日の午前十時頃——丁家橋宅は完全に占領したとはいへ、まだ敵は二百米の前方にあり、彈丸はひつきりなしに飛來した。——例の元氣さで「部隊長殿命令であります」と嚢を肩に前線にやつて來た君は、任務を終ると直に踵を返し「歸ります」「氣を付けて行けよ」「ハイ」、何時もの如く颱走りで二三歩行つた時「しまつた……」二三歩走つて崩れる樣に倒れた。側腹部貫通銃創である。でも元氣に「隊長殿後は頼みます。直ぐ癒つて來ます。」の言葉を殘して、假繃帶のまゝ擔架で後送された。しかし嗚呼！此日を最後として、再び君は戰友のもとに歸つて來なかつた。君が旗の波に送られてから丁度四十日目である。

陸軍歩兵軍曹 間江龜君

明治四十三年廣島縣御調郡木ノ庄村に生る昭和八年專門部商科を卒業し、更に新聞學院に學び、讀賣新

同社に入り社會部員として活動した。

出征以來君の轉戰した地區は北支、中支、南支の廣範圍に及んでゐる。先づ北支の曠野に山岳地に轉戰幾度、輝かしき武勳を殘した君は、更に〇〇部隊に參じて杭州灣上陸部隊の最先驅として敵前上陸を敢行し、要地を次々に攻略しつゝ南京攻略戰に參加した。この戰闘に於て君の部隊は揚子江を敵前渡河して敵の退路を斷つべく要地〇〇を陷れ、歴史的勳功を樹てゝ首都入城をなした。かくて此處に戰勝の新年を壽ぐや匆々として新任務の爲〇〇に歸着、更に〇〇に上陸〇〇鐵路沿線の警備に任じた。

三月十六日萊陽縣に據る兵匪掃蕩に出動した君の部隊は、翌十七日拂曉より萊陽縣南部辛莊附近に於て猛烈なる掃蕩戰を開始した。この戰闘に於て突擊敢行に當り眞先に立ち矢の中を進擊中右拇指を傷けたが、輕傷であつたので意にも留めず奮闘を續けてゐるうち、之が化膿し手術を要するまでに立至り、〇〇の野戰病院で手術をうけ、その後の經過誠に良好で君も腕を撫しつゝ再度活躍の日を指折數へて待つた。ところが同月二十八日突如廢血症を併發、二十九日午後五時十五分護國の鬼と化し去つた。僅かの負傷が君の命數を支配しやうなどとは夢にも考へなかつたことゝて、初めは部隊誰一人君の死を信ずるものなく、やがて、衆望を一身に集めてゐた君の死が判然とするや、隊員の悲も大きかつたそうである。

君の部隊程各地を轉戰數百里の道を勇奮突破した部隊は餘りなからう。「神出鬼沒部隊」の名を冠せらるゝのも尤もと頷かれるが、この部隊に在つて君は常に先頭をきり幾多の偉勳を樹て、勇名を部隊內に馳せてゐた。殊に昨年十一月中支〇〇に於て敵軍捕虜七百餘名を、僅か部下二名と共に收容した勇猛振りは、今でも戰友達の語り草となつてゐる。

君は伍長で出征したのであるが、死の前々日軍曹に昇進した喜びを陣中より伯父の許へ、又同日嚴父の許へ、歯が惡いので治療に〇〇病院に出たが、身體は至極壯健、多くの戰友を失つたが自分は幸ひ無事で御奉公が出來るから喜んでゐる、といふ便りを寄せてゐるのも今は涙の種である。

陸軍步兵少尉

加藤英雄君

明治四十四年三重縣四日市市濱田に生る。昭和七年母校專門部商科卒業後、大同洋紙店名古屋支店に勤務した。

昨年初秋北支へ出動した君は各地轉戰の後、十一月二十六日無錫の激戰に於て戰傷し、治療を受くること六十五日、再び立つて倍舊の元氣で勇躍北支戰線に赴き指揮刀を執つた。かくて徐州の大會戰に參加すべく奮闘兵を進めるうち、五月十三日午後三時三十分、金鄕南方三粁の無名部落に於て、徐州攻略の雄圖空しく壯烈なる戰死を遂ぐるに至つた。此部落は金鄕の本陣地に對し堅固なる前進陣地が構築されてあつて、敵はこれに據り執拗なる抵抗を續けるので敢然之を擊滅せんと、君は眞先に立つてまさに突擊に移らんとする一刹那、無念一彈は君の頭部を貫き、さしも强かつた武運もこゝに盡きたのであつた。戰線に立つ以上誰しも死線を越えつゝあるのだが、行く先々殊にあの無錫の大激戰にあつて、敵の目標になりつゝも最先頭に勇奮激鬪して、戰傷を負つたとは言へ、幸ひにも死線を越え得た君は、武運に惠まれてゐたと言へやう。かくて再起した君は烈々たる鬪志を肉彈と化し、徐州へ！　徐州へ！　と進んだのだつた。瞬時後の生命さへ保證出來ない戰場ではあるけれ共、せめて徐州城頭に萬歳を叫ばせたかつたと願ふのはあながち記者ばかりではあるまい。

陸軍步兵中尉　青木　實君

明治三十九年青森縣三戸郡三戸町に生る。昭和十年母校政治經濟學部政治學科を卒業し、直ちに遞信省に奉職、電氣試驗所第三部に在勤した。日來眞面目な學究的な性格の持主であつた君は、出征以來、部隊長の信望を一身に集め、又君も之に應へ北支戰線に殘したその勳功は誠に赫々たるものがある。

『靑木君は實に立派な人であつた。その勤め振りは正直で熱心で、熟慮斷行であつた。平素の戰鬪の仕振りや、任務達成振りをそれとなく注視してゐたが、よく〳〵研究して決して周章狼狽せず、實に綿密な計畫考案を樹て實行に取りかゝる人物だつた。從つて何んな所に出しても何んな事をさせても少しも心配のない將校だつた。それで困難なむづかしい任務は靑木君に命ずることにしてゐたし、又立派に任務を果して來てゐたから、靑木なら一晩や一日音沙汰なくとも心配をせず安心をして居られた。將校斥候に時々晝も夜も出したが、仲々注意周密で一度も不覺を取らなかつた。そして着眼が仲々良好で立派な報告を持ち來り、その搜索方法も注意周到で上手だつたので、一般將校にも靑木少尉の樣にやるのだと話したこともある。』と言ふ部隊長の言葉によつても、如何に君が部隊長からの信望を集め、重要されたかが判る。

君が戰死の日は奇しくも母校卒業式當日の四月三日であつた。この日山西屯留縣東北二里位の二仙頭附近に於て約二千の共產匪軍に遭遇し激戰を交すうち、今日は是非俺の部隊が彼の高地の敵陣地を奪取するのだと部下を激勵し、敵陣に迫り支那兵一人を捕へ、更に進んで敵陣に突入、先頭に於て「手榴彈を持つて來い」と部下に命じ叫びつゝあつた時敵の一彈胸を貫き、一語を發することなく戰線の露と消えた。時正午。

戰死二日前の四月一日夜夫人に宛てゝ書いた左の一文は君が絕筆となつた。

『四月の聲を聞くことゝなりました。北支の山河も春色に包まれ凌ぎよくなりました。柳の芽が萠え初めて來ました。（略）夜間敵が來て射擊をしたり、演習中の我隊に射擊をしたりするが大したことはない。今に大討伐を開始するので知らん顏をしてゐる。北にも大分敵がゐる。共產軍も居る。（略）私は利巧な典子の父親であるし、聰明なお前が留守居をして典子を養育して吳れて居るので安心して軍務に專念してゐる。俺が戰が巧いので部隊長もすつかり信用して使つて吳れる。お前達が誇り得る樣な立派な父、立派な夫として行動して居る。（略）俺も最近顎鬚を生やして山西鬚と名付け、自ら之を羊鬚と稱し人を笑はせてゐる』

戰線の華と散つた
校友の面影

陸軍歩兵軍曹
渡邊秀夫君

大正元年静岡縣駿東郡清水村に生る。昭和十年高等師範部國語漢文科を卒業、直ちに京都府網野小學校に教鞭を執つたが同年末退職して入營、滿洲事變に赴き翌十一年芽出度く凱旋し昨年除隊歸休するうち、間もなく今次支那事變の勃發となり再度征途に上つた。

呉淞鎭に果敢なる敵前上陸をなした君は、寡兵を率ゐて勇奮よく大敵に當り、行路難を克服して要衝の地を次々と陥れつゝ常に先頭にあり彈雨の洗禮をうけながら、その間負傷したとは言へ、奇蹟的な武運を誇りつゝ南京入城式に參列した。

此間の苦闘振りは、その當時令兄に宛てた次の書信によつても一部を想像することが出來る。

『其の後は御無沙汰致して居ります。私も相變らず第一線に於て奮闘して居りますから他事ながら御安心下さい。來る日も來る日も穴倉生活です。壕を掘つて陣中構築するのが明けても暮れてもの生活です。今陣中の閑を見て近況を御知らせ致しませう。私の陣中日誌を抜き書します。

○月○○日

○○より約三百米前進して棉畑の中に壕を掘る。時惡しく月夜のため敵の集中射撃を受く。迫撃砲の彈丸附近に一帶に落下す。

○月○○日

愈々揚行鎭總攻撃だ。劍電彈雨の中を前進又前進、敵は頑強に抵抗して散兵壕より猛射す。友軍は未だ曾てない苦戰なり。此時我空軍の爆撃、戰車、野砲、速射砲、歩兵砲の協力、一齊射撃始まる。此所に於て部隊長を中心に敵の陣地目がけて突進す。敵も死物狂ひになつてやつて來る。彼我入亂れて激戰すること一時間遂に之を取る。

○月○○日

此の頃より漸く後方より食糧の輸送絶え、飲料水もなくなり、其の上泥濘の中を這つて歩く。此の苦しさ何にか譬へん。彈丸は恐ろしくないが食物の缺乏を最も恐る。

○月○○日

遂に○○を去る二百米敵の主陣地たる陵線起伏する堆土を攻撃す。あゝ此日こそ一生忘れる事の出來ない日である。(略)自分も左腕に擦過傷を受け疼痛のため暫らく伏す。敵の彈丸は實に篠つく雨よりも激しい。(略)中央軍たる正規軍は死を以て抵抗してゐる。彼等は退却すれば後方督戰隊に銃殺されるのでもう死物狂になつてゐるのだ。その夜は敵の彈丸の下で塹壕を掘る。

○月○○日

私は兵○○名を率ゐて昨日の仇討をするため、この臺上目がけて攻撃又攻撃す。午後四時遂に日章旗を臺上に立てる。敵の死者百數十名なり。この時！　この感慨！誰の目にも涙あり。（略）私は負傷したれど重責の身線戰を去らず、今尚陣中にあり。戰闘は之からだ。まだ○○を攻撃しなければならない。捕虜は數十名、捕獲品は山の様に積まれてある。

○月○○日

私は今二百米前方の敵と對峙しつゝ壕中に於てこの手紙を書いて居ります。迫撃砲彈が無氣味な音を立て、頭上をとんで行く（略）最後迄私は○○○として全責任を盡して必ず護國の鬼となります。

今は丁度四時半戰線が大分騒々しくなつて參りました。私は私の任務を盡さなければなりません。（略）

今日迄私が生きることが出來たのは全く奇蹟中の奇蹟なり。全く神の加護より外何物もありません。』

この陣中便りを出した後に、あの蘇州河大渡河戰、決死的なぞといふ生ぬるい言葉では表現し得ない激戰に參加してゐる。

『敵彈が早いか、走る兵が早いか、

彈丸が當るか、渡る兵が運強いか、

生か、死か、

向ふ岸に無事に渡るのが不思儀な位だ。』と君も書いてゐるやうに、將卒總てが死地に飛込んで行つたあの戰闘。しかも君は君が言ふ不思議を自ら敢て行つたのだつた。

かくて南京入城の翌日此處を出發、○○の警備に着いて居たが、今年三月中旬中支三州山系の殘敵掃蕩に向ひ、先々の戰果を收めつゝ天王寺を目指して進む四月二十四日午後一時、他の戰友三人と共に敵狀斥侯に出た君は、同地東方約七粁、白陽北方一○○米の地點に於て敵の歩兵主力部隊に遭遇、奮闘遂に彈藥盡きるに及んで敵陣に突入、白兵戰の末左胸部に貫通銃創を受け、さしも强かつた君の武運にも休止譜を打つことになつた。

六月二十八日君の遺骨が到着するや『おお。おゝ。隨分苦勞したらう。こんなになつてしまつたか、どれ〳〵お母さんが抱いてあげるよ』と遺骨をしつかりと抱いて撫でてゐる、七十になる母堂の姿に周圍誰もが感極まつて泣いたといふ。身も心も皇國の爲に捧げ盡した君の魂も、この愛に滿ちた母上の胸に抱かれて定めしホッとしたことであらう。

陸軍輜重兵上等兵

道下甚作君

大正二年富山縣下新川郡大家庄村に生る。昭和十一年母校専門部政治經濟科を卒業し、浅草の國際劇場に在勤した。

上海戰に於て勇奮苦闘、赫々たる武勳に輝き乍ら首都攻略に參加した君は、歩武堂堂あの名譽ある史的な南京入城式に加はり、惠まれた武運の程を深く感謝してをつた。入城の翌日早速兩親に宛その喜びを傳へてゐる。

『小生武運强く上海より轉戰後南京戰にも參加致し衷心喜び居り候種々の苦勞も有之候も我部隊も昨日愈々敵首都南京に入城致

し候中山門より入城致せし折人生斯程の快心事無之と存候若し小生無事歸宅の日あらば皆様に入城式當日のお話詳しく申上べく候』

その後二ケ月餘警備の任に着き、四月中旬より徐州戰に參加すべく部隊と共に行動を起したのであるが、五月四日北淝河を挾んで前夜來展開されつゝあつた激戰に於て、味方の戰死傷者が多發したので、之を收容する爲に後方部隊との連絡を命ぜられ、戰友四人と共に同日午後六時半頃懷遠縣の田庄兒南端に至つた折、敵彈に頭部を貫通せられ、他の二人と共に壯烈なる戰死を遂げた。

君は出征に先立って既に今日あるを期し、遺書三通と頭髮とを遺し勇躍聖戰に赴いたのであるが、今年志願して來春より入隊することゝなつた令弟三郎君は、今より兄の遺志を繼ぎその仇を討つのだと張切つてゐるといふ。地下の君も恐らく莞爾として令弟を見護つてゐることであらう。

陸軍步兵大尉 太田政明君

明治三十六年青森縣北津輕郡長橋村に生る昭和五年專門部政治經濟科を卒業し、青森電燈會社に入社、後特別志願將校として陸軍に入り、滿洲事變の際には出動熱河省の警備に任じた。

昨年北支に出征、時恰も雨期にて泥濘を侵しつゝ第一線に出で河北省、山東省を轉戰、二月〇〇より徐州を目指して南下し、最後に至る迄激斗五拾數回、太田勇猛隊長の名は各部隊に鳴響いてゐた。湯頭鎭附近の激戰等に於ては、身に敵彈を受けながら一線より一歩も退かず、一層勇敢に部隊を指揮し、誰一人その勇猛振りに驚かぬ者はなかつたさうであるが、一面實によく兵を勞り部下も慈父のやうに君を敬慕してゐたといふ。

四月二十五日臺兒莊東方邳縣蓮防山の戰斗に〇〇部隊より應援を求められ、君は部隊を率ゐて喜び勇んで參加攻擊を開始し、僅か四時間にして敢然之を占領し、『獨立機關銃隊は矢張り强いね』と兵を省みて莞爾として笑ひ、その自信と元氣とは眼中敵なきものゝ如くであつた。越えて二十七日朝一〇四五高地占領の命を受けた君は、兵を督勵指揮して、早くも午前八時には同所を占領して了つたが、間もなく逆襲して來た敵の集中砲火を受ける中、八時三十分頃傍らに落下した砲彈は遂に鬼熊より强い隊長殿と部下が誇つた君の一命を奪ひ去つた。君が倒れるや兵達が馳け寄つて隊長殿と抱き上げると、君はにつこり笑つて、天皇陛下萬歲を三唱し、續いて〇〇健兒萬歲を叫び、眠るが如くに逝つた。君の最期の時の樣子を一兵士は次の如くに書いてゐる。

『私共も共に死んで行きたい樣な氣持になりました。誰一人として手を合さぬ者又聽いた者涙を流して泣かない者はありませんでした。私達は此仇を討たなければ生きて歸らぬ覺悟です』

君は良き部隊長であつたと同時によき父でもあつた。次の手紙は戰線より夫人に宛てたの最後のもので、少々長いが、子を持つ人々の他山の石ともならうと思はれるので、そのまゝ揭げることにする。

『前略、二月の末頃から手紙を差上げないので心配してゐるだらうが元氣で御奉公をしてゐますから安心して下さい。

　四月一日英治は入學したらう、入學後の心配はよく子供の躾に注意することです。身體を健康にする事です。

一、學校はたのしいところだと思はせる樣にする事です。それには歸つて來たら今日學校でやつた事を飯を食べ乍らでも種々おもしろく聞くことです。

　先生を信用させるためにいやしくも先生の惡い事など言ふのではありません。

　その日の出來事をそれはよろしかつたとかそれはおもしろかつたとかそんな事をするものではないとかやさしく言聞かせて啓發しなさい。

二、自分の缺點（親の學校時代の短所）として數學を面倒がつたが、一年生の頃より實際敎育をしたならば非常に將來それが基礎になる事を忘れない樣にして指導することです。

　例へばオヤツにチョコレートあげる幾つか、それをお母さん一つ、英治が二つ、お友達に二つ呉れたら幾らのこつたか、その他その場合にのぞんだ時に數的觀念を與へる事が必要です。然し無理のないやうに喜んでやる樣にしなければなりません。

　自分のうちの系統から考へても讀書記憶等は決して人に負けぬが推理（考へる事）が駄目なやうだから、小さい時からよく實物を見せておもしろく數の觀念を與へて行く樣に努力しなければなりません。

　英治が早く字（イロハ）を覺へたのも時々やるイロハガルタが非常に役に立つた事を知るでせう。家庭で一寸考へておもしろくやればそれが子供には基礎づけられて將來非常に役立つものです。

三、毎日十分なり十五分なり學校から歸つて來たら一寸休ませてかならず机に向はせる事を習慣づける樣にしなさい。

　學校道具を投げ飛ばして直ぐ遊に出さぬ樣に、これはどうしてもやらせる事が必要ですが、よく無理のない樣にその時は、お前も一つしよに今日習つて來た所を聞くとか、お話を聞せて呉れとか御馳走をあげるかおどして兄か姉の樣なつもりで指導すればおもしろく豫習なり復習なりをやつて行きます。

　その習慣をかならずつける樣にしなさい。これが中等學校に行く頃の基礎になるのです。然し餘り無理に怒つたりしてやらせると學校からワザと遲く夕方に歸つてこの時間をなくしようとかかるからおもしろくやらせる樣に工夫しなさい。

四、學校が引けたら眞直ぐに歸宅する習慣は絕對實行させる樣にしなさいどんな事があつても友達の家に立寄つたり道草を食つたりしない樣にしなさい。聞かなかつたらオコッテも先生に連絡しても實行させなさい。

五、物を粗末にしない樣に習慣付けること。どんなに小さくなつてもあるうちは使はせる、例へば鉛筆ゴム・クレオン・手帳等どん／＼買つてやらぬ樣にしなさい。然しよく氣をつけなければ、餘り極度にすると人のものを盜つて來る樣になるからそんな事でも見逃して置くと飛んでもない事になるから充分注意しなさい。

六、意志を强固にする訓練をすること。

即ち幼稚園と違ふと云ふことをよく知らして日本人はだれでも十二歳迄（指で數へる）　天皇陛下のおきめになつてゐる小學校に入らなければならぬ事を敎へて雨が降らうが風が强からうが少し位身體が悪いだらうが學校に行つたら缺席をさせぬ様にすること、その他英治の缺點を父さんは見て居るからよく何事でも最後迄やり通すと云ふ意志の訓練が必要です。途中でやめぬ様に教育しない。それに英治はアキ易イ方ですから注意しなさい。

七、早起き早寝をさせる事身體を健康にする事です。健康にもよいしサワヤかな氣持を持たせる事に一番よいから注意しなさい。病氣は看護と早く醫者に見せることです。

八、朝子供が玄關を出る時にはかならず送り出して先生の云ふことをよく聞くことと氣を付けて行く事を母親の日課にしなければなりません。それが子供にその日を送るのにどんなに元氣づけるかわかりませんから注意しなさい。それから子供が學校から歸る頃はかならず家に居つてお母さんが學校から歸つて來るのを待つて居る様にしなければなりません。學校から歸つて來て母親や肉親のものが居らぬ事は非常に淋しいものですからよく注意して常に留守にしない様にしなさい。もし學校から歸つて肉親のものが居らぬ様にすれば、道草も食ふし友達の家で遊び亦豫習復習もしない様になつて仕舞ふから是非守る様にしなさい。

九、繪本をよく選んで昔語りをしてやりなさい。例へばワシトンとか秀吉とかリンコルンとか乃木大將とか東郷大將とか種々あるだらうからその本を讀んでやる事が必要です。

十、おもしろく勉强させる事訓練することが必要です。

スク〳〵とのびた邪念のない子供が必要ですから無理な教育、躾をさせぬ様にしなさい。ノンビリとして意志の强固な頑健な子供にする事が必要です。

其の他種々あるだらうが少くともお父さんの留守のうちは勿論子供の教育と云ふ事は母親として一番大切な役目ですからこの十則をよく守り更に幼時教育兒童教育等の書籍を見て如何にしたならば自分の安心する子供が出來るかを心掛ける事が必要です。昔も今も偉い人の母親が皆偉い人ばかりであると云ふ事はうなづけるでせう。

英治の入學後の注意について書いたが寛治も身體を氣をつけてお前も身體に氣をつける様にしなさい。

よくお父さんの留守中は人に笑はれぬ様之が一番大切です。お父さんの方は何にも心配せずに子供の事、家庭の經濟、身體の留意これを氣をつけて行けば良いでせう。

今迄五十何回も戰闘をして居るしそれに支那軍乍らも數が多いので○○健兒の名聲を常に博しては居りますが損害も非常に多いのです。

自分のところだけでも戰死者も重輕傷も相當あるので自分も上　天皇陛下には勿論父兄方に對しても眞に相濟まぬ事と思つて居るのです。妻子のあるものが多いので氣の毒でなりません。

而れ共皆御奉公の誠を盡して元氣よく戰ふので本當にたのもしい感が致します。四月十六日』

戰線の華と散つた
校友の面影

陸軍步兵伍長

馬淵　章君

明治四十一年岐阜縣安八郡南平野村に生る昭和五年專門部商科を卒業し、後大垣市の勝沼計理士事務所に勤務した。

支那事變勃發するや直ちに應召、上海上陸以來、大場鎭の激戰、蘇州河敵前渡河、走馬塘クリークの激戰等に於てよく死戰を踏み越え、更に苦戰惡斗しつゝも一戰毎に元氣を倍加し、江南の地を席卷し猛行軍を續け、首都攻略戰に參加光華門より突入、青史に燦たる入城式に參列した。その後崑山に留り殘敵掃蕩に從事したが、徐州大會戰の作戰なるや君の軍も行動を起し、泥寧、黄塵を物ともせず隨所敵を蹴散らし、五月十一日南平鎭に突入し敵の大部隊を擊破、尙攻擊の手を緩めず前進せんとする一時、頭部に貫通銃創を受け午後六時名譽の戰死を遂げた。

陸軍步兵少尉

中村大三郎君

明治三十六年栃木縣河內郡姿川村上砥上に生る。昭和四年商學部卒業、同年現中村家（舊姓岡田）と養子緣組をなし味噌製造業に從事した。

昨年機關銃隊長として出征、京漢線方面に轉戰すること十三回、常に友軍の戰果を有利に導き輝かしき功績を殘してゐる。徐州大包圍戰に際し之に呼應して黄河を敵前渡河し、蘭封附近の激戰に於て部下を指揮しつゝ着彈狀況を觀測中、兩側胸部に貫通銃創をうけ壯烈無比の最後を遂げた。時五月十九日。

君に動員下命の直前、長らく病床にあつた夫人も不歸の客となり、その出征の門出は實に悲壯なものだつたといふ。しかも今又君が無言の凱旋をなして、地下に眠る夫人の靈に迎へられるといふのは誠に悲しき緣しと言へやう。

陸軍步兵曹長

下村　秀君

明治四十五年前橋市曲輪に生る。昭和九年法學部英法科を卒業後、兵役に服し、昭和十二年兵庫縣高砂の日本砂鐵工業株式會

社に入る。

昨夏出征以來、北支京漢線の各地を南下轉戰、山西省に入り、其後津浦線に移動更に隴海線に沿ひ西進轉戰中五月廿五日君の部隊は敵陣地奪取の命を受けたので○○に向つて進擊の際、指揮班長として彈丸雨飛の間を專ら後方との連絡に當り行動中、午後二時頃河南省唐手庄に於て前額部貫通銃創をうけ壯烈なる戰死を遂げた。

次の一文は兩親へ宛てたものであるが、身を明日をも知れぬ戰線に置きつゝも、同胞の上へ思を馳せる良き兄良き弟としての面目が偲ばれて

『（略）苦しき山西の山嶽戰も去月末終了、御承知の如く毎日々々敗殘兵討伐に日夜不眠不休の活動を續けてをります。敗れし支那は獨特のゲリラ戰術を以て朝に夕に逆襲し來り我々步兵は全く苦戰です。五日許り前に前線に敵襲あり凄い肉彈戰を展開、明け方完全に擊退、敵の屍七八百、こんなに澤山の死人を一所で一度に見た事は生れて始めてです。過去數十度の戰闘で隨分多くの戰死者を見受けましたが約一千の屍が城壁に添ひ一ヶ所に山をなしたことは始めてです。

それから一寸高崎の叔母樣の御手紙で承りましたが、兄さんのお嫁さんが決定する樣なお話し。一日も早く御兩親樣始め兄弟姉妹の喜びに輝くその日を實現したいものです。私としても此の上の喜はありません。一家揃つて元氣で働いて、その上に又兄さんが一人前になつて下村家のために立つて下さらば、全く下村家萬々歲です。叔母樣から御手紙にて承つて朗かになつてしまひました。明（弟）の成績も良好、又彬（弟）、務（弟）も共々に成績漸次向上の由、一段の努力を希望すると御兩親樣より御傳へ下さい。夏も逝き秋も過ぎ、そして寒い〳〵冬も去つて春將に闌、人間も總ての物も希望に燃えたつ春、弟達の奮闘を祈つて止みません。四月十五日』

陸軍步兵軍曹

田邊善一郎君

明治二十八年三重縣志摩郡船越町に生る。大正八年大學部文學科哲學科を卒業し直ちに岩手縣立盛岡中學校に敎鞭を執る。後平尾贊平商店、森永製菓等を經て再び敎壇に立ち、三重縣立志摩水產學校に奉職した。

事變勃發直後召に應じて出征、爾來北支に南支に轉戰寧日なき激闘に從つたが、今次漢口攻略の行動起さるゝや之が作戰の第一線に赴くべく○○丸にて揚子江を溯航江岸の敵を掃蕩しつゝ先頭を切るうち、七月十二日午前八時頃安慶附近に於て敵彈の爲無念の戰死を遂げた。今事變中に於て最も意義あり、最も大なる會戰たるべき此途上、目的地に凱歌を耳にすることなく江上の華と散つたのは、君としても千秋の怨であつたであらうし、吾々としても『同じ護國の鬼となるにしても……』の感が深い。

戰線の華と散つた 校友の面影

陸軍歩兵中尉 渡邊信二君

明治四十一年新潟縣北魚沼郡小千谷町に生る。昭和三年専門部商科を卒業、同年同郷の渡邊家に入る。(舊姓野澤)。卒業後直ちに母校である宇都宮實業學校に教鞭を執り、昭和十二年三月栃木縣立鹿沼農商學校に轉じた。

昨年上海上陸以來江岸の地を掃蕩しつゝ激斗よく江陰その他の要塞を抜き、鎭江より揚子江を渡り、儀徵、六合、滁縣を降し士氣彌々上り蚌埠を目指し進む二月三日、蚌埠の一つ手前鳳陽附近に於て君は戰線の華と散つた。此日敵は鳳陽を據點として夥しき大部隊を集結、我鋭鋒を阻まんとしてをつた。君の部隊は附近の老明山に據り、一擧に之を撃破せんとする作戰を樹て、君は最前線に出て敵情偵察中、午後一時半頃飛來した一彈によつて右股に盲貫銃創を負ふた。戰友は直ちに後方約三〇〇米の凹地安全地帶に君を運び種々應急の手當を施したが、大腿骨折の上動脈を切斷されたので多量の出血を如何ともし難く夕刻六時半頃「部隊長殿へよろしく」の一言を殘し、銃聲いよ〳〵繁き中に眠るが如く逝つたのであつた。

次の最後の音信は、滁縣攻略に出發するに先立つて書いたものであるが、君が催促して來た一子文子さんの寫眞を抱くには餘りにも早き死であつた。

『揃つて御丈夫の由何よりのことゝ存じます。留守宅特に文子の動靜に就いて繰返し拜讀しました。時々その成長の狀況が眼にちらつき、仕事の寸暇氣持が時々小千谷に歸ることもあります。大變本年は大雪の由その上陽氣不順に付き呉々も御身體にお氣をつけ下さい。小生不相變丈夫他事ながら御休心下さい。先便の通り江南より江北に參り、目下來安に居ります。新聞紙で承知と思ひますが滁縣といふ所に約三十萬の敵が陣地を構築してゐるので、之を突破するため本月下旬現在地出發北上することゝなります。

若しこの敵陣地を突破すれば津浦線を中心に北支の日本軍と手を握ることが出來るわけです。現在居る來安には昨日から新國家の旗を軒下に出して居ります。着々支那も明朗化しつゝあるわけです。然し話が自由に出來るのでしたらもつと面白く仕事が出來るのでせうが、又支那人にして見れば話が通じぬため笑つてすむところも、ゲンコツを頂いたりするわけですから、歩哨の前を通行する支那人はビク〳〵して、歩哨には最敬禮して通つて居ます。時に文子の寫眞御送り下さい。」

陸軍步兵伍長

小原和夫君

明治四十四年山口縣吉敷郡小郡町に生る。昭和十一年政治經濟學部政治學科を卒業後郷土山口縣美禰郡伊佐町河原の百戸部落を對象として農村改革を研究し、之が計畫實行に鋭意努力をなして來た。

昨年北支に出征した君は直ちに殘敵掃蕩に移つて內蒙に入り張家口を經て大同に到り、踵を返して强行太原、石家莊を經て保定に到り、此所にて次期戰斗の準備をなしつゝ暫らく待機滯在した。

かくて戰備完くなり士氣益々振ふ君の部隊は勇躍發足、山東省に入り張店より南下して先づ沂水を攻略、次いで沂州を陷れ、更に鄒城を衝き、激戰に次ぐ激戰は徐州大攻略の前哨戰たるに適應しかつた。しかも彌々勇み立つ將兵は只管徐州目指して、前進を續けるその途上、五月一日午前十時十分敵の要害と賴む鄒城縣大王庄の陣地を衝き、一擧に蹴散らすべく、彈丸雨飛し、手榴彈炸裂する眞只中を猛進、將に敵陣に突入せんとする一刹那、飛來した敵彈は君の胸部を貫通し、徐州攻略を前に壯烈なる戰死を遂げた。

次の手紙は夫人に寄せた最後のもの

『――全く席の溫まる暇がない移動を續けてゐる。鐵道沿線から離れて三十里ばかり奧地の某縣城の警備についてゐるが、近日まで敗殘兵が占據してゐたので治安の回復が出來ず、日本の兵隊は不自由な目に會つてゐる。住民が殆んどゐないので何一つ購ふことが出來ない。早速煙草に飢え副食物に難澁してゐる。しかし支那人の放棄したこの小都會の文化の水準は相當なものであつて、交通の不便な奧地にこんな處もあるかと、實際支那といふ國は不可解である。抗日宣傳は行屆いてゐるし、ラクトーゲンの罐やら大學目藥が轉んでゐたり、相當な書籍が散亂してゐて、日本の一寸した町の文化とは比較にならないほど進んでゐる。

敵襲だ！　といふので出動してみると敵影は見えない。その代り部落々々から住民がどん／＼山に向つて逃げて行く。支那人はとても兵隊が怖いらしい。何千年の昔から植付られた兵隊觀だから無理もないが、素質の異ふ日本兵から見れば腹が立つて仕樣がないのだ。山の襞を歩いて見ると姑娘や子供達の隱れ場が石で組んであつて、裁縫など出來るやうになつてゐる。雨が降らないのだから屋根は青天井で結構だ。此附近には鴨や雁が群をなして飛んでゐる。白砂の帶のやうな河が多く、ずつと河筋に林が續き、處々の山腹に松の木が植ゑてあり、水のある處には小さい水田もあつて、何處となく武藏野に似てゐて日本を憶ふことが多い。

それから自分のことを忘れてゐたが十二月十四日付で星が一つふえたことを知らせてをこう。

仔犬はどうなつたか、時々思ひ出す。部隊長がセパード種を拾つて行軍せられるが吾々の前線を進んだ部隊の犬が迷つたのだそうだ。久しぶりに日本人の犬を見た。皆樣に宜しく。

大行李が糧食を運んで來る便を借りて送る。三月一日』

結婚二ケ月に充たずして夫君を戰場に送り出し、今こゝに無言の凱旋を迎へるといふのは、非常時が生み出した一悲劇には相違ないが、心殘りなき奮闘の後一死以て國に報ひることの出來たことを君も滿足してゐるであらうし、夫人としても躍進日本の一礎石としてのその赫々たる勳功は、我國の歷史の中に燦として輝くことを思へば、自ら慰められることであらう。

陸軍歩兵上等兵

山田健雄君

大正四年青森市新町に生る。昭和十二年、專門部政治經濟科を卒へ、直ちに、鄕里にて山田高等家政女學校長をなす母堂の下に歸り、共に之が經營に當つた。

今年出征徐州殲滅戰に參加した君は、〇より直ちに猛敵追行に加はり、行先々の敵堅陣を突破しつゝ連日敗敵を追擊し、五月二十五日早朝徐州西南方約三十里の渦湯附近に到着した。然るに同地には優勢なる敵兵があり、堅壘を構築して頑强に抵抗するので、直ちに之に猛擊を加へ逐次之を制壓して陣地を奪取したが遂に戰は夜に入つた。この間山田君は部隊長の傳令として飛雨する彈丸の中を重要任務に服し、泰然しかも機敏なる行動は我が戰果を常に有利に導いた。かくて夜に入るや墨の如き暗夜を利し、敵は衆を恃んで逆襲の樣子があつたので、我方も警戒を嚴にして之に備へてをつたが、午後十一時頃優勢な敵が我左側背面に迫りつゝあるのを君は察知したので、急據部隊に報告し、隊は全力を此方面に配して敵をおびき寄せ一齊に猛射を浴せた。然も執拗なる敵は我銃口直前迄突入し手榴彈を投擲し來つたので、我方も一勢に果敢なる突擊を開始し、漆黑の闇の中に銃聲喊聲相交錯する修羅場を現出し、遂に敵は堪へかねて多數の死體を遺棄して退却したのであつた。

山田君は此時迄勇敢に傳令を續行してをつたが、敵の至近に來つたのを知るや猛然銃劍を取り直し、群敵中へ突入した一瞬、敵の放つた手榴彈は君の身近に炸裂胸部を打ち拔かれて悲壯なる最後を遂げた。午後十一時四十分頃であつた。

時折何くれとなく學校のことに思を寄せて手紙を寄來した君は、徐州大會戰の報が傳はる頃「いよ〳〵敵と一戰を交へることになりました。何れは白骨となつて靖國神社でお目にかゝる覺悟です。學校の方をよろしく」の簡短な便りを母堂に宛てたまゝ戰線深く音信を絶つた。

一人息子の戰死が傳達された折、君の母堂は『出征の時から既に今日を覺悟してゐましたが立派な戰死だつたかと氣にかゝります。決して力は落しません。生前色々心にかけてゐた學校のことを益々確りやつて安心させたいと思ひます。』と人に語つたといふ。銃後に此母あり戰線に此兒あり、悲しくも又力强き、非常時局を綾取る、一挿話ではある。

陸軍歩兵曹長

藤本四郎君

明治四十二年山口市下立小路に内田繁松氏四男として生る。

昭和七年專門部商科を卒業、翌年山口市藤本廣吉氏と養子縁組をなし家業洋鐵商の經營に當つた。

北支出動後直ちに太原攻略に向つた君は武運めでたく無事入城、爾後津浦線の守備に當つてをつたが、今春徐州攻略の作戰成つて我部隊の活動始まるや、君の部隊も行動を起し沂水、沂州を相次いで降し、潰走する敵を急追しつゝ徐州へ迫る四月三十日午後一時頃、江蘇省袁庄に於ける突撃戰に敵迫撃砲の破片を胸部に受け、僅か二旬後徐州城頭に上つた凱歌を耳にすることなく、中支戰線の華と散つた。

次の手紙は君がまだ警備に着いてゐた頃夫人の身を案じて寄せたものであるが、その後徐州戰に參加した君は、目的地に乘込む以外は凡てを忘れて終つたのであらう、遂に一片の便りすらなかつた。

『――今日は十八日、最早や身二つになつたかね。毎日〳〵想像してゐる。現在は某鐵道守備に就いてゐる。先般自分が司令として、當驛を襲撃して來た二百餘りの敵を九名で撃退した。我れに損害なし。十二分の注意を以て對處するに就御安心下さい。

十分産後の保養に氣を付けなさい。重ね〳〵注意して置きます。トミ子も大分面白くなつたさうですね。嚴格に上品に育てゝ下さい。悪い事はドシ〳〵正しなさい。正す爲には嚴格を以てせねばなりません。「愛兒は鞭で育てよ」と昔の諺の如く、萬事宜敷く頼む。産後の保養特に注意して置きます。三月十九日』君の案じた夫人は目出度く兒女を分娩した。新しき生命はスク〳〵生立つてゐる。そして父上の勳功を語り聽かせるには餘りに幼い二兒を擁し、悲しみを心奥深く抑へて、その育英に餘念がない。

陸軍歩兵中尉

土井修爾君

明治四十二年廣島縣安佐郡長東村に生れ昭和八年法學部英法科を卒業す。在學中水球選手として活躍、昭和七年にはロスアンゼルスに於て開催の萬國オリンピック大會に出場、爾來日本水上聯盟役員として我國

水泳界に貢獻するところが少なくない。なほ臺灣高雄州體育主事に就任決定後間もなく應召したのであつた。

君は昨夏事變勃發するや間もなく應召、中野陸軍通信學校に入學を命ぜられ、本年初頭卒業、〇〇無線教習所教官となり次いで同所長に任命せられた。以來通信兵の教育に鋭意力をそゝぐうち、レシーバーの摩擦により左耳前面に癤を生じ、その部分より丹毒侵入し顔面丹毒症となり、七月七日午前九時四十五分加療空しく逝去した。

前戰に於ける作戰に戰果に極めて重大なる關係を持つ通信兵の養成に專念すること急にして、遂に一死以て國に報じた君は、定めし本懐であつたであらうが、今や益々此方面に人材を要するの秋、君の死は誠に惜しみても餘りあることである。

因に君の嚴父與一君も大正三年に母校專門部法律科を出た校友である。

昭和十四年（一九三九年）

戰線の華と散つた
校友の面影

陸軍砲兵伍長　梅本善平君

大正三年三重縣北牟婁郡尾鷲町矢濱に生る昭和十年母校專門部政治經濟科を卒業、佐藤回漕店に入り、間もなく野砲聯隊に入營、除隊後岐阜市のエンド工務所に勤務した。昨夏應召後在學中より入社交渉中であつた南洋サイパン島の南興水產株式會社に入社決定した。

事變勃發直後應召、北支に轉戰、更らに南下して南京攻略戰に參加し、再び北支に轉じ戰闘を續けたが、君の便りにもある如く、まことに武運に惠まれた征戰行も、本年三月六日の河北省咸縣古城營の激戰を最後として、遂に休止譜を打たなければならなくなつたのは遺憾至極である。

最後の手紙――

『御父上樣御母上樣御無沙汰御許し下さい時々御便り致すべきところ機會がないたので御座いますので御無沙汰致しました。其後相變らず御壯健の事と存じます。私も幾度か戰闘致しましたが御蔭で元氣で御座います。慈父と仰ぐ部隊長殿も過般名譽の戰死をなされました。亦巽《タツミ》上等兵外五名を失ひました。南京郊外の戰闘で御座いました。戰闘も酣の十二月十日午後二時三十分敵の砲彈命中砲手六名中一名の重傷者を殘し全部名譽の戰死をなされました。同一場所に居りました自分には一彈も當りません全く不思議で御座いました。荒神樣の御加護により私の分隊は他の何れの隊にも負けない戰をなす事が出來ました。後方より我分隊の有樣を見てゐた戰友は砲彈命中の瞬間には全部駄目と思つたと申して居りました。然るに私は微傷さへも負ひません。部下の仇討に再び生命をあたへられたので御座いませう。一日も早く仇討致し度いと思つてその日の來るのを待つてゐます。神佛の御加護に依り見事敵討する事が出來たならば私の仕事は上出來です。六勇士の御蔭で南京攻撃には實に立派な戰をやる事が出來ました。他に負けない働をしたと思つてゐます。支那兵のヒョロ〳〵彈には斃れないと○○の兵營で御父上御母上に申上げました。今度は必ず敵討をする迄は決して斃れません。見事敵討をして名譽の戰死でも致しましたならばほめて下さい。

全く荒神樣の御加護に依つて今度の戰を立派にやらせていたゞきました。高木先生よりいたゞきました軍刀も全くよく働いて呉れました。御禮申上げて下さい。益々元氣です。御國の爲家名の爲充分働く覺悟御安心下さい。』

陸軍歩兵伍長

森久二朗君

明治四十四廣島縣芦品郡大正村木野山に生る。昭和七年專門部法律科を卒業後大阪に遊學、昭和八年末入營し北滿の警備並に附近一帶の匪賊討伐に服し勳八等に叙せられた。除隊後廣島縣の北川鐵工所に入社した。

支那事變勃發と同時に出征した君の奮闘の足跡は戰域全土に及んでゐる。北支に於ては所謂長城戰に於て赫々の武勳を殘してゐる。杭州灣に敵前上陸をしては要衝を攻略しつゝ南京に迫り、揚子江を渡つて浦口の激戰後南京入城に至るまで奮戰に次ぐ奮戰に見事なる戰果をさめてゐる。その後上海、青島の警備に當つてをつたが、昨春出動命令をうけて徐州目指して南下、沂州、馬頭鎭、郯城等を降し武勳と共に武運彌々壯んなるものがあつたが、四月三十日隴海線北方約三里、山東省郯城縣劉湖に於て壯烈なる死を遂げた。

當時君は部隊長として第一線に進出、蔣介石直系の中央軍主力を敵として激戰を交へた結果劉湖の地を占據し、部下數名と共に特別任務についた。然るに味方を少數と見た敵は逆襲し來り、更に新手を加へて、遂に本隊との連絡を絶たるゝに至つた。只此上は死闘あるのみ、君は「此處が命の捨所だ。しかし犬死はするな、日本男子として恥づべき振舞はするな」と部下を勵しつゝ、十重二十重、しかも二十米に接近せる敵に應戰、鬼神の奮闘を續けるうち、雨よりも繁き手榴彈は、左胸部、左脇腹、兩股に命中し、目指す徐州を眼前に控へながら無念の一言を殘して斃れた。時午前八時。

最後の手紙——

『母上樣、突然○○を出立、三週間位の豫定で前線に移動することになり現在○○に來ました。此處から行軍となります。多分○○方面の戰に臨む事と豫想し期待してゐます。その地は敵が多年計畫的にきづきし堅固な防禦陣地で激戰が展開せられるでせう。小生も最後の御奉公かとも思はれますが、我戰死の報ありと雖も必ずおなげき下されず　陛下の御爲國の爲東亞永遠の平和招來のため尊き礎石として散りにしを何卒およろこび下さい。

遠き陣中より前線にのぞむに際し取急ぎ御幸福を祈る。三月二十二日　二朗』

陸軍歩兵曹長

佐藤勝雄君

明治三十七年長野縣北佐久郡中津村に生る大正十五年專門部商科を卒業。今次事變勃發後間もなく應召、十月中頃太沽に上陸以來北支各地の山嶽戰に渡河戰に平地戰に參加奮戰し、戰闘の數幾十回なるやを知らず、その間第一回の激戰に於ては部隊健康人員○名の中の一人となり、第二回激戰の際にも健康人員○名中の一人となり、奇蹟にも近い武運に惠まれて來つたが、第三回目の激戰たる河南省蘭封縣流蛟集の戰闘に惜しくも戰線の華と散つたの

であつた。

五月二十二日午前五時二十分我軍は敵が隴海線確保の唯一の抵抗陣と頼む溢峻集部落の攻擊を開始した。此時佐藤君は第二線の兵を指揮し、砲火を冒して敵前二百米に至るや、部隊長より火線增加を命ぜられた。その頃より敵の射擊は彌〻猛烈を極め、加ふるに附近一帶は開闊地で據るべき掩護物なく、負傷者續出し前進困難に陷つたけれ共、沈着豪膽なる君は卒先先頭に立つて兵を激勵前進中左大腿部に貫通銃創を受けた。しかも勇敢なる君は少しも怯まず假繃帶をなし、更に他を勵して部隊長の意の如く火線を增加した。かくて突擊に移るや眞先に敵陣地に突入、先づ二名の敵を殪し逃ぐる敵を追はんとする一瞬又も左大腿部に貫通銃創を受け流石豪氣の佐藤君も遂に步行不能となり、後送野戰病院に收容されたが、翌々二十四日惜しくも護國の鬼と化し去つた。

重傷を負ふた五月二十二日再起不能と知つてか、君は當日の日記帳に左の遺言を記してゐる。「身は支那の土と化しましたが魂は永久に皇國と子供を護ります」の一節、一讀落涙を禁じ得ない。

『日頃御兩親樣への孝養の足らざるを深く御詫び致します。此度君命を奉じて幾多の戰鬪に參加するの榮譽に浴し、粉骨奮鬪しましたが、遂に再起不能となりました。どうぞ御兩親樣には御身體を御大切になされて下さい。

トシ子(夫人)も身體を大切にして俺と二人分の孝養を盡して吳れる樣。子供は日本女性として辱しからぬ樣養育して下さい。そしてお前の足らざるところは姉妹とよく協力し補足して孝養を盡し子供の敎養に力めて吳れる樣賴む。これまで厄介になつた村の人及友人の皆樣には、何等御恩返しも出來ぬうちに再び起つことが出來ぬ樣になりましたが、御父上樣よりよろしく皆樣に謝して下さい。

身は支那の土と化しましたが魂は永久に皇國と子供を護ります。

大日本帝國萬歲

大日本帝國軍人　　勝雄』

因に嚴父庄一郎氏も日露戰役の際旅順背面總攻擊にて身に數彈を受けた勇士である

陸軍步兵一等兵

西郷邦彦君

大正三年東京市に生る。昭和十二年商學部を卒業し三菱商事株式會社會計課に勤務した。

昨春應召直ちに北支戰線に立ち良鄉の警備に當つてをつたが、七月七日支那事變記念日を機として北京西方琉瑠河附近の匪賊の行動が活發となり、南營附近に於て鐵道電線の破壞が頻繁になつたので〇〇部隊は〇〇部隊と連繫をとり潛伏斥候を增加配置し、更にガソリンカーを以てする巡察と連繫して徒步巡察を派遣し、『警備』を『强化』した。同月十日午前零時軍用列車の通過に當り、〇〇隊長はその直前にガソリンカーを以てする巡察を派出して列車を之に隨はしめ、徒步巡察を列車の直後より行進せしめた。その最も危險區域と豫想せられたのは南營踏切附近であつたが、君は此時進んで徒武巡察を志願し、部下三名を率ひて、鐵道線路に沿ひ歩道を前進すること百米、前方に線路破壞の音響を耳にした爲め、直ちに停止し全員伏臥して鐵帽を裝し、内一名を報告の爲め哨所に歸還せしめ、他の二名を率ひて敵前三十米迄に近接して誰何したところ、敵の作業援護の匪賊團は我に向つて集中射擊をなして來たので、最早猶豫ならじと君は敢然先頭に立ち、他の二名の者と敵中に突入した。敵の集團はこれに驚き作業を捨てゝ潰走したが偶々掩蔽地に潜伏してをつた一敵の拳銃狙擊に因る射彈は前額部に命中し遂に戰死を遂げた。時午前四時三十分。應召以來僅かに四ケ月と十數日目であつた。

〇〇部隊戰鬪詳報中に當時の君の行動につき左の如く記してある。

「行動沈着勇敢にして克く敵の機先を制し之を奇襲し、敵をして鐵道破壞の企圖を放棄せしめしのみならず、之に大なる脅威を與へたり。其功績は正に拔群なり」

陸軍歩兵中尉

中島一精君

明治四十五年熊本市に生る。昭和十一年專門部政治經濟科を卒業し、同年八月第一生命保險相互會社に入社大阪支部に勤務中昨夏應召、勇躍征途に就いた。

初め蕪湖の警備に當つてをつたが、七月中旬遡江開始、馬頭鎭敵前上陸を敢行し、次で鄱陽湖を横斷して九江縣に突入後七月二十九日はり發病、野戰病院に入院。八月六日退院するや直ちに金華山攻略戰に參加、頑敵と對峙すること廿日間、遂に廿七日より總攻擊に移つたが、廿九日廬山々麓尖山附近孔村高地前面にある敵陣地を奪取すべく部隊長に隨行兵を進めた。しかるに敵の打出す火力誠に烈しく、我方の攻擊稍ゝ澁滯の氣味であつたが、折柄風向が良好となつたのを利用し、一齊に發烟し前進、敵陣直前の第二小流を越へて、正に突入せんとする際敵機銃の十字火によつて左胸部を貫通、一彈の下に壯烈なる戰死を遂げた。君の傍にあつた〇〇隊長及兵一名も前後して戰線の華と散つた。けれ共この日遂に孔村高地の攻略成つて地上高く日章旗を飜すに至つた。

君が戰死の五日前、即ち金華山の敵と對峙中、母堂に宛てた最後の手紙は次のものであつた。

『殘暑酷しく山中の將兵一同の苦勞は大變なものです。然し私は病氣も全快致し元氣で御奉公申上げて居ますから御安心下さい。現在敵と對峙したまゝ十數日を送りました。夜は一切眠れず蚊と敵襲とに戰つてゐます。こゝ二三日すれば愈ゝ總攻擊開始にて、一路〇〇に向つて前進致します。今度は非常な激戰と思ひ、お便りもこゝしばらくは失禮せねばなりません。幸ひ命があつて〇〇の地を踏めた曉は一番にお知らせ申上げます。戰の庭にて生に對する慾望は一切禁物です。此度こそ廿七歳を一期に花々しく戰ひます。然し御安心下さいませ。犬死は致しません。八月廿四日』

出征記念の寄せ書きに「俺も神社の一柱」と記して勇躍故國を去つた君ではあつ

たが、征戰僅かに三ケ月にして早くも護國の一柱と化したのは、その勳功赫々たりとは言へ、餘りにも短かかつた武運、返す返すも殘念な次第である。

陸軍歩兵上等兵

高橋義夫君

明治四十四年岩手縣遠野町に生る昭和十一年文學部英文科を卒業、直ちに財團法人社會教育協會に入り處女の友編輯部に勤務した。

一昨年十月大命を拜すや卽刻斷髮これを母堂の手許に遺して應召した君は、昨年初夏北支に出征、山西省に轉戰中、九月二十六日絳縣の戰斗に於て戰死。

次の部隊長よりの公報は、君の戰死當時の奮闘振を具さに傳へてゐる。

『――去る九月十一日鐵道警備の任を終り、山西省南部の敵掃蕩の命をうけ勇躍洪洞城を出發し、爾後嶮峻なる山嶽地帶を踏破頑敵を撃破しつゝ九月二十五日陣家村に到着仕候當時敵は陣家南側高地より附近一帶に堅固なる陣地を構築し、陣地の深さは約二里に亙り、天然の峻嶮を恃みその兵力一ケ師にて各種兵器を準備して我軍と雌雄を決せんと着々その守りを固く成し居り、我○○隊は一擧に是を殲滅せんと同日九時より行動を開始し、胸衝く許りの峻嶮を攀登り一意攻撃を開始致候

廿五日は我部が隊は二名の戰死者を出し相當の激戰なりしも、將兵一同克く奮闘して遂に敵陣を撃破し、縱深約三千米に亙る間の高地四箇を次ぎ次ぎに占領し、敵と對陣したるまゝ夜を徹し翌二十六日は拂曉より更に敵本陣地に向ひ攻撃を開始仕候

高橋君は部隊第一線の一員として勇敢に奮闘し、戰闘開始の時より銃に國旗を附して先頭に起ち、敵彈の熾烈なるに少しも屈せず、地形嶮岨なるを乘超え戰友同僚を激勵しつゝ率先陣頭に起ちて前進致居候敵は全火力を揚げて射撃を續行し、特に迫撃砲彈は前後左右に連續的に落下し、破片に依り負傷する者續出致候へ共、高橋君は少しも怯まず、益々部隊員の士氣を鼓舞し、十一時稍過ぎ第一線全員は一丸となりて山頂の敵陣地に突撃を敢行致候

敵は壕内に在りて尙抵抗を持續し、三米位まで白刄を振りて近接するや、突如手榴彈を投じて陣内戰を惹起し四名は破片創をうけ候も高橋君は幸に負傷せず遂に殘敵を刺殺し同高地を占領し、頂上高く日章旗を飜し、その戰闘振花々しきものに候ひき

勇敢なる高橋君は同高地占領後機を失せず敗敵を追撃せんものと微傷をうけたる菊池上等兵その他の者と稜線を越して敵本陣地に向ひ、二十米餘り前進射撃をなしつゝありしが、此時不幸敵彈の爲頭に一彈をうけ壯烈なる戰死を遂げられ候時に十二時二十分にて候ひき其の戰死の情況は全く壯烈無比にして、其の奮戰の情況は以て軍人の龜鑑たるべく、我々の永遠に忘れ得ざるものに有之候』

君が山西から令兄に宛てゝ投じた左の一文は、今次聖戰に對する君の信念をよく吐露したものである。

『(略)僕はお蔭樣で七月中炎熱下の連日行軍にも落伍せず、八月上旬から山西省同蒲線臨汾北方十數粁小葫蘆といふ部落で鐵道警備についてゐます。丁度遠野の輕鐵位の線ですが、山岳地帶の多い山西では唯一の

交通線なので、山中に遁入してゐた敗殘兵共がチョク〳〵出て來てはレールをはづしたり惡戲の絕える日とてはありません。しかしこれとて慣れてしまつて平氣ですが、暑いさ中夜晝休みなしの警戒にはいさゝか閉口です。

　山西省は御承知の通り八路軍（朱德の率先共產軍）の本據ですから夢々油斷が出來ません。宣傳なども巧妙を極めてゐますが、現任の日本軍に對しては全然效果がないことは彼いさゝかも御存知ないから憐笑ものです。山西は山岳地帶といはず盆地、平野いたるところよく耕され、家屋なども煉瓦造りの堂々たるものが澤山あります。こはれ閻錫山のモンロー主義のよき治政の結果だと思ふんですが、彼も馬鹿なことをしたものだと情けなくなります。崩れ落ちた屋根、伸び放題繁つてゐる雜草、ガランとした家の中、强烈な夏の陽の下に濃い陰を落してゐるこれらの廢墟は、戰爭のいやな一面を非常に强く反射してゐます。住民は大半は山中の穴居生活に還元してゐます。怨みを超えて同情の淚を禁じ得ませんしかし中には最後まで共產黨の魔手に躍らされて、道路を破壞したり耕作を故意に止めて日本軍の食料利用を阻害し抵抗してゐるものもありますけれど、結局無智な民衆が徒らに妄從といふ唯一の許された生き方にその日〳〵を送つてゐるものと觀ずれば一層哀れをさそひます。

　現象にあらはれた面だけを見れば誰だつてその悲慘に眼を掩ひたくなることでせう。しかし我々はこの悲しい現實を力强く踏み越えて一日も早く明るい東洋平和の黎明をもたらすべき必然的、宿命的な重荷を脊負つてゐます。いまはたゞ　神武天皇大詔に示された『上は則ち乾靈國を授くるの德に答へ、下は則ち皇孫正を養ふの心を弘め、然る後、六合を兼ねて以て都を開き、八紘を掩ひ宇となさんこと亦可ならずや』の御精神實現のため身に鞭うつの一途あるのみ。即ち心平かに任についてゐます。新聞紙上に見れば內地の生活樣相も日を追ふて一變しつゝあるとか、今後は益ゝ消費統制强化を加へ、日常生活に幾多の不便困難の來ることが豫想否實現してゐることゝ信じます。しかしまだ〳〵食料の方までは切符制度の浮目を見ずに濟みそうですから幸ひでせう。

　爾後の行動は一切不明、「東洋平和の來るまでは僕は斷じて歸りません」唄の文句を地で行く覺悟でゐます。

　山は青いし蝿はなく、夜はコホロギが哀愁を奏で、たまには螢の飛び交ふあり熱い麥飯、茄子汁で鱈腹つめこんだ後、梢を渡る涼風に我を忘れる一時は、いさゝか鄕愁にも似て感傷的になることあり。されどいま我が身は食ひ氣一方、全くの子供なり。若し何か送られる樣な時は鹽辛か、カレー粉お忘れなき樣、菓子は氷砂糖、ドロップに限るやうです。

　八月十日　　義夫

兄上樣

姉上樣」

　何君は四歲の時嚴父に永別して以來、母堂タカ子刀自の手に依つて敎養されて來たのであるが、嚴父、令兄共に校友であるのも誠に學園と緣りの深い一家といへやう。即ち嚴父故千太郎君は明治三十一年邦語行政科の出、長兄一郎君は大正十五年高等師範部英語科の出、次兄二郎君は昭和十一年專門部政治經濟科の出である。

戰線の華と散つた
校友の面影

陸軍歩兵曹長
安藤龍君

明治三十四年岐阜縣安八郡名森村に生る。昭和二年商學部を卒業後大阪市或は名古屋市に於て室内裝飾業を營んだ。

出征以來山東省より山西省へ征戰行を進めつゝあつた君の部隊は、昨年十月二日山西省祁縣西南の韓家庄附近に於て鐵道通信線の一部敗敵の手によつて切斷された報を得たので、君が隊長となり手兵を率ゐて急據出動し、之を殲滅せんとしたが、鐵道線路附近に據つて執拗に抵抗する敵は案外多數で、我に十數倍の軍勢であつた。この敵勢から雨と浴せる砲彈の中に敢然立つて指揮するうち左前膊部に貫通銃創を負うたが剛氣な君は少しもひるまず、手拭をもつて傷口を縛り强引な前進を敢行し、しばし敵陣を沈默せしめたが、勢を盛り返した敵は多勢を頼んで再び彈雨を降らせ來り、我にも數名死傷を出し、加ふるに機銃は迫擊砲によつて破壞せらるゝに至つたので、君は悲壯にも敵陣に突入する意を決し「一同御國の爲に華々しく散るのだ」と叫びながら銃劍を手にして立ち上つた一瞬、敵手榴彈は君の顏面に命中、鬼神も哭く樣な壯烈極まる最期を遂げた。時午前十時。間もなく友軍の增援を得た君の部下は、隊長、戰友の仇とばかり勇奮之を蹴散らし多數の死體を殘して敗走せしめた。

尊き君の血を吸つた鐵道線路脇には直ぐに白木の墓標が建てられた——東洋平和の道への一里塚として。

陸軍航空兵上等兵
烏川正夫君

明治四十五年神戸市に生る。昭和十二年理工學部機械工學科を卒業し直ちに嚴父駒吉氏の主宰する株式會社大正造船鐵工所に入り取締役に就任。

昨夏中支に出征、〇〇隊に配屬となり後選拔されて數名と共に〇〇の任地に到着、爾後克く困苦缺乏に耐へ、飛行場の警備、飛行機の整備、其他の諸勤務に當り、萬難を排して晝夜を分たぬ激闘を續けるうち、九月十日突如急性大腸炎を發し、安慶の野戰病院に收容され加療中衰弱甚しく同月二十一日午前四時三十分遂に皇國に殉じた。

君の死するや即日一等兵に進級を上申されたが、上司より、生前君の勤勉努力が衆に範たるを認められ、特別進級にて即日航空兵上等兵に進められたことは、せめても君の靈を慰むるに足るものであらう。

陸軍歩兵上等兵

須藤安夫君

明治四十四年澁谷區に生る。昭和九年專門部政治經濟科を卒へ、直ちに商學部に入學、昭和十二年卒業し、東京都市遞信局に奉職、赤坂工務出張所機械係として勤務。

昨春應召し北支に出動、北京周邊の蠢匪掃蕩に從ひ、徐州大會戰に參加して徐州を降し、席を溫める間もなく炎熱下黃塵に惱まされつゝ、隴海線上を西に向つて敗走する敵を急追したが、河南省寧陵縣火食店附近に於て堅固なる陣地に據る敵の大部隊に遭遇し、一大激戰が展開せられ、此戰鬪に於ても勇敢なる君は常に先頭に立ち勇奮中殘念にも敵彈に倒れ、八月十日北京兵站病院に入院し加療再起を俟つたが、傷狀は君の意に反し惡化の一路を辿り、九月四日午前九時十五分遂に北支の露と消ゆるに至つた。

陸軍歩兵上等兵

川島一郎君

大正二年宇治山田市に生る。昭和十二年商學部を卒業し昭和スレート販賣株式會社に入社。

昨年一月應召山東省に在つて殘匪掃蕩並に警備の任に就いてをつたが、濟南東南方歷城縣臥牛山附近に敵匪侵入せりとの報に接したので之を搜索掃蕩のため、八月十三日早朝出發、華山附近を掃蕩して、午前十一時三十分頃臥牛山の西側に進出、續いて臥牛山西北千二百米附近に達した折、敵の姿を發見、敵も我方を發見し、逐次兵力を增加し來つたので、直ちに機關銃隊を以つて山上の敵に掃射を加へた。

當時君は同機關銃隊の彈藥手として服務中であつたが、附近には何等據るべき掩護物なく我方は不利な狀態にあつたに不拘、勇敢な君は左前方約三十米に在つた彈藥馬から彈藥を下すため、敵の猛射を冒して之に成功し、銃側に彈藥の補充をなすや、再びとつて返し、自己の危險をも顧みず近傍より高梁幹を集め來り、彈藥函並に射手の遮蔽に努むると共に、他の戰友を勵しつゝ掩體の構築をなしつゝあつた際、敵の放つた一小銃彈は君の胸部を貫通した。部隊長は直ちに後退する樣君に命じたが、苦痛を忍びつゝ尙も作業を繼續するうち、遂に意識不明となり昏倒するに至つた。

一方戰鬪は繼續され、遂に敵は多數の死體を遺棄して敗退したが、負傷後奇蹟的にも意識を回復した君は後送、青島野戰病院に收容されたが遂に再び立たず、八月二十五日簀子を代へるに至つた。

入院後戰友の手を借りて父宛に綴つた左の手紙は最後のものとなつた。

『先日より度々慰問袋や御手紙を戴いて返事を出さうと思ひながら移動や討伐で忙しく、その上〇〇方面に於ける戰鬪に於て一寸した負傷をして入院、明早朝東海岸の〇

○に後送されると云ふ有樣で返事も思ふに委かせませんでした。日頃内から立派な手柄立てる日の知らせを皆さんが待ち詫びて居て下さつた期待に背きました。然し最善を盡した筈です。再び全快の上は必ずや華華しき手柄を立てる覺悟ですどうか待つて居て下さい。

今元氣で手紙位は書けるのですが億劫だつので戰友に手傳つて貰ひました。二三日の中に○○に着く豫定です。着いたら又手紙を出します。

八月十七日　　一郎』

陸軍歩兵伍長

坂本眞介君

明治三十六年熊本縣鹿本郡櫻井村に生る。昭和八年政治經濟學部を卒業し、直ちに茨城縣廳に奉職、經濟部土木課に勤務した。

昨夏應召、蕪湖に敵前上陸をなし之を攻略警備の任に當つてをつたが、七月中旬より愈々武漢を目指して出動、安慶、湖口、九江等の要衝を陷れ、武漢攻略戰中皇軍が最も苦戰をなしたと傳へられる廬山の山岳戰に加はつた。此間幾多の戰友を失ひつゝも、生れて此方風邪一つ引いたことがないといふ强健な身體を誇りつゝ、常に先頭を切つて勇敢な戰鬪を續け、敵彈さへ避けて通つたであらう君ではあつたが、不幸病魔の襲うところとなり、後送されて八月二十日南京の陸軍病院に入り、翌々二十二日午後一時五十分執拗なる病魔のために尊き生命を奪はるゝに至つた。健康に人一倍の自信を持ち、只管一番乘を目指して、武漢へ武漢へと鬪ひ拔いた、あの勝氣な氣性を思ふ時、そして「皆樣の御期待にも添ひ得ず實に殘念に存じますが、坂本の日頃の氣性から考へまして、出征後日は淺かつたとは申しながら、頑張れるだけ頑張りまして充分な御奉公を致してくれましたことゝ信じます。むしろ働きすぎる程働いてくれましたことゝ夫を最もよく知る妻の私は、一人ひそかに自らを慰めて居ります。」といふ夫人の心中を想ふ時、胸の詰るのを止め得ない。

陸軍砲兵中尉

佐藤弘俊君

明治三十九年久留米市に生る。昭和四年專門部政治經濟科を卒業、後久留米市役所會計課に奉職した。

事變直後軍に從つて北支に出征、逐次戰果を收めつゝ、要衝保定の攻略戰に參加奮戰中不幸氣管支炎に罹り、病魔と外敵とを相手に鬪ふうち病勢惡化し、小倉陸軍病院に還送され、再度出征の日を指折り數へつゝ療養をうけてをつたが、君の希ひも遂に空しく、昭和十二年十二月二十日護國の鬼と化したのは、君としても殘念至極なことであつたらう。

陸軍歩兵上等兵

山手正明君

大正元年廣島縣深安郡廣瀬村に生る。昭和十一年專門部商科を卒業し大阪市の田中硝子工業貿易部に入り、後郷里廣瀬村の郵便局長を拜命。

昨春勇躍征途に就いた君は北支に上陸、青石橋、戚家庄等の戰鬪を經て徐州大會戰に參加、之を攻略後息つく間なく敵を追擊、五月二十日徐州東南方の江蘇省西夏疃附近に於て、君は左翼第一線の部隊に屬し、南方高地に陣する敵を攻擊中、敵小銃彈によつて右大腿部を射貫かれ其場に倒れたので、直ちに戰友は君を擔架に乘せ、西夏疃に向つて後送の途路、出血多量の爲め遂に倒れてから二時間後の二十時三十分息を絶つた。

出征以來君からは家へ一回の音信も無かつたが、同じく內蒙に出征してゐる令弟へ宛て、「兩親に心配を掛けるから第一線に出てゐることを言ひ得ずに居る」と言つた書信を寄せてゐる。生命は皇國に捧げつゝも、兩親に少しでも心配を掛けまいとする君の心使ひから便りを書かなかつたのだ。その樣子を內蒙の令弟から通告し來つた六月十六日、奇しくも君の原隊から戰死の公報があつたといふ、それにしても第一線に出てから僅か十日にして斃れた君の武運は餘りにも儚なかつた。

陸軍步兵科幹部候補生

平野謹彌君

大正三年宮城縣栗原郡長岡村に生る。昭和十二年專門部法律科を卒業し直ちに大藏省爲替局に奉職、翌年一月入營渡滿して北滿警備に從軍したが、同年六月中旬ソ滿國境風雲急を告ぐるや、某任務のため國境方面に出勤中外傷疾患のため牡丹江省穆稜の陸軍病院に入院、加療の甲斐なく七月十二日、雲行頓に切迫した北支の空を眺めつゝ、幹部候補生として國軍幹部としての第一歩を踏出し乍ら雄圖空しく挫折するに至つた。

陸軍輜重兵中尉

小山正美君

明治三十九年弘前市に生る。昭和五年高等師範部國語漢文科を卒業し直ちに弘前高等家政女學校に教鞭を執り、同年末入營。除隊後東津輕郡蟹田尋常高等小學校を經て南津輕郡黑石尋常高等小學校に奉職中に應召。

出征以來北支の山野に彈藥食量輸送の重大使命を荷つて轉戰、常に死線を越えつゝ奮鬪を續けた君ではあつたが、昨年三月十六日山西省潞城附近神大村に於て壯烈なる最後を遂ぐるに至つた。

神大村は黎城と潞城の間、微子鎭の北方に當る一小部落で、此日午前九時半頃、行軍を續けゝ來た君の部隊は、此部落で小休止をなし、先頭部隊が行進を開始しようとする刹那、突如前方に潜んでゐた敵から撃つて來た。我方は直ちに道路を中に左右に展開、兩側の高地を占據して之に對峙したが、此時既に敵は高地前方に陣地を敷いてをつた。卽ち我軍が部落に休憩中、部落民を裝うて潜入、我兵力を視察した敵がゲリラ戰術に出たものなのであつた。事實我方は大部隊ではあつたが戰鬪員は少なかつた。之を知つた敵は相當の兵力を擁して息つく間もない彈雨を浴せ續けた。かくするうち敢然先頭に立つて部下を指揮する部隊長は敵迫擊砲彈にやられて終つた。その時「俺に續け！」と拔刀したのが小山君であつた。

それから七時間餘りの戰ひ！　それはまことに言語を絶するものであつた。援軍の來る迄は何んなことがあつても我陣地を死守しなければならない。戰は間もなく白兵戰に移つてゐた。一人で五人十人の敵を向うに廻してゐた。殊に短劍を唯一の武器とする〇〇兵の働きは淚ぐましきものであつた。此間君は亡き隊長に代つて最前線に指揮をとつてゐたが、穴居の跡を見出して兵を一先づ此處に入れた。君にして見れば部下の生命は一人でも惜しかつた。一先づ安全地帶へ部下を移して次の處置を講じようとしたのだつた。敵は五十米位の高地に陣取つて重機と手榴彈をひつきりなしに飛ばして來る。『みんな覺悟をして吳れ。銃のない者は短劍を拔け。必ず一人以上を刺してから死ぬんだ。彈丸はあるか？』君の聲に調べた彈丸は僅かに二發。

『よしそれは撃つな、最後の彈にしろ。皆肩章をとれ、突込めの命令が出たら俺に續け』之が君の最後の命令であつた。

『突込め！』第一回は半數の兵がワツと敵中に飛込んで行つた。血路を開かうとしたのだ。第二回目に敵が襲つて來た。『突込め！』聲と共に小山君は長劍を揮つて飛出した。兵達も遲れじと之に續いた。その時『うん、やられた』君は敵彈に足をやられたのだ。それでも强氣な君は『大丈夫だ、後を賴むぞ』と馳寄る兵を拂つて、身を引摺りながら前進した。兵達も肉彈となつて進んだ。しかし敵の放つた第二彈、しかも手榴彈は君の頭上目がけて落下して來たのだ。

夕刻援軍は到着した。頑强だつた敵も無數の死體を殘して敗走した。が我軍にも尊い幾人かの犠牲が拂はれた。君もその中の一人に加はつたわけなのである。

戰死數日前母堂と夫人に宛てた便り——

『一ヶ月の間苦しい戰鬪を續けた。然し意氣軒昂。昨日（三月十日）やつとの事で潞安といふところに歸りました。故郷からの手紙五通受取りました。私はこの一ヶ月の戰鬪に九死に一生を得て、今からしてゐることを不思議に思つてゐます。今かうやつて手紙を書いてゐると北方で砲聲銃聲がヒツキリなしに響いてゐます。戰ひ、それが必然であるならば、必勝でなければいけない。一度戰つたら必ず勝ねばならないと切實に思つてゐます。五色の新國家の國旗が翩翻とひらめき、皇軍のよき指導のもとに四千年の古代の支那の姿が再生してゐます。東洋平和のため、國家の礎となつて、皇軍は東に南に西に北に苦鬪を續けてゐます。

汗と塵にまみれ、日章旗のもとに莞爾どしつゝ故鄕に父母を置き妻子兄弟を殘して……これ程偉大な、これ程尊敬すべき人々を我々は嘗て見たことがあつたでせうか。私も負けないで一生懸命やつてゐます。この尊い聖戰に生命を捧げ得る感激と幸福とを悦びます。

浩男（長男）も瑞男（二男）も私の意志をつぎ、軍人にせねばならない。出征將士の妻として恥ぢざるやう君の尊い仕事に精勵して下さい。

子供等の寫眞を送つて下さい。見たくなつた。小包を樂しみにまつてゐます。今まで無事だつた報告。』

戰線の華と散つた
校友の面影

陸軍步兵中尉
松藤松生君

明治三十八年福岡縣山門郡大和村に鶴次氏長男として生る。昭和八年高等師範部英語科を卒業し大牟田高等小學校に奉職したが後迎へられて鄕里大和村の青年學校に教鞭を執り子弟の訓育に努めた。此間特に不振生徒のために教練の夜學を開始しその成績の向上を計り、その他就學出席の督勵、部落講演等文字通り晝夜兼行の努力を惜まず、鄕黨の信望厚く、近隣識者から多大の期待をかけられてをつた。

昭和十二年十一月五日彼の壯絕なる杭州灣敵前上陸こそ君が敵地に足を印した最初であつた。爾來黃浦江の渡河戰、嘉善、嘉興、湖州、廣德の攻略戰等に於ては燦たる戰果ををさめた。就中勝家濱の激戰に於ては負傷した部隊長に代つて指揮をとり、敵十字砲火の中に立つて奮闘し、その勳功は拔群のものがあつた。かくて十二月五日の河南店附近の激戰に移つたのであるが、此戰闘に於て君は、敵の最左翼にあつて我進擊を阻む機關銃隊を擊滅するため、我○○部隊の指揮に當つたのであるが、かくと知るや敵の主力は君の部隊に集中し來つて、迫擊砲、機銃の十字砲火をもの凄く浴せ來つた。君はこの中に立つて部下を指揮し奮戰又奮戰鬼神の働き振りを示してをつたが遂に武運此處に盡き、征戰に加はつてから一ケ月目壯烈なる戰死を遂ぐるに至つた。

尙君は過般第五回發表の論功行賞に於て功五旭六の恩賞に浴した。

陸軍步兵軍曹
中田信雄君

明治四十四年大阪市東區牛入町に生る。昭和十一年法學部英法科を卒へ、同年末入營、翌年事變勃發するや直ちに出動、七月二十四日の廊坊の激戰を初陣に、南苑、保定、石家莊、楡次、昔陽、臨汾、その他各地の山岳戰に第一線にあつて頑敵を殲滅し、世界戰史に輝く奮闘、娘子關の大戰闘に○○部隊の勇名を擧げる等、此間寒暑ゝ困苦缺乏に耐へ、武運彌ゝ長久五十數回の戰闘、大小百有餘回の討伐掃蕩に悉く參加し、大黃河の岸に出づるまで、實に一千有餘里を踏破したが、昨年八月十

七日遂に山西省蒲州城の攻略に際して一番乘の功を樹て、城壁上に於て無念頭に貫通銃創を受け、敢なくも斃るゝに至つた。

當時敵は山西最後の抵抗陣として蒲州城を死守し、附近一帶に堅固なる陣地を構築し、相當の兵力を擁して我軍を喰止めんものと守備を固めてをつたが、我が將兵一同克く奮戰し、附近の陣地を次々に擊破し、八月十七日敵の本城たる蒲州に對し攻擊の火蓋を切つた。敵は城の內外より堅陣を賴み猛烈なる砲銃火を浴せ來つたが、我軍は、彈雨の中を克く前進、城壁約三百米迄近接した。しかるに附近一帶は開濶地で據るべき掩護物なく、敵の射擊は益々猛烈を極めたが我軍は更に前進、城壁前面約二百米に構築した步兵壕並にトーチカに據る敵を擊退したが、城內より打出す迫擊砲、城壁のトーチカより打出す機銃火は雨よりも烈しいので、滿水の戰車壕へ突入し、胸部迄ある水中に伏臥した。此時君は中央突擊隊に屬してをつたが、最早猶豫ならじと鐵帽を脫ぎ捨て、「誰か彈を持つて居らぬか」と戰友より十數發の彈を受取り、鬼神の如く敢然壕內より飛出し、「中田危い、伏せろ」と言ふ戰友の言葉にも耳を假さず、只一路まつしぐらに銃砲火の中を物ともせず、銃劍片手に城壁に向つて眞先に馳出した。壕內の兵も「中田を殺すな」とばかりに皆之に續き突貫を開始した。敵は全火力を擧げて射擊を集中し來つたが、君は前面に張り廻らされた鐵條網をこともなげに乘越え乘越え、「犬死するな、頭を上げるな」と大聲に勵しながら、自身二三十米前方を走り、遂に城壁下に達し、高さ約十米の城壁を砲擊によつて作られた破壞口より登攀突入し只一人城壁上に馳せ上り、日章旗を飜した瞬間、城壁上に作られたトウチカより打出した一彈は不幸頭部に命中、一番乘の榮譽に莞爾として城頭の露と消へた。時正に夕闇迫る午後八時であつた。

君は突擊に際し「鐵帽などは奮鬪の邪魔になる」と言つて、鐵帽を脫ぎ捨てゝ奮戰するのが常であり、しかも君の奮戰は悉く戰捷の因をなしてゐたといふ。部隊長からの公報中にも

『…常に最も勇敢にして沈着、責任感念極めて旺盛にして進んで難局に當り、赫々たる、武勳を樹てられ、特に、八月十日（始めて黃河を見たる日）黃河左岸地區姚卓村の攻擊に於ては進んで斥候長となり、最も勇敢適切に行動し、部下四名を率ひて前面の敵狀を探り、更に城內に突入、遂には殲滅戰を演じ、部隊歷史として永久に保存せらるゝ事となり、君の行動も明記報告し、一般戰友の羨望の的となり、又敬服され、明朗玉の如き性格と平素の忠勇無比の行動により、上下の信望を一身に蒐め居られたる次第…』とあり、舊關の戰鬪後、令兄に宛てた左の手紙の一節によつても君の奮戰振りを偲ぶことが出來る。

『…峻嶮なる山嶽地內に於て奮戰すること三日、戰友は次々に倒れ、銃心に彈を受け、銃を取換へること三度、食糧の補給は勿論彈藥の補充さへもなく、その間一睡だに許されず、遂に敵を擊退するに至り申候戰鬪後軍服を調べたるに二十七發の彈痕あり、その他水筒に二發、鐵帽に一發彈を受けたるも、幸にして無事、これ皆銃後の皆樣方の神佛への御祈願の賜と信じ居候只右胸部と右大腿部に迫擊砲の破片にて負傷したるも、假繃帶のまゝにて奮戰を續け申候右胸部の傷は一生に殘る最も記念のものと存候も幸にして野戰病院に收容されることもなく元氣に勤務致居候間御安心被下度候』

戰死場所たる城壁の上には、部隊の手によつて君の墓標が建てられてゐる。常に一番乘りを口癖にしてをつた君のことであるから、定めし笑つて此處に瞑し居ることで

あらう。

陸軍歩兵中尉　今井史郎君

明治四十一年長岡市に星野傳市郎氏の四男として生れ、昭和八年同市の今井家と養子縁組をなす。昭和七年商學部を卒へ直ちに日本火災保險株式會社に入り東京營業課に勤務した。

一昨年出征以來部隊長として或は上海戰に或は徐州會戰に輝く武勳を殘した君は、更に漢口攻略戰に參加、大別山々系深く兵を進め、克く困苦缺乏に堪へ、鬼神も哭く肉彈戰の果、遂に大別山に骨を埋むるに至つた。

卽ち九月二十四日午後四時より、大別山系新店北方赤禿山高地の攻擊が開始されたが、此戰鬪に於ても君は眞先起つて部下を指揮し、先づ再度の突擊を以て中間高地を占領後、胸衝く急坂を登攀、一步々々敵陣に迫つた。敵は手榴彈、機關銃を以て我進擊を懸命に阻まんとしたが、我は此彈雨をものともせず、六時半頃には五つ目の突角を占領し、愈々山頂目がけて突進を續行した。一方山頂の敵も益々その數を增し、六つ目の突角を奪取せんとする頃は急霰の如き銃砲彈に、我方も相當の犧牲を出した。暮色漸く濃く、敵の亂射は一段と激しさを加へたに反し、我方は後方からの彈藥を俟たず猛進を續け彈丸が盡きて終つたので、石を投げつゝ突擊を弛めなかつた。君は岩山を匍匐しながら「そら右の奴に石を投げろ、そら左に出た。」と、命令しつゝあつたが、午後七時十分頃軍刀を振翳し、山頂の敵陣に肉彈となつて突入、阿修羅の如く五六人の敵を血祭りに上げた。君に續いた部下も敵陣を蹴散して、夕闇に白々と日章旗が樹てられた。萬歲！　前線に於ける感激の最高潮が絕叫されやうとする一瞬、左方の山より敵の側射によつて君は後頭部を射拔れ、どうとその場に殪れ壯烈極まる戰死を遂ぐるに至つた。赤禿山頂に日章旗が樹つと見るや、四方の山上に布陣した敵は猛射を集中し來つたが、君の部下達は日章旗の下に、今井君の遺骸を護つて一步も退かず、間もなく來援した友軍によつて、さしも頑强な赤禿山高地も完全に我手中に歸し同地帶の戰線は果然進展したのであつた。

今も赤禿山上に建つ「今井○隊長並に部下奪戰々死之碑」は、恐らく訪う人もないであらう大別の山奧に、當時の壯絕無比の激戰を物語つて居るであらう。

陸軍歩兵上等兵　小川士氣旺君

大正三年熊本縣玉名郡川沿村に生る。昭和十二年專門部法律科を卒へ直ちに朝鮮總督府京畿道廳地方課に奉職。

昨夏漢口に向つて勇躍征途に上つた君は先づ九江に上陸、次いで黃梅、廣濟、田家鎭等に激戰に次ぐ激戰を繰返した。

九月二十六日田家鎭八峰山總攻擊の命を

受けた君の部隊は、同日午後九時行動を起し、君は左翼部隊に加つて、夜を徹し激闘を續行、拂曉に至つて白兵戰に入り、正に突入せんとする敵陣十五米前に於て頭部に貫通銃創を受け湖北の華と散つた。時九月二十七日午前四時三十分であつた。

左の一文は自宅に宛てた最初にして最後の通信

『〇月〇日

〇〇、〇〇の中間です。午前十時五分物凄き砲聲。

頭の上の甲板で炸裂する迫撃砲彈、思はず首を縮めました。そして鏡（出征の時友人より貰つた）を出して見ると顔の色は變つてゐません。そして鏡を見ると不思議に落付くものです。激戰中鏡を見よと云つた古兵殿の敎が現實となつたのです。……

〇月〇日

〇〇を六時發

今日が一番危險區域を通るとか。八時――九時。砲聲。

今日は一發もあたりません。軍艦と飛行機に護衛された輸送船は悠々上江することが出來ます。今夜は九江に着く筈です。明日上陸江を渡つて黄梅、その前線に〇〇部隊を追駈けて行く筈です。

いよ〳〵彈丸も貰ひました。

氣は既に漢口を呑んでゐます。

全部が全部、無事に還れぬと覺悟はきまつてゐるやうです。

船中退屈は致しましたが、元氣は益々旺んですから、此點御安心下さい。

頑張ります。きつと、御國の役に立ちます。この手紙が着く頃は、大いに闘つてゐますよ。戰闘中は漢口に日章旗を上げるまでは、手紙も書けますまい。

九月六日　　九江下流にて』

陸軍歩兵大尉

清水善之助君

明治三十八年平塚市平塚に齋藤富太郎氏の二男として生る。昭和十二年同市清水家と養子緣組をなした。昭和四年商學部を卒業し、直ちに朝鮮鐵道株式會社に入り營業課に在勤したが、昭和七年四月退職横濱市の國定教科書神奈川縣特約所に勤務した。

昭和十二年秋出征、上海上陸後呉淞クリーク渡河戰を皮切りに大場鎭攻略戰、浦東掃蕩戰に參加、更に杭州攻略を終へ上海に戻つて南市並に浦東の警備に任じた。昨年五月中旬徐州戰の一部である阜寧及その附近の攻略戰に參じ偉勳を樹てたが、八月踵を返して漢口攻略戰に加はり、先づ鄱陽湖畔の要衝星子縣城を降し、徳安目指して山又山の山岳戰を續け、克く頑敵を拔きつゝ徳安に迫るうち、十月三日午前十一時十五分頃隘口街東方高地に於て、壯烈なる戰死を遂げた。

八月中旬以降嶮峻なる廬山山系に踏入つた君の部隊は、有利なる地勢に據る優勢なる敵を壓迫しつゝ十月初め隘口街の要嶮に迫つた。當時君は隊長戰傷の後をうけて隊長代理となり、よく部下の信望を集め部隊を引卒して奮闘したが、十月三日午前五時隘口街東方約二粁の地點にあつた敵陣地を奪取すべき命をうけ、懸崖深谷より斜射側射する敵火を冒し、勇躍任に赴いたが、部隊は君の極めて有効適切なる誘導により、さしも激烈な敵の銃砲火の中に在つてさしたる損害なく、友軍の各種重火器部隊の掩護の裡に逐次前方に地歩を占め、午前十時四十分所命の山脚に達し、機を逸せず、高地に突入、同十一時確實に之を占領した。この前進に當つて君は常に先頭に立ち、士氣を鼓舞し所命を果したのであつたが、敵陣占領後直ちに敵交通壕を利用して、敗退する敵狀を偵察し、爾後の攻擊を準備中、隅々右側背より飛來した敵彈によつて下腹部を貫通され殪れて再び立たず、部隊將兵は之を見るや痛憤やるかたなく、隊長の死を無にするなと必死の力攻を續け、十月九日遂に隘口街に突入、隘口街一番乘を以て君の弔合戰を成し遂げ、我軍に新らしき戰果を展開せしむるに至つた。

戰死公電のあつた翌日夫人の手許に齎らされた戰線よりの君の便りは左の通りであつた。

『目下激戰中良き便りなし。痩身衰弱の身に鞭打つて一人頑張り、部隊の第一線を受持ち、クリーク戰と異ふ山岳戰に、頑强なる敵ばかりでなく、困苦缺乏にも滿身氣慨だけで戰つてゐる。

今度の戰鬪に於ては割合將校の損傷が多いが幸ひに未だ敵彈には見舞はれず生き延びてゐる。しかし明日の生命は判らない。彈丸に見舞はれなくても、見苦しい振舞は致して居らないから安心して呉れ。

先日標高三五〇米の山頂より肉彈決死の突擊を行ひ、先遣下士斥候中の下曾我村の穗坂といふ模範的な兵士を戰死させて終つた。殘念でならない。誠に武人の華として實際壯烈なる戰死であつたことだけは事實だ。留守宅へも、早速その狀況を通知した。眞面目な勇敢な兵が、減つて行くことが、何より歎かはしい。

留守宅一同健在が何より嬉しい。父上より度々激勵の御手紙頂戴して、その都度緊張の度を增して居ります。何卒元氣だと呉々もよろしく御傳へを乞ふ。かく書いて居る間にも敵砲彈が頻々と附近に落ちて居る（下略）』

陸軍步兵伍長　原正雄君

大正二年澁谷區神泉町に靜雄氏三男として生る。昭和十二年商學部を卒業、直ちに東京自動車工業株式會社に入社した。

昨年三月軍に從つて勇躍北支に出動、殘匪討伐に從ふこと十數回、八月漢口攻略軍の一部として揚子江を遡江廬山附近に上陸、激戰を展開しつゝ江西省瑞昌より羅盤岳を越へ若溪目指して猛進を續けた。

十月一日武寧縣羅磐岳東方三坪高地の攻擊を命ぜらるゝや、右第一線分隊に屬した君は、雨飛する敵彈の裡を勇敢機敏に前進し、敵陣に遮二無二突入し、敗退する敵に猛射を浴せ多大の損害を與へた。しかるに第二線陣地に據る敵は、占領された第一線陣地に、手榴彈、機銃彈を集中して來つたが、剛膽なる君は之を意とせず應戰中、執拗なる敵約百名程が逆襲し來つたのを目擊したので、之等に猛射を加へて、部隊の突擊を容易ならしめつゝあつた折、敵の一彈は君の頭部に命中した。しかも飽くまで勇猛なる君は流れる鮮血を拭いもやらず、射擊を繼續中出血甚しく、其場に昏倒して遂に再び立たず、壯烈なる戰死をなした。

此君の死鬪によつて部隊の突擊を極めて

容易ならしめ、間もなく此三坪高地も我軍の手中に歸したのであるが、身に致命傷を受け乍ら意識のある間は立場と責任を痛感して闘ひ抜いた君の最後に、「死して護國の鬼と爲る」といふ言葉の意味がまざ〲〵と呈示されてゐるやうに思ふ。

父上宛に戰線から次の最後の手紙を寄せてゐる。

『其後も皆様元氣ですか。正雄も相變らず元氣でをります。御安心下さい。次雄兄さんの所では男子誕生の由、原家の爲に御目出度い事ですね。

最後の大會戰を、○○城一番乘りを夢見てをります。今度は討伐と異り敵は正規兵です。故西郷君(校友西郷邦彦君)の弔ひ合戰の氣持は大いにもつてをります。頑張ります。』

陸軍歩兵上等兵

朝倉　昇君

明治四十五年芝區片門前町に善八氏の四男として生る。昭和十一年法學部英法科を卒業し、家業洋家具製造業の手傳をなしてゐた。

昨年五五出征、上海上陸後家宅附近の警備に着き、一ケ月の後長江對岸通州(南州)の附近の殘敵掃蕩に從ひ、續いて揚子江を九江に向つて遡航、鄱陽湖畔廬山の背後に上陸した君は、言語に絶する苦闘の連續である山岳戰に終始したが、それにも不拘、君の便りにもある如く至極朗かな征戰行を續けた。戰死の前日である十月六日には郷里から肉身の眞心をこめた小包が届いたので、それを開いて戰友と共々杯を擧げ明日の勝利を元氣で祝し合つた。翌七日は隘口街前面右側に、約八百米に及んで切り立ち聳ゆる硝瓜船山の敵を攻めた。今迄と同じやうな凄い、山岳戰ではあつたが、昨日に増した朗さと元氣とを以て眞先立つて攻めに攻めたてた結果遂に之を攻略、山頂に立つて萬歳を叫んのも束の間、敵のチェッコ機銃の側射によつて、右後頭部より貫通銃創を受け壯烈なる戰死を遂げた。

次の一書は戰死の四日前、戰線から投じたもので、文中鬼叔父さんとあるのは、君の髯が餘りにも濃かつたので、令兄のお子さん達がさう呼んだもので、頑固そうで居て一面子供達から慕はれた優しい叔父さんのニックネームである。

『或る部落を今占領して土の壁に包れた家の中に頑張つて居ます。機會を捉へて戰爭とは怎んなものか？ 僕達は何をしたか？ それ等に就て極く僅かの事を玆に書きませう。山には敵が居て極く近くから吾々を狙撃して居るのです。この家から一歩でも出ると、否、水を汲んで居る兵士の一人が、ほんの僅かに體を乘り出した唯それ丈の事で腹を縫れて仕舞つた、そんな現狀なのです。敵の眼は絶えず吾々の行動を見詰めて居るのです。晝間は頭上を駈る彼我の迫撃砲彈の不氣味な音、けたゝましい氣狂ひじみた自動火器の叫び聲炸裂する彈、この奇妙な交響樂が吾々を愉しませ慰めて呉ます

夜は敵の火器の總動員です。種々雜多な各國の優秀な自動火器、チェッコ、ブローニング等の輕機、水冷式のまるでオートバイみたいな音を立る重機、之等と共に二重の音を立てる炸裂彈を打つ小銃、ダアーンと地響きする手擲彈、斯んなものが無闇矢

鱘と、氣狂ひが半鐘でも叩くのか、それとも地獄の底に雷でも落ちたのか、戰爭騷ぎと云ふのでせう斯んなのを。地球がひつくり返る心配でもあるかのやうに無茶苦茶に鳴らして來るのです。とても睡れたものではありません。勿論從つて少しの緩みも警戒には許されません。(九月十九日現在)——とまア、前奏曲が長くなつて仕舞ひましたが、自分達が鄱陽湖畔の大板橋と云ふ土地へ上陸したのは八月の末でした。正面に切り立つたやうな岩峰廬山が聳え立つて居ます。その峰がずーつと湖畔に沿ふて伸びて居ます。千米以上もある切り立つた峰々で美しい瀧の懸つて居るのが繪のやうに見えます。この邊り既に友軍の部隊が一部を占領して在つたので、上陸は樂なものでした。勿論露營です。

進撃を開始した日は雨でした。濡れて重い背嚢を負つて吾々が攻撃をする土地へ喘ぎ〳〵歩き續けました。程なく一文字山の好く見える處へ着きましたが、途端に敵の迫撃砲彈がドタ〳〵降つてまし來たつけ。勿論當りません。吾々は地型地物を利用してそれぞれ露營です。臭いのは敵の屍の臭ひなのです。掩蓋機關銃座、壕、そんな中に死んで爛れて腐つて居ます。その傍で寢るンです。地面の上に天幕を敷て、その上にごろりと轉つてそれで終りです。之が吾々の生活、吾々の寢方なのです。正面の一文字山(之はこつちで付けた名です)には未だ敵が澤山居ました。ですから其處から打てば樂に彈は吾々の處迄屆くのですが容易に狙撃の出來ないのは今(その時)一文字山の一角に友軍が嚙り付いて猛烈な戰鬪が行はれて居るからなのです。山頂は砲彈の炸裂で變型したかと思はれる程です。その背後は廬山山脈の峰續きで左には三角山が亘大な姿を見せて居ます。○○部隊はこの一文字山を○○部隊と代つて攻る事になつたのです。當時自分達は豫備隊でした。

一文字山攻撃、新聞でも御存知でせう。文字通り之は血の一文字山攻撃でした。手を代へ品を變へても、この敵の優秀な陣地は三、四箇月は大丈夫とドイツの軍事顧問が大鼓判を押したゞけの事はあります。この一文字山の背後、あの亘峰峻嶮廬山に廻り込んで敵を後から追ひ立てやう、斯んな作戰が出來て、その役目が自分達に來ました。愈々素晴しい山登りが初る譯です。兎に角途中の困難、詳細は玆に省略して九月一日遂にこの山復で敵に遭遇、輕機一挺擔いて山に登り隨分打ちました。七、八百發位打つたかしら：：この時僕は第二彈藥手をやつて居たので彈藥補給に血眼になつたものです。美しい繪のやうな戰爭でした。突撃をして日の丸を山頂に擧げたりして凄じい形相をした戰ひの容貌を一寸忘れた位です。犠牲者もほんの三名程傷付いたゞけで濟んだ戰ひでしたが、流石に僕の近くは敵の彈が集中して隨分近く僅かに身を以つて助かつた事もありました。勿論敵の屍はその儘放つて置きました。

銃なぞはみんなヘシ折つて仕舞ひます。そんな事や砲兵の攻撃效果が擧つて血を浴びた一文字山も落ちて仕舞ひましたが、山岳での戰ひですから仲々はかどりません。高い峰に居る敵の爲に味方は一方ならず惱されます。遂には○○殿まで狙撃されて遂にあゝした事になるやうな始末、そこでこの一番高い處に居る敵を攻る、そう云ふ事になつて千米餘りもある峻嶮に登行が開始されたのは九月六日でした。幸運な戰鬪を吾々はしました。思ひがけない敵の不意を攻撃する事が出來たのです。この日は敵の息をしてゐる屍を踏み越えて猛追撃をしました。敵は遂に唯の一發すら打つ事も出來ず、唯只徒らに逃げ廻るのみでした。はつきりと又斯んなにも澤山敵を見た事はありません。この戰闘は一番先頭に進んで思ふ存分暴れたので話はつきません。其翌朝の素的な總攻撃、晩のすさまじい逆襲、いくらでもありますがみんな略きます。ともあれ吾々は否僕は無事で山から降る事が出來ました。戰ひの日誌はひと先之迄にして置きませう。書いても書いても今は盡きる事の無い豐富な經驗、辛酸を味ひました。雨に濡れてふるへる夜半の寒さ、敵と睨めつこの睡られぬ幾夜、斯んな死線を彷徨する苦心は兵隊でないと判らない事ですし亦兵隊だけが知つて居れば好いのです。初めはのんびりと暮して居るであらう銃後の生活が羨しく思はれてなりませんでしたが、考へて見ると戰線と同じ苦勞を銃後の人々に强る事の甚だ無意味である事を悟りました。悠々たる國民の生活、其處から常に新しい强力な戰ふ力が生産されるのだと斯んな考へ方をして居ます。

然し斯ふした、劍電彈雨の間に在つて想ふことは家庭の事共です。未練ではありません。父の顔、母の面影、兄妹の幻、みんな瞼一杯に浮んで便りを見る度毎に泪ぐみます。家に歸つたやうな心持、之を故國からの便りから僅かに汲みとつて祕かに自ら慰めるのです。とりわけて心を痛める事は幼い子供達の事です。祀はあゝした神經質で意外な感受性を持つて居るし、進夫は内面的な傾向が强いので教育も一層六ヶ敷い事でせう。商業へ上つた計りの要之助、女學校へ入らうとする久美子、麻夫、みんな心が痛む想ひです。鬼の叔父サンが居なくとも、兩親の膝下で兩親の協力で、みンな元氣に健かに育つて行く之は斯ふと解つて居ながら肉親の愛情が矢張りこの幼い者達の先の事共を氣にかけさせます。之は數江（令妹）にも頼ンであるのですが閑が有つたらこの幼い者達の日常を知らせて下さい。それと共にどうか、この幼い子供達が立派な國民となるやうな礎をしつかりと築いて下さるやうお願ひ致します。機會がありましたら又お便りします。父母にもかいつまンで戰ひの話をお傳へ下さい。

九月二十三日記　　昇　拜』

兄上樣

陸軍歩兵上等兵

伊藤好夫君

大正二年山梨縣中巨摩郡今諏訪村に公總氏長男として生る。昭和十一年専門部政治經濟科を卒業、日清製菓合資會社を經て大日本電力株式會社に入り同社岩見澤事務所に勤務した。

昨秋中支に出動、機關銃手に選抜せられ遡江皇軍の最も激戰苦闘を續けた廬山々系の星子、東孤嶺の諸要衝に於て偉勳を樹てつゝ之を降し、九月二十七日隘口街總攻撃に參加した。此戰闘に於ても君は連日連夜勇戰、山岳に據る堅固なる敵陣地を逐次占領し、十月三日夜隘口街東方約一粁半の重要陣地を奪取、之に我陣を推し進め、翌四日は戰果を擴大すべく早朝より力闘、正に隘口街陣地へ突入せんとする午前八時、敵彈により腹部に盲管銃創を受け壯烈なる戰死を遂げた。戰線より嚴父に宛てた左の一文は最初にして最後のものとなつた。

『幹候志願を斷念し早くも希望の第一線へ到着致候第一線は目下の處食料煙草も種々分配に預り、有難さを感じ居候身邊には砲彈、機關銃彈がよく落ち只今では度胸もすわり候友軍の飛行機が度々頭上に飛來し敵を偵察或は爆擊し居る樣は實に心强さを痛感致候今の處敵飛行機の飛來なく空爆の恐れは御座無候身體は極めて壯健元氣一杯に皇國の軍人として立派に働ける事と存候出發に際し父上樣より頂きし有難き護身の布を何時も千人針と一緒に身に着け何の恐れも感ずる事なく飛廻る覺悟に御座候』

陸軍歩兵大尉

宮本俊男君

明治三十四年仙之助氏長男として淺草區に生る。大正十四年法學部獨法科を卒業後淺草青年學校敎練科主任として非常時下靑年子弟の訓育指導に努力す。

今次支那事變勃發後間もなく征途に就き上海上陸後海軍陸戰隊と協力して閘北、江灣鎭、北停車場等の掃蕩戰を手始めに、嘉定、舊市街、杭州等に轉戰、更に浦東の殘敵掃蕩、崇明島占領と武勳赫々たる戰果ををさめ、昨夏愈々漢口攻略戰に參加し、湖口、九江、安慶、潛山の各地に於て苦戰惡鬪を繰返し、再び九江に移り瑞昌に入つた君は、玆に再度部下に遺言を認めしめ決死を誓はせて、此山岳地帶に自然の峻險と頑敵とも相手に激戰を續けた。かくて十月五日遂に敵の主陣地若溪に突入見事之を占領し、此處に一日休養、翌七日武寧攻略を命ぜられた君は、午前八時部隊を率ひて進擊を開始、若溪の西方約三粁の地點に到達した際、約一ケ中隊の敵に遭遇したので、君は直ちに展開を命じ之に攻擊を加へ瞬く間に擊退せしめ、息をもつかせず追擊次の高地に到り、敵伏を偵察したところ、敵は數千の多きに及んでゐるので、君は前進の部署をなし、臺上に上り双眼鏡を以て敵伏攻擊後の處置等を視察中前面高地より突然猛烈なる迫擊砲の集中射擊を受け、部下に數名の死傷者を出すに至つたので、機會を失せず攻擊前進を命じ、自ら率先敵陣に向ひ猛進せんとした一瞬、再度落下した迫擊砲の一彈命中壯烈極まる戰死を遂ぐるに至つた。時午後三時、場所は若溪西方三粁の地點周庄であつた。

左記は御兩親に宛てた最後の便り。

『久し振りに九江より十二里の夜行軍にて昨夜瑞昌南方十粁〇〇部落に宿營致候そろそろ第一線に近く附近一帶敵の出沒するあり各自警戒を嚴に致候

本日は自力集結のため休養、明早朝出發〇〇の跡を追及致す筈に候前線に既に〇〇間近に前進致居候敵も最後の線なれば必死の抵抗致すべく最銳軍を集め準備オサ〳〵怠りなきものゝ如くに候天下無敵の皇軍と火花を散すこそ見物と存じ候

この邊り一帶に戰禍最近なれば、住民もあり野菜等多々有之別してトウモロコシ畑芋畑多く胃腸が閉口するまでに詰め込み滿腹致候小生は幸ひ身體頗る强壯にて關接等もガク〳〵致候も現役時代の鍛錬の有難さ年はとり相當エラクこたえ候も頑張りがきゝ終始兵を勢ひつけ歩き通し候河島少尉はあの細き體に疲れを知らざるものゝ如く休憩中も腰を下さず平氣なるには若さとは言へ驚き入り候

母上には呉々も御身御大切にせられ度くみをしへ實行により光明を得られ度候』

九月二十七日

戰線の華と散つた
校友の面影

陸軍歩兵上等兵 原田馨君

大正二年大阪市に安一氏長男として生る。昭和十年專門部商科を卒業三井物産株式會社に入社大阪支店に勤務した。

一昨年十一月出征、秦皇島上陸後、北支要衝の地に轉戰數限りなく、濟南、張店、高密を陥れてから南下して徐州攻略戰に參加し、沂水、沂州、嶧城、邳縣と破竹の勢を以つて進軍、敗敵を追撃して一路徐州を目指すうち、憑鄒家附近に於て敵の數ケ師に遭遇し、約一週間之と對峙するに至つた。しかも第一線を死守して退かず、最後の三日三晩は敵前五十米の近距離にあり、目と鼻をつき合せつゝ我に數十倍する敵軍を控へ、生麥の穂を咬みつゝ筆舌に絶する惡戰苦闘を續けたが、かくてはあらじと君は決死の戰友數名と白兵突撃を敢行、肉彈となつて敵陣に突入せんとする一瞬、左胸部を貫通し、鮮血淋漓たる中に 天皇陛下萬歳を絶叫しつゝ壯烈無比なる最後を遂げた。時昭和十三年四月三十日午前六時であつた。

濟南より自家へ發した最後の便り——

『殘敵を掃蕩しつゝ濟南に來た。初めて靑靑とした樹木を見て、内地の事が思ひ出された。久方振りに外出を許されたから、散髪もし湯にも入つてさつぱりとした。市中巡視中ふと我社（三井物産會社濟南出張所）の標札が目に當り、瀬上氏に面會して其後の會社の様子も聞き種々の話もして實に懐かしく、出征以來こんな愉快な日はなかつた。

幸ひ今日迄風も引かず無事で元氣である慰問袋も一時に届いた。戰友にも分配して故郷のことを偲びつゝ父母の恩が判つたと、一同皆んなで話合つゝおいしく頂戴した。又何日何時何れの方面に出動するか判らぬ。命捧げて出たからには、軍人として立派な働をして歸るから安神せよ。之からは手紙が出せる様になるから、戰地の模様も時々御知らせする。

三月十日　　濟南にて　　馨』

陸軍歩兵中尉 永田壽男君

明治四十三年鹿兒島縣川邊郡加世田町に千秋氏の長男として生る。昭和八年政治經濟學部を卒業し、直ちに大日

本製糖株式會社に入り臺灣の彰化製糖場に勤務、昭和十二年同本社に轉勤した。

　昨年六月勇躍征途に上り、蓮漕鎭、馬頭鎭附近の警備に任じ、數日後百三十度に及ぶ炎天下に難行軍を續けて、七月二十四日猛雨中を衝いて、九江の殷家胡庄に敵前上陸を敢行、敗敵を急追して二十七日午後より廬山西北方に在る張家山の堅陣の攻擊に移つた。此戰斗に於て君は左翼第一線の隊長として奮戰し、午後七時頃目的の高地を占領した。しかるに敵は大軍を以つて逆襲し來り、我方に數名の死傷者を出し、君も右足に擦過銃創を受くるに至つたので、一時部隊を集結し、翌二十八日午前三時夜襲を以つて陣地を占領すべく行動を起したが。何分地形に精通せず遂に拂曉攻擊となり、午前六時三十分攻擊を開始、三方面よりする敵機銃の十字火物凄き中を、勇敢なる君は軍刀を引拔き敵第一線陣地に突入しこれを占領した。

　元來張家山一帶は身長以上に達する叢樹が密生し、且敵陣地は掩蓋を有する機關銃座が各所に秘匿され、敵が難攻不落と誇る堅固な縱深陣地であつた。從つて之が攻略は言語に絶するものがあつた。

　君が第一陣地を占領後、引いて最高點の占領を命ぜられたので、午後三時頃再び攻擊を開始し、叢樹を押し分け前進、敵の機銃陣地前方約十五米位の地點に達した折、右大腿部に骨折貫通銃創を受け、其場に殪れたので、直ちに彈雨下を四名の兵に擔がれて山麓迄下り、假繃帶をして野戰病院へ送られたのであつたが、全軍醫の最善の手當も効なく、何分にも多量出血のため同夜七時名譽の戰死を遂ぐるに至つた。

　影の形に添ふ如く常に君の身邊に從つた中村一等兵は、君の戰死後その遺骨を背負つて奮戰を續け、永田少尉殿の仇を討つのだと口癖の樣に繰返しながら、敵の逆襲ある度毎に、傍の止めるのもきかず一人突擊をなしつゝあつたが、八月九日馬鞍山の攻擊の折遂に壯烈な戰死をなし、主從相携へて護國の鬼と化し去つた。

　次の九江占領報告は、家人への最後の便りとなつた。

『本二十六日無事九江を占領致しました。途中〇〇部隊には相當の犧牲者を出しましたが、我〇隊は殆んど損害を受けず、皆元氣でやつて居ります。勿論小生は大元氣です。御安心下さい。

　今から久らく九江の警備の爲滯在するのか直ちに追擊戰を行ひ〇〇方面の敵を攻擊するのか不明ですが、暫くは九江に居るのではないかと考へます。又後便で詳しい便りを致します。

　七月二十六日　　九江にて　壽男』

陸軍歩兵中尉

井本孝君

大正二年廣島縣蘆品郡服部村に禮一氏の長として生る。昭和十一年高等師範部國語漢文科を卒へ、翌年一月入營、昨年七月征途に就く。
　初め中支各要衝の地の警備に當つたが、愈々廻江部隊と呼應して漢口を攻略すべく、先遣部隊として廬州を出發した君の部隊は、六安、葉家集、固始と連日の激戰に之を降しつゝ、固始より大別山脈に軍を進め、先づ要害の地商城を拔き沙窩に至つた折、中央軍直系の數ケ師の敵に遭遇したので、之に猛射を加へるうち、北方背面から又數ケ師の敵が南北相呼應して挾擊に出て來た。君は此背後の敵を引受けて少數部隊を指揮し、我に數十倍する敵と對峙した儘、吳灣附近に於て徹宵警戒に當つた。翌

日は早朝より敵は益々兵力を増加し來り、迫撃砲、手榴彈を我に集中して、我翼を包圍する傾向があつたので、君は時を移さず決死的突撃を敢行して近くの高地を占領し、前面凹地にある敵を自ら輕機銃で掃射せんと引金に手をかけた瞬間、飛來した敵彈に右胸部を貫通され殪れた。部下が駈け付けると「萬歳」と低く唱へ、それが最後であつた。時九月二十六日午前十時五十一分であつた。

此戰斗當時は、生憎部隊主力が雨に阻まれて追及が思ふに任せず、君の部隊は孤立無援の形となつて、文字通りの孤軍奮闘その苦戰振りは言語を絶するものがあつたが北方より迫つて來た此敵大軍を、小數の兵力を指揮して主力の來着迄、君が死を以つて頑張り得たればこそ、部隊主力が依然として南方大別山の敵を攻撃、掃蕩することが出來たのであつた。

頑丈なる體軀、柔道三段、劍道も相當な腕前を持つ君が、敵陣中に飛込んで縱横無盡の働きをする機會に餘り惠まれなかつたのは、心殘りであつたことゝ思ふが、生前上官から愛され、部下から敬慕され、部隊隨一の人氣者であつた君の死によつて、部隊全員を憤激せしめ、その結果は戰果に著しき影響を與へ、特に君の最後の武勳は今次事變戰史の中に燦として輝くを思へば、莞爾として瞑すべきであらう。

次の一文は漢口攻略に出發するに際し、廬州より家へ寄せたものである。

『久しく御無音、御父母樣を始め御元氣で御送日の事を思ひます。小生も御蔭樣にて元氣で隊長として奮斗してゐます。御安心下さい。去る日から○○攻略のため汽車や徒歩を利用して移動を續けてゐます。

四十里の難行軍を續けて昨日當地に着きました。支那の土地は乾けば灰の樣にホコリが雲の如く立上り、一度雨が降ればネバ〳〵してよくすべり、困難を極めましたが無事到着しました。間もなく移動します。二三ヶ月は便りをすることが出來ないかと思ひますが御心配なく。目指す漢口が落ちたら御便りすることが出來るでせう。支那大陸は歩けば歩く程廣いことが判ります。毎日〳〵廣い平原を地平線から地平線に向つて歩きますが、歩いても〳〵見へるのは唯遠い地平線です。一昨日は二百十日でした。皆の者と話合ひながら歩き内地のことを偲びました。當地は支那には珍しく稻が澤山ありすでに實のつて頭をたれでゐます。夜は冷へますが、晝は未だ〳〵暑さが減退しません。

行軍途中敵意を持つ支那人に種々と惡戲をされて困りました。或夜などは小生の部隊が今夜こそはと思つて網を張つてゐましたら、午前四時頃だと思ひますが、歩哨線で激しい銃聲がするので飛起き出て行つて見たら、すでに逃げた後で俵が澤山落してあつたので、開いて見たら鹽俵で大笑ひでした。

將來はより一層の困難を伴ふことだらうと思ひますが、皆元氣一杯です。當地は廬州といふ歴史にも有名な處といふことですが、慘々戰火にやられてゐます。

今の所唯々漢口へ漢口へです。何も判らぬ所を漢口方向目指して進むばかりです。

宏君(令弟)

元氣でゐるか。間もなくラジオ等で俺達のことが出るだらうと思ふが、今の所は唯々進んでゐるのだ。元氣で、體を大切にして、勉强しなさい。

九月五日　　孝』

陸軍歩兵大尉

奥田義男君

明治三十五年鳥取市に生る。大正十五年高等師範部國語漢文科を卒業し、後朝鮮公立高等普通學校、鳥取縣立農林學校を經て鳥取第二中學校に奉職、郷里子弟の訓育に沒頭した。

出征以來部隊長として中支各所に轉戰、

武勲誠に赫々たるものがあつた。昨夏八月下旬君の部隊は信陽攻略を目指して勇躍出動、廻江部隊と平行して六安、固始、光川、羅山と次々に降し、破竹の勢を以て羅山西方約一里の地點に至つた折、敵の第一線陣地に出合ひ、激戰の結果之を破り第二線へ前進した。かくて十月五日我軍は山の線を占領し敵と對峙したが、君は隊の一部を率ひて連絡の爲行動するうち同日午後六時四十分前額部に盲管銃創を蒙り後送されて手當を受けるうち十月七日午前八時五十分遂に戰死するに至つた。

　次の一文は鳥取第二中學の教職員及生徒一同に宛てた最後のもの。

『其後久しく御無沙汰致しましたが、諸先生始め皆様には益々御元氣にて目下夏休中にも拘らず時局のため種々御骨折りの由全く御苦勞様と感謝に堪へません

　扨て本日は御鄭重なる御慰問のお言葉と共にお心からの御神符まで、頂戴致し誠に身に餘る光榮と有難く一入身にしみて過ぎし日の事どもが眼前に浮んでゐります。出征以來已に八十餘日此の間席の温まる暇なきまでに移動に移動を重ね爲に日頃は懐しい母校の追憶さへなし兼ねる有様にて全く失禮致しました。何卒惡しからず。

　御蔭様とて小生至極壯健目下次期作戰に對し某地に於て萬全の準備に專念中でありますが、いづれ近く日頃の念願を達すべき大會戰の惠まれる事を信じてやみません。

　何分過ぎし徐州會戰に參加し得ず一生の怨みと殘してゐましたが、幸今度こそと大いに張り切つてゐますから御安心下さい。

　目下當地は可成りの酷暑で到底内地のそれに比すべくもありませんが、大目的を眼前に控へた吾々に取つては暑さなど何等の障碍でもなく種々の困苦は却つて勇氣を倍加させます。

　一望坦々たる異郷の曠野に於て東方遙かに旭日を仰ぐ時、ほんとに吾々の使命の重大さを今更ながら痛感すると共に、時局の性質上次の時代を背負ふ諸君に對し期する事多きを思ひ益々奮勵努力せられんことを切望してやみません。

八月四日　　奥田義男』

陸軍歩兵上等兵

牛丸敏雄君

大正四年富山縣中新川郡三郷村に純太郎氏の二男として生る昭和十二年專門部商科を卒業し、直ちに商工省貿易局輪出課に奉職した。

　君は昨春中支に出動以來、無線通信手として活躍を續けたが、八月上旬漢口作戰開始せらるゝや無線分隊員として出動、爾來終始熱心果敢に戰鬪に從事した。特に此漢口攻略作戰は峻嶮極まりなき山戰岳であつた爲、有線通信による各部隊の連絡は全然不能に近き狀況にあつたので、各隊の連絡上無線の活躍を要求されることが極めて大であつた。從つて君も常に第一線にあり戰鬪指揮の中樞神經として目覺しき活動をなした。

　君の戰死の日十月十一日は○○部隊が險要富水を渡河して左岸排市附近の高地線に據り頑強に抵抗する敵を力攻中の時であつて、君も此部隊に配屬せられ、各隊間の連

絡に任じ、戰況激烈にして彈雨飛交ふ間にあつて能くその任務を全ふした。しかるに午前十時頃前夜の宿營家屋を出發し、李明地方高地に戰鬪を指揮すべく部隊長が移動するのに從つて、豫定地點に到つたところ、突如敵砲兵の集中火を受け、該地附近は一瞬にして砲火に包まれてしまつた。此時君は軍旗の側近にあつて、無線の開設準備中であつたが、不幸飛來した砲彈は君の身邊に炸烈、左右大腿部に砲彈爆創を蒙り、其場に殪れたので全員協力して收容介抱に努めたが、擔架に乘せた直後、砲彈雨下する中に戰死を遂ぐるに至つた。時午前十時二十分。

陸軍步兵伍長

金子　清君

大正四年埼玉縣北足立郡六辻町に清一郎氏三男として生る昭和十一年商學部を卒業し、東京電氣株式會社に勤務した。

昨春出征、中支方面の警備に任じたが幾何もなく揚子江を遡江、武漢攻略戰に參加した。八月下旬瑞昌攻略後は、馮家舖・小坳、西山、上林寺、上坳等に奮戰、更に三角山、馬鞍山、張氏祠、箬溪等山岳地帶に連日連夜の激鬪を續けたが、十月二十日陽新縣張家山南側高地に於て壯烈なる戰死を遂ぐるに至つた。

此日君の部隊は張家山南方地區の攻擊を命ぜられ、機銃を以て敵火を制壓しつゝ、峻嶮極まりなき山地を急進したので、彈藥と部隊との距離は途次增大し、一方彈藥の使用は愈々急となり、銃側の彈藥が減少したのを知つた君は、燒付く樣な炎暑と峻嶮胸を衝く山路とを物ともせず、後方三粁の地點に在る彈藥部隊に彈藥補充に赴くこと二回、水を浴びた樣な流汗の軍衣を絞る間もなく、進路を阻む突兀たる岩石に軍袴を破り手足を傷けつゝも彈藥の補給に死力を盡し、機關銃の威力を遺憾なく發揮せしめたのであつたが、この第二回目の補給に際し彈藥箱を携へ戾り、正に銃側に置かんとする數步前、落下した敵迫擊砲彈のため、右胸部、右腰部に破片創を受け壯烈なる戰死を遂ぐるに至つた。

しかし君の獻身的努力によつて良く頑敵を擊退し、部隊は進出の端緒を得たのであつた。

左は嚴父に宛てた君の最後の便り

『御無沙汰しました。只今揚子江を更に遡り、八月初旬に占領した有名な〇山の麓の山村に來てをります。

此山は高い岩山で又遠く湖水が見られ、とても景色のよい所です。日光を思ひ出したり箱根を思つたり、今迄自分の行つた所を追懷して居ります。日が昇る時や夕陽が沈む景色は又格別です。殊に昨今は月が良く、煌々と冴え渡る月光が此の〇山の山肌を照す時、何とも言へぬ神々しさに打たれます。

近日此地も出發致します。體は何の故障も無く益々元氣ですから何卒御安心下さい。

これからも出來るだけお便り致す考へですが、連絡があるかどうか、きつと御無沙汰勝となるでせう。內地からの便りも慰問品も手に入りません。此處へ來て一回受取りましたが、澤山たまつてゐると思ふと待遠しいです。

家の者皆變りない由安心致しました。伯母さんも御元氣との事何よりと存じます。

では皆樣御機嫌よう。殘暑酷しいと思ひますから御自愛の程を

九月八日　　　　清』

陸軍步兵一等兵　佐藤誠治君

大正三年要吉氏二男として宇都宮市大工町に生る。昭和九年專門部商科を卒へ直ちに京城の朝鮮殖産銀行本店に入行した。

昨年九月召に應じ○○に入隊した君は、爾來一意軍務に精勵し、第一線への日を指折算へてをつたが、十月十六日より○○に於て實施された戰鬪教練に參加中、同二十一日右足踵部に靴傷を生じたが、疼痛甚しきを祕して、その後連日の猛教練に加はりその間難行軍等にも元氣を見せて行動を共にしてをつたが、我慢に我慢を重ねた傷狀愈々惡化し、遂に患部の加膿と發熱甚しき爲、同二十六日夜に至り○○への歸還行軍が不能に陥つたので、翌日皮下蜂窩織炎疑症として鐵道輸送にて先發歸還、二十九日龍山陸軍病院に入院加療を受くるに至つたが、病勢如何ともなしがたく、主任醫官以下の手厚き看護も空しく、十一月二日午前五時五分遂に護國の鬼と化した。

應召の直前嚴父要吉氏の訃に遭ひ、一死報國父上の後を追はんの悲壯なる決意を以て、知友達に形身まで頒つて、勇躍門出をした君として見れば、華々しく戰線に散りたかつたであらうけれ共、一度覺悟を定めて身を君國に捧げた以上、その身は何處の地に果てやうとも、その赤誠に何の甲乙があらう。況んや聖戰の意義を體し、時局の認識を人一倍もつ君が示した軍人精神の發露は、戰友達に異狀の感激を與へ、東洋平和達成に向つての皇軍使命の上に、力強く働きかけてゐることを思へば、君の英靈も以て瞑すべきであらう。

次の一文は君の戰死を報告されて來た母堂のお手紙の一部であるが、母子の情眞にかくあるべしと、瞼の熱くなるのを覺える。

『息豐治儀病氣にて臥床いたして居りますので、代筆致します。佐藤誠治儀中學校を出ましてからは、少しも家に居なかつた肉身に緣の薄い、可愛相な男であつたと、胸が一杯になります。

彼は幼少の時より眞面目な氣の小さな男でしたが、事に當ると、とても確かりした強い氣の出る男でした。勝氣なきかない處もありました。

卒業した年伊勢參宮を致しました

　きくすゞの五十鈴の川の水清く
　　宮居靜けき伊勢の大神

と私が申しましたら「渡り來し」と云つた方が實感が出てよいと申しましたが、歌のはなしを今少し話し合ひたかつたと思ひます。

誠治は應召しましたが戰死ではなく公傷病死で、實に申譯ないのであります。同じ死ぬなら御奉公の誠を盡し戰死させたかつたです。本人も之を殘念に思つたことでせう。

誠治は情深く親孝行でありました。親が子に受けました恩を返すひまもなく先立ちました。

　蟲の音もたえて今宵は月ばかり』

陸軍輜重兵上等兵　松本保君

大正元年京都府中郡周枳村に由藏氏長男として生る。昭和十一年高等師範部國語漢文科を卒業、京都商業學校に教鞭を執つたが、昨年三月同校を辭し、豫て母校在學中よりの希望であつた滿洲國中等教員試驗に

合格、四月渡滿新京中央師道訓練所に入り、一ケ月の訓練を終へて奉天省立開原國民高等學校教諭に就任後、間もなく應召した。

中支方面に出動した君の部隊は、彈藥その他の輸送に、或は警戒勤務に、或は敵遊擊隊の掃蕩によく困苦缺乏に堪へ、各所に殘した戰功は誠に大なるものがあつたが、十一月六日午後三時二十五分安徽省貴地縣河口に於て輸送勤務中、敵敷設地雷のため火藥爆創を受け名譽の戰死を遂げた。

左掲は令弟勤君に宛てた最後の便り

『從軍すでに半歳、お蔭で元氣でゐるから安心してくれ。お前も達者でゐることゝ思ふが如何？　消息を送つて來ないのには理由がありさうでもあり、事實出征の身として何も思ひ殘すことはあらう筈はないけれ共、お前のことだけは矢張り氣になつて仕方がない。大陸への野望を懷いてゐたお前にとつては、現在の境遇は或は苦痛かも知れない。然し考へて見よ。國家總動員の非常時日本の姿を。全體の利益の爲には凡ゆる個人的の利益幸福を犠牲にすることが即ち現在の日本臣民としての義務なのだ。戰線にはお前達よりもつと／＼大きな犠牲になつてゐる者が數限りなくあるではないか。又思へ兄が如何にしてゐるかを。自分の心境は相當教養あるお前にはよく判る筈だ。

人は境遇に支配されると云ふ。或は朱に交れば赤くなるともいふ。斷じて青年らしい純情と意氣とを失ふ勿れ。

お前は永久に現在の狀態でゐるのではない。理想は、輝しき未來は有るのだ。學校を去ると書物と離れ易いものだ。將來あるお前は普通人のやうに歡樂を追ふてゐる暇はない筈だ。或時期が來れば入學試驗も受けずばなるまい。その時になつてあわてゝ準備をしても及ばない。國、漢、英、數等の基礎學科は絕えず準備をしてをく事が必要である。決して怠つてはいけないぞ。

適齡までを一期とせよといつたけれ共、未だ若いと思つてゐるうちに、殊に多感なお前達の時代は夢の間にすぎ去つてしまふ。徵兵檢査はすぐやつてくるぞ。專門學校の種類はよく自分の個性を考へて決定すること。決して時流に惑はされてはいけない。

戰の庭に立つ者の常として、若し自分に萬一のことがあつた場合は、お前は松本家にとつて又由緒ある全福地家にとつて、最も重要な身となることを深く／＼心に銘じて、いやしくも輕擧盲動するが如きこと斷じてあつてはならない。

以上くど／＼と認めたけれ共、要は兄の勞苦を想つて又將來ある自己を考へて、一時的の現在の境遇を朗かに克服して行くこと、學科の勉强を怠らぬこと、若人らしからざる振舞をなさゞること。

此の手紙に對する返事旁々現在のお前の僞らざる心境を記して早速航空郵便にて送れ

十月二十二日　○○攻略を前に○○にて
兄より』

勤殿

陸軍歩兵上等兵　馬場　浩君

明治四十五年俵八氏長男として宇都宮市に生る。理工學部電氣工學科

を卒業後川崎市の富士電機製造株式會社に入社。

昨夏南支方面に出動、上海南方面の秩序維持の爲め附近一帯の警備と敗殘兵抗日不逞分子の討伐に從事したが、中支西方縣揚湘徑附近に數百名の敵匪の移動せる報に接し、斷乎之が撃滅のため討伐隊が編成されたので、君は勇躍その一員に志願し部隊主力に加はり、十一月二十二日夜半、折からの暗夜を利して出動、翌朝七時目的地附近に到着した。しかるに敵の密偵綿密にして我討伐を豫期せるもの丶如く、討伐隊が目的地附近に達するや小銃機銃の猛射を浴せ來つたが、我方は勇敢なる行動により直ちに上陸展開して攻撃を開始した。當初敵は頑强に抵抗して三方面から猛射し來り、戰闘意の如く進捗せず、爲に部隊一部を以て敵右翼背を攻撃すると共に、主力を以て敵の左側方面より包圍的に攻撃することに決したが、何分にも附近一帯はクリークが縱横する上に、稻を刈り取つた後のこと丶て、部落外は平坦地で行動困難なる上、敵は我に數倍する兵力を擁し苦戰を免れ得なかつた。にもかゝはらず勇猛果敢なる我軍は、逐次敵を壓迫しさしも頑强なりし敵を撃滅して、午前八時日章旗を城頭高く掲ぐるに至つた。

此戰闘中、君の部隊進路方向にクリークがあり、このクリークの渡河が出來得るや否やは、部隊爾後の戰闘行動に大なる影響があるので、部隊長より此クリークの狀況、特に渡河點有無の偵察命をぜられた君は、戰友二人と共に敵彈雨と降る中を勇敢に馳驅して、約百三十米前進し、クリークの狀況を偵察、渡河點なきことを記號により報告中、敵の一彈は君の腹部を左より貫通し、その場にドツと倒れたが、瞬間的に立上り記號するやと見へたが、出血多量の爲又倒れ、再び立つ能はず、江南の華と散つた。時午前七時十五分、將に東天を紅に染め初めた頃であつた。

戰死の四日前に御兩親に認めた最後の手紙

『一週間に一本位便りしてゐる積りですが相變らず元氣ですから御安心下さい。佐藤誠治さん（昭9專商）が亡くなつた由全く驚きました。重なる不幸（註、八月同君嚴父死去）で誠に御氣毒に堪えません。

當地も一週間程前から急に寒くなりました。恐れる様になつたらシヤツ、ズボン、ヂヤケツ、手袋だけたのみます。其他の食物などは豊富に渡りますから、御心配に及びません。軍隊では不自由のない様萬事行屆いた給養を受け居りますから御安心下さい。親戚などにも此由話して慰問品など送らぬ様にして下さい。

（中略）だん／＼寒くなりますが御身體御大切に、私も元氣で頑張りますから御安心下さい。滿州や北支にくらべるとこの邊の寒さは問題になりません。では又

十一月十九日　　浩』

前號所掲故中田信雄君最後の場所たる滿州城頭に立てられた君の墓標

戰線の華と散つた
校友の面影

陸軍歩兵軍曹
矢口正君

大正二年次郎氏長男として北海道に生る。昭和十年專門部政治經濟科を卒業、北海道空知郡芦別村奔茂尻小學校に教鞭を執り、他方青年學校指導員を命ぜられ地方青年子弟の訓育指導に當つた。

昭和十一年〇〇隊に入隊渡滿吉林省二道河分遣隊長として軍務に服し、鐵道守備の大任を遂行しつゝ部落人の宣撫教育、學校建設、人命救助に多大の功績を殘し、部落人敬慕の的となりその交替に當り部落人は君の留任歎願を部隊に提出するといふ次第で、部隊よりも任務遂行、人命救助に對し個人表彰狀を授けられた。

昨春北支に出征した君は京漢線地區の警備、渉縣附近の兵站線警備に從事したが、多數同僚中より選ばれ〇〇隊附として終始一貫繁雜なる編成事務に當り先任下士官として同僚の範となり、又內務班長として克く部下を愛撫鞭撻し、その眞摯なる態度、溫容は上官の信賴を集め、部下の欽慕を深め、出動に際しては隊長として幾多の戰斗に參加し剛膽不敵、常に卒先決死的任務の遂行に當つた。

五月九日武安縣武安和村に複雜なる地形をたのみ有力なる敵が蟠居する報を得、之が討伐の命令を受くるや勇躍部下を督して出動、和村東南方の敵の退路を遮斷すべく左側第一線として敵の側面より部隊の突擊を誘致し猛攻を續けること二時間餘、敵前五六十米に肉迫するや好機を看破し、部下を激勵敢然として自ら先頭に立ち突擊に移つた。しかるに突擊數米にして敵の瞬時的急射を蒙り、不幸敵の一彈は君の右大腿部より左大腿部へかけ貫通、動脈を切斷した。しかも强氣な君は此重傷に屈することなく猛然と立上り部下を叱咤激勵突擊を續行せんとしたが如何にも出血多量、再び倒れて遂に立たず壯烈なる戰死を遂ぐるに至つた。時午前十時五十分。

左掲最後の便りは戰死の前夜認めたもの

『その後皆樣には御變りもなく元氣にて居らるゝ事と思ひ居ります。

北京出來以來何やかや急がしく御便りも差上ず失禮致して居りましたが、いよ〳〵任地に着き少し落着きました。京漢線邯鄲驛より西に十里、武安縣城に居ります。

いよ〳〵支那も酷暑となり、じつとして居つてもだら〳〵汗が出て來る樣です。各所に敗殘兵が蟠居し、武安を中心に二里一圓圈內に約五六千の者が居り、武安襲擊を企圖致し居り毎日睨合の有樣です。

當地は全く暑く梨柿蜜柑何んでも澤山出來るそうです。現在支那人の家に居りますが、敵彈には少しも恐れることなき勇士も南京蟲の總攻擊には全く閉口致して居ります。兎に角大元氣で居りますから御安心下さい。

お母さんから送つて頂いたお菓子も頂きました。時々送つて頂くとなほよいです。寛、猛、愛子、慶子(弟妹)ちやんも皆元氣の由何よりです。今寝るところですが、武裝したまゝ寝るので良くやすまれない。又今晩非常呼集があるかも知れない。全く目前に敵を置いての睨合です。

支那家屋の下士官室暗いランプの下で書

正』

陸軍歩兵曹長

齋藤函麓君

明治三十四年靜岡縣田方郡川西村に生る。大正十三年商學部を卒業若尾銀行に入り後小池證券株式會社に轉じ調査部に勤務した

一昨年初秋勇躍出征した君は初め長谷川部隊に、後に松井部隊に屬し上海、杭州、嘉定、南京、彭澤、瑞昌と南支激戰地區を轉戰、此間幾多の赫々たる勳功を殘し、誠に武運に惠まれた征戰行を續けて來たが、昨年十月十三日江西省永修縣梧桐尖山頂に於て壯烈なる最後を遂ぐるに至つた。

君の最後であつた十月八日夜より同十七日迄の十日間に亙つた大激戰は全く無理押の戰であつて、初め携帶した五日分の米が無くなり後は芋を食ひ、更に草の根を食ふといふ苦闘振り、しかも第一線も第二線も區別がつかない程の急追擊で、後方部隊が最前線に出て自分達が最先頭にあることを知らずに進んでゐたといふ樣な狀態であつた。初め武寧目指して進擊してゐた君の部隊は、廬山西南麓で苦戰中の○○部隊に協力を命ぜられ、十月八日夜方向を一轉して武寧とは反對の甘木關方面に强行進擊を開始した。兎に角急いで友軍に協力することが使命であつたから、左右の山々に據る敵を後方に殘し急進したので、前方後方、左右に敵を受けながら軍を進めるといふ狀態で、九日午後五時には早くも上磨刀に達し、十日上桂堂の敵を追ひ、下桂堂に進み、丰桂尖を夜襲占領。十一日之又夜襲を以て石灰山を占領し、續いて進擊、十二日拂曉梧桐尖の麓に至つたが敵は三方より集中火を浴せ來り、同夜八時より全軍決死の夜襲にも拘らず、有利なる地形と强固なる堅陣に據る敵を拔くこと能はず、翌十三日戰車、飛行機の來援を得、午後四時に至つて梧桐尖頂上を奪ひ、一時間後には同南麓まで占領した。かくて三角山、甘木關を次々に拔き十七日午後四時過○○部隊と手を握り合ひ、此十日間の大激闘によつて君の部隊の使命は果されたのであつたが、此戰闘中にあつても特に壯烈なる戰斗を展開した桐梧尖の山頂戰に於て顔面に手榴彈破片創、胸部に貫通銃創を受け遂に江西の華と散つた。

子供さんへ宛てた最後の葉書—『今日は一日だから朝早く神樣へお參りに行つてくれたことゝ思ひます。おかげでお父さんは元氣に働いてをります。こちらは秋雨が降りつゞいて皆な兵隊さんは困つてをります。それでも日本軍はどん〳〵進んで支那軍をやつつけてをります。土地の百姓は支那軍を黨軍と呼んでをります。（十月一日）

昨日は一日よく晴れ夕燒もきれいで、半月の月も出ましたが、今朝は曇つてしまひました。毎日おなかがすいて、おいもやとうもろこしを澤山食べます。支那人も段々なついてきます。おぢい樣おばあ樣お母樣によろしく(十月二日)』

陸軍歩兵曹長

栗山一郎君

明治三十四年大分縣に生る。大正十四年理工學部機械工學科を卒業、直ちに藏内鑛業所に入り、昭和十一年樺太鑛業株式會社に轉じ大平鑛業所に勤務した

昭和十二年九月應召、杭州灣敵前上陸後南支各地に激闘を續け、誠に武運に惠まれた聖戰行を續けて來たが、昨秋武漢攻略戰に呼應した廣東攻略戰に參加、博羅縣五子洞に於て名譽の戰死を遂ぐるに至つた。

昭和十三年十月十二日未明バイアス灣に敵の意表を衝く敵前上陸を敢行した君の部隊は、陣田坑北側高地附近に據る敵を一擧を擊退し、不眠不休、糧食不足によく堪へ炎熱と闘ひつゝ幾多の難艱を踏破、追擊戰を續行し、砲數十門、自動車數百臺、ペトン製トーチカ數十を有して堅壘を誇つた惠州も、皇軍の前には一たまりもなく陷落し早くも十五日未明には我掌中に歸した。

續いて增城攻擊が開始されるや君の部隊は追擊隊の前兵となり、前日の降雨にて凹凸甚しき惡路を燒付く樣な砂を踏んで急追十八日夕刻には增城東方約二十五粁の半邊月に達し、同夜は前哨勤務に服し至嚴なる警戒裡に夜を徹した。翌十九日には前兵の尖兵部隊たる任を課せらるゝや、連日の强行軍にて疲勞その極に達せるにも拘はらず、欣然として午前七時增江の線に向ひ前進した。かくて五子洞東方の無名部落東端に達するや、該部落及西方高地より急射擊を受けたので、部隊一部を以て前方並左方高地を占領、一部を以て部落を掃蕩し、爾後部隊の左第一線として本道北側に在る右第一線と連繫、西方高地に向つて攻擊を開始したが、砲數門、自動火器を有する約二千の敵は頑强は抵抗するので、山砲を以て敵追擊砲陣地を猛攻擊せしめ、部隊も奪戰力闘第一線、第二線と敵陣を逐次奪取、次いで第三陣地に向つて突擊を反覆し、寸時の間に之を占領したのであつた。此第三陣地奪取に際し、部隊指揮班として常に隊長の卽近にあつた君は前方三十米の高地にあつて抵抗する敵に對し隊長と共に一丸となつて突擊を敢行した際、不幸敵の一彈胸部に命中壯烈なる戰死を遂げたのであつた。

左の一文は夫人に宛てた最後のもの

『討伐に次ぐ討伐。でも當地の敵兵は弱蟲で物の數ではない。過ぐる日あの〇〇附近の討伐では殆んど生還を期して居なかつた。討伐行の直前、討伐歸營の直後、天にもとゞけと歌ふあの露營の歌、最後だ最後だと幾回もくりかへした。

此處の敵滿津の匪賊討伐位らしい。滿洲派遣よりこちらに來てゐる人の話である。そのかわり我々のは殆んど夜襲許りで道路等は通らない。川もクリークもどん〳〵渡つて仕舞ふ。奇襲につぐ奇襲で、敵も施すすべがないらしい。部隊は敵が多數でも何の事はない。一年過ぎた。元氣である。安心あれ。

九月十七日夜』

陸軍衞生伍長

吉田雅夫君

大正二年利一氏長男として神戸市に生る。昭和十年商業部を卒業直ちに神戸の上組合資會社に入社した。

昭和十一年入營滿洲國討匪行に加はり、歸還後昨年七月中支派遣軍に衞生兵として從屬出征した。始め上海北方地區の警備に任じたが、十月待望の漢口攻略戰第一線參加の命をうけ、勇躍楊子江を遡江九江に上陸、爾後上桂堂、箬溪、羅盤山、棺材山等の各要害地に轉戰武勳赫々たるものがあつたが、十月三十日通山攻撃を命ぜられ、强行軍を以て通山東北方約七里の地點にある湖頭に進出、翌三十一日拂曉より慈口鎭（湖頭西方約半里）に向つて果敢なる攻撃を開始した。しかるに此地の敵は堅陣を固め且つ優勢なる火力を有し、加ふるに戰場一帶に亘り雜草繁茂し、行動の上に頗る困難を極めたので、戰斗は豫想以上の激戰となり同日慈口鎭一帶を完全占據はしたものゝ、我方にも相當の死傷者を出すの餘義なくせしめられた。本戰闘に於ける貴き犧牲者中の一人が君であつたのである。

本戰斗に於て君は〇〇隊と行動を共にし、集中炸裂する銃砲火の下に、終始勇敢機敏に馳驅して死傷者の收容手當に任じつつあつたが、偶ゝ戰友二人が敵の機銃の集中射を受けて相次で負傷するや、直ちに之に手當を施すべく、雨飛する敵彈中に身を曝しながら應急看護に力むるうち、一彈左胸部に命中し、慈口鎭東方五〇〇米の地點に於て名譽の戰死を遂げた。時午前十時。

戰線よりの消息は端書で二回あつただけだそうであるが、次のお便りは二回目即最後ものである。

『〇〇上陸以來四日間兩側より敵の攻撃を受け乍ら皆々元氣一杯攻撃前進を續行して居ります。若し萬一の事ありても御心配下されるな。男子の本懷です。さよなら』

陸軍歩兵上等兵 水田豐君

大正四年兵庫縣赤穗郡矢野村に團之助氏四男として生る。昭和十二年専門部法律科を卒へ鹿島組に入り庶務係として勤務。

昨夏出征約一ケ月徐州の警備に任じ、十月漢口攻略戰に參加、揚子江を遡り九江に上陸したのであつたが、君も吉川雅夫君と同じ部隊に屬してをつたから、その奮戰地域も吉川君と全く同じであつた。しかも戰死の場所も同じ慈口鎭、日も同じ十月三十一日であつたのも、よく〳〵盡せぬ兩君の緣りではあつた。

此日君は遠射砲隊に屬し〇〇隊に配屬せられ六甲高地西方部落に於て彈雨繁き中にあり勇戰射撃に從ひ、終始身を危險に曝しつゝ積極的に行動するうち、敵砲彈の集中火を蒙り附近に繫留中砲馬が危險に瀕するに至つたので、我身の危險を顧慮せず、自ら進んで砲馬を安全位置に避難せしめんとする折、敵の一砲彈足下に炸烈し、砲馬諸共壯烈無比なる戰死を遂げたのであつた。時午後四時、吉田君に遲るゝ六時間後であつた。

君と言ひ吉田君と言ひ、責務の爲には毫も死を恐れざるその行動は、眞に軍人精神の權化と言ふべきであらう。

君の最後の手紙

『お祭もすんで多忙のことでせう。私は元氣でやつてゐます。一戰すんで又前進を始めました。一線に來ると戰地にある兵士の勞苦が始めて判りました。彈丸が身のまわりにピユン〳〵ブス〳〵とやつて來るし砲彈が近くにドカン〳〵と落ちて來ます。しかし案外命中せぬものです。そのかはり當れば悲慘なものです。我部隊でもかなりの戰死傷者を出しました。でも彈になれると割合のんびりした大膽な氣持になれるものです。

詳しいことは又生きて歸れたら土産話にします。食物等はお菜のことなど言ふ者もなくなり、只御飯だけ十分食べられたら喜んでゐるのです。毎日田の中にテントを張つて寢ます。當地は晝は暑い位ですが夜はとても冷えますね。でもかぜをひく者もめつたにありません。
敵もなか〳〵大膽です。
生死は只運命ですね。つく〴〵そう感じました。まあ元氣でゐますから安心してゐて下さい。この手紙もいつ出せるか判りませんが、いつか出せることゝ書きました。
皆様の御健康を祈ります。さよなら
十月二十四日　豊』

陸軍歩兵上等兵

柿沼平八郎君

大正二年埼玉縣大里郡幡羅村に鯉登氏五男として生る。昭和十二年專門部商科を卒へ、東陽物産株式會社に入社した。

昨年八月應召、勇躍漢口攻略の第一線に向つた君の部隊は、九月十六日瑞昌西南方の敵に對し武漢作戰の火蓋を切つた。元來此地方は山岳重疊たる地形であつて、此所に堅壘を構へ十萬に垂んとする敵が據つてゐるのであるから、之を粉碎せんとする我軍の苦戰振に筆舌のよくするところではなかつたにも拘らず、勇猛果敢なる我軍は日夜を分かたぬ奮戰力闘を續け、或は正面より之を撃碎し、或は虛を衝いて一擧に敵線を突破し、進撃に進撃を重ねて、遂に十月初旬要衝箬溪を陷れた此の神速果敢なる突進によつて敵は混亂に陷り、その戰果は實に偉大なるものがあつたが、我軍にも相當の損害を出し、將兵の勞苦は絕大なるものであつた。

此間君は敗敵出沒する亂戰の中を、又彈丸雨と飛交ふ敵前を勇敢機敏に馳驅して困難なる彈藥補充の任に當つた。しかるに十月九日瑞昌より德安に向つた〇〇部隊の狀況急なるものがあつたので、之に協力すべく君の部隊は更に東進激闘一週間、この使命を達成し、本隊に追及の爲め北方に急進したのであるが、何といふても疲勞を癒す暇なき連日連夜の激闘に加へ、雨中に夜を明し、濁水を掬んで渴を醫し、芋を嚙つて飢を凌ぐといつた言語に絕する狀態であつたので、十月十九日部隊が合掌街附近に到達した折、流石に健康を誇つた君ではあつたが、激しい腸腹痛を起し且高熱を發した爲合掌街の野戰病院に入院加療に努めたが、武運此處に盡きて十一月二十七日遂に名譽の戰死を遂ぐるに至つた。

最後の便り――

『御兩親様初め皆々様御變りも無く御過しの御様子何よりのことゝ御喜び申上げます

只今のところ一寸餘暇が出來ました故、久々の御便り致します。當方では氣候はさ程寒いと言ふ程でもありませんが、最早十月も末になります故、朝夕は相當冷込んで參りました。私もお蔭様にて至極元氣にて野戰に日々を過して居ります故御休心下さい。先日の小休止(十月十日)には例のお願ひのシャツ並に御守ハガキ無事に落手致しました。色々と戰闘の便りもありますが軍規に依り御報告申上げることが出來兼ねます故又の機會に御便り致します。又第一線にて前進の命があるとのことです。彈藥の補充武器の手入等に忙殺されて居ります。戰友其他の顔を見るに皆元氣に充ち充ちて互に一番乘を口々に言ひ、其姿實に神々しき感が御座います。

小生元より　陛下に捧げし身、何の思ひ残すこともなく、只々銃劍に思ひを罩め一番乘は勿論、殊勳を立て家の名譽にかけても立派に國の爲に盡す考へであります。今後は御便りも當分出來ません。萬一のことがあれば必ず隊より通知のある筈故、それまでは元氣でやつて居ると御承知下さい。

※編者註　「柿沼平八郎」は顔写真が間違っていたため、次号に再掲されている（100頁）

では呉々も御體御大切に御過しの程御願ひ致します。

十月二十日　　　さよなら

平八郎』

陸軍輜重兵上等兵

淺利政孝君

明治三十六年東京に生る。大正十五年商學部を卒へ豐國銀行へ入つたが後昭和銀行に轉じ三田支店長代理の席に在つた。

一昨年九月出征、吳淞上陸後事變當初の大激戰地たる大場鎭、眞如、嘉定、晏塘鎭等を順次、豪雨下膝を沒する泥濘の中を物ともせず愛馬泉隆號と共に、部隊最先頭に立つて追擊轉戰し、十二月に入つては杭州攻略戰に參じ新春を此地で迎へた。次で三月には江北南通に敵前上陸を敢行、不相變愛馬泉隆號の轡をとつて轉戰、その沈着にして果敢なる行動は部隊の範として讃へられてゐた。

かくて盧山攻略に加つた君は元氣に充ち〳〵て、軍馬と共に勞苦を重ねるうち、ふと引いた輕い風邪がマラリヤと氣管支炎を併發し、隊長外一員の親身も及ばぬ看護にも不拘、昨年十一月廿九日午後十一時三十五分名譽の戰死を遂ぐるに至つた。

十一月十六日附を以て左の最後の書信を家へ寄せてゐる

『便りなく心淋しき秋の暮

月映えてかゝみにうつる坊の額

押花に我家の秋を知られけり

（之れは夫人より送られし秋の押花を見て讀みしもの）

私は不相變元氣である。御安心下さい。〇〇〇で待機して居ります。さつま芋の美味しいのが手に入つたので今日は蒸して賞味しました。

當地附近は餘り山も高くありません。松の木ですから秋のまゝゆき紅葉は觀賞出來ないのが殘念です。大分第一線が進んでゐますから、當地の良民が復歸して鍬をとる樣になりました。でも戰闘激烈を極めた處だけに、回復は並大抵ではありません。かうした良民もやがては日本の爲めに救はれ溫かい生活が出來る樣になるでしよう。

留守宅一同御元氣の由、安心して邦家の爲御奉公出來るのが何よりと喜んでをります。』

陸軍歩兵曹長

津田兎龜雄君

明治四十五年淀橋區西大久保に生る。昭和十一年法學部英法科を卒業

昨年五月中支に向つて出征、上海附近に上陸し暫らく上海の警備に任じた。後徐州大會戰に參加、勇戰東臺迄進擊したが徐州攻略なるや、轉じて漢口攻略戰に加はり、盧山々系に日夜に次ぐ苦闘惡戰を繰返し、殊に十月七日の硝瓜船山の攻擊に際しては全員と共に死を決し、同高地に在る敵のトーチカに率先突入、拔群の勳功を樹てた。しかし長期に亘つて寧日なき山岳戰に、無理な行動も餘儀なくされたことゝて、流石に嘗て病氣を知らざる君も不幸病に冒されるところとなり、十月二十一日野戰病院に入院、直ちに南京の兵站病院に後送されて療養に力めたが、遂に再び立たず十二月二日戰死を遂ぐるに至つたのは、死生天に在

りとは言ひ乍ら、各戰斗に於て常に先頭に立ち奮戰して來た君の心中を想へば、冷酷な天命を恨まざるを得ない。

陸軍歩兵伍長

中條政信君

大正四年高岡市に政吉氏長男として生る。昭和十一年專門部商科を卒業、戸出物産株式會社に入社した。

昨年九月北支に出征、徐州、豐縣、碭山等の警備に當り、此間部隊砲手として戰闘に參加すること十數回に及んだが、十二月十一日、紅槍會匪と合流蟠居する共産軍五千を殲滅すべく出動、先づ湯庄を攻撃したが君等の正確なる射撃は敵膽を奪ひ抵抗數分にして東南、西方に潰走する敗敵に殲滅的打撃を與へた。續いて之を追撃同地西方に前進し、日章旗と五色旗を飜しつゝ新中華建設に死を堵して戰ふ王軍の施砦西方部落攻撃に支援を與へ、我の砲撃効果により王軍は易々同地を占領した。同時に湯庄西北方部落を攻撃せる我部隊にも協力し同地をも占領せしめた。

敵は我勇敢にして巧妙なる攻撃に依つて三據點を遂次攻略せられ、一部は他に潰走したが大部は陣庄に收容せられたので、更に陣庄を攻略することに決した。湯庄より陣庄に到る間は平坦で據るべき地物なく、しかも、陣庄は厚さ二三尺に及ぶ土壁を有し、周圍に深さ三米餘の壕を廻らし、各所に堅固なる望樓を有し、守るに易く攻むるに難き地であつたが、勇敢なる我軍は何等恐るゝ色なく攻撃を繼續し、君の部隊は湯庄西方一〇〇米墓地附近に陣地を占領し、陣庄を射撃、友軍の前進を支援後、友軍の前進に伴ひ更に進出して敵前二五〇米の線に到つた。敵は望樓及土壁に據り比較的正確な集中火を浴せ來つたが、我第一線は敵前七〇米クリークの線に進出、突撃の機正に熟されんとしつゝあつたので、君の部隊は此の熾烈な敵火の下に曝され乍ら一同沈着、悠々として正確なる砲撃に全能力を發揮し、敵陣を爆碎突撃の機會を作るに力めた。しかるに陣庄東北角及東南角の望樓よりする敵火猛烈を極め、我方の損害も少なからず、同望樓を破壊せずしては有利なる突撃は敢行出來なかつた。しかし同陣地に於てはクリーク線に在る並木の爲、該望樓の射撃は不可能であつたので、隊員全滅するも友軍の突撃を支援するは砲の任務なりと一同勇躍前進、更に敵前七〇米のクリーク線に進出し直接望望樓を射撃するに決した此時、砲に藥莢蹴出困難の故障を生じた。之を知るや隊長及君は敵の彈雨中に身を挺し勇敢にも協力して洗桿を砲口に挿入、困難なる故障を排除した。此の機に適したる機敏なる動作終るや隊員一同迅速に前進を開始せんとする折、砲前に落下炸裂した迫撃砲彈の破片を頭部に受け、壯烈なる最後を遂げたのである。時十二月十三日午後三時半であつた。

君の家への最後の通信——

『拝啓十一月七日碭山出發以來一月足らずの間、北支を股にかけ正規軍目指して交戰すること五度、勝利の内に十二月四日の今日只今無事に歸還致しました。

あの皇軍特有の突撃、陸鷲の空爆、野山砲の掩護射撃、壯絶實に極りなきものです。身を捨てゝこそ浮ぶ瀬もあれといふ言葉を眞に味ひました。ピュピュピュパンパン‥‥：敵の打出すチェコは憎らしい程身邊をかすめました。今にして思へば當らなかつたのが不思議です。奇蹟的な事實も他に二三あつた樣で、安腰一等兵なんか伏せてゐて上圖の樣に彈が上衣を縫つて雜嚢の底を通り抜けたのなんかもあります。本人の言によれば淨土眞宗の個條書にした印刷物が物入に這入つて居たんださうです。見せて貰ひました。

　碭山に歸つて飯を食ふのも忘れて一月分の手紙を貪り讀みました。其數實に十四通下さる皆樣に感謝して居ます。

　父上のことは宜しく御願ひします。御好きな樣にして上げて下さい。今斯うして元氣で居る吾々も、此度の戰鬪のことを思へば、何時戰死するとも計り知れません。最後迄奮鬪する覺悟です。吾々の隊長は實に見上げた覺悟の人です。何時でも喜んで死ねます。討伐間一日も雨に逢ひませんでした。吾々百足らずの時數千の敵にぶつかつた時もありました。では故郷の皆樣御休みなさい。

　小生風一つ引きません。神佛の加護もさることながら皆樣の一心によることゝ感謝して居ります。八時五十分左樣なら』

陸軍歩兵上等兵

堂前吉一郎君

　大正四年福井縣坂井郡雄島村に外吉氏長男として生る。昭和十一年專門部商科を卒業し直ちに歸家家業たる酒造業に從事した
　昨年一月中支に向つて征途に上つた君は當初嘉定方面に駐屯、專ら殘敵掃蕩と綏民の宣撫工作に當つた。後徐州包圍戰の作戰爲つて勇躍進發したが不幸負傷、一時後退して野戰病院に收容せられたしかし經過頗る良好で、間もなく快癒し嘉定に於て英氣を養つてをつたが、再度武漢攻略戰に參加し、徐州戰に參加出來なかつた欝憤を爆發させて勇戰奮鬪敵の火器に加へ天險とも鬪ひ、よく之を征服進擊を續けるうち、八月三十日瑞昌縣磨山庵の激戰に於て壯烈なる戰死を遂げた。

　瑞昌西方の敵主力陣地攻擊を命ぜられた君の部隊は、先づその關門とも言ふべき磨山を奪取すべく、八月二十九日未明に乘じ熾烈なる敵銃砲火を物ともせず、突兀たる絕壁を攀登して、一擧に最高峰二六三・三高地を奪取したが、この戰は我方も部隊長代理始め死傷者相當數に上つた激戰であつた。

　更に命により同日薄暮を利して、敵の集中火を冒し奮戰力鬪して西方地の敵陣地をも奪取した。しかるにその後相次いで衆敵の反覆する逆襲を受け、我軍の苦鬪はその極に達し、死傷又相次ぐといつた狀態であつたが、僅かの殘存者一致團結し、互に相勵し合ひつゝ我に數十倍する敵の逆襲を擊碎して同高地を確保した。

　この僅かの殘存者の一人として、皇軍の名譽にかけ惡鬪を續けた君は、翌三十日も前日の苦戰に怯まず力戰大いに力め漸次敵を制壓したが午後六時頃頭部に貫通銃創を受け、遂に磨山庵東麓の華と散つた。

　右の戰況は畏くも上聞に達し、又軍司令官よりは感狀を受け、部隊の名は榮譽に燦として今に輝いてゐる。

　嚴父に宛てた君の絕筆——

『前略幹部候補生志願に關する書類中、早大出のもの先日入手致しました。御足勞を掛け申譯も無き次第乍ら、此手紙が御手許に着いた頃は既に數百里離れた某地で轉戰中と御推察下さい。丁度前期の志願と同樣な結果となりました。以後はもう書類の必要な事も無いと思ひます。

　多忙なる勤勞乍ら丁度二ケ月間の休養をとりました。勇躍第一線へ出發の準備で繁多を極めて居ります。

　小額乍ら先日移動に先立ちと思ひ送金の手續きを致しました。何卒國防費なりと獻納をお願ひ致します。』

（註此時金六拾五圓の送金あり、嚴父は早速大泊町役場を通じて銃後資金へ獻金された）

戰線の華と散つた
校友の面影

陸軍歩兵上等兵
鈴木明治君

大正二年大森區に伊三郎氏四男として生る昭和十一年専門部商科を卒業、翌年入營。

初め齊々哈爾、遜吳（黒河省龍鎭縣）の警備に當つたが、事變勃發後萬金、張家口、天鎭、聚樂堡、大同、口泉鎭、綏遠等の戰闘に參加、多大の戰果を收めて再び齊々哈爾に歸り警備の任に就くうち、昨年一月十九日右肺尖炎にて同地陸軍病院に入院、五月に内地へ還送され療養に力めたが、惡化の一途を辿る病勢如何ともなしがたく、遂に十一月十一日午前八時二十五分無念の涙を呑みつゝ簀子を替へるに至つた。

陸軍歩兵中尉
星野喜一郎君

明治四十一年栃木縣上都賀郡鹿沼町に辰一郎氏の長男として生れ、昭和六年高等師範部英語科を卒業す。

事變勃發直後北支に出征、永定河の戰闘に於て部隊長戰死後部隊長代理として部隊の指揮を執り保定、正定、石家莊等の堅陣を抜き赫々たる武勲を樹てつゝ南進、邯鄲大名へ軍を進め、殊に大名城攻撃に際しては一番乘りの殊勲を樹立した。越えて翌十三年二月五日大名を出發行動を開始した君の部隊は、晨に一城を抜き夕に一陣を陥れつゝ西進し、二月二十日懐慶を目前にした金城附近の敵に對し攻撃を開始した。しかるに我騎兵隊が朝來苦戰中との報に接し、君の部隊は此王保附近の敵を攻撃することになり、進路を急に變へて、敵を驅逐しながら正午過ぎ敵の本陣地たる金城の手前に達した。當時君は右第一線を指揮してをつたが、部落を出て攻撃を開始するや、敵は眞横から小銃、チェッコ機銃の彈雨を降らせ來つた。しかし此猛射の中を物ともせず敢然と先頭に立ち指揮奮戰中、左背部に盲貫銃創を受けた。剛毅な君は之に屈せずなほも猛撃を續行したが、遂に力竭きて後退するの止むなきに至り、野戰病院にて療養に力めたが三月三日、枕頭に見舞つた部隊長並に苦勞を共にした部下達に名殘を惜みつゝ「武人の本懐」と叫んで護國の鬼と化したのであつた。

尚、昭和十三年十二月廿七日發表の論功行賞に於て勳六等功五級旭日章を下賜せられ、君の武勲は後世長く輝くことゝなつた。

戰線よりの最後の便り——

『去る二月五日舊魏縣城をあとに大進撃を開始してより、毎日〳〵十里近い攻略前進をして參りましたが、遂に二月廿日午後一時二十分、目的の懐慶城を二里半の目前に見るの地東金城の戰斗に於て、右第一線の戰場にて、無念にも遂に遂に左背部の盲貫貫創で戰傷してしまひました。

やられた、彈丸はドテッパラをえぐつて行つて、背部の中央附近にて盲貫となつて仕舞ひました。

今は野戰病院に收容されては居るが、第一線の野戰病院とて設備もなく、且つ彈丸の行衛も判明せず、現在やつと内出血の腫がひいて、大分よい方だが、摘出は何時のことやら。——兎に角化膿せずこのまゝ病所が固定すれば助かると思ふが。——

永く連日の疲勞しきつた上の戰傷ですから、回復も思ふ樣でない。そのうち詳細報告したいと思ふが、武人のこと故どうゆうことがあつても、お前達は取亂さぬ樣、御兩親にもよく傳へて呉れ。今のところ病院も一定せず困るが、第一線とは十五里も離れてしまつた。殘念で〳〵堪らない。勿論はじめより覺悟はしてゐたものゝ、毎日無念の涙をのんで病床に呻吟してゐる。足腰も立たず。——何れ又書す。

航空郵便に托して　喜一郎』

陸軍歩兵軍曹

藤平輝治君

明治三十七年千葉縣長生郡西村に安太郎氏三男として生る。

昭和三年高等師範部國語漢文科を卒業後、郷里長生郡土睦村小學校及葛飾郡高木村小學校に教鞭を執り郷黨子女の訓育に當つた。

事變勃發の年即ち昭和十二年末勇躍出征中支各地に轉戰、勇猛果敢の進撃振と共に各戰場に殘した戰功誠に華々しきものがあつた。かくて元氣彌々旺盛に漢口攻撃戰に參加したのであつたが、九月二十七日盧山東北方黄龍山附近の萬庄に於て激鬪中壯烈なる戰死を遂ぐるに至つた。

此日君の部隊は中央第一線となつてをつたが、前面部落の占領を命ぜられたので、午前七時先づ斥候を出し偵察したところ、敵は退却中との報告に接し直ちに攻撃前進して部落に突入、更に其前方の松山を占領して黄龍山前端迄進出した。しかるに軍工路に接したる部落内に約一個小隊の敵が殘留して、盛に銃火を浴せ來つたので、直ちに機銃を以て之に一齊射撃を加へた。此時敵との距離百米、友軍の重砲彈、敵の野砲迫撃砲彈共に君の部隊附近に落下し、名狀すべからざる激戰であつたが、敵が我軍の射撃に制壓され退却を開始するや、我方は火力を増加し、身の置所きな迄に敵彈雨飛する中に立つた勇敢なる君は、部下を激勵するうち不幸一彈飛來し、腹部に貫通銃創を受け畑中に倒れた。負傷後戰友によつて直ちに繃帶所に運び手當を加へ後送の途中戰歿するに至つた。

嚴父に宛てた最後の便り

『健在です。

大雨にも大した被害もなくて結構です。奥州のお山よりもつと愉しい所でやつて居ます。

夜の寒さには弱りますが、今日から冬外套です。

御健康を祈ります。

御近所の皆樣によろしく。

九月廿一日　藤平輝治』

陸軍歩兵上等兵

柿沼平八郎君

大正二年埼玉縣大里郡幡羅村に鯉登氏五男として生る。昭和十二年專門部商科を卒へ、東陽物産株式會社に入社した。

昨年八月應召、勇躍漢口攻略の第一線に向つた君の部隊は、九月十六日瑞昌西南方の敵に對し武漢作戰の火蓋を切つた。元來此地方は山岳重疊たる地形であつて、此所に堅壘を構へ十萬に垂んとする敵が據つてゐるのであるから、之を粉碎せんとする我軍の苦戰振に筆舌のよくするところではなかつたにも拘らず、勇猛果敢なる我軍は日夜を分かたぬ奮戰力闘を續け、或は正面より之を撃碎し、或は虚を衝いて一擧に敵線を突破し、進撃に進撃を重ねて、遂に十月初旬要衝箬溪を陷れた。此の神速果敢なる突進によつて敵は混亂に陷り、その戰果は實に偉大なるものがあつたが、我軍にも相當の損害を出し、將兵の勞苦は絶大なるものであつた。

此間君は敗敵出沒する亂戰の中を、又彈丸雨と飛交ふ敵前を勇敢機敏に馳驅して困難なる彈藥補充の任に當つた。しかるに十月九日瑞昌より德安に向つた○○部隊の狀況急なるものがあつたので、之に協力すべく君の部隊は更に東進激闘一週間、この使命を達成し、本隊に追及の爲め北方に急進したのであるが、何といふても疲勞を癒す暇なき連日連夜の激闘に加へ、雨中に夜を明し、濁水を掬んで渇を醫し、芋を噛つて饑を凌ぐといつた言語に絶する狀態であつたので、十月十九日部隊が合掌街附近に到達した折、流石に健康を誇つた君ではあつたが、激しい腸腹痛を起し且高熱を發した爲合掌街の野戰病院に入院加療に努めたが、武運此處に盡きて十一月二十七日遂に名譽の戰死を遂ぐるに至つた。

最後の便り——

『御兩親樣初め皆々樣御變りも無く御過しの御樣子何よりのことゝ御喜び申上げます只今のところ一寸餘暇が出來ました故、久々の御便り致します。當方では氣候はさ程寒いと言ふ程でもありませんが、最早十月も末になります故、朝夕は相當冷込んで參りました。私もお蔭樣にて至極元氣にて野戰に日々を過して居ります故御休心下さい。先日の小休止（十月十日）には例のお願ひのシャツ並に御守ハガキ無事に落手致しました。色々と戰闘の便りもありますが軍規に依り御報告申上げることが出來兼ねます故又の機會に御便り致します。又第一線にて前進の命があるとのことです。彈藥の補充武器の手入等に忙殺されて居ります。戰友其他の顏を見るに皆元氣に充ちて互に一番乘を口々に言ひ、其姿實に神々しき感が御座います。

小生元より　陛下に捧げし身、何の思ひ殘すこともなく、只々銃劍に思ひを罩め一番乘は勿論、殊勳を立て家の名譽にかけても立派に國の爲に盡す考へであります。今後は御便りも當分出來ません。萬一のことがあれば必ず隊より通知のある筈故、それまでは元氣でやつて居ると御承知下さい。

では呉々も御體御大切に御過しの程御願ひ致します。

さよなら

十月二十日　平八郎』

陸軍歩兵中尉

宇野修二君

明治四十三年沼津市に秀吉氏（四四專政）の二男として生る昭和八年專門部政治經濟科を卒業し、直ちに松屋呉服店（銀座）に

勤務した一昨年出征○○に派遣せられて以來、各地に奮戰、殊に張家口、暖泉鎮、南村、蔚縣等に於ては赫々の武勲を樹てた。

昨年十一月二十九日未明、○○の重任を帯びた君は、○隊長として零下十數度の酷寒を冒し、重畳たる山嶽地帯を踏破して廣靈に向つたが、南土嶺附近の隘路口に差掛るや、豫てから各地を遊撃して、良民や皇軍を屡々惱ましつゝあつた執拗極まる第八路軍共産匪數百と遭遇した。此敵狀を車中より逸早く發見した我軍は、直ちに下車應戰したが、地の利を得た敵は至近の所より手榴彈、機關銃、迫撃砲の彈雨を浴せ來り極めて有利の大勢にあつたにも不拘、我方は沈着機敏に行動し、一部は千仭の斷崖より登攀して敵の意表に出て猛攻を加へたので戰闘數時にして敵は多數の屍を山谷に遺し僅か二十分の一に充たぬ皇軍に一溜りもなく潰走せしめられた。

宇野君は前記の敵に遭遇するや機を失せず全員に下車を命じ猛射中の臺上目指して果敢なる攻撃を開始し、自らは右手に軍刀を左手に拳銃を翳しつゝ、彈雨の中を泰然自若として部下を指揮激勵してをつたが、午前九時頃飛來つた一彈は不幸君の右胸部を貫通した。しかし之に臆することなく部下の制止も肯かず、動かぬ右手の軍刀を左手に持ち替へ、淋漓たる鮮血に戎衣を朱く染めながら、阿修羅の如く白刃を揮つて敵陣に突入し死闘を續けたが、頑敵の潰走を知るや始めて我に返り安堵の顔に　陛下の萬歳を奉唱して南土嶺の華と散つた。時午前十時三十分。その壯烈なる最後に部下一人として泣かない者はなかつたといふ。

左の一文は義兄に寄せたもので、戰線よりの最後のものである。

『霜寒の候皆々樣には益々御健勝の由○○の地より御喜び申上げます。

自分は御蔭樣を以て至極元氣一杯にて零下十幾度の寒氣にも怖れず、軍務に討伐に又警備に健闘して居りますからどうぞ御安心下さい。(中略) ところで最近の我々は、例の如く匪賊討伐にて彼等のゲリラ戰術の裏を行つてゐる次第です。しかし彼等の行動は實に敏速で常に山岳地帯を利用して手の出し樣のないことが時々あります。

現在我々は盆地の樣な所に警備してゐますが、初め此地に來た時は匪賊に荒らされた部落でしたが、其後平和な地となつて部落民も二千人程歸り、平和な部落となつてゐます。しかし附近へはまだ／＼土匪、共産匪（第八路軍）が盛んに出沒して、自動車道路等を破壞して困つてゐます。先日は久し振で道路偵察に出たところ、山頂より射撃され、約四時間に亙つて交戰しましたが、油斷も隙もあつたものではありませんしかし我々損害なく撃退出來ました次第です。

漢口は陥落し長期交戰もいよ／＼第二期に入りましれ。がこれからが大變だらうと想像します。我々の凱旋の如きまだ／＼想像にも價しません。此大陸へは日本軍隊が全部來ても充分ではないでせうから・・・

警備してゐる時は隨分呑氣で想像以上です。最近は大陸に馴れたか、支那人に似て來たか、割合に平氣になつて來ました。電燈もなくランプの燈火も、文明に遙かに遠い此地も不自由ありません。眼に映る總てがめづらしくもなく又感ずる事もなくなりました。

でも愉快な事も又話もありますが次にします。

時寒さに向ふ折から皆樣の御壯健と御多幸を祈りつゝ

十一月二十六日　　修二』

陸軍歩兵上等兵 宮川育男君

大正三年佐賀縣杵島郡西川登村に生る。昭和十二年專門部政治經濟科を卒業す。

昨春出征。津浦沿線、馬廠、德州、濟南徐州等の警備、殘敵掃蕩、攻略に從事したかくて九月武漢攻略戰に參加し、作戰最初の第一線攻撃部隊として出動、江西省瑞昌縣臨庄村の攻撃を緒戰として、通路は數限りなき戰車壕と、橋を燒き拂はれたるため、畑、山、河を無二無三に跋渉、縣河の勢を以つて雷山、馬鞍山、馬塞山、大屋田村、更に元三尖、干岩、斗岩、陽新鎭等の要害地を次々に陷れ、此間君は極めて元氣旺盛、部隊中堅として勇敢に奮闘した。しかるに十一月二日小嶺西側高地の敵を夜襲するに當り、君は部隊右翼第一線に加はり、雨と降る敵の銃砲彈を冒して、急峻雜草繁茂する中を巧に登攀、敵前三四十米の地點に進出して突入を準備したが、右高地の自動火器の側射を受け突撃意の如くならなかつたので君は此自働火器に對し擲彈筒射撃をなすと共に、手榴彈を投擲して之を撃滅すると同時に部隊最先頭に立つて肉彈を以つて同高地を奪取した。しかし奪取後間もなく左側より飛來した機銃彈の爲めに右上膊骨々折貫通銃創、右大腿部盲貫銃創、頸部爆裂小銃彈創等數彈を受け野戰病院に後送された。此君の鬼神の如き働きによつて同高地を奪取したことが因となり、部隊の攻撃は容易に進捗し、多大の戰果を收めることが出來た。が身に數彈を受けた君は遂に十二月八日午前十一時三十分、武漢陷落の喊聲未だ餘韻を殘す武昌野戰病院に莞爾として戰死した。

陸軍歩兵上等兵 河合喜三郎君

明治四十五年福井縣遠敷郡小濱町に生る。昭和十一年理工學部機械工學科を卒業、直ちに日本製粉株式會社に入社東京工場に勤務した。

昨年始め出征、中支方面に出動し、上海蘇州、宜興、南京等の警備に當つたが、後漢口攻略に參加、九江、瑞昌等に於て華々しき戰績を遺しつゝ轉戰中不幸脚氣を發したが、何等意に介せず更に進軍戰闘を續けるうち、十月二十六日湖北省陽新縣三溪口附近に於て全く歩行困難に陷り、後送されて野戰病院隊に入り加療、君自身も再度戰線への復歸を一日千秋の思ひで待つてをつたが、嗚呼！ 遂に十二月十二日午前八時十五分、心臟痲痺を以て上海の陸軍病院に萬斛の恨を呑んで戰歿した。

戰線よりの最後便り……

『大分長らく御無沙汰して居ます。

皆々樣相變らず御元氣で居られることゝ存じます。こちらも元氣と云ひ度いのですが、先月末から脚氣にかゝり、二十六日野戰病院に入院目下表記で治療中にて、大分良くなりましたから御安心下さい。

御手紙を頂き度いのですが又これから病院が變るかもわかりませんから駄目なのが殘念です。當分は手紙はお出しにならない樣に願ひます。

早速御通知する筈でしたが氣分が勝れず失禮して居りました。何卒御心配なく、段々と元氣なのですから御安心して居て下さい。』

戰線の華と散つた
校友の面影

陸軍歩兵中尉

筧　芳　雄　君

明治三十六年宮城縣登米郡登米町に常作氏五男として生る。大正十三年專門部政治經濟科を卒業し、直ちに武田玄六商店に勤務した。

一昨年事變勃發後間もなく出征し、上海敵前上陸以來、南京の前哨戰に或は徐州攻略戰その他多くの戰斗に參加、拔群の武勳を樹て更に武漢攻略戰に參加、部隊長代理として天嶮大別山の八百米高地に據る頑敵八十八師を擊破すべく奮戰中、昨昭和十三年九月六日盲貫銃創をうけ後送陣歿するに至つた。

八月十五日廬州を出發以來、常に○○部隊の先陣を承つて先々の敵を屠り部隊の戰鬪行動を進捗せしめつゝあつたが史河渡後武廟集東北方堆子に至るや敵は天嶮を巧に利用した堅陣に據つて、我軍の前進を阻まんとしたが、前面陣地の占領を命ぜられた君は、九月四日勇躍して第一線に向つた。當時我第一線は敵前約百米の地點に迫つてをつたので、前進甚だ困難な狀況にあつたが、敵前至近の距離に至るや、君は猛然として陣頭に立ち部下を叱咤激勵、敵陣に突入して遂ひに之を奪取し、更に次の陣地攻略を企圖し、敵の迫擊砲、機關銃彈雨飛する中を敢然として指揮刀を揮ふうち、不幸敵小銃彈にて右肺部に穿透性盲貫銃創を蒙り、陣頭に立つ能はず、葉家集野戰病院に後送せられ加療中、九月十二日午前九時遂に幽明所を異にするに至つた。

しかし此君の死によつて部隊全員の敵愾心は彌が上にも湧立つて、大別山系敵陣地中の最重要地點にして、その守兵は蔣介石直系の數ヶ師に加へ雜軍を合して十ヶ師に餘る兵力を擁した武廟集東北方の敵陣地に、敵影を認め得ざるまでに完全に占領するに至つた。

負傷入院後君の症狀は思はしくなかつたが、「僕には三人の男の子があるから大丈夫だ」と言つて、少しも焦慮するところなき大悟振であつたといふ。蓋し今後自らは此東洋平和の工作に參畫出來ずとも、遺兒をして我が志を繼がしむるといふ、熱烈なる愛國の至情から出た言葉であつたらう。

夫人に宛た最後の手紙——

「十五日廬州を出發、今小さなきたない部落を占領した。とてもきたなくて話にならない。又○○に出動するが、何も心配することはない。ニュースに氣をつけてよくきいてほしい。

體は大變調子もよく元氣一ぱいだ。戰爭といふものは、ぶつかつて見なければわからないものである。

子供はよろしく賴む。三人では大變だらう。暑さの折から無理しないやう祈る。

佐々（部下の者で當時第一陸軍病院入院中であつた）を見舞つてやつて呉れ給へ。

八月十九日　　　芳　雄』

尙君は本年四月二十八日發表の第十一回論功行賞に於て功五旭六の輝く恩賞に浴した。

陸軍歩兵軍曹

本田宣人君

明治三十八年長野縣南佐久郡切原村に生る昭和六年早稻田專門學校商科を卒業後鄕里北佐久郡平根、南佐久郡北相木、同榮等の各小學校を經て、北佐久郡春日尋常高等小學校に職を奉じた。

一昨年北支に出征以來彰德附の戰鬪を緒戰として大名を始め十數回に及ぶ激戰に參加、昨年黃河渡河後、曹州の戰を皮切りに開封に至る間の幾多の戰鬪に加はり、武勳赫々たるものがあつた。かくて九月四日には河南省黃庄の討伐戰に翌五日には温縣附近の掃蕩戰に加はり、無事任務を終了して懷慶に歸着したのであつたが、不幸にも疲勞少なからざる身體にコレラの浸すところとなり、直ちに懷慶野戰病院に入院、加療中九月二十一日午前七時、遂に不歸の人となつたのは返す〳〵も殘念なことであつた。

母堂及令兄へ宛た最後の便…

『本日八月十六日出の書面嬉しく拜見致しました。母上樣始め皆々樣農繁期にも不拘益々御元氣、春蠶も上蔟相當の成績を收め夏蠶は上々の首尾とか何よりでした。久しく消息もないこととていろ〳〵に案じて居た譯でしたが何よりでした。降つて小生も御蔭樣を以て第五次作戰ともいふべき黃河以北大討伐戰を二十五日ぶり無事終了、昨日○○へ無事集結次期作戰の準備中です。御放念下さい。今次は主として警備の手薄に乘じて黃河を渡河、同化鐵道沿線を攪亂せんとする中央系敵部隊の討伐が主眼でした。隨つて占領戰と異り、隨所に敵を求めては之に戰を挑むだ譯で、戰鬪回數は非常に多く、我が戰法を知つた敵は巧妙な戰術を以て頑强に頑張り、至る處に激戰を交へました。五橋附近では隊長靑木中尉を失ひ、孟庄附近の戰鬪では部下の中より一度に三名の負傷者を出し殘念でした。すつかり秋めいて參り、粟ももろこしも高粱も一樣に黃金の色濃く、肌ざわりのいゝ秋風になびいて居ます。昨夜などは夜明けに起きて火を焚いて煖をとる寒さ、段々暮しよくなりませう。コレラも下火の樣ですが本日部隊より眞症一名發生防疫に大童です。又二三日にして○○方面へ向つて討伐の馬を進めます。氣候の變り目折角御大事の程を祈ります。

九月十日　　　宣　人』

陸軍歩兵伍長

岩永靜夫君

明治四十五年長崎縣西彼杵郡伊王島村に旭氏四男として生る昭和十二年法學部英法科を卒業し帝國火災保險株式會社に入り福岡支店に勤務した。

昨春出征、徐州攻略戰に加はり、徐州陷落後敗敵を追ふて隴海線を西進歸德城を陷れ、後天津の警備に任じたが、間もなく漢口攻略戰に參加し、○○隊の彈藥手として活躍し何時も率先窮行、しかも沈着なる行動は部隊の至寶とされてゐた。かくて瑞昌西方の石頭咀附近の戰闘以來、猛烈なる幾多の山岳戰に於て極めて勇敢に行動し、特に部隊の要點奪取戰とも言ふべき九月二十九日以來十月五日迄の三〇五米高地の攻撃には、君の所屬隊は特に選ばれて同高地奪取後その確保に任じ、晝夜を分たぬ執拗なる敵の十數回に亘る逆襲に、手榴彈を始め敵の銃砲彈雨と降る中をものともせず彈藥補充の任を見事に果し、遂に敵をして奪還の企圖を放棄せしめるに至つた。更に次から次への山岳戰に戰功を殘しつつ愈々十月十一日の龍港の戰闘となつたが、凌ぎ難き苦熱によく堪へ、〇〇部隊の攻撃前進を掩護し、〇〇の威力を發揮して漸次敵を制壓したが、最後に至つて衆を恃む敵は、屏風を立てた樣な均山に據つて飽迄頑强に抵抗し、我猛攻撃を阻止せんとしたので、同十四日午前六時降しきる雨中に、主力〇〇隊として均山の敵に對し進撃を開始し、他の〇〇隊と協力の下絶壁を一歩一歩攀登り、遂に一角を占領するに至つたが、頂上はまだ／＼斷崖の連續であつた。取敢へず此處に於て前方四百米の山に據る敵と相對峙し猛烈なる撃ち合ひを始め沈着大膽なる岩永君は銃を執つて應戰し見る／＼うちに敵の數名を射殺し、快哉を叫びつゝ朗かに戰闘を續行した。この猛攻により遂に敵は後退開を始し沈默の狀態となつたので、此機逸べからずと一同前進攻撃に移らんとした折君は敵の狙撃に合ひ、飛來した一彈は胸部を貫通した。直ちに戰友によつて後方に運ばれ介抱を受けたが、何を言ふても出血多量且急所であつた爲め、間もなく冥默するに至つた。敵彈が君に命中するや「大丈夫／＼何ともありません」と言つて重傷にも拘らず平然、從容たる態度には部隊長始め全員男泣きに泣いたといふ。

令兄宛の最後のハカキ……

『其の後も元氣、七月末天津發、揚子江を遡り今は南京に來て居ります。昨年の暮陥落前の華かなりし面影充分なれど、今は寂しき南京の街。有名な中山陵にも行きました。秀夫さん達の部隊も來てる筈です。何れ又　　静夫』

陸軍歩兵上等兵

齋藤彌七郎君

大正四年静岡縣濱名郡白脇村に正治氏長男として生る。昭和十一年専門部商科を卒業し直ちに西遠銀行に勤務した。

昨秋中支に向け勇躍出征廬州を後に信陽目指して、暑熱と土煙と泥濘とを克服して猛進撃を續行して信陽を陥れ、更に憩ふ暇もなく出發、大別山脈を越え漢口に向つて、山又山の晝夜を分たぬ難行軍にも拘らず士氣益々振ひ、途中の頑敵を蹴散らしつゝ任務を終へ應山に引返す途中、マラリヤ病と急性大腸炎を併發し、「齋藤體が弱つてゐるぞ、入院でもしろ」といふ戰友の言葉に耳もかさず、足取りも確りしない不自由な身を頑張りつゝ勤務、行軍を續けた。しかし君の鬼神の如き氣魄も病には勝てなかつた。十　月五日遂に倒れた。そして德安の野戰病院に運ばれたが、回復するには餘りに無理をし過ぎてをつた。翌々十一月七日午前一時烈々たる愛國の赤心を空しく藏して戰歿するに至つた。

御兩親、寄せた最後の手紙――

『前略、僕も上陸以來益々元氣です。今迄は專ら汽車、汽船輸送だつたので大變愉快でした。勿論汽車と申しても馬糞臭い貨車です。そしてその中で一日十時間あまりも搖られて目的地から目的地へと行くのです。然しこれからはもう行軍ばかりです。一日に六里乃至七里位のものでせう愈々明日あたり今居る地點から行軍を起し、某地點一線目指して勇躍急進軍です。實に血湧き肉躍るの感が致します。色んな面白い事辛い事山程ありますが何分にも暇がなく、遺憾ながらお知らせが出來ません。でも又何處かでのんびりとした氣分で、お便りする機會もある事と思ひます。其折を樂んでお待ち下さい。皆樣にも夫れまでは御無沙汰致しますからよろしくお傳へを願ひます。殘念ながら命により地名等てんで書くことは出來ません。今日はこれで失禮させて頂きます。

最早や相當奧地に居る事は事實です。さようなら

九月廿五日　彌七郎」

陸軍步兵伍長　佐藤竹介君

明治四十四年兵庫縣朝來郡生野町に雄之助氏長男として生る 昭和九年文學部英文科を卒業し、直ちに日本放送協會に入り文藝部に勤務した。

昨春結婚、一ヶ月早々にして應召し、東京驛頭で貰つた花束から引拔いた一本の花を新夫人に與へ、勇躍戰地に向つた君は、北支より大別山脈の嶮難を突破して信陽に入り、更に進擊して漢口に入り、揚子江を下つて南京を經由、再度北支に步を踏入れて、殘敵討伐に從つたが、本年二月一日河北省順德東方約十二三里の地點に於て、此邊に蟠居する共產匪(第八路軍正規兵)を掃蕩中、同日午後五時頃頭部に貫通銃創を受け、壯烈極まる戰死を遂げた。

一月八日附嚴父に宛てた最後の便り

『いゝお正月をお迎へになつたことゝ思ひます。私もこちらで大變風變りな、感慨深いお正月を元氣で迎へました。これから暫く討伐に出て參ります。暫く御無沙汰するかも知れませんが、どうか御心配下さらぬ樣に。寒いだけで樂な討伐らしいですから。では御體御大切に。又近々。』

陸軍輜重兵軍曹　宮久保德明君

明治廿九年德島縣美馬郡脇町に生る。大正九年大學部商科を卒業し、後日本自動車株式會社を經て日產自動車株式會社に勤務した。

事變勃發直後應召、勇躍北支目指して出征し、各地攻略戰に參加して不眠不休、寧日なく惡路と戰ひつゝ勇敢且積極的に、○○隊の使命たる軍需品の補給任務に當り、難行苦鬪を續け、戰功誠に輝かしきものがあつた。しかるに本年二月頃から心臟脚氣を發し、病勢次第に惡化したので、二月十六日石家莊の兵站病院に入院、更に大阪陸軍病院に還送され一意加療に力めたが、四月二日遂に怨をのみつゝ逝去するに至つた。

戰線より夫人に宛てた最後の便り……

『目下天津の病院にて加療中なり。內地病院に還送されても長期入院だ。內地へ送還さるれば通知する。決して悲しむな。運命だ。不治の難病と長期抗爭だ。』

戦線の華と散つた
校友の面影

陸軍歩兵中尉 松本祥一君

明治四十三年香川縣木田郡古高松村に生る昭和七年専門部商科を卒業香川縣學務課に奉職したが後香川縣土庄商業學校に轉じ教鞭を執つた。

昨夏勇躍出征、武漢攻略戦に參加し、先づ九江南方鄱陽湖畔に上陸、九月十六日瑞昌南方の大峇山附近の突破戦を緒戦として愈々大攻撃戦の火蓋を切つた。君は觀測掛將校を命ぜられてをつたので、陣地の偵察敵情探索、又は射彈觀測等常に部隊の第一線に在つて活動した。從つてその危險率は最も多かつたのであるが、君は眼中敵なきもの丶如く、常に勇敢積極的に行動し、初陣以來死に至る迄激闘回を重ねること十數度終始果敢適切なる行動によつて屢々殊勳を立て、上下の信望を集めてをつた。

十月二日黎明部隊は通山攻略の目的を以て車橋鄕を發し富水を渡り左岸に沿ふて川霧を衝き前進すること一里、張家岩及その南方高地一帯より、猛烈なる射撃を受けたので直ちに展開、君の隊は老海泉北側の高地に陣地を占領し、之が攻撃を開始した。時午前八時頃であつたが濃霧が次第に霽るゝに從ひ、彼我の態勢漸く判然とするや、數日來活動する西方所在不明の敵長射程砲俄然我に猛射を集中し來つたが、その陣地は前方に聳ゆる高山の遙か後方のもの丶如く、位置全く不明にて之を制壓することが出來ず、切齒しつゝ一意眼前の敵陣撃滅に力を注いだ。午後三時頃、我軍は敵前二三百米に接近し、戦況今や酣、突撃の機將に至らんとしてをつた。君は膝委にて双眼鏡を手に敵情觀察中であつた。此時君の前方十米乃至二十米の地點に長射程砲の巨彈數發一時に落下炸裂、破片は土砂と共に唸つて四方に飛散した瞬間『腹をやられた…』——君は仰向けに倒れつゝ叫んだ。傷は下腹中央斜に約四、五糎の傷口で致命的のものであつた。應急手當の後後送される折途切れ〳〵に「歩兵は突撃しましたか…部隊長殿…大事な時にやられて…申譯ありません…治り次第歸つて…又大いにやります」張切つた一言を殘し、彼我の喚聲と銃砲火の響騒然たる中を、西陽をうけた君の擔架は山徑を縫いつゝ下つた。が噫！午後六時、君の擔架が病院に着く前に、君の貴い生命は英靈と化してをつた。

翌二十一日の進撃戦に於て我友軍爆撃機は通山街道を西方に退却する敵の大部隊中に、自動車に牽引せられてゐる重砲二門を發見し、之を爆撃破壊したのであるが、之こそ松本君等を倒した敵重砲であつて、此報を耳にした君の部隊一同は、我手に掛け得なかつたのは殘念と言ひながらも、意外に早く仇討つたことを喜び合つた言ふ。

最後の手紙

『皆々樣御壯健に御座いますか。兄弟全部の分まで働く時が愈ゝ參りました。皆樣御氣嫌樣
　祥一』

右手紙中に於て兄弟全部の分云々とあるのは七人兄弟中君が只一人の男、他は女ばかりなので兄弟全部の代りを勤めるといつて家を出たのであつた。

陸軍歩兵大尉

赤座貞雄君

明治四十二年大治郎氏四男として名古屋市に生る。昭和七年商學部を卒業し三井生命保險株式會社に入社名古屋支店に勤務した。

一昨年秋○○隊長として出征、大場鎭附近の戰鬪を緒戰として、蘇州河、上海南市更に南京、徐州、壽縣等の掃蕩戰攻略戰に常に第一線に立ちて部隊を指揮し隨所に赫々たる武勳を樹立後、臨淮關、鳳陽附近の警備に任じた。次で廬州、光州、信陽を經て武漢の大包圍戰に參加し、困苦缺乏に耐え苦鬪惡戰を續けたが、しかもよく部下を掌握し、部下よりは慈父の如く敬慕せられ、君の動く所一身の如く奮鬪を惜まなかつた。

かくて漢口陷落、廣東攻略等によつて今迄の勞苦を打忘れ、元氣を倍加して戰鬪を續けるうち、十一月七日應山西方約十里浙江河西方三軒の望城崗附近に於て劉汝明の指揮する一八九師と對戰するに至つた。此敵は前に上海戰の折對戰したもので、二度目の戰鬪であるつたが堅陣に據つて相當頑强に抵抗をなし、我方も仲々の苦戰であつた。しかし之に殲滅的打擊を與へるべく、再度攻擊計畫を變更し猛攻を加へ、午後二時頃部下を叱咜激勵突擊を敢行中、脊部に貫通銃創を受け、直ちに軍醫の手當を受けたが、午後三時遂に戰線の華と散つたのであつた。

因に赤座君激戰の高地は赤座高地と名附けられた。

夫人に宛た最後の便り——

『しばらく便りが出せなかつた。これより○○に向ふ。又しばらく手紙が出せない。俊子を始め皆さん元氣の由何より結構。自分も大變體の具合がよいので喜んでゐる。皆の待期に脊かぬ樣全力を盡す。では皆さんによろしく傳へて下さい。機會があつたら又出す。體を大切に俊子の健康に注意する樣』

陸軍輜重兵上等兵

恩田實君

大正三年島根縣八束郡忌部村に愛之助氏長男として生る。昭和十一年專門部政治經濟科を卒業、後朝鮮總督府内務局裡里土木出張所に勤務した。

今次事變起るや間もなく出征、天津より津浦線に添ふて南下よく酷暑極寒を克服し困苦缺乏に堪へつゝ數多の戰鬪に參加して重大任務を果し、その勳功赫々たるものがあつた。かくて國民待望の武漢攻略戰が開始せらるゝや、勇躍之に參じ、八月二十五日廬州を出發、百四十度炎天下を想像も及ばざる難行軍を續けたが同三十日六安に於て胃腸を浸され同地野戰病院に入院、更に廬州を經て蕪湖の野戰病院に後送され銳意

回復に努めたが、十一月六日赤痢に轉症し且心臟衰弱加はり同月九日午前十時五分遂に戰死するに至つたのは痛惜に堪へない。

君の幼少時御兩親が渡鮮したので、君の養育は祖父母の手によつてなされたが、母校卒業後は鄕里にあつて中風にて病臥中の御祖母の看護と孝養に專念し、(御祖父は在學中逝去)老祖母を脊負ひて木蔭に凉をとり、綠馨る山野の風物に目を樂しましむる等、その至らざるなき父母に代つての孝養振は、鄕黨讃辭の的となつてをつた。

出征後も君の溫厚にして圓滿なる人柄は戰友等の敬慕措かなかつたところであり、その秀でた事務的才幹は上官達からの信頼を一身に集めて部隊に於ける特別の存在であつた。從つて君の死が、戰友達によつて鄕黨の人々によつて人一倍惜まれたといふことは、まことに頷ける話である。

次の一文は君の最後の日誌である。

『十一月三日快晴

菊花薫る今日明治の佳節、今秋の祭日は敵へなくも中支戰線で、いや餘りにも殘念な蕪湖の一病室で、猛烈なる下痢と脚氣で人間並とは思へぬ大衰弱とに攻め惱まされ乍ら呻吟する身、故鄕の方々にも第一線の戰友同輩にも全く合す顔なしだ。でも昨夜のモルゲンとか云ふ注射が效いて、今日はとても氣分が好く、祝日に頂いた下給品も夜のボタ餅式御飯も樂みだつた。サイダー、菓子、キャラメル等呉れたし、内地同樣の最中も小林君から貰ふた』

陸軍步兵中尉

谷　健一郎君

明治三十四年小樽市に退三氏長男として生る。大正十三年專門部政治經濟科を卒業、北海道鑛業株式會社に入社後警視廳に奉職し築地署に勤務した。

昨夏北支に出征、河北省に在つて警備と討伐に從つた。剛毅果斷責任旺盛だつた君は武人の典型として上下の信望を集め、部隊長の片腕となり奮闘したが、殊に君の隊は部隊○○○隊であつたので、警備に討伐に、その苦心は並々ならぬものであつた。

しかし軍務繁劇の中にあつて君は荒み切つた支那住民の人心收攬に努め、小學校の開設に市場の設置に治安維持會、自衛團の結成等にその功績は枚擧に暇なく、住民達より父と仰がれてをつて、君の戰死を傳へ聞いた附近住民は馳集り君の屍に取縋つて慟哭したといふ。しかし一度討伐に出るや勇猛果敢鬼神も避くる戰闘持りは常に拔群であつた。殊に昨年馮庄子附近の戰闘と、最後の戰闘とは君の面目躍如たるものがる。

昨年十一月二十一日警備區域外廓肅清を敢行すべく、同日未明討伐行動を開始した君の部隊は、前進路に據る北孫屯、南孫屯の敵を掃蕩、更に進んで楊家口、焦河の敵を降して子牙河を挾んで姚馬渡の敵と對陣敵彈雨と降る中を橋板全部撤去された鐵橋の修理を敢行し、敵有力據點たる姚馬渡の敵陣に突入之を奪取、敗走する敵を急追して子牙河及黑瀧河中間の馮庄子の敵陣を攻擊占領し、息つく暇もなく敗敵が據る馮庄子東方三百米の最後陣地の攻擊に向つた。此頃から附近一帶は夜陰に包まれ始めたが敵は前衞廿死隊に背かず手榴彈を寸暇なく投じ頑强なる最後の抵抗を續けた。が正面より突擊の態勢をとつて敵陣に肉迫しつゝあつた君の隊は機を見て奮然肉彈となつて突擊を敢行した。君の軍刀一閃するや我黑き集團は喊聲物凄く敵壕目指して嵐の如く殺到した。此突擊に於て君は拳銃により肩を射貫かれたが、少しも怯まず、鮮血にまみれながら部下を叱咤、部下も此阿修羅の如き隊長の委に士氣彌々上り、流石の頑敵も多くの屍を殘して潰走したのであつた。

君の最後の戰鬪は本年一月廿八日であつた。此日早朝○○に在る○○隊に糧秣並に彈藥輸送のため出發した○○隊が、大李家莊附近に於て有力なる第八路軍に遭遇苦戰に陷つたとの報告に接したので、君は部下を指揮して自動貨車に分乘急援に出動し、例の如く勇猛且巧妙なる戰鬪を以て之を擊破したのであるが敵は名しをふゲリラ戰の本體、一度潰走したが、この行手たる葉家莊に於て更に第二陣を構へ行進を阻むべく抵抗線に據つて頑强に銃火を降せ來つた。しかし剛勇なる君は物ともせず自ら陣頭に立つて部隊を激勵猛攻を續けるうち、敵の動遙を看破し奮然突擊を敢行して敵陣に躍り込んだ一瞬、地雷のため脚部に重傷を受けたが、之に屈せず尙も奮鬪を續けるうち更に一彈頭部に命中して壯烈無比なる戰死を遂ぐるに至つた。しかし此君の死鬪は全員を奮起せしめ、克く寡兵を以て大敵を打破り、無事糧秣彈藥の輸送を全ふせしめた功績は眞に拔群のものであつた。

君の遺骨と共に屆けられた次の遺書は、出征後間もなく部隊長に托してあつたものである。

——遺書のこと——

最愛なる健、百合子、二郎 鮎子へ

幼き御身等二人と會はざること茲に數月御身等二人の成人を樂みとせる父は、永久に相見る能はざることゝなれり。御身等成人後母より次のことをきけ、

父は立派に御國のために戰死せり。父の肉體は此世になきも、魂は御身等二人の立派に成人して、日本男女子として恥しからざるものとなりゆくを常に見守りつゝあり

昭和十三年八月廿七日　父より

——

尙次の手紙は戰死の前日認めた夫人宛の便りである。

『新春以來度々御便りを頂きましたが、色々忙しいことが次々と出て參りますので無沙汰致してをります。全子始め目黑一同無事暮しをる由承知 小生安堵致しをります。

健よりの手紙は何時も興深く讀んでをります。便り毎に成長が目に見へる樣であります。それにつけても貴女の苦勞の程が察せられます。百合子も亦毎日どんなにおしやべりになつてゐることか、自然にほゝゑみが浮びます。

傷もその後は順調にて少しの痛みも感ぜられず元通りと相成りました。御安心下さい。

昭和十四年一月二十七日　健一郎』

因に遺書中の健君は八才の二年生、百合子さんは四才、二郎、鮎子とあるのは、出征後生れた子供さんの爲に選んだ名であるが、昨年十一月中旬男子卽ち二郎さんが出生したが、一ヶ月餘りにて不幸死去されたのである。

陸軍輜重兵上等兵

岡田穰君

明治三十六年兵庫縣有馬郡三田町に福島作之助氏二男として生る。昭和五年神戸市の岡田家と養子緣組なした。大正十四年專門部法律科を卒業し、淺野物產、神戸長田大介商店等に勤務したが後獨立し、共同にて巽電機工業所を經營した。

昨夏出征、彼の敵の意表に出でたバイアス灣上陸部隊に加はり十月十四日上陸以來惠州、惠陽、增城、廣州と恰も無人の境を行くが如き快追擊を續け江夏を陷れた時、不幸病魔の襲ふところとなり、十一月二日廣州野戰病院に入院し、爾來各所の陸軍病

院にて加療に努めたが、本年二月二十日午前七時十五分廣島陸軍病院に於て遂に呼吸器を浸され聖戰の華と散つた。

廣東攻略を目前に控へながら、敵襲はものともしない君も病魔の襲撃には抗し得ず涙を呑んで後退、一線に張切つて奮闘を續ける戰友等を腦裡に描きながら闘病四ケ月遂に戰友等と再び戰場で手を握り合ふ機會來らず、無念の涙の中に淋しく逝つた君の胸中を想へば、自ら暗然たらざるを得ない夫人の外に長男千秋君（七才）長女和子（五才）さん遺されてゐる。

陸軍歩兵上等兵

長坂泰男君

大正四年静岡縣小笠郡加茂村に勝太郎氏（四五大商）二男として生る。昭和十二年專門部政治經濟科を卒業、旭可鍛株式會社に就職決定の日召集を受く。

中支に出動、初め京漢線沿線の守備、附近殘敵の掃蕩に當つておつたが、本年四月一日應山縣郝家大店北東方六粁の革家夫附近の山岳に據る敵匪を殲滅すべく行動を開始し、有利地形に陣地を築き頑強に抵抗する敵をよく制壓、第一の山塞を占領後破竹の勢を以つて追撃、四月六日には第二の山塞に向つて突進し、味方砲兵の掩護射撃によつて一氣に山塞の麓に達した際、山上より不意に機銃、迫撃砲、小銃の猛射を集中し來つたが、我方は少しも怯むことなく、之に銃火を浴せ此所に言語を絶する激戰が展開された。しかも我軍は徐々に彈雨下を登攀し敵陣に迫り、戰闘開始より約一時間の後、將に命令一下突撃に移らんとする折、君は武運拙なくも胸部、腹部に貫通銃創を受け殪れたが、假繃帶を爲すや、强氣な君は此重傷に屈せずなほも突進せんとして戰友に制止され、直ちに擔架にて野戰病院に移されたが、幾程もなく絶命したのであつた。

父君へ宛た最後の通信——

『本日内地からの御便り始めて受取り、どんなに嬉しく拜見したでせう。私も始めて彈の下をくゞり、戰爭の如何を知りました。然し自分は更に變つた事もなく元氣に働いて居ります。皆樣の御元氣なお便りが一番樂しみです。

内地の春を思ひ出す樣な春の陽が、自分等の宿舍の裏山に射して居りますのを眺めながらお便りを見たところです。此度自分と一つ所に居つて御世話になつた西方の小學校の前の夏目亮上等兵が歸還されますので、樣子を御話し下さる樣お願ひして置きました。

では又御便りします。』

謹告

豫て募集中の故河面仙四郎氏遺兒教育資金の申込期限は本年九月末日迄と致します。

戰線の華と散つた
校友の面影

陸軍歩兵曹長
佐々木辰三君

明治三十七年秋田縣平鹿郡横手町に故富治氏二男として生る昭和四年法學部英法科を卒業。後松岡ミルクプラントに勤務したが、昭和十二年品川にて飲食店を開業之が經營に當つた。

事變勃發後間もなく出征、保定、正定、石家莊その他各要衝地に轉戰、激闘を續けたが、同年十一月肩部に貫通銃創を受け、石家莊の野戰病院に於て療養、幸ひにも回癒翌年一月再度第一線に立ち、河南、山西の野を次から次へと進攻を續けた。

昨年七月〇隊長戰死後は、君が〇隊長として部隊の鞭韃指揮に當り、先頭に立つて勇戰よく部下を率ひた。かくて八月十六日夜十時、山西の天嶮横嶺關より東冷口に至る兩側高地の山頂に、强固なる陣地を敷く頑敵討伐の命を受けた君の部隊は、直ちに出動、晝夜を分たず山から山への猛突撃戰を連續して、順次敵陣地を占領し、遂に敵の本陣地に肉迫した。此陣地は三つの森の如き山で、谷を越えて突撃する君の部隊に對し、敵は山頂より砲火を浴せ來つて、殲滅的打撃を我に與へる心算であるらしかつたが、君の指揮宜しきを得て、一兵の負傷者もなく、此高地も我の手中に歸した。が列兵の位置や、自分の位置を見やうと身を起した一瞬、噫！　敵彈命中、君はその場にドウと倒れたのであつた。時十七日午後七時。直ちに部下に背負はれて後退、應急の手當を受けたが、一時間餘にして、日章旗飜る山頂に部下達の悲壯な萬歳を耳にしながら、莞爾として永眠した。

その夜山を下つて君を火葬に附し、一同遺骨を捧げて、三更聲なく東冷口に引揚げたのであるが、翌朝後方より到着した郵便物の中に、佐々木君宛の小包が三個あつたので、今一日早かりせば……と全員哀みの涙を新にしたといふ。

最後の便り――（本文は戰死後、遺留品として送られたもので、恐らく君は出さうとして半分書きかけ、そのまゝ果されなかつたものであらう）

『懐しき故山よりの御便りを手にせし日確か六月の中旬、焦作（河南省）鎭警備中の事なりしが、編成當時の多くの戰友中、或ひは戰死或ひは重傷にて内地歸還して現存せるは少數なるも、幸か不幸か不肖、今尚死中敵を求めて、第一戰に活躍してあるは、銃後皆々樣朝な夕なの熱誠こもる祈願の然らしむる所なりと、唯々感謝感激の外はございません。

顧れば河南焦作鎭出發して、再度の山西討伐の日は六月廿三日、爾後濟源、汾門戸を經て現在警備せる絳縣（山西）城に入城せしは七月二十四日、此の一ケ月の惡戰苦闘並に其の行軍の難艱とは、暫く神佛の情をも疑う程、慘又慘を極むるものありき。

數多き困難中、茲に七月三日の蘆家山の戰鬪狀況を紹介し、聊か貴殿の御推察を煩しきたき次第であります。此日正午蘆家山と谷一つ挾んで相對峙せる東方約三百米の高地には、堅固なる敵陣あり、これに對し我が隊に突擊命令下る。時午後三時、烈々たる夏の太陽は、敵味方の區別なくいよいよその大陸熱を發揮して、百二十度。我が隊は機銃○隊砲の掩護射擊の下に、隊長の命令一下、型の如く肉彈戰が展開された。砲彈雨飛の裡敵前僅か二三百米の所、山を下りて溪谷に飛び込み、更に山を上りて一擧敵の本陣地に突入す。さしも頑强を誇る敵も、餘りの剛膽さにスゴ〳〵と退き、奮戰約二時間後、完全に敵の本據を占領し、輝く日章旗の下に戰友相擁して泣いた時は、ツーダン、ブルベースの時の大ホームランの如く、全く劇的シーンだつた。而し此の戰鬪に於いて第一線に參加せし決死隊○○名中我等が○隊長戰死の外、兵○○名は戰死、負傷○○名、計○○名の尊き犧牲者を出したることは、憾みても憾みても盡きせぬ次第なりき。皇軍敵陣を奪取するにはしたが、これが確保の十日こそ、肉彈戰にも優るとも劣らぬ息づまる苦境の十日だつた。卽ち四圍皆敵、敵の兵力凡そ二十倍位か、而も流石閻錫山の軍だけに、裝備も訓練も整然たるものにて、其の有する山砲二十門、迫擊砲約三十門、朝晝夕と日に三回に亙りて猛射しければ、糧秣彈藥の缺乏……』

陸軍工兵伍長　鹿野清君

大正五年豐島區に晴一氏長男として生る。昭和十二年專門學校商科を卒業、米穀商店にて實地見習の後、同年末豫ての希望たる白米商を開店した。

昭和十三年春征途に上り修水河戰に參加、次いで黃河決潰地救出作業のため北上蘭封に赴き、再度南下して武漢攻略戰に加はり、安慶、九江を經、廬山の戰鬪に於て目覺しき活躍をなし、その戰果は赫々たるものであつた。殊に武昌攻略戰に於ては一番乘りの武勳を樹立した。

本年二月に入り南昌に向つて攻略の軍を進め、德安を經て永修に到着した君の部隊は、修水川右岸に堅固なる堡壘を築構、地の利に據つて必死の抵抗を試みる敵に對し、連日連夜斥候偵察によつて修水川渡河戰の準備を進め、三月二十日午後四時半愈〻渡河戰の幕は切つて落され、同夜八時第一線步兵部隊と共に、敵射擊の間斷を利用して河岸に舟艇を搬出、泛水地間近く前進した折、敵迫擊砲の一彈は直前に落下炸裂し、最先頭に在つた鹿野君の胸部深くその一片命中し、壯烈なる最後を遂げた。時午後八時二十分であつた。

最後の便り（令弟に宛）

『永い事御無沙汰したね。相變らず元氣かね。每月暇がない事とをもひますが、二階にある僕の机も本箱も提供するから勇君の好きな樣にしたまへ。全部整理して勇君の部屋にしたまへ。一寸でもいゝから何かすきなものをやりたまへ。特に數學は何にでも必要だから、やさしいものからやるがいゝと思ひます。商業算術の本が本箱の中にあるからやりたまへ。勇君に何か本でも買つてやりたいが何時もオケラだ。而し此度出來たら送るよ。中支も戰爭は一段落ついたが、近日中に又戰鬪を開始する。今度は大に張切るよ。姉さんや孝子（妹）さんによろしく。さよなら。』

陸軍歩兵中尉

齋藤盈夫君

明治四十三年栃木縣芳賀郡清原村口泰一郎氏五男として生る昭和九年商學部を卒業し富士寫眞フイルム株式會社に入り、東京出張所に勤務した。

昨夏出征、初め濟寧に在り後濟南に移り討匪の傍ら宣撫工作に從つた。幾多の戰鬪に參じては勇猛果敢、常に挺身活躍をなし、支那民衆に對しては之が宣撫に日夜粉骨碎身、寢食を忘るゝの活動を續けた。

本年五月初旬、蔣介石の所謂四月攻勢に對應し、運河西方地區に於ける石友三匪の討伐に○○隊長として出動、同月八日午前三時敵の本據に向つて進軍し、午前十時頃敵の有力部隊と對陣して大激戰が開始された。此時指揮刀を執つて奮闘中の君の左手に敵の一彈飛來した。「熱い！」と言ひながら手を開いて見ると、奇蹟的にも少しの負傷もなく彈が一發掌中にはいつてゐた。全く奇蹟といふより外はない。「彈は記念に土産に持つて行く」と言つて、それからは激戰に次ぐ激戰であつたが、その結果我軍は第一、第二、第三部落を占領し、正に第四部落を占領しやうとする午前十一時二十三分、左頸部に機銃彈の盲貫銃創を受け壯烈なる戰死を遂げた。君は負傷するや、傍らの部下に「彈が當つたやうだから見て呉れ」と元氣な句調で言ひ、そのまゝ息絶えたといふ。生命を賭しての戰鬪とは言へ、身に致命の敵彈を受けながら、他人事のやうに感じてゐるその緊張振！ その精神力！ 只々合掌あるのみである。

尙君は在學當時ボート部選手として鳴らしたもので、ロスアンゼルスに開かれたオリムピック大會には日本代表として選ばれ、活躍したことは人の知る通りである。

最後の便り——

「又明日からしばらく忙しくなります。六七日頃には又お便りします。

ボートの早慶戰は如何でした。（之は四月廿九日擧行されたもので、夫人の令弟二郎君も母校エイトの選手として出場した。）今日の新聞が樂しみです。だが歸つて來なければ見られません。取忽ぎ亂筆にて四月廿日夜」後には夫人と玲子さん二歲がある。

陸軍輜重兵中尉

杉浦政義君

明治四十五年江戸川區に喜太郎氏二男として生る。昭和十年高等師範部國語漢文科を卒業。同年入營して渡滿、昭和十一年末除隊。翌年召集に應じ、昭和十三年春少尉に任官した。

昨秋○○隊長として勇躍出征、廣東に上陸以來佛山鎭方面に在り、兵力、彈藥、糧秣の輸送或は敗敵討伐に不眠不休の活躍をなし、更に海南島の敵前上陸を敢行した。

本年四月二十六日海南島に於ける我作戰は高潮に達し、君は部隊を率ひて、我軍の駐留地海口より新英に出動した。新英は海南島西部地方の敵據點である。新英に上陸した君は、亞熱帶の炎熱の下に非常なる難路を克服して、燃るが如き熱意を以て部下を指揮し、勇猛果敢に任務の遂行に寧日なかつた。五月三日○○部隊の洛基、那大の攻略戰に參加した君の部隊は、同夜十一時三十分闇を衝いて儋縣を出發し、翌四日午前六時那大に到着任を果し、腰を下す間もなく同三十分再び任を帯びて出發、引返して儋縣に着いたのが午前十時、更に同日午後一時出發洛基から那大へと凸凹の激しい山嶽路を急行軍で進んだ。此時も君は最先頭の貨車の操縦手の傍にあつて指揮に當つてをつたが、午後二時三十分、洛基東北方一粁の地點に至つた際、五六十名の殘敵が突如として現れ我に十字砲火を浴せ來り、一弾は無念にも最先頭の貨車の扉を射拔いて杉浦君の左臀部に命中、しかも扉を拔いた彈は變形して大きな傷口を作り腹部に達した。しかも不屈豪氣な君は「何糞ッ」と下車し、血に塗れつゝ傍の溝に横はり、部下の戰闘部署を定め叱咤激勵して、之を間もなく潰走せしめた。かくて假繃帶にて軍醫と部下に護られそのまゝ進軍を續けたが、間もなく再度敵襲を受け、之も苦もなく撃退しけれども、何分にも致命傷に加へ、多量の出血であつた。

部下をかへりみ

「部下に死傷はないか？　車輛はどうか？」

全員、車輛共に無事であることを聞くと、ニッコリ笑つて

「隊長に會へないのが殘念だ。宜しく傳へて呉れ。後を頼むぞ！」

の言葉を殘して、遂に戰死を遂げるに至つた。時五月四日午後八時十五分。

最後の便り（嚴父宛）――

『父上はじめ御一同相變らず御壯健の御事と存じます。

梅も綻び桃の花も盛りと、内地の懐しい春の風景を偲んでをります。

此度の海南島攻略戰には、多くの自動車隊の中から、再び私の隊へ、白羽の矢が立ちまして、隊員一同、引き續く重大任務の命課に、無上の名譽と、深く感激し、一段の奮闘努力に、任務遂行に邁進してをります。

二月初旬、○○から祕密裡に汽船に塔乘して、○○有餘の大汽船群、舳を並べて威風堂々として南下、○○の護衛も物々しく、一大戰爭繪卷の觀がありました。

陸上の大行軍等には見慣れてゐますけれど、海上の大部隊の船艇に依る進撃もすばらしいものでした。

只今海南島の海口市と云ふ町にをります。暑さは既に百度、灼きつく太陽の直射には全く閉口します。幸ひにも私の隊は、劇場を占領して、この四階へ宿營してゐますので、海から來る風のため割合に涼しく、南洋風景も一目に見渡せて、先づ一番あたつた宿舍です。

椰子の木が至る所に、天に聳えてゐます。行動に行き歸りには、兵達が澤山もつて來ます。蛇も大きいのがノソリ〳〵ゐます私は蛇は大嫌ひなので、これだけには辟易してゐます。

敗敵は中央の山嶽方面に集結してゐます各所に二百、三百の小敵がをりますので、自動車隊としては、此奴等が邪魔です。

兵隊も戰爭が上手になり度胸もつきましたので、最近は仲々心强いものがあります

昨日、相撲場を作らせまして暇な時は、隊員に相撲をやらせてをります。

二百名の中でも、私が最も强く右に出る者がありませんので、この方で親方です。相撲部を造り他の部隊と對抗試合をするつもりでをります。

斯く益々丈夫ではりきつてをります。

父上はじめ一同もお身御大切に、

三月九日　政義』

尚君は柔道五段の猛者であつた。

陸軍步兵中尉

岡部友夫君

明治四十四年石川縣羽咋郡志雄町に恒氏二男として生る。昭和十一年法學部英法科を卒業し、直ちに日産化學工業株式會社に入社、遠賀鑛業所勞務課に勤務した。

昨昭和十三年末中支に向つて勇躍出征、

○隊長として。櫛風沐雨よく極寒へ耐へ、困苦缺乏を克服して頑敵を掃蕩し、常に力闘勇戰、我最前線警備の重任を完ふした。

しかるに本年四月三十日未明、君が警備地域たる湖北省通城縣白石尖高地に、敵の大部隊が殺到し來つたので、君は率先陣頭に立ち、敵の熾烈なる銃砲火手榴彈をものともせず、白刄を揮つて突進し、高地臺上より二十米ばかり下で二手に分ち、「突撃!」と眞先に攻め上り、當る敵を斬り倒しつゝ臺上に辿り着いた後、なほ執拗に手榴彈を投げ來る敵を斬捲らんと壕内から躍り出た折、不幸、敵の投擲した一手榴彈眼前に炸烈して、左胸部穿透性破片創を受け、壯烈無比なる戰死を遂げた。

君は部下を非常に愛し、部下亦君の人徳を敬慕して慈父に對する如くであつたさうであるが、忙中閑を得れば、身敵前に在るを忘れ悠々歌を詠じ、又愛用の尺八を吹奏して異郷にある兵達の耳を樂ませたといふ。

君の歌について、陣中唯一の逸話が殘されてゐる。本年二月か三月初旬、山岳地帯たる警備地の或地點を、部下數名が警備中、敵と覺しき者が數百米先に見受けられ、徐々に進撃し來る樣子に、兵達は銃を執つて、小癪な敵と進撃しつゝ近付き見ると、それは大猪だつたので、よき獲物と斗り之を射止め、擔いで歸ると陣中は大滿悅、早速料理したところ、五六十貫もある大猪とて、思はぬ馳走を平げたさうである。その時陣中で座興に、「猪射」の題で狂歌、川柳を同好の士から募り、君もそれに應募した結果、見事に君の狂歌が當選し、その狂歌に猪肉と皮とを添へて○○部隊長へ贈つたそうだが、それには君も大得意だつたといふ。その狂歌は

日本への和解も遂に言ひそびれ　(宋美齡)
志士(猪)を射たれて何としよかい　(蔣　介)

最後の便り——(嚴父に宛てたもので、五月五日に落掌、その翌日君の戰死が報ぜられた)

『暫く御無沙汰致して居ります。本日兄に會ひました。或高官の方が我々の方に來られましたので、其方と一緒に我々の居る處より約二里程後方に來ましたので、歩いて會ひに行つて來ました。

病院に入つて居た關係か、白い顔をして、以前の樣に肥つては居りませんでしたが、別に惡くもないでした。中食を一緒にやりながら三時間程話しました。我々の方に來て元の處に歸るのに三日を費して居ります。それにより凡そ距離を推定して下さい。食料品の小包を送られたそうですが未だ着きません。

自分は相變らず元氣です。此頃少し痔をやつて居りますが大した事はありません。内地は櫻も散つたでしようが、當方は蟬が鳴いて居ります。夏の暑さが思ひやられます。

四月二十五日　友　夫』

尚右の手紙にもある樣に君の令兄幸雄氏も出征しておられる。

戰線の華と散つた
校友の面影

陸軍歩兵軍曹
高澤宏三君

明治四十年横須賀市公郷町に辻井藤治郎氏二男として生る。昭和三年專門部商科を卒業、後横須賀市の高澤家と養子緣組をなし、横濱市中區々役所税務課に勤務した。

昭和十二年秋征途につき、吳淞鎭上陸後蘊藻濱クリーク左岸地區に於ける十日間に亙る血戰に參加し、十月六日愈々決行された同クリーク渡河戰に於て一番乘りを敢行、遂に護國の柱となつたのであつた。

十日五日○隊長として蘊藻濱クリーク强行渡河の命令をうけた君は同夜部下一同と別宴を張り、ビール瓶一本の支那酒で○○名と乾盃をなし、君は一人子美保子さんの寫眞をとり出し「後を頼むよ」と部下を顧りみ、これが最後と一同に煙草を分ち、お互の身の上話に時を過した。明くれば翌六日拂曉、決死隊進めの號令一下、高澤君を先頭に○○名がその後に續き、用意してあつた第一號舟に乘込み敵陣目掛けてまつしぐら夥しき彈雨の中を突き進んだ。しかも君は自若として指揮をとり、見事渡河に成功したが、對岸に着いた時は○名になつて終つた。舟が着くや否や君は眞先に上陸、群敵中に躍込まんとする一瞬、飛來つた小銃彈が左の眼より右の耳に貫通し、壯烈無比なる最後を遂げた。

令閨に宛てた最後の便り——

『今某クリークを中にして敵と相對してゐます。敵彈盛んなり、部隊でも相當犧牲者が出る樣子です。前面クリークを渡るのは自分達が第一線で、向ふ岸の敵陣地さへとれば、先づ一段落ですが、此渡渉が非常な苦戰です。充分氣を付けて毎日を過してゐます。美保子は丈夫ですか。

では皆さんによろしく

十月六日　宏三』

母堂宛のもの（同封）——

『その後○○方面の第一線に進出、多數の敵と大激戰をしました。幸ひ○○隊には損害殆んどなく、皆元氣ですが、夜毎々々に敵襲あり、晝間でも流彈頗る多く、少しも油斷が出來ません。

同部隊內でも相當損害を受けた隊もあり過日當○○隊は約十倍の敵の夜襲を受け、約三十分大激戰をし、之を退けたことがありましたが、やつと敵が退却して一服した時の氣持は云ひ表し樣がないです。上陸以來入浴は勿論洗顏も出來ず、やがてしらみもわくことでせう。

冷い水が欲しいです。何處へ行つても濁つた水を沸して飲んでゐます。目の前の戰況は幾分判りますが、全面的のは分りません。新聞紙上で御覽の事と思ひます。

腹の上まであるクリークを約二時間ばかり渉り、少し風邪氣味ですが、たいした事はありません。

母上樣　　宏三』

君は第一回の論行行賞に於て功六級勳七等に敍せられた。

陸軍步兵上等兵　菅尾泰二君

大正二年兵庫縣飾磨郡余部村に七五郎氏七男として生る。昭和十一年專門部政治經濟科を卒業。

昨夏召に應じ中支に出征、徐州を經て夏邑に至り戰果を收めつゝ更に廬州に轉じ、漢口攻略戰に參加して六安に向ふ途中、不幸にも惡疾の侵すところとなり、六安の野戰病院に收容され療養中、急性盲腸炎を併發し、昨年九月一日午後二時惜くも陣歿するに至つた。

君は倒れる以前既に、續く疲勞に加へ相當健康を害してをつたやうであつたが、遂に之を口外することなく、最後の最後迄頑張り拔いて、身體起居の自由を失ふに至つて倒れたもので、此間の消息を記した遺された日記は、涙なくして讀むことは出來ない。

日記最後の一節――

『八月二十一日　　天候晴

軍旗衞兵の當番だ。それに明日出發大多忙なり。散髮をする。どうも步くのが大變えらい。腹に何も入つてゐないからだ。四時より本部で一番立ちで休む。背嚢相抱のため宿舍に歸る。暫らくして衞兵交代、時に七時なり。夕食に氣合をかけて食ふ。田中、坂口二君入院とのこと。準備整ふ。寢につく。

八月二十二日

午前五時半起床。早速炊事にとりかゝる。田中、坂口君の全快を念じつゝ別れ、八時整列、工兵車輛援護の爲め城門を出て休むこと長し。さらば廬州よ！　餘りにも樂しみなかりし地であつた。食ふものもろく〵食へぬ現在ほど、自分にとつて淋しいことはない。』

尙君の令兄も目下第一戰線で活躍中である。

陸軍步兵上等兵　內田正三君

大正三年赤坂區青山北町に貞吉氏長男として生る。昭和十一年專門學校商科を卒業し、直ちに日本簡易火災保險株式會社に入り東京支店に在勤した。

昨夏勇躍征途に就き〇〇方面に上陸以來江南江北に亙つて轉戰、次で武漢攻略戰に參じ、猛暑を冒して天嶮廬山連峯に據る頑敵を掃蕩中、部隊長を失ひ、更に〇〇部隊長の麾下として引續き奮鬪を續けるうち、九月二十七日敵が難攻不落と誇る金輪峯の攻擊に於て、左胸部に貫通銃創をうけ赫々たる武勳を殘して、壯烈なる戰死を遂げた。

最後の便り――

『今年はキャンプも山登りも出來ぬと思つたら、此處數日登山でキャンプです。ロッククライミング糞食へです。ベンガルの槍騎兵を地でいつてると思へば、まちがひないでせう。アドレス名簿の後方において來ましたから、何卒皆々樣に宜敷御傳言願ひます。』

陸軍歩兵上等兵

川上英君

大正三年大分縣杵築町に完氏三男として生る。昭和十二年專門部政治經濟科を卒業東京信用保證協會に勤務した

昨年初秋出征し武漢攻略戰に參加、九江附近の山岳地帯に惡戰苦闘を續けるうち、十二月上旬赤痢に罹り、瑞昌の野戰病院に入り醫療に力めたがその効空しく、殘念にも新東亞建設の雄圖挫折し、戰線に立つて二ケ月の十二月二十日陣歿するに至つた。

最後の便り（十一月初旬到着）

『前略其後皆樣如何御過しですか。內地も寒くなつたでせう。中支は日中は發汗する程ですが、夜は外套を着てもまだ〳〵冷えます。十月十七日○隊に合しました。くはしくは暇を見てまたの時に。さよなら。皆によろしく。』

陸軍歩兵曹長

中田德太郎君

大正二年水戸市下市裡に香松氏長男として生る。昭和九年專門部商科卒業、直ちに東京地方專賣局に奉職した。

今事變勃發直後勇躍出征し、永定河渡河戰を初陣に北支各地に轉戰、隨所に武勳を樹てつゝあつたが、昨年九月五日河南省孟縣に於てマラリヤ病に侵され、後慢性腸炎に轉症し內地に還送され、宇都宮陸軍病院に於て療養回復に力めたが、病勢は日一日と惡化を辿り、遂に本年一月十八日午前十一時二十分長逝するに至つたのは、まことに痛惜に堪へない。

君はたつた一人の男の子であつて、二令姉は既に他家に嫁し、今家には御兩親だけが淋しく君の英靈を護つてをられる。

最後の便り——

『拜啓御無沙汰致しました。私は相變らず元氣ですから御安心下さい。父上母上樣にも元氣で、お暮しのことゝ存じます。新聞で見ましたが六月初めに茨城縣地方は大洪水だつた相ですね。水戸も下市方面は相當被害が有つた模樣で驚きました。それでも家の附近には餘り被害も無い樣に思はれます。

目下戰地は日中は可なり暑いのですが、元氣に働いて居りますから御安心下さい。父母上樣には呉々も御體を大切にして下さい。皆樣にもよろしく

八月四日　德太郎』

陸軍歩兵中尉

渡邊孝史君

大正二年秋田縣由利郡本莊町に孝太郎氏長男として生る。昭和十一年專門部政治經濟科を卒業、翌十二年入營北滿國境の警備に就き、昭和十三年歸還と同時に千葉歩兵學校に入りその教程を了へ歩兵少尉に任官、同年秋北支に出征した。

初陣郭化市の匪賊討伐戰に於て、隻肩に銃創を受けたが、元氣な君はその儘討伐を

續行し、同年末迄冀中地區の討伐並に治安守備、宣撫工作に從ひ、今年に入り徐州南方地區に轉戰、邳縣を攻略後新安鎭を激戰の後陷れ、續いて二月十日海州攻略戰に參加し、一番乘りの殊勳を樹立、三月五日輝かしき入城式を終へ、更に別任務を得て〇〇に向ひ前進中、恰も南方に於て擊破せられ北方山東省へ逃避せんとして北上し來つた、敵于學忠旗下第百十二師と芝蘭坊(江蘇省東海縣房山附近)に於て遭遇し、此處に一大激戰が展開せられ、僅少の兵力を以て數十倍する敵に對し、奮戰縱橫一步も讓らず、敵の猛攻をよく踏こたへたが、同月十日隊長と共に新たなる作戰を協議中、不幸迫擊砲彈落下し、右腹部に破片創を受け、更に一彈は左脚を骨折し、當番が駈け寄ると「進め」とだけ言ひ、無理に拳銃のみを殘させて、「俺は支那の彈には死なないぞ」と言ひ續けつゝ、部下に萬歲を和せしめ壯烈なる戰死を遂げた。

君達の此死鬪は、遂に敵をして北上の企圖を放棄し、再び南方に退却の已むなきに至らしめ、迫擊隊によつて之を南方に擊破し全滅せしむる素因をなしたもので、その赫々たる武勳は戰史に永く記錄せらるゝであらう。

君が敵彈の中によく沈着部下を指揮したのは勿論であるが、最後の前日迄日記を記し、御兩親に宛遺言を殘し、死につくまで從容とした態度は皇軍將士の典型としてまことに立派なものであつた。

日記の最後は『——朝迫擊砲數發に望樓破壞さる。居ること能はず、死を決して血路を開く、

父上樣母上樣御元氣で孝史は何も云ふことはありません』と結んでゐる。

陸軍步兵大尉　丸尾實君

明治三十六年大分縣下毛郡大江村に甚吉氏長男として生る。昭和三年政治經濟學部經濟學科を卒業、後朝鮮慶南統營郡廳に奉職次いで慶尙南道廳に轉任勤務した。

事變勃發直後勇躍出征、江南に江北に轉戰數多の武勳を樹てつゝあつたが、江北の地に敵の遊擊隊が蠢動し始むるや、選ばれて最も苦心を要する僻地の〇〇隊長として分屯し、小數の兵士と共に晨に治安交通通信の途を拓き、夕には警備の重任に着くといつた人知れぬ苦心を重ねること七、八ケ月、只管治安の恢復に努めつゝあつたが、偶々本年四月十二日所謂蔣介石の四月攻勢に煽られた、我に數十倍する敵の大部隊と戰火を交へ負傷し、遂に陣歿するに至つた。

此日君は戰鬪開始と共に無念にも敵彈を身に受け、鮮血に染りつゝも、密かに部隊に近接し來つた敵先遣部隊數名を部下と共に悉く射殺し、間髮を入れず沈着よく部下を掌握し、敵大部隊の攻擊に移り、敢然之に猛攻を加へること二時間餘、遂に此頑敵を潰滅せしめた。その間君は腹部、足部に數彈を受けながら、毫も指揮を亂さず、爲めに克く將兵一團となつて死鬪を續け、此戰果を得たのであるが、此君の最後こそ平素武人の龜鑑として上下の信望を集めてをつた君の面目躍如たるものであつた。

翌日腹部の盲貫彈摘出の爲、野戰病院に收容されたが、銃創部が致命傷となり、四月十七日容態急變し、臨終近く枕頭にあつた嚴父よりの來信封筒の裏に、兩親に宛て、『淋しいでせう。孝行も出來ませんで濟みません。』と、認め戰死或は戰傷した部下を案じつゝ江北戰線の華と散つたのである。

昭和十五年（一九四〇年）

戰線の華と散つた
校友の面影

陸軍歩兵大尉
黒田常藏君

昭和四十一年米澤市に勘藏氏の二男として生る。昭和七年商學部を卒業し、野村生命保險株式會社に入社本社に勤務した。

今次事變勃發直後勇躍出征、河北、山西兩省に渉つて轉戰數知れず、彼の河郭鎭の激戰を始め幾多の戰鬪に於て敵の心膽を寒からしめ、殊に一昨年自動車隊の警備隊長を命ぜられ、淸化鎭附近二十餘里の山道の警備に當り、炎熱泥濘を冒して部下を激勵果敢に行動して澁滯せる自動隊の運行を援助し、邀擊する敵の機先を制して之を制壓して警備の任を果し、又同年の黃河大作戰に當つては、敵の最後の據點たる「八〇高地」を攻擊し、糧食の不足に堪へ、凡ゆる困難辛苦を克服して、數段の陣地を配置してゐる數十倍の敵を攻擊し、一擧に之を屠り殲滅的打擊を與へる等、武勳赫々たるものがあつた。

昨年一月下旬山西省翼城縣東方山脚に蟠踞する敵第八十三師の敵情偵察の重要任務を帶び、部隊を率ひて出發した君は、二月七日翼城縣附近三水坂にて突如敵の急激なる射擊を受け、此處に激烈なる戰鬪が展開されたが此激戰に於て君は壯烈なる戰死を遂ぐるに至つた。

此日午前八時翼城縣を進發した君の部隊は、澮河を渡つて三水坂の敵五百を擊破し更に東方三キロの屋上村附近に蠢動する敵を殲滅すべく、有利なる段々畑に陣地を敷く約六百の敵の攻擊に移つた。しかしその後方には迫擊砲、重輕機多數を有する强力な敵が控へてをつたので相當な激戰となつた。勇敢なる君は部隊の先頭に立つて部下を督勵指揮し、物凄く飛來する敵彈中に自若として敵情を偵察、双眼鏡を下した瞬間左側より飛來つた敵彈は、左腕を貫通し、左腸部に盲貫となり、その場にドット倒れた。しかし强氣な君は「大丈夫だ」と軍刀を杖に立ち上つて四五歩前進したが又ドット倒れた。再び立ち上らうとしたがそれは無理であつた。午前十時半頃である。しつきりなしに落下して來る迫擊砲彈は倒れてゐる君の鮮血に染つた服に頭に容赦なく土砂を浴せかけた。衞生兵によつて應急處置を受けた君は、部下の新谷曹長を呼び萬事指揮の命令を與へ、元氣で其の場に敵情の報告を待つた。午前十一時三十分頃さしもの頑敵も支へ切れず完全に屋上村を占據した。此報を耳にした君はニッコと微笑んで後退、野戰病院に收容されたが、翌八日二十三時五十分遂に新東亞建設の礎石として散華した。

君は豪氣果敢な反面非常な部下思ひで、家から菓子でも送つて來ると僅かなものでも隊員全部に分ち、宿營地に入り燒酎でも買つてゐると——働く時は働くんだから—

—と自分で買つて皆なに飲ませるといふ風であつた。塹溝の戰闘で自分の當番を初め部下七名を失つた折、部下に對し責任上割腹して申譯するいつてきかなかつたのを戰友に制せられ、それ以來「俺は立派に戰死して見せる」と何時の戰闘にも鐵甲を用ひず先陣を切り、その勇猛さは君の優しい顔に似ず部隊でも有名なものであつた。

最後の便り

『隨分寒くなりました。お母さん初め皆さん御變りありませんか。今頃は故郷の方はみぞれ雪で嘸御困りのことでせう。私はお蔭樣で元氣です。

こちらも虱のたかつてゐる支那人の布團でも被らねば到底夜は眠られない狀態、もうこうなれば虱位は驚きません。

兄さんから便りがありますか（註、令兄も輜重兵中尉として中支方面へ出征中）お父さんの七回忌ですね。お父さんの御墓へお詣りしても恥しくない樣一生懸命働いて行きます。そして兄弟打揃つて御父さんに自慢出來る樣にね。

此間横嶺關、垣曲方面での戰闘で、僕等の突撃した山は、敵にとつて非常に重要な地點で、其處の敵の重機關銃やら迫擊砲、手榴弾等の集中火を浴びながら到々占領しましたので○○長が榮轉告別の折、特に私共部隊を賞めて行かれました。

良子ちゃん（令兄の子）は大分大きくなりましたれね。寫眞有難う御座いました。兄上もあの寫眞を見て喜んで居られるでせう私共は今○○線の鐵道警備をやつて居りますが、何處の部落にも敵の便衣隊が入つて油斷が出來ません。今も大分遠いが盛んに銃聲がして居ます。

追々寒くなりますから皆さん元氣で、兄さんにも宜しく。良子ちゃんサヨウナラ。

昭和十三年十一月二十日夜

蟲の聲をきき望鄕の念禁じ難し

○○村にて　常藏拜

御母上樣』

尙君の嚴父も陸軍大尉で日露の勇士、七年前亡くなられたが、今事變にたつた二人の兄弟が二人とも出征した後は、母堂が家業の味噌釀造を監督する傍ら、愛兒二人の武運長久を祈つてをられたのである。

陸軍歩兵軍曹

田中政一君

明治三十年岡山縣後月郡出部村七日市に生る。大正十年專門部政治經濟科を卒業、後月織物合資會社に入り、後同社が株式會社に變更してからは取締役に就任、鋭意會社の經營に當つた。

昭和十三年應召南支バイアス灣に上陸以來○隊長として淡水平山、增城、石灘、九江等の警備、宣撫に當り上下の信頼を集め部隊克く一致團結して奉公の實を擧げ、模範部隊として他より敬意を表されてゐた。

昨年三月廣東省西江以南の大討伐が開始されるや、君の屬する○○隊は鶴山縣沙坪を占領守備すべき命令を受け、抵抗する頑敵を擊破して、二十八日午後同地を占領し街外れの高地に在る中學校に據つて、同日夕刻より二十九、三十日と日夜銃火を交へつゝ、繰返し逆襲し來る敵を擊退し占據地を確保した。其の間敵は我を少數と侮り、日と共に其數を增加し來り、その銃砲火は熾烈を極むる中に、三十日夕方より君は中學校南方重要高地に下士哨長として部下と他の○隊とを引率警戒の任に着いたが、徹宵執拗に肉迫し來る敵と物凄き戰闘を續け翌三十一日朝に至つても持つて居る飯を食ふ丈の餘裕もない程緊迫した狀態であつた。しかるに午前八時頃十數倍する敵は我軍を包圍し、總攻擊の態勢を執り、殊に我が下士哨に對し三方より二十米内外の距離に肉迫、手榴彈、小銃彈の雨を浴せ來つたので、君は最先に立つて部下と共に敵中突擊を敢行し、文字通りの白兵戰が展開された。君は群敵中に飛込ざま敵數名を斃し、部下を激勵指揮するうち、飛來した敵彈は君の心臟を貫通し「ウン」といふ一聲を殘したまま壯烈なる戰死を遂げたのであつた。時午前九時三十分。

その後我方は三方に敵を廻し一歩も讓ることなく死鬪を續けるうち、十二時頃に至つて援隊到着し、味方の飛行機も飛來し、一同勇氣百倍、瞬くうちに敵を擊破し、田中君始めその他の戰友達の仇をうつたのであるが、死生天に在りとは言へ、僅か二三時間の差で、他の戰友達と凱歌を共にすることが出來なかつたのは殘念な次第であつた。

遺族には茂登子夫人と四人のお子さんがある。

陸軍輜重兵一等兵

楠山藤正君

大正四年石川縣江沼郡矢田野村荒屋に藤原氏三男として生る。昭和十二年專門部商科を卒業し名古屋の大池ガレーヂ株式會社に勤務した。

事變勃發直後勇躍出征、上海上陸後は日に夜をつぐ激戰の繼續に不眠不休の活躍をなし、殊に走馬塘クリークの激闘及追擊戰には戰果目覺しきものあり、中支派遣軍司令官より感狀を授けられた。

次で南京、徐州の大攻略戰に參加し、引返して太湖附近の警備に任じたが、武漢攻略戰開始せらるるや之に加はり、瑞昌附近及其南方地區の山岳戰を皮切りとして、富水に向ふ追擊戰、金牛附近の戰闘、粤漢線に向ふ追擊戰等、岳州一番乘部隊に參加して惡戰苦闘、赫々たる武勳を樹立後、粤漢線方面の警備に任じた。

しかるに昨年三月二十四日戰爭水腫を發し武昌の野戰病院に入院、鋭意療養に努めたが病勢惡化、四月十八日午前二時遂に中支の華と散つた。

君はその以前一昨年八月にマラリヤの爲に、同じく十一月にはマラリヤと急性氣管支炎の爲に野戰病院に入院、何れも一ケ月位で回癒直ちに第一線に復歸活躍を續ける等、まことに武運に惠まれた君であつたが三度目の罹病遂に本復せず、江南の露と消えたのは返す返すも殘念なことであつた。

左の一文は一昨三月頃、太湖以東地區の警備に就いてゐた頃と思はれるが、鄉里の北國新聞へ寄せた陣中だよりである、

『當地は氣候溫暖、風光明媚、山紫水明誠に住み心地良き所で、内地の五月頃と少しも變りません。一般住民も八分通り歸宅し、我宣撫班、自治委員會の協力を得て着々復興の效を擧げてゐますから、依日的新社會の建設される日も近き將來と思ひます。これでこそ幾多の今は亡き戰友の靈を慰められ又小生等の任務も遂行出來得たものとして内地の皆樣と共に心から喜ばなければなりません。町内には日本兵を相手とする支那商店、或は支那特有の大道市場が開かれ朝に晩に籠を持つては買出しに來る婦人の姿を眺められます。また上海から出張してゐる日本商人も來てゐるので飲食物には何等の不自由も感じません。殊に自分の樣な獨身者は一層のこと屯田兵として永久に殘りたひとさへ思ふとがあります。次に自分が在支半歳に亙り見た所の珍風景を書きます。

良民保護治安維持の支那警官は〇〇の仲

介者である。然るに一方自治委員會の前の掲場には毎日彼等警察官の犧牲になつた○○○に對する懲罰が堂々と掲載されてゐます。

　五ツ六ツの幼兒が毎日玉子を持つてシーサンタマゴシンジョと云つて賣りに來るが彼等無心の童兒迄が、誠に經濟の根本的要綱の會得者であり、その商取式の妙に到つては老猾な商人に優るとも劣らぬ强心臟の所有者である。假令ば或る者には一個三錢で賣却して置乍ら他の人に對して——前者を前にして——悠々と一個四錢に賣込んで涼しい顔をして居る。全く圖太い奴だ。掛引の妙を得てゐる國民である。こんな國民の代表者と外交談判するのだから、吾が外交官も骨が折れる。

　炊事場に現れる支那人に殘飯を供する代交として、彼等を食器洗滌夫として使役するのが常であるが、彼等支那人は實に現金な國民で、殘飯が食へなかつた日には食器を洗滌して行かない。』

陸軍步兵中尉

和田成信君

明治四十三年奈良縣南葛城郡秋津村に生る。昭和九年專門部商科を卒業後、タイガー計算器株式會社に入り東京支店に勤務した。

昨夏出征、南京上海間の警備に從事し、その間溧陽、南京附近の殘敵掃蕩に轉戰、十月には武漢三鎭の攻略戰に參加し、奮戰赫々たる戰果を收めた後、再び江蘇省に歸り句容縣白兎鎭の警備隊長として警備に任じ、小學校、公安局、協助村公所の設立等、治安維持工作にも顯著なる功績を殘した。

　昨年五月二十二日「白兎鎭の北方十五支里に共產軍一○○○侵入し來れり」との報を手にした君は、未明を期して之を擊退すべく、手兵二十五名を率ひて翌二十三日午前二時白兎鎭を出發、目的地に到つたが敵兵既になく、一同落膽して夜明をまつて歸途につき、勝潭村江莊部落に差かゝつた折不意に前面部落及三方の高地より約三四百の敵の一齊射擊を受けたので、直ちに兵を纒め一方の高地を占領し、倒れし部下の銃をとつて勇戰指揮すること三時間、逐次敵を壓迫し正に擊退せんとする寸前、熾烈なる彈雨の中に部下に注意を與へてゐた際、敵の一彈は鐵兜星章部を射拔き壯烈無比の戰死を遂げた。

　戰線よりの便り——

『(前略)白兎鎭は幸ひ異狀ありませんしたが、小隊殘員に此尊い犧牲者を發表する時の苦しさ。「新東亞建設の散華たる此戰友の分までも働いて靈を慰め、聖戰目的遂行に邁進するのだといふ認識を、今こそ銘記せよ。この事は君等にだけ要求はせぬ。俺も共にやる…」と訓示した時、皆の眼にも涙が宿つてゐました。

　以來防備の設備に迫はれ梅雨の樣な天候になやまされ、又部下の遺留品の整理と○○上申、それに○月○日より討伐戰のため暫くお便りが出來ず、戰死してくれた部下の家族へもまだ通信して居りません。○月○日よりの戰鬪は、○隊長殿の代理として○隊を指揮して、終始尖兵○隊長として部下の怨を晴らすのは此時にありと先頭に立つて痛快極まりなき戰鬪をしました。約五○○名の敵を包圍して、正面よりぶつゝかるを避けて迂回／＼で戰鬪、徹底的の打擊を與へました。敵の遺棄死體九○名、鹵獲品多數を得ました。我隊から一名の負傷者も出さなかつたことは何よりも嬉しく、○隊長とちがつて隨分氣もつかひますが、○隊長服務の初陣は先づ／＼無事でした。各

位へよろしく』　信成

三月十一日

最後の便り——

「(前略)亡き部下の百ケ日は來る五月三十日につき、當方に於ても冥福を祈るため、當日午前三時起床に有之候間兄上には各遺族宛適當な供物御忘れなきやう御願申上度候

甘味品缺乏につき、しる粉五十人分及煙草五十人分至急御送附願度候

五月十五日　信成

兄上様』

陸軍歩兵伍長

古張義三郎君

大正元年福島縣東白川郡高城村に甚太郎氏三男として生る。昭和八年専門部商科卒業後商學部に進み昭和十一年同部を卒業直ちに大藏省専賣局收納課に奉職した。

事變勃發の私應召し、翌十三年夏中支派遣の大命を奉じ、軍に從つて征途に上り、渡支以來在學當時の恩師○○部隊長の下にあつて長興李家巷附近の警備に任じ幾多の討伐肅正に從ひ、次いで南潯守備を命ぜらるゝや○隊長として昇山獨立守備に任じ、奮鬪よくその重責を果し、更らに南潯守備の第一線に常時分哨長として活躍した。偶々君が南潯第二分哨長として勤務中であつた昨年六月二十三日午前七時頃、突如クリーク及陸上より十數倍する敵の攻撃を受けたので直ちに之に應戰、部下を指揮して一據に敵を殲滅せんと、先頭をきつて陸上の敵中に肉彈となつて突入し、格鬪刺突遂に頑敵を撃退し己の重責を完了したのであるが、この近接白兵戰で既に數彈をうけ重傷の身であつたに拘らず、强氣な君は更に起つて敵を追撃せんとする刹那、クリークの船中にあつた優勢なる敵の手榴彈小銃彈の猛射を受け、君の側近に炸烈した手榴彈にて不幸頭部に貫通創を蒙り、分哨の地を朱に染めて壯烈なる戰死を遂げた。

死後見るべしと封じて佛壇へ供へて征つた包の中に、早稻田時代心正書道會で磨いた達筆で書かれた次の辭世があつた。

有生從有死
碌碌恥輒全
心骨捧皇國
散華默默旋

令弟に宛てた最後の手紙——

『五月十三日附お葉書並に雜誌類正に拜掌致しました。皆々樣益々御健勝にて銃後の護りに御活躍の趣何よりと存じます。小生相變らず元氣にて御奉公申上げて居りますから御安心下さい。渡洋以來永い間住み馴れた○○縣を離れ、一ケ月餘り○○の警備につきましたが、再び交代致しまして十日ばかり前、人口一萬位ある○○鎭といふ大きな町へ參り、當地警備に當つて居ります。此處は矢張り水路の要衝にて、昨年上陸して○○縣に向ふ際一泊した處でありますが、當時は殘敵も潜入して居り、未だ戰火の跡も生々しく、住民は大部分避難して家屋は扉を固く鎖して、寔に不氣味な町でありましたが、今は住民も還り、燒跡にはすつかり新しい商店も建ち並び、僅か一年足らずで見違へる樣な町になりました。

然し乍ら交通路遮斷警備地襲撃等を企圖し、殘敵遊撃隊の蠢動歇まず、この町にも便衣隊が潜入して居りますので、日夜嚴重なる警戒を致して居る次第です。

御兩親初め皆樣によろしくお傳へ下さい先づは右お禮かた〴〵近況お知らせまで

六月五日　義三郎』

陸軍砲兵一等兵

井口秀夫君

大正元年和歌山市に生る昭和十二年理工學部機械工學科を卒業し、日立製作所に就職電氣部に勤務した。

昭和十三年三月應召出征の途中、北京にて發病、內地へ後送され大阪陸軍病院に入院後阪大病院に轉じ加療中、昨年六月十八日午前四時遂に逝去した。

召に應じ勇躍して征途に上つた以上、生還は期してゐなかつた君であれば、その死は勿論戰線に散つたものと何等選ぶところはないのであるが、戰地に在る戰友達の後を追ふべく只管療養に專念して、その日の來るのを待ちあぐんでゐた君の心情を考へると、まことに淚なきを得ない。

定めし烈々たる君の祖國愛の熱情は、戰友達の心の中に燃え生きて、いやが上にも士氣を振ひ立たせてゐることであらう。

陸軍步兵少尉

前田元義君

大正元年北海道北見國紋別郡興部村沙留に元治郎氏五男として生る。

昭和十二年商學部を卒へ、直ちに歸鄉し嚴父の營む沙留運送社にあつて家業を手傳ふ

昭和十三年入營、北滿の護りに任じたが後〇〇〇士官學校に入り翌年三月卒業し、〇隊長として北支に出征、殘敵の掃蕩に當り目覺しき戰果を收めつゝあつたが、七月十日河南省信陽縣常平村北方高地に據る敵匪を討伐すべく部隊を率ひて出動したるところ、强固なる陣地を構へ、多數の兵力を擁して抵抗し來つたので圖らずも激戰が展開されるに至つた。果敢なる君は、かくてはならじと決死隊を組織し、自ら先頭に立つて敵トーチカ陣に突入して當る敵兵を薙斃しつゝ第一陣を拔き、更に第二陣に突入せんとする折、敵の投じた手榴彈の爲壯烈無比の戰死を遂げた。時午後一時三十分であつた。

戰線よりの最後の便り——

『愈々我等も一ヶ月ばかり掃蕩に出掛けます。兵は非常に元氣です。しかし水が惡く暑さのため兵の倒れる者が多いですから、神藥の如き藥を送つて下さい。今日まで相當敵彈の試練を味ひましたが、彈と云ふ奴は案外當らんものです。今度の掃蕩戰には必ず皆さんの御期待に添ふ手柄を樹てますから御安心下さい。

六月二十六日　元義』

戦線の華と散つた
校友の面影

陸軍砲兵中尉
廣田靜昭君

明治四十四年和歌山縣海草郡宮前村に熊藏氏長男として生る。昭和八年専門部商科を卒業、昭光紡績株式會社に入社した。

今次事變勃發直後勤務演習に應召し、動員業務の樞機に參畫、後命を奉じて○隊長の要職に就き、渡滿して炎熱の下に只管軍務に刻苦精勵、機の到るのを待つてをつたが、廣東攻略の軍動くや、勇躍して南下之に參加し、白邪土濟敵前上陸を敢行し、克く部下を掌握、赤道直下の猛暑と闘ひつゝ、快足部隊として重疊たる山路、砂塵視界を遮ぎる難路を踏破して敵を急追し、あの歴史的廣東攻略の目的を貫徹した。その後廣東警備の傍ら從化東北方地區の戰闘、花縣平地、白泥氷河畔の各戰闘に使用する彈藥の補給任務に從ひ、赫々たる戰果の獲得に力めた。

しかるに昨年春以來微熱に加へ食慾不振となつたが不屈剛毅の君は精神力を發揮して、病とも闘ひつゝ軍務に盡瘁するうち病勢亢進し、起擧動作思ふに委せぬ様になつたので廣東野戰病院に入院、胸膜炎の診斷を受けた。後還送され高雄の陸軍病院に於て加療回復に只專心したが、昨年五月二十五日遂に逝去するに至つた。

最後の便り——

『内地はだん〳〵氣候もよくなつて來たことでせう。皆様にはお元氣でお暮しの由安心致しました。自分は元氣で軍務に精勵しておりますから御安心下さい。（略）二三日中に寫眞をお送り致します。では又お便りいたします。

三月廿二日　廣田靜昭

淳子様』

陸軍騎兵曹長
佐藤貞壽君

大正三年世田谷區大原に貞太郎氏三男として生る。昭和十年専門部商科を卒業後株式會社小林捨次郎商店に勤務した。

事變勃發の翌年應召し、勇躍中支に出征、長江南方太湖一帶の警備に當つた。しかるに昨年蔣介石の五月攻勢指令により、君の警備地區武進縣一帶も敵の蠢動が活潑となつたので、我軍も五月初旬より出動○○附近に位置して、連日炎暑を冒して討伐を續行したのであつたが、敵は我が精鋭なる機械化部隊の威力に恐をなし、常に鎧袖一觸抵抗らしい抵抗もせず潰滅しつゝあつた。ところが六月二日早朝○○より「○○方面に於て優勢なる敵と交戰中なる○部隊に彈藥補給掩護の爲至急○○隊を差出すべし」と命令があつたので、早速出動準備をなし、君は第○○隊長として部下を激勵鼓舞し、同日午前七時三十分勇躍○○基地を出發し、僅にして某部隊に彈藥を補給し得る地點（武進縣青激附近）迄差かゝつた午前九時半頃、突如迫擊砲、重機を有する有力なる敵と遭遇したので、此處に壯烈なる戰鬪が開始された。我方は十數倍する敵軍を向ふに廻し猛烈果敢なる攻擊を加へたのであるが、君は戰鬪の頭初より適切機敏に部下を指揮して、敵縱隊の迂回行動阻止に任じ、之に有効射擊を送り、君自ら擲彈筒を取つて猛擊を加へつゝあるうち、携行彈藥が缺乏し來つたので、輸送彈藥車に到り彈藥を補給せんと、敢然先頭車に走つて彈藥箱を開き、分隊の位置に戻らんとする折、不幸飛來した一彈に腹部貫通銃創を負つたが、豪毅な君は更に屈せず鮮血にまみれながら步を運ぶこと數步、又々憎むべき敵彈は頸部に命中した。しかも此重傷にもかゝはらず五時間の長きに亘つて部下の叱咤激勵し、敵陣地に有効射彈を送らんとして、地上に身を横たへつゝも血と泥にまみれた手を差擧げて、擲彈筒の觀測修正をなしつゝあつたが、遂に力盡きて鬼神をも泣かしむる壯烈なる戰死を遂げた、時午後三時三十分。

蔣介石五月攻勢に對する掃蕩戰出發に際し、令兄へ宛五月八日付の走り書で「チェッコ製の機銃彈がどん〳〵頭上に飛んで來ます。此度の戰鬪には生きて歸らぬ覺悟です。母上への孝養何卒宜敷願ひます」と病身の母君への切なる心遣ひを籠めた手紙は最後の通信であり遺書でもあつた。

陸軍步兵上等兵
飯田俊章君

大正五年大分縣宇佐郡西馬城村に生る。昭和十二年專門部商科を卒業し、大阪の今永商會に入社勤務した。

一昨年召に應じて勇躍征途に上り、中支各地を赫々の戰果を印しつゝ轉戰奮闘、括州を陷れ南昌目指して進擊するうち、昨年三月二十一日武寧に於て腹膜炎を發し直ちに野戰病院に收容され後小倉陸軍病院に送還一意病を養ふうち、病勢日増に惡く、遂に七月二日興亞聖戰の華と散つた。

令姉に宛てた最後の便り——

『御無沙汰しました。皆樣お變り御座居いませんか。有名な南昌も昨日陷ちたそうですね。私もお蔭樣にて攻擊に參加して居ましたが一山頂占領の途中、廿一日早朝突然腹膜炎にて身動きが出來なくなり、入院手當を加へてゐますが、未だ起きたりすることは全然出來ません。

近況のみお知らせします。姉さんより皆さんにお傳へ下さい。書ける樣になりましたら又出します。

三月二十八日』

陸軍步兵上等兵
有本亘雄君

明治四十四年尼崎市西本町に生まる。昭和十年法學部獨法科を卒業

し、蛭間合資會社に應召迄勤務した。

昭和十三年應召し、中支派遣部隊に加はり、警備に掃蕩に武勳誠に輝かしきものがあつたが、昨年湖北省方面攻略の命が降るや、〇〇隊長の麾下として、七月二十二日討伐の軍に從ひ進擊を開始し、此日は約三百の敵と遭遇して之に猛攻を加へ、多大の損害を與へて潰走せしめた。翌二十三日は引續き他方面の敵を掃蕩する目的を以て、午前四時より行動を開始し、君は指揮班員として部隊長の後方に位置し、部隊長の命令指示を各隊に傳達する任に當つてをつたが、百三十度の酷暑の中を雨と降る彈丸を潜つて、勇敢敏速よくその責務を果し、遂に敵大部隊に殲滅的打擊を與へて敗走せしむるに至つたが、不幸敵の一彈は君の頭部を貫通し黄陂縣王家河附近に於て壯烈なる最後を遂ぐるに至つた。

後に長男南海雄さん（四歳）、長女由紀子さん（五歳）と出征後生れた瑞惠さん（二歳）がある。

陸軍步兵曹長

藤田文質君

明治四十五年宇部市草江に生る。昭和十一年法學部英法科を卒業し、直ちに大阪鐵工所に勤務した。

昭和十三年應召、滿洲國に出動して〇〇に駐屯したが、昨年蘇滿國境に風雲急を告ぐるや第一線に進出して、燒くが如き炎熱の下に奮戰中、七月二十七日十五時、ハルハ河右岸に於て命令傳達の途次、胸部貫通銃創を蒙り壯烈なる戰死を遂げた。

令兄に宛てた最後の手紙——

『其後皆樣には益々御元氣とのこと何よりの御事と御喜び申上げます。次に私事も元氣旺盛にて殘留勤務をやつて居りましたが遂に第一線に追及することになりました。

別に申上げることもありません。ただ武門の名をけがさない樣、男らしく出來るだけやつて來ます。

七月二十三日』

陸軍步兵伍長

彥坂廉二君

明治四十四年豐橋市下町に淸助氏三男として生る。昭和十一年法學部獨法科を卒業し、太陽生命保險株式會社に入社勤務した。

事變勃發直後應召し、中支派遣軍に從つて渡洋、討伐に次ぐに討伐で常に敵に全滅的打擊を與へ、常勝部隊としてその武勳輝かしきものがあつた。

しかるに昨年七月二十七日午前八時半、駐屯地より西北〇〇地點迄の水路偵察の重任を帶び他の六名と共に出發、一里半程前進した蕪湖縣方村北方小馬灣附近に於て、不意に前面五十米の地點に一個中隊の敵が現れ機銃の猛射を受けたので直に應戰、拾數倍する敵を向ふに廻し勇猛果敢に奮戰し君は右足に下帶骨折貫通銃創を負ふたに拘らず少しも屈する色なく、更に敵前三十米迄接近した折、第二彈によつて右腰の撻骨を貫通され倒れて再び起つ能はず、その場に於て應戰するうち、急援隊到着して突撃を敢行、莫大なる損害を與へ連長、(中隊長)、排長(小隊長)以下多數の死體を遺して敗走せしめたが、此突撃に際し、隊長の「負傷してゐるのだから早く後退して治療を受けよ」との命令もきかず、起たない身體を押し立てゝ隊と共に突撃に加はり、更に脇下と左腕に銃彈創を蒙るに至つた。

身に四發の彈丸を受け重態だつた彥坂君は、○隊長に抱かれた時、「○隊長殿、彥坂は軍人であると一言いつて下さい」と苦しい息の下から喘ぎ喘ぎ言ふのであつた。君は餘り健康體でなく、冗談によく、彥坂は軍屬の樣だと惡口を云はれてゐたので、假令冗談であつたにせよ、此ことが氣になつてゐたらしい。

「彥坂しつかりしろ！　お前は立派な帝國軍人だぞ。よくやつた。よくやつた。しつかりするんだ。」と聲を大にして言つた○隊長の眼からは、とめどなく涙が君の頰の上に落ちたといふ。

交通不便の場所で、病院に送るのに少し時間がかゝり、出血も多量だつたので身體が極度に衰弱し、殊に腰の挫骨貫通銃創は傷口も大きく、非常な手術を要し、入院と同時に輸出したのであるが、何分食事も水も攝ることを禁ぜられ、三日間程は經過も良好で戰友の愁眉を開かせたが、漸次衰弱加はり、餘病の腹膜炎すら併發し、八月二十一日午前八時五十五分、戰友に「母親に軍人の本分を盡したと言傳して吳れ」と依頼して瞑目するに至つた。

令姉へ宛てた最後の便り――

『戰地は想像以上に暑いですよ。誰もがこんな暑いことは生れて始めてだと云つて居ります。しかも支那の建物は煉瓦造りですから、なか〳〵冷えなく夜おそくまで暑くいやになつて仕舞ます。陽の光が東京附近よりは可成暑いですよ。先づ〳〵お蔭樣で元氣ですから他事乍ら御安心下さい。母上は元氣ですか。明日から豐橋の祇園祭、矢張り生れ故郷はなつかしいものですね。何か書かうと思つたが、餘り變つたことがないから擱筆します。』

陸軍步兵中尉

淺山精一君

大正二年熊本市春竹町八王寺に生る。昭和九年專門商科を卒業、熊本市役所に奉職した。

一昨年應召征途につき、長江を遡江して九江附近に上陸、○隊長としてよく部下を掌握し、廬山を經て德安攻略戰に參加し、よく山嶮を克服し頑敵を制壓して、偉功赫たるものがあつたが、更に修水渡河戰、南昌攻略戰等の激鬪にも參じて傷一つだに負はず、部隊きつての劍豪として常に陣頭にたち、友軍の作戰に寄與するところ多く、まことに武運に惠まれた君であつた。しかるに昨年八月十四日南昌西方に蠢動する殘敵掃蕩の命を受けたので、部隊を率ひて出動したが、敵は意外に多く我に數倍し、地の利を占めて頑强に抵抗するので、此所に一大激戰が展開され、翌十五日も十字砲火を交えつゝ夕暮に至るといふ激しさであつたが、夜に入つてから次第に敵を壓迫し、敢然夜襲を決行、君は眞先立つて之が指揮に當るうち午後八時頃左大腿部に敵彈をうけて倒れ、出血甚だしく遂に再び起つこと能はず、衞生兵の應急手當も効なく、二時從の殘敵掃蕩を前に瞑目するに至つた。時午後九時。

尙君の令弟茂樹氏も目下出征中である。

戰線の華と散つた
校友の面影

陸軍輜重兵中尉
大門正信君

大正三年高岡市に市治氏長男として生る。

昭和十一年專門部商科を卒業、直ちに日本スレート株式會社に入社した。昭和十二年入營、翌昭和十三年出動命令下るや勇躍して○○部隊○隊長として征途に上り武漢攻略戰に參加長江要衝地を陥れつゝ遡江し、九江に上陸、後西進して廬山山系の天嶮と、装備整ふ約十ケ師の敵とを相手として日夜を分たず猛攻奮闘を續け、瑞昌を經て漢口へ漢口へと軍を進めた十月二十日、前戰に向け輸送の重任を帶びて自動車を列ね武寧附近に至つた折、山中より猛烈なる敵の包圍攻撃を受けたので、先頭を切つて驀進した君の部隊は、直ちに應戰反撃を加へ、敵を此處にて喰止めて後方部隊をしてその目的を達せしめた。かくて君は、更に前方丘陵に據つて頑强に抵抗する敵を掃蕩せんと、部下を激勵叱咤して彈雨下をものともせず猛撃を加へつゝ前進又前進するうち、不幸右大腿部に貫通銃創を蒙りその場に倒れたが、少しも屈する色なく片膝をつきながらよく部下を指揮し續け、遂に頑敵を敗走せしめ終るや昏倒するに至つたので、直ちに後方野戰病院に收容せられ應急の處置をうけたのであるが、多量出血の上、ガスエソ菌の猛毒に犯されるに及び手當の方法なく、遂に十月二十五日午後二時四分江南の華と散つた。

昨年十月の論功行賞に於て浴した「功五旭六」の恩賞は、君の輝く武勳を最も雄辯に物語るものである。

尚昨年四月、無言の凱旋をした君の英靈を迎へた嚴父市治氏が、その翌日急性肺炎にて急逝されたのは、言ひ様のない銃後の悲劇であつた。

戰線より伯母上に宛てた最後の手紙——

『其後頓と御無沙汰いたして居ります。正信相變らず元氣で居ります。何しろ山地帶の攻撃とて、手紙を出す機會もなく、いつの間にやら十月の聲を聞きました。漢口の陥ちるのももう、間もなくでせう。

幸ひ幾度か砲煙彈雨をくぐりましたが、一名の犧牲者も出しません。

何の樂しみもない戰線で、荒んだ氣分をなほして和らげるものは、内地からの便りでありますが、それも仲々運がよくないと受取れぬ有樣です。

今までの内受取れたのは殆んど孝子と孝子の家のものばかりです。伯母さまからのお便りはまだ運悪く手に入れる事が出來ません。

皆さん元氣でお過しですか。もういつの間にか十月の聲を聞き、こゝ大陸にもすつかり秋が深くなつて、遠く近くひゞいてくる砲聲は、何かしら秋祭りを思はせるものがあります。

漢口陥落の快報をもたらす日も間もなく

だらうと思ひます。其の日を樂しみに御待ち下さい。

正信』

陸軍輜重兵伍長

小篠兼五郎君

・大正三年荒川區三河島町に一二氏二男として生る。昭和十二年專門學校商科を卒業、家業（眞中呼子笛製造）に從事した。

今次事變勃發後間もなく應召し、上海戰を初陣に蘇州河渡河及浦東掃蕩戰、杭州攻略戰、崇明島及東臺掃蕩戰等に參加し、各地警備の後、武漢攻略戰に參じ、星子西孤山、隘口街、青名椿、德安、南昌等の攻略戰並に修水河渡河戰に加はつたが、以上の各戰闘は激戰中の激戰にて、苦闘惡戰の連續であつたにもかゝはらずよく武運に惠まれて、その武勳赫々たるものがあつた。

その後南昌及附近の殘敵掃蕩に當つてをつたが、昨年四月二十九日君の部隊は南昌南方岡前村高舍街附近に位置し、贛江水路輸送の連接に從事する折、拂曉、南昌奪還を夢見る迫擊砲、重機を有する約三千の敵大部隊の逆襲を受け、部隊長以下全員一丸となつて之に反擊を加へ死闘を續ける最中小篠君は戰友三名と共に重大任務を帶び本隊へ連絡の途次、三百の敵と遭遇、重機、輕機の猛射を浴びながらもよく奮戰したが何を言ふても多勢に對し餘りにも無勢、遂に戰友一名と共に頭部及二ケ所に貫通銃創を受けて壯烈なる最後を遂げた。時午前九時。

○○部隊長より君の母上に贈つた和歌二首

小篠伍長三十日祭に

其に偉勳をしのひつゝ

なき友のありし面影しのびつゝ
日に幾そ度涙手向くる

捧ぐべき言の葉もかな三河島に
雲守るきみぞしのひて

最後の便り――

『大變長い間御無沙汰致しました。母上にも又店員諸君にも非常に御心配をお掛け致しましたことゝ存じます。

新聞ラヂオ等で御承知の南昌攻略戰の爲め、日々前進を續けて居りましたので、心ならずも御無音に打過ぎて居つた次第です。それも今は無事終了致し、現在は○○工兵と共に○隊を離れ分遣生活を致して居りますが、任務を異狀なく終へて近く隊へ歸ります。

何はともあれ、幸ひ僕も益々健在で御奉公致して居りますから御安心下さい。

本戰闘前滕太郎君より、筆跡の異なる手紙が來たので大變心配をした便りを頂きましたが、あの時は僕がある任務の爲め多忙だつたので、戰友に書いてもらつたのです。時機を失して居りますが、一言辯明致して置きます。

此處中支は早くも初夏の氣候です。ひねもす蛙の鳴聲に田園の氣分を一倍强く我等兵隊に味けせて吳れます。戰地に一年六ケ月餘り、あれを考へこれを思ふ時、轉た感慨深きものがあります。

では皆樣御健在で。

二仲　友人諸君にも長い間御無沙汰致して居ります。家より宜敷御傳へ下さい。

尙かず子（當時八歲の令妹）は元氣ですか。愈々二年生ですね。早く顏が見度いものです。

四月十日　　兼五郎

母上樣　』

因に嚴父一二氏は君の出征後一昨年一月病歿された。

陸軍歩兵中尉　古賀康男君

大正三年福岡縣宗像郡神興村に太郎氏三男として生る。

昭和十一年專門部政治經濟科を卒業し、直ちに株式會社日本電解製鐵所に入社勤務した。昭和十二年入營、精勵克く軍務に服し、成績優秀にして常に首位を占め、服役滿了後、今次事變に際會し召に應じ再度入隊、昨年一月選拔せられて千葉○○學校に入學し、優秀なる成績を以て同校を卒へ、同年五月、日頃寵愛を受けた校友中野正剛君より贈與の來金道の銘刀を帶び、勇躍して征途に着いたのであつた。

偶々ホロンバイル西域に風雲急を告げ、○○部隊に出動の令下るや、六月○○日第○○隊長として終始○隊の先頭に立ち、勇戰奮鬪鬼神の活躍振を續けた。かくて七月二日不法なる越境外蒙蘇軍を「ハルハ」「ホルステン」兩河合流地點に壓倒し、同日午後六時之を殲滅すべく鐵牛部隊の先頭を切つて群がる敵中に突入し、手榴彈を以て反抗する敵十數名を立所に血祭りに上げ、更に猛進して指揮官旗を振りつゝ、陣地前に張り巡らされたる戰車鐵條網も意に介せず軌道下に蹂躙して第二の陣地に突入したが惜いかなその細線は戰車起動輪に卷き込まれ、百米を出ずして前進不能に陷り遂に停止するの已むなき至つた。此時已に戰車と運命を共にすべく覺悟した君は、押寄せる敵を縱橫無盡に打ちまくり、暮色漸く迫り來つた蒙古原頭に吐く銃砲火は凄慘を極めた。かくて精魂を盡して射ち續け、彈藥全く盡きた折、不幸敵の投擲した一手榴彈は側方鎧窓より侵入破裂し、遂に火を發してその火焔は戰車を覆ひ、最後迄死守した戰車と運命を共にしたのであつた。

君が國境戰に示した皇軍戰車精神の眞髓と壯烈鬼神を泣かしむるその最後とは、長く我青史上に燦として輝くべきは言を俟たないが、先般故吉丸部隊長の戰車と君の戰車二臺とが　長くも宮中顯忠府に獻納の光榮に浴したことは、古賀一家は勿論郷黨全般の名譽之に過ぐるものはあるまい。

尙君の一家は五名共軍人譽れの家であるが殊に今次聖戰に際しては、次兄靜夫氏も一昨年名譽の戰死を遂げられ、兄弟二人迄が興亞の尊き人柱となつたのである。

次の一文は、在營中の君が滿洲の地から御兩親へ宛てた令兄戰死の悔狀であるが、君の言葉を借りて言へば、君も亦、生れ落ちたその時已に、滿蒙に於ける二十六の最後を約束づけられてをつたのであらう。

『靜夫兄上樣の御戰死の電報は昨二十一日○○方面の冬期演習より歸隊しました時留守居の准尉が、十六日に來てゐたが君が演習出張中であつたから出先には知らせなかつたと申譯けしました。終末試驗に合格し、演習も無事に元氣で歸隊して來ると此計電全く驚愕致しました。愁傷に堪へません。兄弟六人健康に惠ぐまれ何不自由なく現在まで成長出來得ました事は、山よりも高く海よりも深き親の御蔭樣と常々肝に銘じて居りました。そして一家圓滿譽へ一二名は郷里に居なくとも家庭は何の心配も無く大團欒裡に暮して永い間樂しい夢の如き人生を味つて來ました。然るに此の度の不幸は何たる天命でせうか。我々の家庭から靜夫兄樣を奪ふなんて誠に悲歎にくれます。嗚呼悲ひ哉兄樣は亡き人となれるか。夢だ夢であつて吳れ間違ひであつてくれ：：でも私達の身體には大和魂の血が通つてゐます。皇國のため　陛下の御爲めには身命を顧りみません。皇軍に加つて出征し名譽の戰死を遂げるは大和男子の本望であります。落ち着いて考へますと、靜夫兄樣は生れ落ちてオギヤーと一聲上げられた時もう既に一生の運命を決せられて、廿七歳の春には江南の野にて御戰死と天命によつて決せられたと考へられます。私共は兄様の御冥福を只管御祈り致します。家よりも一柱の神様を靖國神社にお祭り致した事になりましたね。乃木將軍は日露戰役に二人の愛子を南滿洲の野に亡なはれましたが胸中は空虚になられた事と想像します。お母様には御愁傷の餘り御老體に障つてはいけませんから何卒御體を御大事にして下さる様御願ひ申します。生者必滅は原則で平素納得出來てゐても人生の最大不幸に遭遇した場合には取り亂してしまふものです。そこが人間の弱い點でせう。悲しくありました。例へ軍人と申しましてもです。私でさへ斯様でありますから母上様の御心中は如何許りかと恐察致します。でも御心強く氣を確り持つて頂きます。

遺骨は未だ屆かないでせうね。遅れると思ひます。それよりも何處で何うして戰死されたか模様が知り度う御存じます。戰場の事故それも明確に分らないかも知れないでせう。私は在隊中ですから當分御墓詣りも出來ません。致仕方無き事です。尚機を見て公主嶺のお寺太平寺と同じ宗旨に御詣りして御冥福をお祈り致します。

先は靜夫兄様の御戰死に就き一筆まで。

昭和十三年二月二十二日夜

お父上様

康男拜』

陸軍砲兵上等兵

中村五郎君

大正五年京橋區月島東仲通に勝次郎氏二男として生る。

昭和十三年、専門部商科を卒業し直ちに臺北市の金辰商事株式會社に勤務した。

昭和十四年入營後半歳にして軍に從ひ、勇躍渡洋して北滿警備の重任に就いたが、八月二十七日興安北省「イリンギンブルードロ」七三一高地西方附近の戰闘に於て左胸部に破彈破片創を蒙り、出征二ケ月に充たずして遂にソ滿國境の華と散つた。

尚君のたつた一人の令兄も目下出征中である。

君の勤務先に宛てた最後の便り——

『拜啓皆々様其の後益々御元氣にて御暮しの事と存じ上て居ります。

想へば皆々様方の熱誠溢るゝ怒濤の如き歡呼の聲に送られて○○驛を後にして以來、軍隊生活の第一歩を味ひ、今又大命を拜して勇躍○○第一線に出動、戰塵の間に〳〵既に二ケ月の月日が流れました。自分も御蔭様にて至極元氣數度の○○にもカスリ傷一ツ受けず、益々張切つて居ります故乍憚御安心下さい。今、次ぎ〳〵と故國の姿を連想して、誠に感慨無量なるものがあります。當國境方面は御地より一足先きに秋が訪れ來ました。途先頃迄も燒き付様な猛暑で有りましたが、此の頃は日中のみ殘暑と云ふ感じでありますが、折柄十三夜頃の月を雲間に仰ぐ頃は芝草もしつとり露を宿し、何となく感傷的な秋の氣分を味はれます。此處○○第一線にては、十月の初めには猛吹雪、明くれば一面の氷海と化し、國境の山々は白銀に輝き、處々に黄茶の肌を無氣味に晒し、木枯が如何なる防寒具をも滲透して息が氷り、手足が氷り、そして國境に冬が訪れ、零下六十度内外となる相です。戰況を御知らせ致し度いのですが是れは許されません。殘念です何れ其内には様子を御知らせ出來ると思ひます。戰場での生活それは爲す事行ふ事總て生死を前提としての事です。涙の出る様な時も有ますが、こんな時には敵陣地を睨んで奮闘するのです。自分等は皆國權を維持する爲め、東洋平和の爲めに此處國境最前線にありて八紘一宇の大精神に則り、大君に捧げまつりし命を鴻毛と愛國の熱情に燃へ、日夜健闘致しつゝあります。

終りに皆々樣の御健康と御多幸を御祈り致します。

八月二十一日

〇〇第一線にて　五郎拜』

陸軍歩兵曹長

外山弘君

大正二年三條市（舊新潟縣三條町）に德太郎氏四男として生る昭和十二年法學部佛法科を卒業し、直ちに日本鮭鱒鑵詰共同販賣會に勤務、翌年入營渡洋、北滿の護りに着いた。

しかるに昨夏國境方の風雲騒然たるものあり、部隊共とに〇〇河畔に出勤中、九月七日哈爾哈河畔の要線に據れる敵の堅陣に對し夜襲を敢行して要點を奪取したのであるが、我軍の不意の猛攻に一度は周章狼狽した敵も、八日黎明より增援を得て再び頑強に抵抗し來つたので、我軍は猛攻に次ぐに猛攻を以て、逐次之れを哈爾哈河に壓迫した。しかし敵は更に續々兵力增加の徴があるので、待機中の部隊主力を第一線に增加し之を邀撃することゝなり、直ちに九〇四高地（ドロト湖西南方二十四粁）西北稜線上に進出し、折柄我主力の側面に向つて戰車を伴ひ前進中の敵歩騎兵三百に對し、熾烈なる銃砲火を集注して多大の損害を與へて南方に潰走せしめた。此戰鬪は正午少し前より約一時間に亙つたのであるが、此時西南方哈爾哈河渡河點方向より、河畔の楊柳を巧に遮蔽物となしつゝ砂塵を揚げて驀進し來つた二百餘臺の敵戰車が殺倒し來り、此處に壯絶なる對戰車戰が展開せられた。敵は千米の距離より車陣を重疊し、間斷なく猛射を續けつゝ近迫し來つたが、我方は滿を持して射たず、至近の距離に到るを待つて一齊に銃火を集注し、その數臺を炎上擱挫せしめた。しかし衆を恃める敵は熾烈なる砲火を以て應酬接近し、午後三時半頃その數臺は配備の間隙より溢出して我側背に現れ、折から砲彈の炸裂によつて發火した濛々たる野火の煙は、轟々たる履帶の響、殷々たる砲聲と共に戰場一帶を覆ひ、その狀悽絶言語に絶するものがあつた。しかも我軍の士氣彌々揚ひ、急霰の如き彈雨下にあつて自若、現位置を確保して奮戰死鬪を續けること四時間、或は銃火を以て之に酬び、或は、地雷を抱きて肉迫攻擊を敢行し遂に此優勢なる敵を擊退したが、此戰鬪に於て君は右側腹部、左腋窩部貫通銃創を負つて壯烈なる戰死を遂ぐるに至つた。

御兩親宛の戰線よりの最後の通信——

『拜啓殘暑酷しき折柄皆樣にはお變りもなく結構に存じます。

八月十六日付の書留本日確かに受納致しました。いつも乍ら誠に有難う存じます。先月分は大半貯金致しましたので、今回のは豫て欲しいと思つて居た圖嚢を購入しようと思ひます。

内地は相當猛烈な暑さださうですが、滿洲は微風が涼しさをはらんで、秋の近いことを知らせて居ます。どこに行つても蟲の聲が聞えます。瓜や西瓜が出ては居りますが、西瓜一個一圓五十錢も二圓もするんでは、しかも傳染病豫防の見地から殆ど自分達の口には入りません。お盆のいゝところも過ぎましたが、未だ〳〵暑さは遠ざからないことでせう。風が涼しいと言つても、行軍や演習や、劍術をやりますとしぼるやうな汗です。でも洗濯の大部分は可愛いゝ兵隊さんがやつて呉れるので大助かりですノモンハン事件の影響をうけて居るのと、時節柄のため今迄とは相當違つた形態にあります。昨夏の張鼓峯問題と同じ樣に自分達の緊張した一瞬は見物でした。辰郎殿相變らず健在の由喜んで居ます。人不足の折柄全くほつとして居ます。

昨日共販會の伊東常務委員（早稲田の先輩）から慰問袋發送の三越の案內狀を頂きました。未だ小包は屆きませんが有難いことだと思つて居ます。

時機がいゝので又來月は大演習々々で大しぼりにしぼられます。身體を丈夫にして一生懸命頑張つて行くつもりです。幸に脚氣氣味が治り身體の調子がよくなつて呉れゝばいゝがとそれ許りが氣懸りです。先月二瓩五〇〇程減つたのが今月は一瓩七〇〇程挽回しました。この調子で行つて呉れゝばいゝのですが‥‥

では皆樣によろしく。

八月二十一日夜　弘』

陸軍砲兵少尉

豐福隆之君

大正二年福岡縣三井郡山川村に健氏二男として生る昭和十二年文學部英文科を卒業し直ちに產業組合中央會に入り「家の光」部經理課に勤務した。

昭和十三年入營同年幹部候補生として〇〇

陸軍教導學校に入學し翌年同校を卒業陸軍砲兵見習士官として勇躍中支戰線に軍と共に出發し、南京、漢口、武昌を經て、武昌より五十里程奥地の警備に就いたが、後武漢西方の最前線、同南方の最前線の警備に當り、時々逆襲し來る敵に殲滅的打擊を與へてをつた。

しかるに岳州東方十五里、湖北湖南兩省境大界附近に蠢動する敗敵討伐の命を受けた君は、部隊を率ひて九月七日警備地を出發軍を進めるうち、九月十三日迫擊砲、チエツコ機銃を有する約五百の敵に遭遇、之に殲滅的砲火を浴せ敗走せしめ、翌十四日〇〇に向ふ途中、靈官廟附近に至るや我軍の進擊を察知してか、附近山地一帶に堅固なる陣地を構築し、迫擊砲、チエツコ及水冷式機銃を多數有する約三千の大敵と遭遇するに至つた。敵は既設陣地の堅固を頼み、前方五〇〇米高地より我が第一線西方隘地進出を妨害すべく猛射し來つた。仍て我方は直ちに第一線に近く陣地を占領する爲北側高地を偵察し、豐福〇隊が陣地に着くや、敵は此處に向つて射擊を集中し來つた。勇敢な君は此彈雨を意に介せず部隊を指揮して、一擧に該敵を擊滅すべく部下を激勵し、砲車を高地接際部に押上げ、將に第一發を發射せんとする一瞬、憎き敵彈は君の左鼠蹊部と下腹部に命中した。しかし剛毅な君は之に屈せず「俺のことは心配するな。速かに敵を擊滅せよ」と部下を激勵し、後、患者收容所に護送される際も「敵は擊滅したか」と戰況のみを氣にしつゝ元氣であつたが、翌十五日午後四時戰死するに至つた。

最後の便り――

『お變りありませんか。支那はこの繪ハガキの樣な山ばかりです。山の間々には田もあり家もあり、かなり廣い野もありますが、一度山の中に入り込んだら山ばかりです。冷え〱する秋が來ました。ちよつと樣子が變つて忙しくなつてきました。

お母さんに頂いた千人針を針初めて着込みました。武者振りする程元氣です。

どうか御心配なさらぬ樣、そのうちに又お便り出來るでせう。きようなら

隆之』

九月六日

母上樣

戰線の華と散つた
校友の面影

陸軍騎兵中尉 神原茂君

明治四十年神戸市須磨區に龜吉氏一子として生る。昭和六年文學部英文科を卒業し、後神風水產合資會社を起し專心同社の經營に當つた。

事變勃發直後應召し、北支良鄕を起點として、轉戰苦鬪を續け、娘子關、太原附近め山嶽戰に於ては尖兵長又は斥候長として拔群の働をなし、九月二十三日靈石南方の山嶽地帶對竹鎭の戰鬪の折には、第一線にあつた神原隊は約四千の敵大部隊の襲撃に遭ひ、旅立の狀態の中に全員必死の苦鬪によつて陣地を死守したのであつたが、その際君は太腿部に貫通銃創を負つたにもかゝはらず、僅か二週間程で快癒し、再度第一線に復歸して、山西南部の掃蕩戰に常にその快足部隊の眞價を發揮して、武勳拔群なるものがあつた。

昭和十三年五月十七日、此日も河津北方地區の掃蕩に當つてをつたが、午後二時三十分、樊村鎭に據る敵を撃滅すべく東南角に突撃の際不幸敵手榴彈によつて倒れ、「心を痛めず朗かに暮せ」、「子供の教育に意を用ひ立派な人間に育て上げて貰ひ度い」との夫人への遺言を戰友に賴み、悲壯なる戰死を遂げた。

君の家庭は母上と、夫人並七歳の長女、五歳の長男の五人暮しであつたが、一昨年五月十八日三ヶ月振りで戰線より元氣な音信を得て、家内揃つて惠まれた武運を喜び合つたのも束の間、その翌日戰死の報に接し、暫し計報を信じかねたといふ。朝露の如き人生の儚さをまざまざと味はれたわけであつた。

因に第六回の論功行賞に於て功五級勳六等の輝く恩賞に俗したことは、征途途上君の殘した勳功の如何に赫々たるかを裏書するものである。

陸軍步兵大尉 柴田末男君

明治三十一年愛知縣愛知郡日進村岩崎に生る。大正十三年商學部を卒業し、同年柴田家に入る（舊姓清水）。卒業後愛知縣愛知郡猪高村に歸村、猪高村信用組合預金部を擔當し傍ら在鄕軍人會猪高村

分會長、郷軍聯合分會副長、青訓指導員等として郷黨子弟の訓育に當つた。

今次事變勃發直後應召し、○隊長として出征、中支南支の警備の任を終へ、南京、徐州、漢口等の攻略戰に參加、赫々たる武勳を殘して、湖北省浙河附近の警備と宣撫に從事し、殊にその宣撫工作は非常な好成績を收めつゝあつた。折柄昨昭和十四年四月十日頃應山縣徐家店東北方山岳地帶に於て、我○隊主力が敵大部隊と衝突、苦戰中との報を得たので、急遽部隊を率ひて之が增援に赴き、主力と合し激戰を繰返しつゝ漸次敵を制壓、十三日夕刻一大突擊を敢行するに際し君は先頭に立ち部下を激勵叱咤指揮刀を揮つて敵陣地に斬込まんとする折敵のチエッコ機銃の的となり、勇壯なる戰死を遂ぐるに至つた。時午後六時十五分。

生前宣撫班長として衷心住民の福祉を計り、心より之を愛撫した君の死を惜み、その德を慕つて、戰死の場所に樹てられた墓標へ、二里半の道を遠しとせず、駐屯地より墓參に來る支那人達が、殆ど每日その後を斷たないで今日に及んでゐるといふ。

最後の手紙——

『過去現在未來に關する事等は、軍機の秘密に觸れる爲め堅く通報を嚴禁せられて居るので報告は出來ないが、二三日前新愛知新聞の長江君が來て、三四枚寫眞を撮つてゆかれた故、そのうち紙上に出ることゝ思ふ。寫眞をみて現在の僕達の行動を判斷せられたし。

今や三千年來の一大國難に遭遇し野戰○隊長として活躍出來る事を無上の光榮として、我國將來の子孫の幸福の爲めに、喜んで聖戰の人柱となる覺悟で御奉公して居る我護國の鬼となりたる後は子供の敎育よろしく頼む。女手の何かと不自由勝とは思へど、特に健康に留意して、將來國家に役立つ人物に育てられんことを切に望む。

尙子供達には、父は雲幾重へだてたる支那の地より遙かに、お前方の成功を祈つてゐると傳へられたし』

陸軍步兵上等兵

塚田泰一君

明治四十五年本郷區菊坂町に生る。昭和十一年政治經濟學部を卒業、日本電氣工業株式會社に入り經理課に勤務した。

昭和十三年初夏應召征途に上り、上海近郊の警備、崇明島の殘敵掃蕩に從事した後、武漢總攻擊に參加し、先づ九江を陷れ此處より廬山山系に添ふて德安箬溪に進擊、更に永修を攻略したが、その間の戰鬪は要害に據り不落の陣地を構築して頑强に抵抗する大敵を相手に、名にし負ふ峻嶮を冒しての激戰であつて、その惡戰振りは筆舌のよくするところでない樣な死鬪の連續であつたにも拘らず、武運に惠まれた君はかすり傷一つ負はず、一戰鬪每に元氣を增すかに見へた。

次いで昨年三月南昌攻擊戰に參加し、力戰之も攻略して、附近殘敵を掃蕩後南昌に留り警備に任じた。しかるに蔣の所謂四月攻勢の指令を受けた五千の廣東軍は、不敵にも南昌奪還を企圖し、四月二十六日未明南昌西南方より襲擊し來つたので、我方は之を反擊すること數度に及んだが、衆を恃める敵は夜に入るや三方の山より重機、輕機を前線に集中しつゝ逆襲し來つたので、再び夜を徹しての物凄き激戰が展開された。

かゝるうちに我軍の彈藥途に盡くるに至つたので、全員悲壯なる決意の下に肉彈を以つて之を擊滅することとなり、翌二十七日午前十時喊聲と共に敵陣に突入し、さしもの頑敵を潰走せしめたが、吁嗟此突擊戰に於て死線に死線を越へ來つた君も、腹部に貫通銃創を受けて壯烈なる戰死を遂げたのである。時午前十時十分。

君は幼にして兩親に死別し、その上兄弟姉妹にも惠まれず、全く祖母（本年八十二歳）の手一つで成人した。從つて祖母の餘生を慰め幸福なる終焉を私かに宿願としてをつたのであるが、冷酷なる天は君に假すに餘命を以てせず、老祖母が却つて君が英靈の冥福を祈るといふ皮肉な結果になつたことは、人生無性の感が深い。

最後の便り（叔父宛）——

『暫くお便り出來ず御心配下さつたことゝ思ひます。皆樣御壯健の事と存じます。新聞等で御承知でせうが三月二十日行動を開始、我等の部隊も南昌攻略戰に參加、修水を渡河してから退脚する敵を急追又急追約五十里、身體を横たへて寢たのは僅かに三時間位宛二度だけでした。勿論シャツ等は着替への暇とてなく、己が着せる衣類にシラミの棲息して居るのを發見した時は、萬感交々至り感慨無量でした。しかしシラミに命を取られる事も無かるべく、身體は至極健康、南昌陷落後は附近の殘敵を掃蕩して只今は稍離れた○○に敵と近々四、五百米を隔てゝ相對峙しつゝ第一線警備に任じて居ります。この葉書を書いて居る間にも敵の砲彈が吾々の居る家屋の十米位附近に五、六發も落下して居る有樣です。何れ封書を出す事が許されたら又詳しく。』

四月二十四日

陸軍步兵伍長

中村新人君

明治四十三年大分市に生る。昭和十一年商學部を卒業し、荏原製作所に入社販賣課に勤務した。事變と同時に應召、翌年渡洋○○に駐屯して北滿警備に當り、酷暑を克服し嚴冬に耐へ重責を果しつゝあるうち、偶々ノモンハン事件が突發したので昭和十四年六月○○日○○を出發

ノモンハンの第一線に出動し、爾來文字通り燒くが如き炎熱下の蒙古草原に、激戰を繰返すこと二ヶ月有餘、微傷だに負はず勇戰常に敵を制壓してをつたが、ノモンハン戰中最も激烈を極めた八月二十九日の戰ひに於て足部に重傷を負ふに至つた。しかし少しも屈する色なく跛行しつゝも奮迅の活躍を續けたが、午後二時半頃更に重て數彈を受け遂にハルハ河畔に壯烈無比の戰死をなした。

最後の便り——

『未だ大元氣で働いてゐます故御安心下さい。大分彈丸の下も潛りましたが、傷一つしません。體の方も大丈夫です。此頃は大好きな筍の味噌汁なんか食べてゐます。贅澤なもの』でせう。野戰料理の味は又格別です。どんなものでも甘味く食べられるので

有難いものです。

○○部隊の活躍振りは新聞紙上で傳へられたことゝ思ひます。宜敷御想像下さい。目下○隊長として身に餘る重任を負ひ奮闘して居ます。部隊の方々が良く指導して下さるので、今の處大過なく過してゐます。

小生のことのみでなく、○隊員を始め○隊全部の人の武運長久を祈つて下さい。（後略）

八日二日　新人』

陸軍歩兵上等兵

中村英武君

明治四十五年日本橋區小傳馬町に民次郎氏二男として生る。昭和十三年文學部國文科を卒へ、將來文筆を以て立つべく創作方面に專念してをつた。

昭和十三年末に入營渡洋して、酷寒中を一意訓練に專心し北滿の護りに從つた。しかるに昭和十四年六月越境跳梁せる狂暴なる赤軍膺懲の命が下つたので、六月○○日○○を出發、燒付くやうな炎熱下一滴の水もなき曠漠千里のホロンバイルの戰野に勇進、到る處に激闘を展開して、敵の誇る近代兵器を以てせる防禦陣も、勇猛果敢なる皇軍の突撃に一たまりもなく粉碎され、敵は敗走又敗走の有樣であつた。この間君は沈着剛膽に砲煙彈雨の中を物ともせず、或は連絡勤務に或は猛烈なる肉彈戰に目覺しき奮闘を續けた。

その後敗戰に敗戰を重ねた敵は、戰車、十五糎砲、飛行機等を總動員して、死者狂ひの盲撃を開始し來り、七月三日白銀査オボー附近の戰闘は最も猛烈を極めた。此日君の部隊は戰車を伴ふ數倍の敵と交戰し、我軍得意の突撃に次ぐ突撃を以て猛進したが、敵軍に接近するや、先頭に在つた君は飛込みさま數人の敵を斃し、驀進し來つた戰車を炎上せしめた一瞬、次の戰車より放たれた一彈は不幸君の頭部に命中し、紅に染つて倒れたが、混迷せる意識中に尚も任務に向つて再起せんと銃を執り直しつゝ遂に絶命した。

君は幼にして母堂に死別し嚴父の手一つで育てられ、令兄は既に他界し、令姉は他に嫁してゐるので、全く親一人子一人の境涯であつた。從つて淋しきうちにも親子の情眞に濃かで、他眼にも羨しい程美しいものであつた。

亡妻の十三回忌、一人息子の一周忌を二ケ月後に控へつゝ「齢などは忘れて、伜の分迄頑張らなければなりません」と、朝から晩遅くまで商賣（傘商）に精を出しておられる嚴父民次郎氏の悲壯な姿を見る時、胸迫る思ひに瞼の熱くなるのを禁じ得ない。

最後の便り――

『種々の御配慮を感謝致します。あまり小包が來るので、書簡係の曹長殿に怒られました。今後はその點を御考慮下さい。

今になつてつくづく親の恩が解りました今となつては遲まきですね。今一度歸りたい。そしてお會してお禮を申し度いと思つて居ります。（後略）六月二十四日』

陸軍歩兵伍長

島崎實君

大正四年茨城縣多賀郡鮎川村に稻之助氏

四男として生る。昭和十二年專門部政治經濟科を卒業し、直ちに日立製

作所に入り海岸工場發送課に勤務した。

昭和十三年一月應召、勇躍して大陸に渡り、よく嚴寒酷暑に耐へ北滿警備の重任を果してをつたが、國境の風雲騷然たる昨十四年六月〇〇日、君の屬する〇〇部隊に出動命令が下つたので、卽時〇〇〇よりノモンハン第一線に出動、奮戰に奮戰を重ねること二旬餘、その間敵戰車を破壞擱挫すること三百臺に及び、その目覺しき勇戰振りは、當時の新聞紙上で報導せられ、激賞の的となつてをつた。かくて七月十六日興安北省新巴爾虎左翼旗七四二高地附近の戰鬪に至つたが、この戰鬪に於ては〇隊長以下十七名が決死隊となり、敵陣深く突入し、〇隊長足部に負傷するや君は隊長代理として指揮に當り、肉彈となつて死鬪するうち敵彈を頭部に受け壯烈なる戰死を遂ぐる至つた。

君の家は三男一女の四人兄弟（昭和三年商學部を卒業した次兄俊之君は早く病歿）であるが、今次事變勃發するや三人共々出征した譽の家で、長兄秀俊氏は南京、徐州の攻略戰に赫々の武勳を樹て過般歸還し、直ぐ上の令兄賢氏は目下北支方面に活躍中である。

最後の便り——

『初夏の候となりました。皆さんには御變りも御座いませんか、當地もいよ〳〵夏になりました。赤い夕日の滿洲は夜の九時頃迄夕景色を眺めることが出來まして、誠に良い時期です。

父上兄上樣皆元氣でせうか。

此間內地のラジオ新聞に出たこと〻存じますが、外蒙方面がゴタ〳〵しまして一寸緊張しましたよ。五月三十一日の東京朝日に我が荒鷲が敵機五十三機も落したとありましたが、實際激戰だつたのです。然し今は平靜になりました。

明日の命を知らぬ我々の國境守備生活、ソ聯が目下の相手、詳細は申し上げられません。

多賀町の樣子はいかがですか。寛、和夫（令兄の子供さん達？）は良く勉强して居ますか。寛には良く敎へて下さい。

いつ歸れるか判りませんが、皆々樣の御身體を注意して下さいます樣に。

六月七日　實

姉上樣

陸軍步兵少尉

阿江一友君

大正三年兵庫縣加東郡瀧野町に勤氏四男として生る昭和十二年政治經濟學部經濟學科を卒へ、直ちにダイヤモンド社に入社雜誌マガジンの編輯に從事した。

昭和十三年入營渡滿して〇〇に駐屯、後甲種幹部候補生として同年九月より〇〇部隊にて幹部敎育を受け、翌年ノモンハン事件勃發するや見習士官として〇〇部隊に復歸、森田(徹)部隊に配屬されて八月〇日勇

躍第一線に出動した。

森田部隊に着隊した君は直に○○隊に編入され。○隊長代理として部隊の指揮を命ぜられ、當日より活躍を開始したのであるが、當時○○隊はノロ高地、ハルハ河、ホルスティン河合流地點より約一里半南方に在り、君の部隊は同地南方約五千米、七五八高地（三角山）に第一線を布いて敵と對峙し、晝夜を分たず激戰に次ぐ激戰を展開し、常に敵を制壓しつゝあつた。しかるに八月二十二日に至り前面及兩側面より敵が近接し來つたので一大激戰となり、その儘若干部隊の位地を移動して夜に入つた。

明くれば二十三日、拂曉を期し再び三角山に陣を布き、彼我必死の戰闘が繼續され、君は敵の十五糎榴彈の破片の爲めに額面に負傷したが、少しも意に介せず部隊の最先頭にあつて、血潮に染まりつゝ指揮奮戰を續けた。時午前十一時頃であつた。

しかるに戰闘は此頃より一段と烈しさを増し、敵の集中する銃砲火雨より繁き中に豪膽な君は一歩も退かず、指揮力を揮つて部下を激勵叱咤、正午を少し過した折、胸部に貫通銃創を受け、部隊中央に壯烈なる戰死を遂げた。

君は早稻田に在學中棒高跳選手とし鳴らしたもので、全日本棒高跳の十傑の一人に數へられてゐた。あの堂々たる長軀を提げて敵前に立はだかり、自らフェニックスを以つて任じた君ではあつたが、遂に自ら身をもつて、君の謂ふ武士道に徹したのであつた。蓋し君にとつては本懐至極の事であつたであらう。

最後の便り――

『その後御兩親はじめ皆樣御壯健にて御暮しのことゝ存じます。去る○月○日榮譽ある命を受けて○○の戰場に來り戰をつゞけてをります。初日に相當はげしい砲彈の集中火を浴び、すつかり戰爭度胸もつき、何の負傷もなく元氣でやつてゐるところを見ると、フェニックスではないかと思はれる程です。

一望千里廣漠たる大草原に、滅ソの聖戰を展開し、一途目的遂行に日夜邁進する皇軍の活躍は、世紀の一偉觀であり、後世史家は、必ずや之を東亞ルネサンス確立の一大轉機として記錄することでありませう。

千歲一遇の光榮ある戰ひに參加出來たことは、此上なき喜びであり、名譽です。

最善を盡して力のつゞく限り奮闘する覺悟です。戰ひの體驗は私にとつても亦私の人生の過程に於ても最も輝かしい貴重なるものに相違ありません。それほど戰爭は嚴肅な事實なのです。時々刻々の變化に、兵隊は生命を的に戰つてゐるのです。然も何等生に執着することなく、ぐん〳〵戰つて行く逞しさには頭の下る思ひが致します。茲にほんとの皇軍の强さがあるのでせう。

部下幾人かの隊長として戰場にのぞんでゐる現在の私にとつて、力强い感激です。最少の犧牲を以つて最大の效果を收める爲に、日夜心を痛めてゐます。兵は良く自分の命令を守つて吳れ、勇敢に戰つて吳れます。立派に戰つて立派に死ぬ、武士道は死なり、の大精神を以つて爾後の戰闘を戰ひ抜く積りです。先ずは右以つて陣中第一報を送る次第です。

八月十三日夕記之

阿江　勳樣　　　阿江一友拜』

陸軍步兵中尉

前田正義君

大正二年北海道夕張郡長沼村に喜三九氏

三男として生る。昭和十一年專門部法律科を卒業し直ちに法學部入り在學中の翌十二年入營、昭和十三年陸軍豫備士官學校に入學、同校卒業後陸軍歩兵少尉に任官して渡滿、北滿警備に就いた。

かゝるうちにノモンハン事件勃發し、國境の戰雲愈々濃くなつて來た八月中旬、草さへ喘ぐ烈日下の蒙古草原を蹴つて第一線に出動し、對空班長として活躍執拗なる敵機を邀擊して之を射落し或は擊退して多大の戰果を收めつつあつたが、謂所八月二十九日の第三氏ノモンハン戰の大激戰に於て奮闘壯烈極まる戰死を遂げた。

最後の手紙——

『時機到來前進中です。已の務は最後迄忠實に守りますから御安心下さい。

八月二十九日

正義

御兩親樣』

陸軍歩兵伍長

芳賀正一君

大正元年京都府竹野郡豐榮村に菫氏長男として生る。昭和十一年政治經濟學部經濟學科を卒へ、大藏省に奉職銀行局に勤務した。

昭和十二年秋召集を受ケ、翌十三年夏戰線に出動、江蘇省一帶に亘り各地に轉戰或は警備に從ひ目覺しき活躍振りを示してをつた。しかるに昨年十月初旬不幸惡疫マラリヤに侵されるところとなつたが、責任感强き君は自ら省ることなく高熱を押し繁劇なる任務に從事するうち、起居動作の愈苦しそうな樣子に、戰友達が强いて診察を受けさせた結果、相當亢進せる病狀に、軍醫は直ちに入院を命じた。しかし君は尙入院を拒避して任務に服することを主張して已まず、漸く說得されて同日金壇の療養所に收容され、衞生部員の手厚き看護の下に療養に努めたが、天意君に冷たく急性腹膜炎を併發して同月二十二日午前零時十五分、數多の戰友に見守られながら護國の英靈と化すに至つた。

最後の便り——

『むせるやうな薄曇の空、沿道を彩る旗の波多くの人の歡呼に送られて、懐かしき思ひ出の地を出で、渡支してより早や一ケ年も過ぎ、再び暑い夏がやつて參りましたが、御兩親樣始め皆樣御變りありませんか。私こと元氣で軍務に精勵して居りますれば御安心下さいませ。

去る十七日中支最高指揮官山田中將閣下の御巡視あり、一同感激裡に歡迎致しました。當地は半ケ年前一度駐屯して居つた處で自治會もあり、不自由はありません。

(後略)』

陸軍主計中尉

齋藤秋夫君

明治三十四年福井縣大野町に生る。大正

十五年商學部を卒業、後東京市に職を奉じ、教育局庶務課に勤務した。

昭和十三年夏應召出征し北支那野戰貨物廠濟南支廠徐州出張所附を命ぜられ、調達科長として活躍中昨年六月○○軍に於ける經理部將校教育の爲濟南に派遣を命ぜられ、同月十八日より一週間の豫定で教育隊○○部隊に入隊した。君は元來健康體の持主で、常に元氣そのものゝ活動を續けてをつたのであるが、風土水質の變化や暑熱の爲め自然胃腸障碍を起し、その上過激なる訓練を續行した爲め食慾不振に陷り、屢々缺食をなし終に發熱して下痢を伴ふに至つたので、診斷を受けた結果急性大腸炎と決定し、濟南陸軍病院に入院した。その後經過は頗る良好であつて、入院後一ケ月にして全快の狀態となつたので、七月十六日退院し、直に前任地○○出張所に歸隊軍務に從つた。

しかし退院したとは言へ元の健康體には程遠き身を以つて、寸暇なき繁劇なる調達業務に再び從事し、日夜部下を督勵指導して軍務の遂行に身命を堵し、その間命を受けて○○蒐集の爲め遠く蚌埠に出張する等の激務に加へ、折柄の酷暑によつて再び身體に異常を來し、食慾不振を再發微熱さへも發するに至つたが、責任感强き君は身の變調を省みず押して職務の遂行に邁進するうち、連日の發熱に勤務不能の狀態に立到り、診斷の結果左肺門腺炎と決定し八月五日徐州野戰病院に入院療養に勉めたが、前の折と異り病勢の亢進一向に留まらず、九月十一日還送されて廣島陸軍病院に入り、更に手當の萬全を盡したが、身體の衰弱愈々加はり十月二十二日遂に命數玆に盡き、勳業央ばにして君の忠魂は天に歸したのである。

最後の便り——

『九月に手紙を出してからずつと手紙を書かなかつたので、いや書くことが出來なかつたのだ——心配してゐることゝ思ふ。今日二十日だから十一日目に漸くペンを執つたわけだ。實は全然書けなかつたのでもないが、色々と思案をしたのにもよる。心配掛けたくなかつたからだ。若し治るものなら知らせない方がよいと思つたから。

これから書くことは氣に餘りかけない樣にして呉れ。何うせ心配したからとて早く治るわけでもない。氣を落付けて讀んでくれ。先日の手紙で知らせてをいた蚌埠から歸つてから、どうも體の調子が普通でないので診斷を受けたところ、氣管が少し惡いようだとの軍醫の話しだ。そして血液檢査をして見ようとのことで少々血を取つた。その日は隊に歸つた。明る日樣子を聞に行くと、直ぐ入院しなさいとのこと、まあ仕方がない入院した。

又明る日に血液を見たところ急に惡くなり、十六日だつたのが六十七となつた。そして其の日の夕方レントゲンで見た。其の話によると、いよ〳〵いやなことを言はれた。二度ビツクリだよ。驚いてはいけないよ。右肺が一部分黒くなつて居るとのこと早く云へば肺病の第一期だそうだ。

それで殘念だが内地へ送られるかも知れない。又其の時は知らす。

次に少々賴みがある。

お前には四人の子供があるのだから、少しも淋しいことはないと思ふ。これだけ書

けば何も書くことはないと思ふ。すでに十三年の六月十九日にお前とは別れて國の人となつたわけだ。(二)

内地の病院に行つても面會になど來ること相成らん。遠い戰地で病氣をして居ると思へば面會など出來るはずはないのだ。事あつた時にも女々しき事あれば、地下に行つても安らかに居られぬ。

今後は子供達の教育を宜敷たのむ。

貞夫は身體が餘り丈夫でないから手許にをく事。

郁夫は身體丈夫その上にきかぬから軍人純子一人が心配だがこれも宜しくたのむ。眞澄も出來れば軍人にして欲しい。もう何も書く事はない。今後のことは心配せぬ樣。

八月七日　秋夫

マスどの　」

陸軍歩兵伍長

岩本六二君

明治四十五年山口縣厚狭郡小野村に生る。昭和十年、專門部政治經濟科を卒業し廣島鐵道局に奉職、下關保線事務所德島出張所に勤務した。

昭和十三年夏召に應じ、勇躍して渡滿國境守備につくうち、ノモンハンの風雲接迫し來り、昨年六月〇日出動命令と共に、最後の覺悟を決し遺言狀を故郷の夫人や肉身へ送つて、家庭への絆を斷ち、光風霽月の胸中只々一死報國の赤心に燃えて〇〇を後に懲蘇の第一線に進發した。

かくて君等の進擊するところ前に敵なく、殊に〇月〇日〇〇總攻擊に方つては部隊第一線となつて奮戰力闘し頑強なる敵の抵抗を退け、機を失せずハルハ河橋梁を破壞して敵の退路を遮斷し、之を同河に壓迫して殲滅し、次で〇月〇日再度ハルハ河右岸地區に侵入し來り陣地を占領せる敵を攻擊する折には、寡兵を以てよく衆敵に對し肉彈に次ぐ肉彈を以て强襲を敢行し、隊長以下死傷者續出し、戰友の大半を失ふに至つたが少しも屈することなく、遂に敵陣要點を奪取し、爾後の主力戰闘發展の端緒を作る等、君達の樹てた武勳は算ふるに暇がない。

かくて七月十三日、我〇〇が主力を以てホルステン河左岸地區より攻勢に轉ずるに際し、君の部隊はホルステン河右岸地區に陣地を占め〇隊主力の集結並に轉進掩護に任じた。しかるに翌十四日に至るや、拂曉より前面の敵兵逐次增加し來り遂に我に十數倍に達し、敵の集中砲火は急霰より激しくなつたが、隊長以下志氣彌々振ひ毅然として死闘を續け、敵を陣前に破摧して一歩も侵さしめず、隊長以下死傷續出するに中に、殘餘の將兵一丸となつて一絲亂さず、悲壯鬼神をも泣かしむる惡闘を繼續し、能く所命の任務を完遂した。が此戰闘に於て不幸君は壯烈極まりなき戰死をなしたのであつた。時午前十時。

尙過般君の部隊に對し軍司令官より感狀が授與され、君等の殘した不滅の武勳の上に一段の光輝を添へた。

戰線の華と散つた
校友の面影

陸軍歩兵少尉 村上哲二君

大正二年鹿兒島市に吉太郎氏二男として生る。昭和十二年商學部を卒業、東洋電業株式會社に入社。

昭和十二年末應召、○○陸軍幹部候補生學校を卒へ、○○部隊附を命ぜられたが、時恰もノモンハン事件に際會し、○隊長として部下を率ひて出動し、八月上旬ノモンハンに到り奮戰克戰果を收めつゝあつたが、八月二十三日十五時頃ノモンハン七四四高地に於て全身爆創を蒙り、壯烈無比の戰死を遂げた。

尚令兄幸吉氏も目下出征中、令弟雄三君は本大學に在學中である。

最後の便り――

『前略十三日○○○をトラックで戰線へ出發、十二時間で七、八十里を突破、雨中に天幕を張り、廣野に第一戰の砲聲をきゝ寒さに眠れず一夜を明すも更に雨降りつゞく。ここノモンハンよりトラックを捨て雨中を行軍第一戰へと前進、第一線に辿り着く約一里前にて敵の砲彈網に會ひ前進容易ならざるも、第一線に着くまでは死傷あつてはならぬと兵を激勵し、ホルステン河を渡り、左右前後の砲彈を巧に避け着隊安堵、時まさに午後八時全員無事。敵優秀なる砲彈は九時より砲撃を開始、陣地の壕附近に盛んに落下し、落雷よりも危險。今夕更に前進して○隊の活躍に參加しなければなりませぬ。

元氣一杯ですよ。ホロンバイルの大平原は全く美しい眺めであります。砲聲に浩然の氣を養ひ、外蒙の空をまんぢりともせずにらんで居ります。何時かはハルハ河を越えて前進に前進を續ける日もありませう。アヽ、男子の本懐哉であります。皆樣も御元氣の程を祈ります。無事第一線へ着いた御知らせまで。

草々

八月十五日』

陸軍歩兵伍長 藤田正二君

大正二年前橋市に藤崎正義氏の二男として生れ、後嚴父の生家を再興する爲め藤田姓を繼ぎ、戸籍上だけの單獨戸主となつてをつた。昭和十一年商學部を

卒業し有隣生命保險株式會社に入社、東京支部に勤務した。

支那事變勃發の秋應召、翌十三年夏意氣昂然として渡滿、北滿守備の重任に就いた。かかるうち翌十四年危機を孕んで去來してゐた國境線の暗雲遂に雨となるや、君は軍に從つて出動し、炎熱下のノモンハン地域を幾轉戰の後、八月二十六日午前八時五十分バルシャガル高地に於て玉碎國境線の華と散つた。

次の一文は嚴父正義氏が藤田君を追憶して筆を執つたものゝ一部であるが、君の爲人を窺知出來ると同時に、子供に感謝の念を捧げて厭くことなき、尊き父の情が一字一句の中に滲み出てゐる。

『實は遺骨と共に遺品が到達したのである。が父には開けて見る元氣も出なかつた。之を檢めたのはずつと後のことである。包の中からは、シャツが出た。猿股が出た。手帳が二冊出た。外に腕時計と、恩賜の煙草があつた。シャツと猿股は戰死當時のものとは認めかねる。時計は最後まで腕につけていた筈のものである。恩賜の煙草は何時戴いたものか、一本も手をつけてない。封のまゝである。正二のことである。凱旋の際父を喜ばせたさの一念からであつたらうことは云ふまでもない。果て行くまでも此心がけ、我子ながら勿體ない。

一面正二は既に死を決していた。手帳には遺言書が認めてある。內容は埋葬の場所其他二三極めて簡單である。其中に自分が監督していた早稻田大學拳闘部のことが認めてあるのも正二らしい。

正二は戰死するまでスポーツマンであつた。スポーツマンであつたればこそ、命ぜらるゝまゝ勇んで死を遂げたのである。

○○部隊から戰死の模樣大略知をらして來た。其中に在營中の貯金通帳が同封してある。每月一圓二圓の貯蓄が積り積つて八十二圓餘りとなつてゐる。軍規を嚴守して一錢の小遣をも送ることを斷つた正二が、僅かな手當の內からの此心がけ、淚なくてはゐられない。此通帳こそは藤田家永久の敎訓である。家寶である。

內地在營中酒保の煙草が缺乏した時、母の送る煙草が『バット』なるを知つた父は改めて『チエリー』を送らせた。其時の禮狀に、折角送つて戴いた『チエリー』は有難いが現に日給何程を頂戴する一兵である此煙草を喫することは一日の手當の全部を煙にする道理で身分上良心が咎むるから『チエリー』は今後決して送らないで、と讀み入る母を泣かせたこともある。正二は分度と云ふことを、よく判へてゐた。書き連ぬれば限りがない。

正二は戰死した。父に過ぎた正二は遂に此世の正二でない。

嗚呼父は再び正二と、語ることを得ないであらうか。

ノモンハンがどんなに果てしなくとも、明け暮れ焦す父の一念、成就せざる筈もあるまい。今は永久の國境守護職、正二も亦慕へる父を俟つてあらう。』

次の樣な最後にして又君としては最初の依賴である葉書が戰線から嚴父の手中に入つたのは九月六日であつた。家からは折返し眞綿のチヨツキに日章旗と藥品とを添へて送つたのであるが、噫其時は既に君の忠魂は天に歸してをつたのである。

『前略 其後も元氣に過し居りますれば御休心下さい。馴れたせいか案外落付いて居ります。

早秋風が立ち朝夕の寒さは格別です。乍併緊張してゐるせいか風邪一つ引かず元氣です。甚だ恐入りますがチヨツキを一枚御送附に預りたく存じます。但他のものは荷になりますから御送附下さいますな。
御身御大切の程を祈ります。
何れ暇を見てゆつくり御便り申上げます。』

陸軍歩兵伍長
菅谷勇夫君

大正三年茨城縣筑波郡島名村に甚四郎氏四男として生る。昭和十二年專門學校商科を卒業後、當時近衛內閣書記官長であつた校友風見章君の下にあつて執務した。

昭和十三年一月應召し直ちに出征、北滿國境の警備の任に當り、間もなく要員に選ばれて○○○の○○部隊に入り更に○○○の○○隊に屬し爾來○○隊○○に勤務、隊長以下幹部よりの信任厚く、戰友ともよく和し、部下に慕はれて、部隊中堅の模範兵として人望を集めてをつた。

かくて過般のノモンハン事件起るや、君は給養係指揮班に屬し機關銃手を兼ね八月○日勇躍現地に向つて出動した。戰線に於ける君は他と異り、戰闘の外に部隊に給養の重責を帶びてをつたので、全く自己を忘れ一意課せられた責任を完了する爲に、晝夜を分たぬその勉勵振は涙ぐましいものであつた。

八月二十二日——此日も炎暑灼くが如き日——敵は飛行機數十をもつて急襲し來つたが、地上の敵より放つ砲銃彈、雨より茂き中にあつて、君は沈着、敢然として之に射擊を集中して二機を擊墜せしめた。しかるに八月二十四日又しも地上の敵の猛砲擊に呼應して敵機十數機が急襲し來つたので一同勇敢に之を迎へ、執拗なる敵機に銃砲の火口を開いて奮戰中、一敵彈は君の腹部を貫通した。しかも豪氣な君は何のこれしきの事と射擊を繼續し、敵機の擊滅に焦心したが、何を言ふにも腸の一部は膚外に露出し、溢れ出ずる血潮は瞬時にして下半身を眞紅に染める重傷、見る〳〵氣力衰へ、壯烈無比なる戰死を遂げた。時十五時三十分、場所はノモンハン附近七五二高地であつた。

陸軍歩兵上等兵
八木美昌君

大正元年今治市に春樹氏五男として生る。昭和十年法學部獨法科を卒業し富士寫眞フイルム株式會社に入社。

昭和十三年初秋出征して安徽省の泗縣、靈壁、江蘇省の睢寧、宿遷の戰闘に參加し、後泗縣、靈壁附近、宿縣附近の警備に當つた。

昨年十月十一日君は○隊○○指揮班として馮庙集附近の殘敵掃蕩に出動したが、此戰闘は存外の激戰となつた。君の部隊は猛烈に抵抗する頑敵を克く制壓して馮庙集南端を占領後、クリークを隔てゝ土壁望樓より尙も頑强に抵抗する敵と相對峙する折、無線の故障によつて〇〇隊との連絡が不可能となつた。此時八木君は〇〇隊への命令傳達の命を受けるや、敵前僅に三十米、雨飛する彈丸の下をものともせず勇躍發足、途中右腕に一彈を受けたが少しも屈せず、敏速に傳達を了し、引返して部隊に歸着する直前、再び腹部に貫通銃創を受けて倒れ、氣息奄々たるうちにも命令傳達完了の旨を報告し、その任務を完了するや莞爾として瞑目した。

此君の生命を賭しての傳令は、〇〇隊をして爾後の戰鬪に準據を與へ、全般的戰鬪を有利ならしめたことは言ふを俟たない。

最後の手紙——

『秋冷の候となりましたが父上樣お變りもありませんか。御病氣の方は如何ですか。當地方も秋一段と深く相成り、明け方の涼氣一段と加はりしのぎ易くなりました。そのせいかも知れませんが、敵の行動も愈々活潑と相成りました。從つて討伐にも屢々出ます。何時までたつてもその影を消さず、むしろ潜行的に相當の部隊の横行する樣子です。なる程廣いの感を深う致します。討伐も絶好の季候ですから、大いに效果をあげ得られることゝ思ひます。駐屯地の宣撫は徹底的に進捗を見、支那青年にて組織せる自警隊も完璧にまで達し、警備に討伐に何かと手傳ひもさせて居ます。私も健康狀態上々、大いに御奉公の覺悟で居ります。呉々も時節柄御自愛祈上げます。

十月十日　　美昌』

陸軍主計大尉

中岡工君

大正四年奈良市南城戸町に繁次郎氏の一人子として生る。昭和十三年政治經濟學部經濟學科を卒業、直ちに主計中尉採用試驗に合格して主計見習士官として〇〇隊に入隊、同年六月主計中尉に任ぜられ陸軍經理學校に入學、同年末卒業と同時に中支〇〇部隊附に補せられ、勇躍して征途についた。

初め〇〇飛行基地に勤務、翌十四年五月北支〇〇飛行基地に移り、〇〇部隊附に補せられ、常に飛行前進基地の高級主計として活躍してをつた。

昭和十四年十月十六日山西省〇〇前進基地より〇〇に前進を命ぜられ、折柄の冷雨を衝いて午前九時五十七分離陸、低空飛行をもつて前進重疊たる山岳地帶を突破し、午前十一時五十分頃敵上空を通過中、地上の敵軍より猛烈なる銃砲火の集中射撃を受け、之に應戰激鬪中不幸敵彈を飛行機重要機關部に受け操縱の自由を失ふに至つたので、機長原中佐と共に死力を盡し空中補修を行つたが意の如くならず、加ふるに支那獨特の密雲と烈風あふられ前進不能に立至つたので、今は是迄と斷然意を決し山西省、昔陽縣家莊村東南方九百米突の小坡義山中腹の敵陣地に自爆突入して、愛機と共に散華した。

君は奈良中學時代、短距離の選手として鳴らしたもので、百米十一秒フラットのレコードを持ち、全日本中等學校短距離界の第二位にランクされてゐた。

最後の便り——

『前略　戰ひも愈〻長期戰となる。我々の活動は今後にあり、よつて近々某所に移動す。今後爆擊行と共に行動す。若し訃報に接しなば、御兩親は小生の遺志により社會公共事業と銃後後援事業に精進せられたし。

親族一同とは融和親善、益々御長命ならんことを祈る。我れ幼時より學校生活にて終始せしため、父母に孝養を盡せざりしを御許しありたし。

自分としては何等私望なし。　以上』

陸軍歩兵軍曹

長谷川利典君

大正四年名古屋市に與吉氏二男として生る。昭和十二年專門部商科を卒業し直ちに神戸の貿易商イスマルヂー商會に勤務したが、支那事變發生と共に同商會を辭し、家業（合名會社長谷川時計舖）を手傳ふうち同年十二月五日嚴父與吉氏の喪に逢ひ、旬日にして應召した。

越えて翌春出動命令を受けて內蒙方面警備の爲征途に上つた君は先づ張家口、宣化の警備に當り、次いで包頭戰に參加し、昭和十四年夏より北支河北省淶源に駐屯、附近の警備と討伐に從つた。

〇〇方面の討伐に大なる戰果を收めて駐屯地に歸つた君の部隊は、休養する暇もなく再出動の命令に歩武堂々〇〇を出發したのは十一月二日、北支の山々は既に白皚々たる雪に覆はれ、寒さも頓に加はつて來てはいたが、此日は快晴に惠まれた小春日和、日章旗を先頭に大行軍を續けて長城を越え、大休止の後夜間を利用して〇〇に向つて前進、星明りを賴りに砂礫の河床路を粛々として敵陣目掛けて進むこと數粁にして地形は漸く峻嶮となり或は千仭の谷行手を遮り或は切立つ斷崖人馬を阻んで行路頗困難を極めた。仰げば折柄〇〇嶺上に昇つた上弦の月が投げる、淸冽な月光は我部隊の指針となり〇〇嶺を無事通過したが、徑も此頃より緩くなり幅も廣がつて深い溪谷の中に入つた。此邊からが共產八路軍の勢力圈で、將兵の士氣彌々上り一段と緊張警戒の度を嚴にして進軍を續けた。明くれば十一月三日は明治の佳節、山懷深く靜寂朝冷の中に淙流潺湲として冷嚴の氣身に迫る七時十分、行手南方高地に突如敵のチェッコ銃の猛射を聞き、部隊は直ちに戰鬪隊形を整へて反擊を開始した。

長谷川君は〇〇の〇隊長であつたが此戰鬪に於ては部隊の後衞尖兵長として奮戰した。後方友軍の砲擊、西方高地稜線上よりの機銃掩護射擊に〇〇隊先づ一山を拔き堅壘を陷れ、更に躍進して敵陣に肉迫するや、君は獨斷を以て〇隊を率ひ東方高地に陣地を占領し、前面の敵に對して猛射を浴せ、逐次包圍隊形をとつて逆襲し來る敵を反擊善戰して、我部隊をして有利なる戰鬪隊形をとらしめ、本部が西方高地に陣地を占領するや長谷川隊は西方高地山麓に陣地を移し、東面の敵を邀擊した。しかるに此敵は共產八路軍中の精鋭教導隊、その兵力は我に數十倍する千五百、河床道路より集結して西方高地に向つて逆襲し來ること十回に及んだが、長谷川隊は猛射に猛射を浴せ、敵至近の距離に近附くや銃劍を揮つて彈雨の中に突撃を敢行之を刺殺し、傷ける者も其場を去らず、全員一丸となり血をもつて據點を固守した。此時一彈飛來して君の前膊を貫通し、君は其場にドッと倒れたが瞬時に立上り、鮮血したゝる體を銃に託して「突撃！突撃！」と叫びつゝ敵陣へ突入した。此時更に一彈は君の左腹部を貫通して、遂に再び起てず雁宿崖西方高地山腹に銃を固く抱いたまゝ從容として冥目した。時十一月三日午後三時五十分。

その後必勝の信念に燃る我將兵は、君等の死によつて戰闘意識益々揚り、敵の突撃を反撃し更に猛攻を加へ、遂に敵をして數百の死體を遺棄して大行の山列深く敗走せしめるに至つたが、その交戰は實に二十數時間に及ぶ惡戰苦闘の連續であつた。

尚今はたつた一人の肉身である令兄順一君も昭和十一年に專門部商科を出た校友である。

陸軍歩兵伍長　和田盛夫君

明治四十五年静岡縣庵原郡由比町に蔵夫氏三男として生る。昭和十一年商學部を卒業し直ちに清水市の駿州銀行に入り勤務中、支那事變勃發後間もなく應召、翌春北支へ出動して張家口、五台山附近地區の警備に從事した。

昭和十四年十一月四日より五台山附近に據る殘敵掃蕩が開始されたが、中でも同月七日の五台山東方地區黄土嶺に於ける戰闘は最も激烈を極め、手榴彈、迫撃砲を交へた猛火を浴せ、更に白兵戰を以て敵に殲滅的打撃を與へた。しかし部隊長阿部中將が第一線で壯烈なる戰死を遂げたこと等から推しても、此戰闘が如何に激しかつたかが想像される。でも武運に惠まれた君は微傷一つ負はずに其の任を果し、同十日部隊長の亡軀を馬上に、重傷者を擔架に乘せ、數名の部下を率ひて和田君がこの一隊の長として基地に向つて歸還の途次、雁宿崖に差掛るや、數日前長谷川君の屬した部隊に粉碎された八路軍の殘敵と遭遇し此處に再び戰闘が展かれ、不幸君は腹部より左大腿部へかけて貫通銃創をうけ戰死するに至つた。時午前十一時であつた。

思へば怨深き雁宿崖！僅か八日前には長谷川利典君を奪ひ、此日亦和田君を奪ふ。定めし兩君の英靈も手を取りあつて不思議な縁しを語り合ひ、莞爾として死所を得たことを喜び合つたであらう。

最後の便り——

『射撃教範類似の書何なりとも數册至急御送附に預りたく、出征以來頑健にして一日の休もなく御奉公致居候彈丸には殪るゝことありとも病氣などに罹ること無之御心配は御無用にされたく、酷寒の砌折角御自愛を乞ひ候』

陸軍技手　佐野昇君

明治四十四年芝區白金志田町に生る。昭和九年商學部を卒業直ちに三井物産株式會社に入り横濱支店に勤務した。昭和十一年、

九月同社シドニー店へ轉勤後、社命により羊毛練習生としてイースト・シドニー・ウール・カレッヂに入學、昭和十三年八月同校卒業後歸朝して、三井物産名古屋支店毛類課に勤務した。

昭和十四年九月陸軍省囑託として千住製絨所に勤務したが、間もなく渡支、〇〇部隊に配屬され陸軍技手として北支蒙疆の地に於て、羊毛檢收の任に當つた。しかるに十一月一日厚和に於て發病、高熱を持續し意識不明、幻視、幻覺、幻聽著明となつたので包頭病院に入院診斷の結果腸チブス兼肺結核と決定、治療に盡したが爾來意識全く不明、腦症强く號叫痙攣を發作的に操返しつゝ病勢日增に惡く、十一月十二日午前六時十五分萬全の處置空しく、遂に朔北の地に戰病死するに至つた。

陸軍步兵中尉

大塚義太君

明治四十年長野縣北佐久郡中佐都村に生る。昭和五年高等師範部國語漢文科を卒業後、鄕里の岩村田中學校に教鞭を執つた。

事變勃發直後應召し、出征後は北支要衝の警備と討伐に從事し、最後は山西省靈石の警備に當つた。

昭和十四年十二月敵の冬期攻勢を擊破すべき軍の企圖に基き、同月十二日行動を開始、十三日未明曲天を出發して史村附近の地形偵察を命ぜられた君は〇隊の協力の下に趙村城壁を固守する敵を攻擊、部下を率ひて自ら先頭を切つて刀鞘を棄て、拔身を提げて敵陣中に斬入り、矢庭に敵を切り倒すと四名、流石の頑敵を潰走せしめた。

次いで十四日夜半二時より行動を開始した大討伐戰には尖兵隊長として參加、第一日の十五日隆化鎭附近の戰鬪に於ては下吳村附近を一擧に突破し續て夜間追擊を斷行し、鶴翔山前面に於ける敵陣地右翼據點たる下交村附近の敵に肉迫し、敵の意表に出て終夜猛攻、遂に陣地を放棄せしめた。

明けて十六日は追擊長驅して山頭窰南方一粁の旣設陣地——敵第十師の最後の據點たる堅壘を攻擊した。此戰鬪に於て、敵右翼の據點に向つた部下の〇隊は三度突擊を敢行したが敵必死の手榴彈戰に阻まれて成功するに至らず、隊長以下死傷續出する有樣を見た君は、部下の仇とばかり〇隊長の手兵を率ひて奮然最先頭に立ち敵最高據點の左側背に迫り、白刃を揮つて敵陣に突入、當る敵二人を斬伏せた瞬間胸部、腹部、大腿部貫通銃創を受け、將に手榴彈を發火せんとする敵と折重つて倒れると同時に爆發、更に手榴彈爆裂傷を受けた。部下が直ちに壕に抱込み手當を加へつゝ「隊長殿傷は淺いです。しつかりして下さい」と勵ます言葉に「後を、後を——」の二言を殘したまゝ絶命した。

部下亦隊長の死を無にするなと奮戰又奮戰交戰五時間にして此要害の敵陣を粉碎、完全に占領したのであつた。

かくて日本軍の爲に嘗て奪取せられたことなしと敵が豪語した同地一帶の山岳地敵全陣も此戰闘の結果やがて崩壞するに至つたもので、後に○○部隊長より君の部隊に下附された表彰狀中の字句の如く、大塚君を主腦とする一隊の勇戰奮闘振りは正に攻擊精神の精華であり祖國愛の權化であつた

最後の便り（岩村田中學校長宛）——

『山西に轉戰以來いつしか寒鴉古木に啼く荒凉たる戰線第一年の冬を迎へ過ぎし七月たぎる愛國の至情を胸に祕め國民的感激の中を晴れの征途に就きし當時を回想し轉々懷舊の情禁じ得ざるもの有之候山西は御承知の如き突兀たる山岳重疊しその涯りなく連續せる山の浪を見今更乍驚愕措く能はざる次第に御座候古より一夫關に當ればの天下の要害守るに堅く攻むるに難し是山西地形の大觀に御座候大塚隊は十數日の討伐より同蒲線靈石に來り縣城の警備に任じ討伐警備宣撫治安に忙殺され居り候

當地域は隨の時代靈石縣と名付け縣制を布き現今に至りたる古都にて昨年二月皇軍入城以來治安維持會も組織され皇軍に協力し日本軍駐屯地並に附近部落にては小學校を開校し滅共親日を基調とする敎育を實施しつゝある現況にて皇化の遍く施さるゝ處誠に堯舜の民の如く王道樂土を現出致し居り候然れども山西の地は大古より漢民族定住し古代開明民族發生の地にして地勢上封建的社會を構成し加ふるに閻錫山の多年培へる政策は舊幕時代に於ける薩摩の如く獨立排他觀念極めて熾烈にして邊境の田舍に於ては未だに抗日の惡夢に踊され居る次第にて討伐も宣撫も隨分困却を極め居り候從つて同蒲線東西の山系には組織的の構成をもつ山西軍共產匪等相當跳梁致し居る次第にて情報を得ては迅速なる討伐を敢行致し得り候

過日の討伐は北支には珍らしい粉雪の吹荒ぶ寒氣の中にてアルプスの如き嶮峻を十數日朔風肌を劈き寒さに凍へ飢と戰ひ露營の夢の風聲鶴唳にも敵襲を警戒し櫛風沐雨備に討伐の苦寒を嘗め所期の討伐効果を收めて歸隊直ちに縣城の警備に移り現在地に御奉公致し居り候討伐より歸り蠟燭の灯の下にて此の近況を御傳へ申候感激は小生終生忘れ得ざる想ひ出と存じられ候

治安は比較的維持せられ居り候へ共四圍の山系皆敵の眞只中の警備垓下戰に於ける楚の項羽の歌へる四面楚歌の聲もかくやと存ぜられ候然しながら萬山重からず君命重く一髮輕からず我命輕し天壤無窮の皇運を扶翼し奉る第一線將兵は軍人勅諭の精神（死を鴻毛の輕きに比し）を銘肝し至誠一貫御奉公に邁進致し居り候

靈石城外山腹五十米小林部隊激戰の地の墨痕鮮かに地下に眠れる英靈數十基の墓標も淚新なるもの有之候近く大討伐も有之元より生還を期せず心境左記の如くに御座候

一劍報國　一死何辭
笑而埋骨　山西之陲

七月以來御無沙汰の御詫も叶ひ心事豁然大死一番奮闘致す覺悟に御座候

北支山西第一線にて　　大塚　義太』

陸軍步兵中尉

宮内達男君

大正六年千葉縣海上郡椎柴村に秀雄氏四男として生れた。昭和十二年專門部商科を卒業し計理士を開業。翌十三年現役志願兵として入營し、九月陸軍步兵學校に入學し翌年三月同校卒業後北支派遣軍○○部隊○○付として出征し、○○部隊通信班長とし

て終始積極的に活躍し、殊に晉東南作戰に方つては大谷、臨汾、潞安等に於ては日夜寢食を忘れて繁忙な軍務を處理し、その獻身的な活動振は上下の信望を一身に集めてをつた。偶〻十二月初旬罹病高熱を持續したが、生來不屈の氣魄と强き責任觀念の持主たる君は、いつかな休養をとることを肯んぜず、平常通り軍務に邁進したが、四圍の切なる勸告を退けかね、同月九日太原陸軍病院に入院した。しかし時既に病勢が相當亢進してをつたので、入院後、日に篤きを加へて遂に十二月十五日午後十一時四十五分病革つて永眠した。

君としては砲煙彈雨の中に死所を得たかつたであらうが、しかし一度軍籍に身を投じて聖戰に加はり、一命を君國に捧げた以上、死して護國の鬼となる只神の命ずるまま死所の如何は問ふ處でない。況んや學生時代庭球に劍道に拳闘に乘馬にスケートに行くとして可ならざるなきスポーツマン、人一倍健康の持主である君が二豎の冒すところとなつて、僅か半ケ月に滿たずして斃れるに至つたのも命といふより外致し方あるまい。

陸軍歩兵大尉 猪瀬勇君

明治四十五年本所區龜澤町に健之助氏長男として生る。昭和十一年商學部を卒業し、直ちに貿易商野澤組に入つたが翌年入營、除隊後〇〇歩兵學校に入學し、同校卒業後〇〇隊に赴任、間もなく〇〇歩兵學校教官として分遣された。昨春北支へ出征、山西の要衝警備並に殘敵討伐に從事したが、十二月廿六日山西省河頭村附近の掃蕩戰に參加戰死を遂ぐるに至つた。

此前日來〇〇隊は第一線にあつて頑敵と猛烈なる戰火を交へつゝ夜に入つたが、〇〇隊長が拂曉負傷したので、君が代つて〇〇隊の指揮をとつてをつた。しかるに午後に至つて敵彈益々激しく、後方より續々と增援を得た敵は左方より〇〇隊に對し再三逆襲し來つた。君はその都度死傷續出する部隊を激勵し、殘り尠なくなつた彈藥を以て猛射を浴せて擊退してをつたが、愈〻彈藥の不足を感じた君は意を決し、有力なる友軍機銃の掩護射擊によつて突擊を敢行し一度は不成功に終つたけれ共、部下の加賀谷少尉を顧みて「加賀谷最後を飾らふ」と顏を見合せ笑を交し、再度敵前八十米突の地點より指揮刀を揮つて喊聲力强く、決死突入した刹那、飛來した一彈腹部を貫通し壯烈なる戰死を遂げた。時十六時三十分。

君は最初突擊に先立つて、手帖、地圖の敵手に入るを怖れ、地中深く埋めて突入して行つたと言ふが、死を決した直前に於て此の落着！此周到な心構へ！誠に君の態度こそ武人の龜鑑といふべきであらう。

最後の便り（嚴父宛——）『其後久しく御無沙汰致しました。內地も可成り寒くなつて來た事でせう。當地は一面の銀世界で〇下二三十度に降り總て凍つて居ります。

壽郎が(令弟)近衞工兵だそうですネ。お目出度う御座います。本人も喜んで居る事でせう。入隊したらば先づ第一に裏表なく積極的に仕事をやる樣にする樣注意してやつて下さい。苦しいのも三月と云つて後になれば全くよい想ひ出となりますから。東京に居れば色々と指導してやれるのですが戰場ではそれが出來ないのが殘念です。

早く御便りをしなければならぬのですが、何しろ討伐〳〵で忙しくつてやつと二三日前に歸つて來ました。平生と異ひ酷寒の山々は凍りついて仲々行動も困難でしたが、遂に最終日に敵と衝突し小生としては始めての壯快無比の白銀上の殲滅戰を行ひ、前面の敵を追撃〳〵して完全に全滅しまして、そして多大の戰利品を得ました。

此間幸ひな事には負傷一名もなく〇隊一の成果を上げ得た事は全く神佛の御加護と感謝致して居ります。斯樣に寒い所に風邪一つ引かずに元氣で活動して居りますから御安心下さい。

猶次に皆に喜んでいたゞき度いのは、今回部隊長殿より歩兵中尉に進級決定との內報をいたゞきましたので、近い中に星が二つになる事と思ひます。それで大至急に中尉の襟章四組を送つて下さい。お送りの慰問品は未だ參りませんが多分來春になる事と思ひます。只今は非常に忙しいのでこれが今年最後の便りとなります(內地に着くのが)何れ落着きましたらゆつくりと事情をお知らせ致しますから樂しみに待つて居て下さい。久し振りで筆を取りましたので色々と書き度い事がありますが、何しろ忙しいので今日はこれ位で失禮致します。では皆々御身體大切によいお正月を迎へられん事を祈ります。

勇より』

陸軍歩兵上等兵 樋口三男君

大正六年岡山縣淺口郡鴨方町に仁三郎氏三男として生れた。昭和十二年專門部政治經濟科を卒業し、直ちに海軍省經理局に奉職した。

昭和十三年應召し、同年末勇躍北支に出征、保定を基點として北支各地の警備及討伐に從ひ、昭和十四年二月一日より石家莊附近の討伐警備に當つたが、三月十二日勤務中惡寒戰慄と共に發熱したので診斷の結果肺結核の疑があり、翌日保定陸軍病院に入院した。その後內地に還送され大阪の日本赤十字病院、〇〇の陸軍病院に轉じ銳意療養に努めたが、君の警備地帶は水質不良の上に不潔な支那民家に宿營して連日劇務に從事し、困苦缺乏に堪へて身を顧みず任務の遂行に邁進した結果、體力も衰へ病勢も昂進してをつたので、藥餌も奏効せずに十二月二十八日午前五時三十三分遂に興亞の華と散るに至つた。

尙君の家は、長兄元之介氏が事變勃發と同時に出征、中、南、北支を轉戰赫々たる戰果を收めて昨年歸還、次兄寅之介君(昭12專法)が昭和十三年應召し、現に北支に奮闘中で、兄弟三人全部が今次事變と共に轡を揃へて征途についた譽れの家である。

戰線の華と散つた
校友の面影

陸軍歩兵中尉
金城清太郎君

明治三十六年那覇市に清一氏長男として生れた。昭和三年商學部を卒業し大阪の宮古商會に長らく勤務したが後歸郷平良町に於て家業(雜貨商)に從つた。

昭和十三年應召して武漢攻略戰に參加、長江を遡江、沿岸要衝地を陥れつゝ廬山戰に加はつた。君の部隊は敵背を衝く德安迂廻作戰によつて行動をなし、よく群敵を排し日夜を分たぬ惡戰を續行しながら一意作戰目的に向つて邁進したのであるが、折柄の秋雨に泥濘膝を沒する道は進軍を阻み、加ふるに糧食缺乏して鐵帽に籾を搗き饑の一部を補ひ、終には糧食全く盡くるといふ樣な幾十日の狀態は、涙なくして語ることは出來ぬ悲壯なものであつた。しかも進撃の血に燃ゆる我軍は、之等惡條件を克服し頑强な敵を排撃しながら德安へ德安への進軍を續けた。

昭和十三年十月十日、雷鳴鼓劉附近石堡山前面の戰鬪に於て君は○○隊長として老虎尖の頑敵に當り、勇敢機敏に攻撃を加へ漸次之を壓して前進中、不幸敵彈によつて頭部貫通銃創を受け無念の戰死を遂げた。時午前十時十分。

君が召集の大命を拜した折、御母堂は危篤の病床に在つた。君は涙を抑へて枕頭に一死報國を誓ひ、水盃を交し複雜な感情を胸に藏して決然家を去つたのであるが、征途に上る直前早くも「ケサ八ジハハシンダ」の悲電は君の手許に齎らされた。玆に君の心の蟠は一掃され暗默の默禱を捧げ聲なき母の激勵に送られて勇躍出征したのであつた。

心殘りなく戰ひに戰ひ拔いて遂に天に歸した君の英靈は、先づ第一に慈愛深かつた母堂の御靈の許へ走り、省みて恥なき我が行動を逐一報告したことであらう。

因に君の武勳も功五旭六の恩賞に輝いてゐる。

最後の便り——

『拜啓秋風吹きそめ凌ぎよく相成候その後父上樣には益々御壯健にて御過しの事と拜察仕候渡支以來既に參ケ月今や大陸の風土にも馴れて行軍に露營に戰鬪に健康は鐵の如く愈々前進又前進の活躍に有之候吾部隊は各地に轉戰目下某地に進撃中にて華々しき大激戰も目睫に迫り居り候

御稜威に副ふ八紘一宇の大使命の下に吾等が任務の如何に尊く如何に重きかを思ふ時自己の全心全靈は東洋否全世界の光明と神意に相和するを覺え地球の果てまで自己を價値づけ且つ新しき生命の躍動をさへ覺え既に大君に捧げし此身は一死報國の外何

物もなく平安其者に御座候
　それ故たとへ小生の身に如何なる事生ずるとも小生は常に滿足と平安に微笑み居りし事を何卒御確信被下度候唯小生の殘念至極なる事は父母上樣への孝養全く出來ず御心配のみ御かけしたる一事にて御詫の言葉も無之候今や只々大君への御奉公に依りて又之を最後唯一の孝として僅かに自分を慰める次第に御座候
　終りに父上樣と吾一家の幸福と繁榮を永遠に祈上候此書は敢て萬一の場合を慮ひ戰ひする身の心境を認め候
　尚戰線の都合にて今後又々通信不能と相成べく久しく御無音に打過る筈に候間此點御含み置被下度候
　八月廿日　　進擊に當りて　清太郎』

陸軍步兵上等兵

山口周甫君

大正六年高崎市に辰三郎氏の長男として生れ、昭和十三年專門部商科を卒へ滿鐵に入社新京用度事務所に勤務した。
　昨年春征途につく。先づ北京を發足地として北支各地の警備に宣撫に掃蕩戰に活躍を續けた。殊に十二月に入つては敵の冬期抗戰による敗敵匪の蠢動が頻繁となつて來たので、出動に次ぐ出動に席の暖まる暇もなかつた。越えて一月となるや敵は兵力を漸次增加し來り、我が警備の手薄に乘じ道路を破壞し、各所に出沒逆襲の氣配を示したので、その都度〇〇に本據をおく本部隊を始め駐屯各隊は膺懲討伐の軍を進めつゝあつたが、一月六日早曉河南村西南に敵逆襲し來るとの報に接し、君の屬する部隊は救援に出動することになり、〇〇部隊と共に山間の要路を踏破して急進中、我に數十倍する敵に遭遇し此處に激戰が開始され、敵の優位なる火勢に對し一歩も讓らず勇敢に戰つて三山の中の一山を占領した。君は此時部隊連絡の任にあつたが、〇〇部隊長より〇〇隊長への命令傳達後、敵陣偵察の爲め敢然として挺身岩上に攀ぢ登り、敵の狀勢を報告中敵の發見するところとなり、敵彈は俄然君に集中して來た。が少しも動ずる色なく却つて敵を反擊しつゝ任務を續行するうち、頭が一寸下つたので二米ばかり離れてをつた〇〇隊長が「オイ何うした」と聲を掛けると「ハイ大丈夫です。大丈夫です。」と答へて頭を上げ、敵情報告を繼續すると共に銃を構へて反擊の姿勢をとつたが、忽ち前方へ體が崩れた。〇〇隊長が駈寄つて抱起した時は既に顏色蒼白息も絕え〳〵となつてをつた。右胸部盲貫銃創！微かに笑を含み從容歸するが如き美事な最後であつた。時一月六日午後五時。場所は河北省房山縣西班各庄西南方高地。

　左の短歌と一文は、御兩親の感懷であるが、死んだ後迄も子の爲に喜び悲しむ尊くも又かなしき親心ではある。

風寒くおく霜こほる冬の夕
　かへりみなくて死せる我が子ぞ
父母のかいなにかたく抱かれて
　はらから待てる家に歸るも
今日よりは吾子にはあらね靖國の
　神としなれるみたま尊し　（母）

「僅か二十年の生涯に殘した數々の思出は、唯一つの憎惡の片鱗さへなく、只々明朗と斗り心憎きまで樂しさを味つて、此の世を愉快に送つて、果ては九段の高臺におさまる事のできますことは、何んと幸福な生涯でありましたらふか。人は棺を覆ふて始めて幸不幸が定まるとか申しますが、洵に彼周市程幸神な者は御座いますまい。どうも皆々樣有難う御座いました。」（父）

最後の便り（嚴父宛）——

『昭和十五年の新春を迎へて益々意氣高らかに激戰の後異狀なく警戒裡の正月です。餅も食べるし、お雜煮に色々の料理に戰線の料理とは思はれぬ位です。天氣もよしで慰問袋に入つてゐた羽子板で羽つき、松もどうやらさがして來てすつかり正月の粧ですが、浮れてゐるわけにはゆかず、いざ敵來らばと待機の姿勢です。

近頃は割合に暖くなり〇下十度迄下る事も滅多になく、內地と大して變らずとても樂です。十二月十六日の激戰の模樣も辰雄さんからでも聞いたでせうか、新聞にも大きく出てゐましたから（但し群馬版です）

敵も得意なゲリラ戰術と後方攪亂に奔走中でこの邊にも仲々居て實にうるさい限りです。戰地の正月は一しほ意義深く東天を拜しての君が代、實に何とも云へぬ狀態です。僕も益々元氣で張り切つて居ます。

以上

一月五日　山口周市』

陸軍步兵伍長　藤田終治君

明治三十八年新潟縣長岡市に故邦太郎氏二男として生れた。昭和六年高等師範部英語科を卒業し、日本釀造工業株式會社に入社勤務した。

今事變勃發するや間もなく應召征途につき、吳淞鎭上陸後は加納部隊長を失つた曹宅の激戰を始め江南江北の地に又、中支山岳地帶に轉戰十幾度常に赫々たる戰果を收め、更に昭和十三年夏には漢口攻略戰に參加し、八月下旬鄱陽湖畔大板楷に上陸以來、連立する峻峯廬山南麓の山岳戰に加はり、連立する峻峻に堅壘を固め、地の利を占めて必死の抵抗を試みる頑敵に對し、峻嶮、酷暑、糧食缺乏によく耐へて連日連夜惡戰苦鬪を續け、遂に十一月二日强敵を蹴散して永修城を陷れた。その後永修城或は德安城附近に駐屯して殘敵の掃蕩並に警備に寧日なき活動を續けた。

かくて昭和十四年の新春を中支警備の地に迎へ、嚴寒荒ぶ風雪と鬪ひつゝ一路使命の達成に向つて邁進、三月二十日には勇躍して待望久しき南昌攻略戰に參加し、敵が近代的裝備を誇る中支の一大據點たる南昌を鎧袖一觸旬日を出でずして攻略、引續き附近に蠢動する多數の殘敵掃蕩に專心した。

しかるに六月十六日江西省南昌縣李家無名寺附近の殘敵討伐戰に於て、沈勇果敢常に眼中敵なきが如き君も、遂に壯烈極まる戰死を遂ぐるに至つた。此日君は〇〇隊に屬し挺身急霰の如き銃火の中にあつて立射をもつて敵に猛射を浴せてをつたが、時を經るに從ひ敵は兵力を逐次增加し來り、我方も苦戰に陷つたが、君は「現地を死守するんだぞ」と大聲連呼して周圍の者を勵まし、折から降りしきる雨に全身濡鼠となつて奮戰、敵を一歩たりと近寄せじと射擊を續けるうち、右前方高地墓地より速射せる敵の一彈は右前胸部より左背部へ貫通し、倒れながらも銃を固く握り「死守するんだ」と叫びつゝ鬼神をも泣かす最後を遂げた。時昭和十四年六月十六日午前六時。

陸軍歩兵中尉

中田正雄君

明治四十二年大阪府中河内部玉川村に耕作氏長男として生れた。昭和七年政治經濟學部經濟學科を卒業し、大阪の岩本房吉商店、現岩本證券株式會社に勤務、現物部長の職にあつた。

昭和十三年應召出征し、バイアス灣に敵前上陸後、あの記錄的な快足部隊の一員として廣東攻略戰に參加し隨處に輝かしい勳功を殘した。

次いで翌十四年六月二十一日再度汕頭の敵前上陸を敢行、敵を制壓しつゝ進軍して、澄海縣金砂東南方に到るや、敵は畑地の堤防及附近の雜草灌木を利用し、且つ堅固なる既設陣地に據つて頑强に抵抗し我軍の攻擊は容易に捗らなかつた。此時右第一線に○隊を指揮してをつた中田君は、右高地上にあるトーチカの攻擊を命ぜられたので、直ちに部下を激勵して率先敵に接近し、先づ高地脚に部下を停止せしめ、自ら剛膽沈着に敵狀を偵察するうち、部隊主力方面より敵トーチカに向つて擲彈筒の射擊を開始したので、君は時やよしと之に呼應し獨斷にて部下を指揮してトーチカに進擊し、奮進又、奮進敵の猛烈なる集中火をものともせず、部下を叱咤激勵、擲彈筒の射擊に連繫して益々近接、敵前約七十米に到達するや君は大聲突擊號令と共に拔刀して最先頭に立ち、阿修羅の如く敵陣目掛けて突進したが、敵前十米附近に於て無念にも正面トーチカ及右前方高地よりの敵彈のため右大腿部後面會陰部、左大腿部後面貫通銃創を蒙り「殘念！突擊！突擊！」と連呼しながら其場に轉倒した。（時午前十時二十分）附近にあつた二三の部下が、直ちに傍らに駈寄り手當をなさんとしたが、責任感强く剛氣な君は「今は手當の時機でない。速にあのトーチカを占領しろ！」と無念の凝相物凄くトーチカを睨付けるのみであつた。君の意中を察した部下の下司軍曹は全員の士氣を鼓舞して突擊〳〵と君に代り先頭に立ち、遂にトーチカに突入、逃げ遲れた敵二人を刺殺して之を占領して隊長の仇を報じたのであつた。

後君は野戰病院に收容され、頗る元氣經過も良好であつたが、二十三日夜半に至り急變し六月二十四日午前零時二十分遂に陣歿するに至つた。

尙過般の論功行賞に於て功五旭六の恩賞に浴し、君の勳功は我國靑史の上に永く輝くことゝなつた。

最後の便り――

『二月二十一日隊よりの追送品、五月二十二日の航空便本日落手。おいしい汁粉を食べさしてやらうと送つてくれた折角の心盡しのお餅も之丈延着しては乍殘念捨てざるを得なかつた。すつかり駄目になつてゐたのは惜しいものだ。

家の方でも御兩親初め御丈夫の由、何より安心して居る。南支は相變らずよく降つてとても氣候が不順だ。隊でも輕重にかゝわらず大概一通は病氣をした。然し俺は實に達者だ。まだ一度も罹病しないものはほんの數へる程しかないが、幸ひ俺もその内の一人御安心あれ。八田君に賴んだのは單行本丈け雜誌類は從前通り賴む。店報で見ると井上さんの母堂が逝くなられたらしい、お悔みを。又增井君の處ではお孃ちやんが生れたらしい。お祝を共に賴む。京都神戸へは早速お見舞ひを出す。益々自重御自愛の程を。昌之、征二を丈夫に育て。』

陸軍步兵上等兵

三ケ尻邦介君

大正五年大分縣大分郡植田村に邦彦氏長男として生れ、昭和十三年專門部商科を卒へ日本建築紙工業株式會社に入社した。

昭和十四年初夏征途につき南昌作戰に參加、通信部隊の一員として、武昌上陸後咸寧、蒲圻へと轉戰活躍中、六月二十日蒲圻

の激戰にて手榴彈破片創を胸部脚部等六ケ所に蒙り、同地野戰病院に入院手當中脚氣を發したので、武昌を經て上海陸軍病院へ後送され加療中、更に腸チブスに轉症し遂に八月二十七日午前十時五分興亞聖戰の華と散つた。

校友の多くがそうであるやうに君もスポーツの愛好者、元氣明朗な健康體の持主であつたが、戰線に立つこと僅か月餘にして燃ゆるが如き鬪志を抱きつゝ後退を餘儀なくせられ、その鬪志も不測の病魔の襲ふところとなり、空しく挫折せしめられるに至つた君の武運の拙なさ。病を得てから令弟へ宛てた屢々の手紙は、戰線へ復歸の焦心のみを傳へてゐた。快活な活動家の君が無爲鬪病の二ケ月、無念、焦慮、混亂の明け暮れを思ふと、痛恨胸の塞がるのを覺える。

最後の便り

『近日はとても熱もへり、もう大丈夫と思つてゐます。三十八度程度食慾未だに不振、リンゲル等の注射を續けて居ります。

もう御心配無用のこと、東京よりの慰問袋が着く頃には何でも食べる樣になつてゐることゝ思ふ。それを樂しみにしてゐます。』

陸軍步兵上等兵

山田大六君

大正六年宮崎縣南那珂郡油津町に和三郎氏長男に生れ、昭和十三年專

門部法律科を卒業した。

昭和十四年入營、渡滿して滿蒙國境警備に着いたが、間もなく國境線の風雲急を告げるや現地に出動、轉戰奮鬪よく皇軍の威力を發揮して各所に敵を粉碎してをつたが、七月三十一日午後六時三十五分ノモン

ハン附近の激戰に於て敵迫撃砲彈爆破創を蒙り、壯烈極まる戰死を遂げた。

最後の便り――

『御母上樣長らく御無沙汰致して居ります。モグラ生活四十日餘、只今御存知かも知れませんがノモンハン第二次の越境事件に六月十二日より參加致して居ります。本日和子よりの寫眞入の手紙廻送にて受領、今始めて野戰郵便取扱が開始されましたので初信致す次第です。

くわしくは新聞、ニュースにて。未だかすり傷も致して居りません。こゝは、ハルハ河をへだてた何百米の地點です。では之にて。

七月二十九日　　山田大六』

川越曹長は戰死です。

（　）

陸軍歩兵大尉

佐伯喜三郎君

明治四十二年姫路市に故佐吉氏の三男として生れた。昭和八年商學部を卒業し、三井鑛山株式會社に入社三池鑛業所勞務課に勤務した。事變勃發の昭和十二年夏應召出

征した君は、先づ津浦線に添ふて進攻、濟南、南京及漢口入城後北支に轉戰見事な奮戰振を示したが、殊に津浦線をひた押に進んだ戰闘――六十年來の降雨と敵の水攻戰法によつて泥人形の樣になつて進軍を續けた馬廟、臺兒莊、滄州、徐州、黄河渡河戰等の戰闘は想像以上の苦闘惡戰の連續であつた。しかも此間度重なる武勳に全線の將兵から「さすが早稲田の佐伯選手だ！」と感嘆されてをつた。

君が本年四月に行はれた論功行賞に於て、功四旭六（殊勳甲）の赫々たる恩賞に浴したことは人の記憶に新たなるところであるが、君の殊勳の一二を左に摘記して見やう。

出征後間もなく君の部隊は馬廟を攻撃した。馬廟は天津より少し南下した處にある敵の一堅壘であつた。此馬廟戰に於て君の部隊は側背に出てゐる敵の堅壘を突破すべき任務を帶びてゐたが、敵は江南運河の堤を切つて水攻の戰術に出た。水は既に試練済の部隊であるから、水を利用することこそ知つて居れ、水に參る者は一人も無かつた。しかし敵の正面は三重の壕を廻らしその後に銃眼が控へてゐるといつた堅壘に加へ、道が惡い爲砲兵の協力が出來ない。歩兵だけで攻めたのでは取るにしても相當の犠牲者を覺悟しなければならない。犠牲者を少なくして堅陣突破――そこに困難があり部隊長の惱みがあつた。すると或日佐伯君と巽中尉とが將校斥候の收穫として地圖にもない天佑とも言ふべき道を發見して部隊長に報告した。それは敵も知らぬらしく何等の防禦もなく、しかも敵の背後に出られるのである。「天佑之に在り夜襲決行せん」と部隊長の喜は一方ならなかつた。桃家庄から敵陣地丁莊までは、凡そ一里である。一里の長い惡路を夜襲するのは至難中の至難であつたが、此與へられた天佑はむざ〳〵看過することは出來ない。そこで大事の上にも大事をとり、夜襲決行の前日九月八日敵を前にして、悠々と豫行演習をなし、翌九日午後十時、幹部は白襷、兵は左腕に腕章をつけた○名の決死隊は、佐伯君誘

導の下に泥濘の中を粛々として出發した。生優しい泥濘ではない。四ツ這になつて銃を泥だらけに進まねばならぬ所も多々あつた。敵の警戒發砲する機銃彈の中をあくまで冷靜に突進んだ。午前三時半遂に一里の道を敵に覺られず巧みに突破して敵の背後に出た。夜襲は見事成功した。この泥濘と水中での記錄的な夜襲！ 水際立つた攻撃振！ こそ沼田部隊の上に永久に輝くであらう。拂曉戰に入つて沼田部隊の追撃は愈々猛烈となり、馬廠、青縣と次々に敵陣地を拔き十四日には興濟鎭を占領して了つた。

黄河渡河戰に於ては晴夜堤防を越えて○線を運搬する隱密作業に成功し、更に濟南入城前の二十六日には、午後九時部下十六名を率ひて將校斥候の重任を負ひ、大劉莊を出發、漆黑の闇を縫つて危險極まりなき敵中二里を突破して、濟南驛附近はもとより高埠地より城内の樣子を隅なく偵察した上、敵正規兵七名を斬り倒し一名を捕虜にして意氣揚々廿七日未明に引揚げた。

右の樣な君の奮鬪振りの一片影を聞くにつけても、往年母校野球部の主將として名二壘手として、盜壘王として東都球界に鳴らしたあの勇敢にして駿敏な君の姿を想起せずにはゐられない。

その後君は臺兒莊東北方胡山附近の戰鬪で左腕貫通銃創を負ふたが間もなく快癒して、再度第一線に立ち相變らず奮鬪を續け、後河北省大名縣龍王廟の守備隊長として警備に當り、城壁を造築して敵の逆襲に備へてをつた。當時夜毎敵の銃聲を耳にするのを常としてをつたが、八月一日（昭和十四年）の未明に限つて銃聲が特に頻繁なので、君は部下一人と共に敵の狀勢を偵察してをつた際、頭部に貫通銃創を受け、君の築いた城壁の上に於て壯烈なる戰死を遂げた。

最後の便り――

『お母上樣相變らずお元氣の事と存じます。此寒空に毎日お宮樣にお參りしてゐて下さるお姿が眼に浮び、思はず有難さで眼がしらが熱くなるのを覺えます。お蔭で私は益々元氣で懸命に働いてゐますから御安心下さいませ。信一（昭和十三年商學部卒業の令弟、目下入營中）から未だ何の便りもありませんが、しつかりやつてゐる事と思ひます。

本日四人組（母堂や叔母上達）でお送り下さいました慰問品受取りました。本當に有難ふ、結構な品澤山に。柏木の叔母さんへは御禮狀出して置きました。名越、飯塚の叔母さんにお母さんから吳々もよろしく申上げて下さい。萬が一命があつて歸られましたら又何處かへ御案内申上げます。どうぞ氣長くお待下さい。東京に來られた當時を思ひ出し一人でほゝえんでゐます。箱根に行く途中の自動車の中、旅館での「おけさ踊」、全く面白かつたですね。

それから一寸話は變りますが、別に只今は何一つ不自由な物はありませんから、何卒御心配なさらない樣に願ひます。目下○○の病院に私等と一緒に働いて吳れた兵隊さんが澤山ゐますから、お暇の節何か慰問品でもさげて見舞つてやつて下さい。さぞかし喜ぶことでせう。名前は左記の通り、（以下略）寒さ猶嚴しき折柄御身御大切になし下され度く、兄さん姉さん初め御近所の皆樣によろしく。さよなら　　喜三郎』

陸軍歩兵上等兵

吉田惠壽君

明治四十四年福岡市に龜藏氏長男として生れた。昭和九年政治經濟學部經濟學科を卒業し山陽電氣軌道株式會社に入社後株式會社神戸製鋼所に轉じた。

昨年出征山西省中條山脈附近の警備、掃蕩並に治正肅正に從事し、終始奮勵任務を完了し屢々武勳を樹てた。特に十月十日山西省黃村附近の敗殘兵討伐に當つては勇奮激闘、敵兵約一ケ中隊を殲滅して部隊長より最高の賞詞を受けた。次で同月二十二日より山西省聞喜縣裴社村附近の掃蕩戰に參加、引續いて勇敢なる戰闘を繼續した。此方面の敵は相當の兵力を有する蔣介石直系軍で仲々頑張りも强く、從つて彼我の間の銃砲火は激烈を極め、我前進も時に阻止せられたが、我方の士氣旺盛にて、彈雨を冒し敵に痛擊を加へつゝ逐次制壓し、敵第一線を突破するに際しては、吉田君は先頭に立ち銃劍を揮つて突入、敵數人を刺殺し、更に圍壁に堅固なる陣地を構築し、死者狂ひの抵抗をする敵最後の據點攻擊に當つては激しき手榴彈戰を展開し、再び突擊を敢行して敵に決定的の打擊を與へて敗走せしめた。此突擊に於て惜しくも君は頭部貫通銃創を受け戰死するに至つた。時十月二十五日、本戰闘最終の日、凱歌を上げる僅か前のことであつたのは痛恨に堪へない。

南支派遣軍司令部囑託

池田逸馬君

明治四十年佐賀縣杵島郡江北村に茂三郎氏の四男として生れた。昭和六年法學部英法科を卒業後、銚子、品川、四谷等の各稅務署を歷任、支那事變勃發するや軍の求めに應じて、昭和十三年一月渡洋、初め天津特務機關に勤務し、庶務一般事務に携り旁ら天津治安維持會の行政指導に當り、同二月濟南特務機關に配屬を命ぜられて赴任した。當時濟南市は表面平穩であつたが、便衣隊、抗日不逞分子の地下運動劇しく、惡質のテロ事件頻發し、市の周邊地域一帶は敗殘兵土匪が蟠居し治安を攪亂する狀態であつた。君は特務機關情報部主任として單身奔走、身を銃火に曝し乍ら行政、治安、宣撫、經濟等の諸情報の蒐集整理に力める旁ら特務機關旬報及特報の作製に當り、機關業務の支障なき遂行に多大の力を致した。その卓越せる手腕と識見とは濟南市公署首席顧問の懇望するところとなり、特務機關長推薦の下に同年七月市公署財政顧問として派遣せられた君は、先づ市公署內部の改革指導方針の適正を敢行し、支那役人の人材を拔擢して適材適所に配置、復式簿記制の實施、稅制整理委員會の設置、都市計畫委員の選任等、始めての支那側指導に幾多の困難に遭過しつゝも、生來の剛毅と決斷力によつて克く之を排除し、同年末迄には略改革に成功し、沖首席顧問より北支一の折紙を付けられた。

　其後軍の治安肅正工作に依り市內及周邊地域の治安も確立し、市政も漸次軌道に乘つて來たので、市公署各廳の民國二十八年度豫算を實質的に編成し、市財政の强化安定を圖つた。此豫算は事變後最初の編成であつて、爾後の編成は君の計畫を中心として實行せられてゐるといふ。此他首席顧問代理として市公署の發展指導に精勵して、文字通りの多端多忙の日夜を送つたが、五月五日南支軍司令部囑託として廣東特務機關に配屬され、廣東治安維持會顧問兼順德縣顧問として順德縣に赴任した。當時順德縣も敗殘兵、抗匪賊分子等が土民を煽動懐柔して、警備の間隙に乘じ日夜市民を脅し、治安は全く混亂の狀態であつたが、此處に於ても君は特務機關長の意を體し寧日なく奮闘活躍、創意劃策をなし、支那側職員を指導鞭撻して政務を遂行、特務機關の任務達成に邁進してをつた。

しかるに昭和十四年十二月十六日正午廣東市公署財政顧問室を訪ね、諸種の打合せをなすこと暫時、要談を濟せての歸途、午後一時三十分頃同市漢民北路に於て不逞便衣隊の狙撃を受け腹部貫通銃創を蒙り、赫々たる功績を殘して名譽の戰死を遂げた。

君の死は支那人側にも大なる衝撃を與へ市葬の禮をとつて厚く葬ひ、前任地濟南市に於ても悲報傳はるや分骨を乞ふて、同市に記念碑を建立することになつた。

陸軍歩兵伍長 坂本滿君

大正四年彰化市に萬藏氏二男として生れ、昭和十三年法學部英法科を卒業、農林省大臣官房調査課に奉職した。

昨春出征、各地の殘敵掃蕩に幾轉戰、常に目覺しき戰果を收めつゝあつた君の部隊は、年も終りに近付いた十二月十九日廣東北方六十粁の銀盞拗に於て、昨日の戰闘の疲れを休めてゐると、又も出擊して來た敵が、銀盞拗西方七粁の床屋附近に於て陣地を構築中との報を得たので、即時部隊長以下出動し之が討伐に從つた。かくて十三時攻擊の火蓋は切られたが、敵は迫擊砲多數を有する四千餘の大部隊であつたので、彼我の間に期せずして物凄き激闘が展開された。此時坂本君は雨飛する彈丸の中を本部と○隊との連絡に當り勇敢敏速に任務を完行しつゝあつたが此戰闘は夜に入つて更に猛烈となり何時果つるとも見へなかつた。此處に於て君の部隊は夜襲を敢行する事に決し、左翼隊との連絡を確保する爲に六名を派遣することになつた。此一員に君は自ら進んで加はり、午後十時出發、月光を浴び寒風を衝いて石窩山南方の左翼部隊に赴き克く任務を完了しての歸途、敵の夜襲部隊と遭遇したので勇敢に應戰中左足關節貫通銃創を受けたが更に屈せず、後を他の戰友に委せて之を本隊に急報すると共に倒れ、石窩山南方高地に護國の華と散るに至つた。時午後十一時三十分。此結果は友軍の敵陣地夜襲を有利ならしめたことは勿論であるが、己の責務を果すや從容として死につく、その奇蹟にも近い責任感の熾烈さには只々頭が下るのみである。

最後の便り（戰死の四日前到着）──『每度の御通信及贈物難有、今後の便りは或は途切れ〳〵になるかも知れません。何分にも御兩親樣御大切に。左樣なら』

戰線の華と散つた
校友の面影

陸軍歩兵中尉
池畑不二男君

明治三十一年千田彦太郎氏の二男として鹿兒島縣に生れ、後池畑盛之助氏と養子縁組をなし池畑姓を襲ふ。大正十一年大學部商科を卒業、合資會社那覇商運組の社員となり次いで同組代表社員に推され、又那覇商工會議所議員に選ばれ、同市實業界に重きをなした。

昭和十三年出征して武漢攻略戰に參加、和縣、集縣、九江等の要衝地を陷れて廬山戰に加はり、連日惡戰を繰返しつゝ敵を制壓し、部隊長戰死後は君が部隊長代理となつてよく部下を掌握、更に德安に進軍し、遂に之を攻略、警備の任に當るうち、急性腹膜炎を發したので、野戰病院に入院應急加療中病勢重きを加へ來つたので內地に送還され、小倉陸軍病院に於て一意治療に努めたが、天君に壽を假さず、赫々たる武勳を後の語り草に殘して、昭和十三年十二月二十八日護國の華と散つた。

夫人宛戰線からの最後の便り——

『去る十月十七日當方より出狀してより後は軍務多忙、各所へ前進或は移動にて遂ぺン取る暇もなく又野戰郵便局もなきため失禮仕候愈々秋も中ばと相成り朝夕は中支も冷氣加はり申候が其の後元氣の事と存じ申候晴夫も毎日元氣にて登校の事と存候內地よりの手紙は、九月十二日附千代子殿出の手紙を九月廿日に受取りしが最後にて其の後は郵便局とはなれ、受取申さず內地の事どもさつぱり解り不申候本日幸ひ九江迄幸便ある事とて急にしたゝめ申上候小生も不相變大元氣にて、軍務に勉勵致し居候間何卒御安心下され度候也去る廿六日廿七日は我等の目指す漢口遂に陷落引續武漢三鎭も攻略誠に邦家のため慶賀の至りに存候當部隊も漢口戰に參加を切望致居候が當面の任務重大のため誠に殘念乍ら參加出來ざりしも只今某方面に活躍中に候間何卒御安心被下度候先日は廣東も陷落し引續き漢口陷落、廿七八日には德安も陷落されあるも彼蔣介石は未だに惡夢覺めやらず誠に氣の毒に存候これも三國其他の力を頼り夢見居る爲と可申此の上はいよ〳〵吾等は長期戰を覺悟致し吾等の使命達成のため、意を堅く致せし次第に御座候昨日は、我等の記念すべき明治節にて當部隊は集合の上はるかに東方を向き皇城を拜み聖壽の無窮を壽ぎ奉候全く部下一同と新戰場にて感慨無量、一入深きもの有之候同時に現在の我等國民として東洋平和のためいよ〳〵其の意を堅く可致覺悟致せし次第にて御座候昨日は久しぶりに酒一合スルメ二つラクガン少々煙草一個支給され部下も非常に喜びの中に祝盃をあげ帝國の隆昌と皇室の御繁榮を壽ぎ候御面會の皆樣へ元氣なる事をおつたへ被下度候、十一月一日は父上の命日、當夜久しぶりに亡き父上の夢を見申候尙御地の事ども近情お知らせ被下度內地よりの手紙受取れぬ時は二三ケ月もあるも野戰郵便局が近くに設置されたら次々と手紙の洪水と存候晴夫、千代子殿の手紙心まち居候、なほ、十二月十日は亡き母上の一週忌にて候間その時ははるかに拜み度存じ候お一人にて法事に御多忙の事と存候、當日迄間にあふかわからぬが亡き母上の佛前へ五十圓野戰爲替として送付致すべく候間おうけ取の上は亡母のお好きな物千代子自ら買はれこしらへて、お供へ被下度おねがひ申上候本日九江行の幸便やがてみえる趣き故寸暇にて、したゝめ候各位へよろしく。商運組もそろ〳〵忙わしくなる頃と存じ候竹澤樣外店員一同へよろしく傳へ被下度候晴夫はしつかりたのみ候貴下には特にお身お大事に萬事よろしくおねがひ申上候、これにてしばらく。二三日中に前進すべく候間手紙もおくれると存じ候。

十一月四日　德安城にて　不二男」

陸軍砲兵曹長

鳥海林君

大正四年神奈川縣中郡大田村に宜潔氏長男として生れた。昭和十一年專門部政治經濟科を卒業直ちに神奈川縣庶務課に奉職した。

同年末〇〇重砲兵聯隊に入隊し、下士官候補生となり染谷部隊に屬し昭和十四年渡滿濱綏線〇〇に駐屯、北滿の護りに任ずるうち七月ノモンハン事件が勃發したので勇躍出動し、我が中央突破作戰と並行して越境ソ軍の確保せるハルハ河畔右翼一體の高地敵砲兵陣地を攻擊し、月中には大部分の敵を國境外に擊退或は遁走せしめ、敵の砲兵陣は悉く我が砲兵部隊の手中に歸し、染谷部隊も新占領地域に布陣して敵に對した。爾來對岸のソ軍は我が有力なる砲兵部隊の猛攻に全く制壓されてをつた。

かくて激烈を極めた攻防戰も小康狀態を得たかの如くであつたが、八月中旬頃から我前進陣地を大迂廻し、敗勢を一擧に挽回すべく企圖した敵は多數の狙擊兵を伴つた戰車團を以つて、又もや熾烈なる逆襲を試み來つたが、染谷部隊は度重なる此敵の强襲に怯まず、その都度之を擊退してノロ高地の一角を固守し續けた。

しかるに八月二十五日夜陰に乘じ、戰車百五十臺と狙擊兵多數を含む一大部隊が染谷部隊を逆襲し來つた。部隊長は戰車群の迫るを知るや自ら陣頭に立ち「全員肉彈となつて突擊せよ」と部下を激勵しつゝ敵中に斬近んだ。當時君は戰車砲隊〇〇隊長の重責にあつたが奮鬪の末旣に彈丸盡くるに至つたので、部隊長に遲れず敵中に突入し、死鬪數時間の後、翌二十六日拂曉部隊長は遂に腹部に敵彈を受けて倒れ、多くの兵も衆寡敵せず相次いで枕を並べて斃れたのであつた。此時鳥海君も頭部及腹部に砲彈破片創を蒙り、同日夕刻他の亡き戰友の後を追つて、ハルハ河畔の華と散つた。

これより先我新鋭の救援隊到着によつて敵は支離滅裂となり、戰車九〇臺、遺棄死體五〇〇を殘して遁走したのであつたが、君の砲彈破片創は餘りにも致命的であつたので、應急の處置にも不拘、生命を取止むべくもなかつた。

最後の便り――

『終に來るべき時が來ました。外は砲聲と爆音で殷々としてゐる。今幕舍のローソクの灯をたよりに此の手紙を書いてゐます。生死等は問題外です。後のことは宜敷お願ひ致します。御幸福を祈ります。

七月十日　林拜』

陸軍步兵上等兵

近藤壽一君

大正三年山口縣小野田町に一郎氏長男として生れ、昭和十二年專門部商科を卒業後株式社播磨造船所に入社木材係として勤務した。

昭和十三正夏出征、北支或は南支要衝地の警備に當り、昨年末南支南寧攻略に參加し奮鬪勇戰を續けるうち、十二月二十日廣西省南寧縣西塘北方約一粁の地點に於て敵に遭遇し、君は擲彈筒手として之に猛撃を加へ奮戰中、敵のチェッコ機銃彈の爲め左上腹部右前胸部(右肺肝臟)に穿透性貫通銃創を受けたが、當時は「畜生チャンの奴やりやがつた」と連呼した程の元氣であつた。直ちに假繃帶をして後送され、南寧の野戰病院に、入院加療中のところ諸症漸次惡化し、同二十七日午後八時三十分遂に心臟痲痺により陣歿した。

最後のハガキ――

『御無沙汰致しました。國吉樣の居られる大連に再び參りました。暖い方へ行きます。最近は大變寒くなりました。皆樣は御元氣ですか。私は無事御安心下さい。風邪をひきましたが幸ひにして早く癒りました。寒くなります故父上初め母上にも昭二にもどうぞ氣をつけて下さい。御健康を御祈りします。

十月二十七日大連埠頭にて』

陸軍工兵大尉

島田藤吉郎君

明治四十年茨城縣那珂郡湊町に初太郎氏二男として生れた。昭和四年專門部法律科を卒業し警視廳に奉職上野署に勤務した。

昭和十二年末出征、北支方面に參戰し主として陸鷲基地設定に携つた。次で中支に轉戰、昭和十三年十月バイアス灣敵前上陸戰に參加し、爾來南支に活躍を續けた。

昭和十五年一月二十三日午前十一時三十分命を奉じ輸送機長として愛機に搭乘廣東を出發、密雲を衝いて南寧に向つたが、午後二時頃合浦(北海北方三十粁)西側附近を難航中敵陣地を發見したので地上砲火を冒して之に猛爆を加へるうち不幸機關部に敵彈を受け、最期の報告無電のキイを叩き續けつゝ機首を敵陣に突入し、自爆壯烈なる戰死を遂げた。

夫人宛最後の便り――

『其の後は御無沙汰致しました。

お前初め子供達も元氣で何よりと存じます。御かげ樣で俺も益々元氣で活躍してをります。南支の風雲急を告げ毎日空地にて祖國の爲めに頑張る氣持は又格別です。

先日は好物の贈りもの、くさや、丸干、みじこ等正月に間に合ひ一同で頰をたゝきながら味はひました。有りがたふ。

皆も元氣で暮してをつて呉れ。時々の便りを待つ。

一月十二日　島田藤吉郎』

陸軍歩兵一等兵

中村邦衞君

明治四十一年愛知縣大野町に邦次郎氏長男として生れた。昭和七年高等師範部國語漢文科を卒へ直ちに中央新聞社に入り、後映畫製作所山口シネマ入社更に日活多摩川

撮影所技術部に入り本格的の撮影技術を習得した。昭和十二年四月家事上の都合で歸臺し、暫くの間臺中州敎育課に奉職したが、同年九月臺灣日日新聞社に入社企畫部に勤務、翌年二月から五月迄同社ニユースカメラマンとして戰線に派遣され〇〇部隊に從軍して、砲煙彈雨の危險を冒し、杭州、廣德方面の戰線に奮鬪、歸社後社用を帶び厦門に出張活躍したが、同年秋應召、南支に勇躍出征した。

廣東省欽縣に敵前上陸をした君は、大同墟、小董墟、那珂墟、靑塘墟、陸屋墟等欽縣を中心として幾多の討伐戰に參加華々しき戰果を收めつゝ昭和十四年末廣西省南寧附近の戰鬪に參加、勇戰を續けるうち、十二月三十一日午前五時半頃七塘と八塘の中間要地を警備中の〇〇隊が敵の大部隊に遭遇せりとの報に接し、君の部隊は急遽應援の爲賓寧街道を七塘に向つて前進し、午前十時頃現地に到着、〇〇隊前面の山腹對峙する敵に對し腹背より猛擊を加へ之を殆んど全滅せしめ、敗走する敵を追擊しつゝ〇〇隊左前方の高地を部隊左翼據點として確保、陣地を築いて前方の山地に據る敵を攻擊、一方賓寧通路の警備に當つた。同高地は四〇五米の標高地點で、附近一帶は重疊たる山岳が連り松林點續し、山は一般に急峻の岩石からなり、附近一帶の制高地點であつた。敵はその後數回に亘つて之が奪取を企圖して逆襲し來つたが、一月二日も午前六時頃敵襲を受け之を擊退したところ、午前八時半頃に至り前回の死體收容の爲め我陣地に迫擊砲火を集中し自動火機掩護の下に攻擊し來つた。當時君は第〇隊に屬し第一線に進出し、數倍する敵に猛射を浴せ敵數名を殪し、陣前三四十米に進入し來つた敵に手榴彈を投擲奮戰力鬪約一時間、敵に多大の損害を與へ多數の遺棄死體を殘して潰走せしめた。然るに督戰隊に激勵せられた執拗なる敵は九時五十分頃更に迫擊砲の掩護下に突入し來つたので、君は再び起つて之に猛射を加へるうち、敵迫擊砲彈によつて左背部砲彈破片創、左大腿軟部貫通銃創を受け壯烈なる最後を遂げた。時午前

十時であつた。

君は柔道三段の腕前を有し、母校在學當時は端艇部選手として活躍、ロスアンゼルスのオリムピック大會には病氣の爲め大會には出場しなかつたが、日本代表選手として推薦された明朗、元氣なスポーツマンであつた。

最初にして最後の便り——

『新年をお祝ひ申上げます。南支の戰場から御地の正月を想像してゐます。お變りないことゝ存じます。

小生元氣、南支上陸新戰闘の一員としてお役に立つてから早や一ケ月以上を經過致しました。當地は晝間はかなり暖かですが夜は内地の冬と變らぬ樣に寒くそこびえがします。かなり小さな部落に現在居ますが、當方は中支で見る樣な整然とした部落は見當ぬ樣です。

これが初めての通信なので、どの皆樣にも御無沙汰のまゝでゐます。住所カードを手もとに持つてゐないので何處樣も失禮致しますから、よろしくお傳へ置き下さる樣お願ひ致します。當方に御心配なくお元氣でお暮し下さいませ。』

陸軍歩兵伍長

大野寛君

明治四十三年中野區鷺宮に淺五郎氏長男として生れた。昭和十年政治經濟學部を卒へ、直ちに日本糖業聯合會本部に入り、後同會臺灣支部次席として出張勤務中、昭和十三年應召した。

翌十四年秋廣東に上陸後、或は殘敵掃蕩に或は守備に活躍奮闘。南寧作戰開始せらるゝや之に參じ、連日連夜山岳地帶の峻嶮を踏破して頑敵を制壓、急追するうち、十二月二十六日廣西省南寧縣七塘の激戰に於て穿透性砲彈破片創を左胸部に受け、重傷軍と行を共に出來ず後退、○師團○○野戰病院に入院加療につとめたが遂に再び起たず、昭和十五年一月二十二日陣歿するに至つた。

——嚴父に宛てた最後の便り——

『前略南支に新作戰行動以來多忙續きにて、郵便物も取扱はれぬ有樣です。御送り下さつた小包確かに落手、又片岡功氏より慰問品を頂きましたが、禮狀を出すに名宛が判りませんから至急知らせて下さい。戰地は山嶽重疊たる地帶で道路といふ道路は徹底的に破壞され、吾々の追撃するのが大變困難です。體は幸ひに壯健にて元氣に奮闘して居ます。行動を起してから始めて郵便物が扱はれたので寸閑を得て書きました。正月も激戰の中に迎へる事でせう』

× × ×

戰線の華と散つた

校友の面影

陸軍步兵上等兵

久保正雄君

大正元年東京市牛込區に故要藏氏三男として生れた。昭和十二年文學部東洋史學科を卒業。

昭和十三年春應召勇躍渡滿して嚴寒酷暑を克服、よく北滿守護の重任を果しつゝあつたが、翌年國境線にノモンハン事件勃發し、君等の緊張一段と加はり待機の日夜を送るうち、第二次ノモンハン事件勃發するに及び、各部隊より選拔された速射砲手の一人として君も選ばれ、七月上旬第一線に出動して幾轉戰常に敵を制壓しつゝあつたが、八月三十日七五五高地南方一粁附近の激戰に於て頭部貫通砲彈片創を蒙り、壯烈なる戰死を遂げた。

母堂宛最後の便り——

「スナップ同封の御便り嬉しく拜見しました。戰場で拜見しましたので一層なつかしくありました。當方へ參つたまゝ一筆も致しませんので御心配御かけして申譯も御座いません。本日やつと通信が許可されましたので早速御便り申上げます。何しろ便箋も萬年筆も持つてきませんので慰問袋の奴を戰友と分け合つて使用すると云ふ如何にも第一線向な便りです。

第二次ノモンハン事件が勃發するや我々速射砲手は各中隊から拔きとられて編成されて出動です。六月の三十日に○○を出ました。其れから一週間は後方の○○○飛行場の警戒でしたが七夕の日には更に第一線の酒井部隊へ配屬となり只今に及んで居ります。御蔭樣で至極元氣です。實戰の味も充分體得致しました。

砲銃彈の實彈の下も幾度かくゞりまして此頃は大分慣れて參りました。出動以來一ケ月餘入浴もせず髭は大分立派なもので此のまゝ持つて歸りたい位です。現在居ります壕から頭を出すと（餘り出すと狙撃兵に一發で殺されますが、何時でしたかソ聯映畫で狙撃兵と云ふのを見た事を覺えてゐますが全く奴等はうまいですね）ハルハ河を隔てゝ敵の樣子がよく見られます。敵は支那と異りその機械化部隊など仲々侮り難いものがあります、只今迄は砲と飛行機の活躍です。ですが我軍の最後の肉彈戰だけは最も誇るべきものですね。ワーッと喊聲を擧げて突込めば敵は一たまりもなく後退してしまひますから偉なるかなです。

晝は割方ノンビリ出來るのですが夜は相當緊張して步哨に立たねばなりません。敵はよく夜襲をしてきます。敵の攻擊は砲彈をそれこそ物すごい程たゝきつけてその上飛行機で對地攻擊をし、それから戰車を伴つて歩兵がやつてくるんです。

餘り餘計なことをゴタ〳〵記して防諜上支障があつては大變ですからこの位にしてお茶をにごして置きませう。甚だ不要領な報告でせうが實際何から書き出してよいか頭がすつかり混亂しますので惡しからず。

それから忠君の元居つた隊の野重一が出動してきました。私もなつかしさの餘りその二、三人をつかまへて話かけました。初年兵も來てゐるとか、忠君も居ればきしづめ戰場で對面出來たでせうが、彼等は○○隊の人でした。東京は麴町富士見町とか目黒とか横濱とか中々なつかしかつたのです。牛込の者が居たらと願ひましたが到頭會へませんでした。

先以て和君、祝入學、大いに結構登る道こそ違へ、同じ志望の機械工學へ進學したことは何としても喜ばしい。御芽出たう。大分志願者も多かつた樣だから粒選りだらう。今度こそ君に幸運は廻つてきた。此時を利用して益々頑張つて連兄の云はれた樣に新設の學校に一生を捧げる覺悟でやつて貰ひたい。君の便りの最後の二行の文句は浪人生活の重壓より切り拔けた喜びさこそと重々察すると共に之迄の苦勞を犒ひたいよ。受驗戰線を凱旋する和君に戰場の小生少々あやかして貰ひ度いものだ。呵々。

妙清寺より貰つたと云はれるオタスケカンノンの葉書有難く御守袋に收納致しました。

孝君中々創作慾に燃えてるね。そして考へもすつかり一人前になつてきたね。どうか益々精進して天晴れ一流の大家への一歩も早からん事を祈つて止まない。未來のロダンよ、ネスパ道君、君も大分勉強してるとかつて母上からの御便りだ。和君の入學で君も將來への好い刺戟でせうな。もう人ごとぢやない。再來年は君の番だよ。目的はもうはつきりしたかい、道ちやんの漫畫の樣な醜態を演じて呉れるなよ。漫畫としては確かにうまいよ。

中里、若宮町の皆々樣及忠君にも宜敷く御傳へ下さい。

母上樣始め皆樣呉々も御自愛の程祈上げます。

八月十一日十六時半

砂壕の中にて　正　雄

風で砂が耳許から首すぢへサラ〳〵と流れる。それが『タンクを一つぶんどつてラヂオニュースで聞かすから待つゝ下さいお母さん…のメローデーの幻聽となつてきやがる。』

陸軍軍屬

中井陽次君

明治三十七年兵庫縣加西郡九會村に生れた昭和七年法學部英法科を卒業し、天理教校講師並天理教教學部所管學校職員に就任勤務中、昭和十三年七月軍屬（主計）に採用され、廣野部隊に從軍し、蘇洲を中心に上海南京方面に活躍した。

しかるに翌昭和十四年八月二十六日急性大腸炎並にマラリヤにて野戰病院に入院療養に努めたが、病狀がはか〴〵しくないので、同年十月廿八日大阪陸軍病院へ送還入院し加療中、十一月十七日午前七時十分遂に戰病死するに至つた。

最後の便り（令兄宛）——

『私事此度圖らずも不幸な便りをせなければならなくなりました。八月上旬迄は元氣に勤めて居たので御座いましたが、中旬頃より何んとなく身體に變調を覺え、夜中寢汗をかく樣になりましたが、勤務は依然續けて居りました處、次第に腹工合が惡くなり、軍醫の診斷を得て服藥の結果一時小康を得ました。其後八月十八日より二泊の豫定で南京に出張を命ぜられ無事命を果し歸隊致しましたが、其翌日より非常なる疲勞を覺え、下痢甚しく、軍醫の診斷の結果急性大腸炎の名目で八月二十六日駐屯地野戰病院に入院致しました。體溫は時々四十度を越す高溫で御座いました。入院後血液檢査の結果腸炎の外マラリヤ熱と決定、注射によりマラリヤ熱は殆んど快癒いたしましたが、衰弱甚しく歩行も困難となり、加ふるに軍醫の診斷によれば肺炎が惡くなりつつある爲め、治癒するまでは相當時日を要するとの事で、九月十一日表記病院に後送となりました。只今にてはマラリヤの熱はとれ次第に快方に向ひつゝありますが、未だ血色なく手足だるく非常に痩せて居ります。早くお知らせする筈でしたが手紙など書く元氣なく、一時如何になる事かと思つた程です。或は近く內地に還送になるやも知れません。

出征以來一意專心勤務に勉勵いたしたとは申しながら、未だ聖戰途上にあつて斯如き便りをせねばならぬ事を殘念に思ひますが、如何とも致し方なく皆樣の御期待に背きます段何卒御容赦下さい。

九月十三日 』

陸軍歩兵大尉

瀧本直行君

明治三十九年新潟縣三島郡日越村の立川家に生れ、昭和七年新潟縣中頸城郡大瀁村の瀧本家の養嗣子となつた。

昭和五年專門部政治經濟科を卒業し後高田市の百三十九銀行に入り、傍ら大瀁村在鄕軍人分會長、大瀁村產業組合理事、大瀁村農會評議員等に推され、大瀁村の發展福祉に寄與するところが多かつた。

支那事變勃發の秋召に應じて

わがいほはくたんのみやのかたほとり
おとつれきませさくらさくころ

の辭世を遺し勇躍出征、先づ上海の後段戰を初陣に徐州戰に參加、更に正陽關を經て大別山に幾多の苦鬪惡戰を繰返し、黄陂、武昌へと轉じて襄東作戰に參加し、激戰に次ぐ激戰の連續であつたに不拘、武運に惠まれた君は常に意氣軒昂、赫々たる武勳に輝いてをつた。後湖北省京山縣の漢水河畔聶家場の獨立警備隊長として、僅かの手兵を以て警備に當つた。

此聶場は當時中支戰線の最前線の突出點であつたが、昨年十二月十二日夜半突如約四千の敵の逆襲を受けたので之に反撃を加へ、幾十倍の敵を向ふに廻しよく警備地を確保したが、執拗な敵は頑强に抵抗を續け、交戰實に五日間に及び、我方の孤軍奮鬪振は誠に鬼神を泣かしむるものであつた。此間部下を叱咤激勵し續けた君は同月十六日正午遂に左胸部に貫通銃創を受け中支最前線の華と散るに至つた。

令息に宛てた最後の便り——

『義嗣さん（出征當時三歳）大きくなつたでせう。お祖母ちやんに我儘申して居る事でせう。雅子さん（出征當時一歳）を可愛がつて二人で病氣せぬ様にして下さい。强い〳〵兵隊さんの様になつて下さい。お父さんは此の暑い時に西瓜も食べられず（西瓜は義嗣君の好物の由）水も飲まずに居ても至極元氣で居ります。

病氣をして戰爭が出來ない様では義嗣さんに弱蟲と笑はれるから、丈夫で一生懸命に支那の悪い兵隊を征伐してゐます。

これから直ぐ山を越えてヨツトコ〳〵と敵を追ひかけて行くのです。さよなら

於中支　父より』

陸軍軍屬

渡邊藤吉郎君

大正二年横濱市に愛次郎氏の長男として生る。昭和十三年理工學部建築學科を卒業し直ちに南省再建築事務所に勤務した。

昭和十四年四月北支派遣建築技術官として應募し、北支派遣軍杉山部隊經理部に勤務、北支建設の爲寧日なき活躍を續けるうち、六月廿五日罹病、北京陸軍病院に入院後内地に還送され東京陸軍病院に於て療養に努めたが、十二月廿六日午前八時十五分遂に戰病死をなした。

陸軍砲兵上等兵

鈴木茂三君

明治四十一年故覺三郎氏三男として京都市に生れた昭和七年法學部獨法科を卒業暫らくの間家事を手傳ひ、後京都瓦斯株式會社に入社勤務中、昭和十四年末應召し軍と共に勇躍中支に出征した。

時偶々安徽省青陽を中心とする第二戰區の敵冬季攻勢は、精鋭十五萬を擁して仲々活潑なるものがあつた。君は岡田部隊に屬し砲手として、敵を制壓する我軍の砲擊方面を擔當し常に勇奮、優秀なる成績を擧げつつあつた。

しかるに本年一月一日井野部隊〇〇〇攻略に協力せんと行動を開始した君の部隊は、安徽省貴池縣白砂堡東方高地に陣地を占領したが、敵は峻嶮に據つて堅固なる陣地を構築し、瞰制の態勢を利用して頑强に抵抗するので、之に對し適切有效なる射擊を爲さんが爲めに更に陣地を敵前至近の距

離に進め、一月三日拂曉を期して歩砲協力の下に猛攻を開始した。當時放列附近は敵の迫擊砲彈頻りに落下して極めて危險であつたが、勇敢且正確なる射擊操作によつて梅山、竹山、岩山等の敵據點を逐次奪取しつゝ夜に入つた。しかるに同夜陣地奪回を企圖した敵は、執拗に彈雨を集中し來り、逆襲實に八回に及んだ。此彈雨の中にあつて君は毫も屈するところなく沈着その任務の遂行に當り、敵迫擊砲陣地を射擊中、射向變向の一刹那敵陣より猛射を浴び、左鎖骨上窩盲管銃創を受け、同夜十一時二十分壯烈なる戰死を遂げた。

遺族は夫人、長女靖子さん（三歲）、出征後出生の温子さん及母堂、令兄で、令弟も目下出征中である。

陸軍歩兵上等兵

西谷義太郎君

大正四年大阪市に勢吉氏二男として生れた。昭和十三年政治經濟學部經濟科を卒業後、嚴父の經營する西谷鑄工所にあつて父君を助けつゝあつたが、同年末入營翌年秋櫻田部隊に屬し、南支に出征し、主として廣西省に轉戰活躍した。

本年一月十七日百濟墟西北方約千米、隘路口右側高地の一本松附近を占領した君の部隊は、本部隊進出掩護の命を受け、十九時三十分頃より再び行動を開始したが、隘路口に約七百の敵があつて我行動を妨害するので、翌黎明を期して之を掃蕩し該高地を占領せんものと敵狀地形を偵察の後、十八日拂曉一本松後方約二百米の高地より逐次稜線を占領しつゝ、夜の明くるに及んで敵の最も危惧した最高々地を占領した。當時君は隊長と共に部隊主力の位置にあつて、昨夜來より傳令勤務に斥候勤務にその活躍は誠に目覺しかつた。

かくて未明より降り出した雨の中を君の部隊は、一本松の高地を眼下に見下しつゝ猛進に猛進を續けたのであるが、背後を衝かれた敵は俄に射向を變へ陣地を轉じて、部隊主力を目標に猛然と射擊をなし來つた。部隊は此彈雨の中を敢然進擊を續け、一本松直後の臺上に到るや、敵は蜘蛛の子を散らす如くに四散した。此時部隊長は西谷君外數名と共に機を移さず敗敵を急追したが、部隊長は前進開始と共に不幸戰死を遂ぐに至つた。君は、更に前進して敵後方六、七米に接近するや、敵は俄に手榴彈を投擲し來り、その炸裂破片を左頭部に受けその場にどうと倒れた。直ちに衞生隊に收容され後野戰病院に入院、經過も好く元氣も頗る旺盛であつたが、一月廿四日二十三時容態急變遂に陣歿するに至つた。君の義兄も目下出征中。

最後の便り——

『十二月二十七日附の新聞に載つて居るそうですが〇〇日の曉の激戰で我々は隊長殿を失ひました。

誠に御立派な戰死でした。我々は最初の戰闘で隊長をなくしましたが、益々勇奮終始第一線で戰を續けました。

この戰で彈丸の洗禮を數々受けました。

支那兵の狙撃は確にうまいものですが、逃げ足の早い事はそれ以上です。

我々は今又ずつと暖かい所に來ました。南十字星が見える様になりました。便りが又しばらく出來ないと思ひますが、何卒御心配なく。皆樣によろしく。

一月十一日 』

陸軍歩兵伍長

山本 達 君

大正二年三重縣河藝郡飯野村に源四郎氏の二男に生れた。昭和十一年專門學校商科を卒へ大倉火災海上保險株式會社に入社統計課に勤務中、昭和十三年應召して中支に出征、石谷部隊に配屬されて通信方面を擔當したが、後篠原部隊附として主計係となり、安慶、青陽を始め各地警備に或は戰鬪に參加し、その目覺しき活動振りは上官の期待に背かず、戰友齊しく敬服するところであつたが、昨年十二月十八日頃より頭痛と全身倦怠を覺えつゝあつたにかゝはらず、之を意に介せず任務の遂行に邁進してをつた。しかし上官より再參の受診勸告を拒み難く同月二十一日受診の結果、熱性病の疑を以て野戰病院に收容せられ療養手當を受け、其後の經過極めて良好であつたので、戰友一同も愁眉を開いてをつたところ、本年一月十日病態に急變を來し、凡ゆる手段方法を講じ加療に努めたが、十三日午後三時三十五分遂に陣歿するに至つた。

尙令兄も中支に出征、令弟も海軍に從軍中である。

最後の便り——

『御無沙汰致しました。皆樣御元氣にて御暮しで御座いますか。小生相變らず元氣故どうぞ御安心下さい。扨て兄はもうこちらに來たですか。出發した頃と想像致しますが。年末にて忙しい事でせう。戰地にて二度目の正月を迎へて男子として光榮益々奮鬪して御國のため御盡し致します。祖母さん御元氣でせうか。寒い折故十二分御注意下さい。さよなら

十二月七日 山本 達』

陸軍工兵大尉

山本 盛 光 君

明治四十年仁三郎氏長男として大阪府三島郡阿武野村に生れた。昭和五年商學部を卒業後、大阪市に於て計理士事務所を經營した。昭和十三年夏應召渡滿し、彼の張鼓峯事件當時は豪雨を衝いて東部滿洲に出動奮鬪、更に廣東攻略に際してはバイアス灣に敵前上陸を敢行し、幾多の困苦を突破、缺乏に堪へて廣東攻略後は、各地の戰鬪に參加、寧日なき活動を

續け、昨年敵が四月攻勢を豪語して蠢動するや、機先を制して我より攻撃を開始し、隨所に敵殲滅の偉功を樹てた。又六月には選ばれて敵の重要補給據點たる油頭攻略戰に加はり見事なる活躍振を示し、更に同年冬には翁英作戰に參加し赫々たる戰果を收め、南支軍最高指揮官より賞狀を授與される等、君の足跡を印するところ常に勳功燦たるものがあつた。

今年三月二日獨立任務を帶びて廣東省從化縣大平場警備隊に配屬された君は同月五日午前八時三十分材料偵察の爲部下十數名を引卒して出發、揚村、錦棠庄を經て牛心嶺西北方山地に亙り所要の偵察を果し、牛心嶺、馬尾庄、三〇高地を經て歸還の途次、牛心嶺南方三〇〇米無名高地西側脚を前進中、牛心嶺村落西端附近より四五十名の便衣を混へた敵正規兵が、我に對し突如射撃し來つたので、直ちに應戰逐次無名高地を占領して敵に猛射を浴せ、敵が正に浮足立つた折不幸飛來した敵彈を頭部に受け、貫通銃創にて壯烈なる戰死を遂げた。時午前十時四十分であつた。

陸軍主計伍長

湯淺紀美男君

大正四年善太郎氏の四男として三重縣尾鷲町に生れた。昭和十一年專門部商科を卒へ、直ちに鄕里尾鷲町紀勢無盡株式會社に入社した。

昭和十三年秋應召〇〇の〇〇聯隊に入隊、翌春〇〇師團經理部集合敎育の爲〇〇の〇〇聯隊に分遣された。かくて炎暑下を物ともせず猛訓練を續行するうち、不幸にも病魔の冒すところとなり京都の陸軍病院赤十字病院に入院し、第一線への闘志を燃しつゝ、專ら療養に努めたが、本年四月七日天君に假すに餘命を以てせず、空しき雄圖を抱きつゝ興亞の礎として散華するに至つた。

陸軍歩兵伍長

高木一君

大正六年甚七氏の長男として、長岡市に生る。昭和十二年專門部商科を卒業し、直ちに帝國産金興業株式會社に入社した。

昭和十三年秋應召、翌春中支に向つて出征し、湖北省河口鎭の警備に當ること一ヶ月、四月より行動を開始してからの君の部隊は、漢口を中心として西討東伐文字通り寧日なき討伐行に終始した。十月に入つてからは湖南へ進攻して汨水左岸地區の殘敵掃蕩に從ひ、赫々たる戰果を收めて再び湖北に戻り、沔陽、峯口附近に戰鬪を續行して、仙桃鎭に入城警備に着いた。

本年四月に入るや本部隊が宜昌作戰の爲北上したので、殘留部隊として應城に留り、廣範圍に亙る警備地區の確保安定の重責を負つて日夜警備の完璧に一路邁進した。しかるに偶々五月十六日田店警備隊に敵襲擊し來るの報に接し直ちに應援隊を派遣したが、該隊の出發後通信線が切斷されて連絡が完く杜絕し、爾後の情況が不明となつたので、更に翌十七日朝警備隊長自ら部下を率ゐて再度之が救援に出發し、田店有東方四粁殷家橋附近に至るや機銃、迫擊砲をする約六七百の敵と遭遇したので、此所に激戰が開かれ寡兵を以て克く衆敵に當り、之に多大の損害を與へて警備隊を危救し得たのであつたが、不幸本戰闘に於て君は左側胸部右前胸部に貫通銃創を受け湖北の華と散つたのであつた。

時昭和十五年五月十七日午前九時三十分

最後の便り――

『每日々々暑い日が續いて居ります。今日も室內で八十度、汗を出して事務をやつてゐます。行軍中の戰友の事を考へ感謝して居ります。

內地からの便りは雪がやつと消えたとか、或は櫻花が咲き始めたとかあるのにこちらは夏です。今日三月三十日――四月十五日の新聞と富士增刊號、四月號のユーモア・クラブが屆きました。手紙は四月一日附十三日附のが同時に參りました。

同封にて寫眞數葉送りました。今迄の分は勿論、今後送る寫眞も失さずに藏つてゐて下さい。やがて凱旋の曉には總て一緖にアルバムに整理するのですから。

戰地で一ケ年以上になつても未だピンピンしてゐる者があるのに、彈も來ず氣候も良い內地に病氣で死ぬ人もある。世は樣々です。每日元氣、何卒御安心下さい。

皆樣に宜しく。

五月一日　一拜』

陸軍工兵上等兵

沖田日出郎君

大正五年佐賀縣に生れ後沖田家と養子緣組をなした。昭和十三年專門部商科を卒業し、直ちに日本通運株式會社に入社門司支部に勤務した。

翌昭和十四年春入營渡滿して北滿の守備に就いたが、時恰も滿ソ國境線の雲行が險惡化しつゝあつた際とて、君達の緊張も日一日と度を强め、萬一に備へる猛訓練に寧日なかつた。かくてノモンハン事件爆發するや斷乎膺懲の劍を拔放つた我軍の意氣物凄く、君の部隊にも日に夜を次ぐ奮鬪が續けられたのであつた。しかるに不幸九月初旬胸膜炎の冒すところとなり、恨を吞んで旅順陸軍病院を經て大阪陸軍病院赤十字病院に轉送され加療中、腦膜炎を併發して本年二月二十日午後八時三十二分護國の礎となつた。

戰線の華と散つた
校友の面影

陸軍步兵中尉
新田輝雄君

大正二年新潟縣刈羽郡中通村に藤太郎氏長男として生れた。昭和十年専門部商科卒業後日本石油株式會社に入社大阪販賣店に勤務した。

昭和十三年末應召、翌十四年勇躍出征して漢口方面、襄東方面の警備、討伐に從ひ中支最前線各地を幾轉戰、よく困苦缺乏に堪へ惡闘を續け、常に赫々たる武勳を樹てつゝあつたが、昨春襄東襄西作戰に加はりその山野に殲滅戰を演じ、更に宜昌作戰に參加、河南省境より反轉して部隊長負傷の後を繼ぎ部隊長代理として部隊の指揮に當り、漢水の敵前渡河を敢行、六月十二日には早くも抗日の牙城宜昌を陷れ、更に六月三十日には揚子江敵前渡河を强行して、山嶮に據り頑强に抵抗する敵の堅陣を數線に亘つて突破七月二日には四〇五・七高地東北側に進出した。

四〇五・七高地は長江防衛陣地の據點であつて、その峻嶮を頼む敵は執拗にも數日來抵抗を續け、その勢又侮り難く同高地の占領が焦眉の急に迫つたので、君の部隊は我軍右翼第一線として四〇五・七高地攻撃の命を受くるや、君は周到綿密なる計畫の下に北側高地よりの攻撃を決意し、暗夜を利して良く部下を掌握し熾烈なる銃砲火を冒して果敢なる突撃を遂行、午前六時三十分同高地を奪取し、引續いて四〇五・七高地の攻撃に移つた。しかるに拂曉と同時に左右より敵の猛射蒙り、殊に數度に亘る逆襲によつて我方にも死傷者續出し、各所に猛烈なる手榴彈戰と白兵戰とを演じ、悽慘壯烈な戰場を展開した。しかも剛勇な君は必勝の信念堅く、部下を叱咤し自ら陣頭に立ち日本刀を振翳し敵中に躍込み、忽數名の敵を斃しなほ敵中深く入つて斬捲るうち、左方より飛來した一彈は無念頭部を貫通しその場に倒れた。直ちに部下は君を凹地に收容せんとしたが、君は之に耳を藉さず死を直前にして尚も從容指揮を續け、全く立つ能はざるを自覺するや、先任下士官に細密なる指示を與へ、東方を遙拜、萬歲の聲も幽かに七月二日午前七時三十分戰死を遂げた。

最後の便り——

『慰問品二個受取り内地の事共を思ふ。之より〇〇せんとす。御両親共折角御身御大切に』

陸軍輜重兵伍長

北村富士三君

大正五年松太郎氏の七男として新潟市に生れた。昭和十三年専門部商科を卒業し直ちに新潟硫酸株式會社に入社した。

昭和十三年末入營後渡滿して滿ソ國境警備の任に付、極寒、酷暑を克服、その重責を全うした。殊に彼のノモンハン事件に際し炎熱下に晝夜を分たぬ奮鬪は目覺しきものであつた。停戰協定成立後は再び歸營、牡丹江省〇〇の警備に付いてをつた。

其後君は益々元氣で、本年四月九日部隊に於て劍道大會が行はれた時には隊の選手として出場し、君の腕前にものを言はせて拔群の成績を收める等の張切りかたであつたが、同月十二日身體に高熱倦怠を覺えたので診斷を受けた結果、C型パラチブスと斷定され、直ちに入院手當を加へたが、漸次高熱を發し終には危篤狀態が繼續し、四月二十二日午前十一時十五分陣歿するに至つた。

最後の便り――

『永々御無沙汰致しました。平に御海容の程願上ます。先日待つ事久しきお便りに確眞正に拜受致しました。難有う御座いました。

何の變つた事もない平凡な生活を續けてゐる現在はお知らせするニュースの材料もありません。滿洲も段々暖かくなつて參りました。イヨ〳〵防寒服も脱ぎはじめました。後五日で小生劍道選手として選ばれて〇〇の本部に出場することになり、只今猛訓練を續けてゐます。毎日の訓練でクタクタになり筆取る氣力も無くなり、久振りの此の日曜日たまつた返事を書くのに忙しいです。短文失禮ですが近い中に必ず又書きます。くれ〴〵も身體に氣をつけて下さい。皆樣によろしく。

三月三十一日』

因に君のすぐ上の令兄も海軍陸戰隊員として南支に奮戰、輝く武勳を立てゝ先般歸還された。

陸軍輜重兵上等兵

中島良一君

大正二年佐賀縣藤津郡五町田村に與一氏長男として生れた。昭和十一年商學部を卒業直ちに日本勸業證券株式會社に入り京都支店に勤務した。

昭和十四年夏應召、〇〇野戰病院附を命ぜられ直ちに出征廣東上陸、同日〇〇隊に編入されたが、當時〇〇野戰病院は南支の最前線增城に移駐を命ぜられ、業務繁激の折柄であつて、君は不撓不屈の努力を傾けて物件の整理、輸送業務に從ひ、克くその任を完ふした。新駐地に到着後は本部附兼務となり、事務に專念した。時恰も戰傷病者多數で、診療患者の收容に伴ふ病室の擴張、新病棟の建設等病院の全能力を傾倒してなほ日の足らざる有樣であつたが、豫て軍の企圖する次期作戰のため該病院は再び出動準備を命ぜられ、君は繁激日夜を分たぬ職務を擔當し、不眠不休作戰準備、殘置物件の整理、輸送諸帳の整理等全精力を傾け盡した活躍振りであつた。

その後翁英作戰に參加するや、殘置物件監視隊要員として衛兵、傳令勤務にその重責を果し、賓陽作戰に加はるや勇躍出動、廣西の曠野に轉戰、敵の徹底的破壞による難路を克服して軍の神速なる行動に策應し、隨所に出沒する敵の攻擊を退け、幾多の困難を排除しつゝ難行軍を續け、輸送業務、傳令、警戒に任じ、暫し休養の暇もなく、見事作戰の成果を收めて本年三月原駐地に歸還し、爾來引續いて寧日なき劇務に精勵しつゝあつた。しかるに過々昭和十五年四月二十四日午後三時三十分頃廣東省番禺縣下に大暴風起り、石牌中山大學禮堂の一部が破壞せられ、講堂內に作業中の兵に負傷者を生じた旨の急報に接したので、救護班の擔架兵を編成し急援に赴いたが、君は自ら進んで之に參加、救護任務に從事中、午後三時五十分再度暴風來襲し遂に同家屋は倒壞したのであつた。此折危險を避くる遑なく、君も頭部に重傷を負ふに至つたので、應急處置の上直ちに病院に收容したが、顏面蒼白となり口唇部にチアノーゼを認め、鼻咽喉部より出血あつて、意識全く不明既に危篤の狀態であつた。軍醫の手によつて醫術の限りを盡され、一意一般狀態の恢復を計つたのであるが、諸症漸次增進し意識も遂に恢復せず、心臟の衰弱加はつて、手厚き治療看護も不及、同日午後六時、心臟麻痺によつて陣歿するに至つた。

君の業務は敵と對峙して十字砲火を交へる華々しさはなかつたが、君達の滅私、獻身的の努力と、殉國の至誠あつてこそ前線の赫々たる戰果がもたらされるのであつて、その武勳は前線の將兵に優るとも劣らず、我青史の上に燦として永劫に輝くものである。

尙君の令弟も目下北支戰線に活躍中である。

最後の便り（令閨宛）——

『御父上をはじめ皆樣にはます〳〵御元氣でゐられますか。僕も今度の作戰には大いに奮闘しましたから喜んで下さい。僕達の軍が上陸したのは○○で、これはもうとくにニュースなどで御存知のことゝ思ひますが、南支は山でも河でも、田も畑も內地の山里そのまゝで、すつかり僕達を喜ばしてくれました。その上椰子やバナヽやパパイヤやネムの樹などが繁つてゐて愉快でした。併し行軍は素晴らしいもので、十日間に八十里の難路を猛行軍をやつてのけたのですから相當なものです。敵は廣西學生軍で南寧奪回の意圖を有してゐたもので、少しは頑强なる抵抗をやると豫期したが、案外もろく我が軍の神速なる機動により全く包圍され、殆んど殲滅的な效果を收めて悠々凱歌を奏した譯であります。敵の遊擊戰術は仲々油斷のならぬもので、彈の下を潜つたことも一再ではありませんでしたよ。

中島綺子樣　　中島良一』

陸軍騎兵中尉

牧浦博君

明治四十四年今治市に生る。昭和十年商學部を卒へ翌春入營除隊後村

式會社小光社に入社後販賣部主任として勤務。

昭和十四年夏應召して陸軍通信學校に學び、同年秋勇躍出征、佐伯快足部隊の一員として、暗號班長、宣撫班長として寧日なき奮鬪を續け、常に部隊長を輔佐し、連絡勤務に當つては劍電彈雨の間に身を晒して顧みず、部隊の行動を容易に戰機に投ぜしめ、或戰鬪の如きは敵師團司令部に突入し敵の團旗を奪取する等、その果敢神速の勇名は部隊内に響き渡つてをつた。

本年四月特に選ばれて重要任務についてをつた君の部隊は、四月二十六日湖北、江西の省境に聳ゆる最高峯九宮山(海拔一千六百三十六米)の攻略に當つた。同日午前一時九宮山麓を出發して四里の急坂を攀登し、午前四時三十分漸く山頂に達せんとするや、我に數倍する敵は嶮峻なる山頂一帶に縱橫の陣地を敷き俄然我に猛射し來つた部隊長は直ちに先頭部隊に對し攻擊命令を下し、自ら本隊たる諸隊を率ひ最高峯に向つて突進せんとし、後方にある本隊に對し部隊長の下に急遽前進すべき事を命令した。君は自ら進んで此重要命令を傳達すべく、單身彈雨の中を斷崖を攀じ、或は草根を掴み匍匐膝行本隊目指して進むうち、折柄の月明は遂に君を敵に知覺させるところとなり、二三十米の近距離より機銃の掃射を受け、頭部に貫通銃創を蒙り壯烈なる戰死を遂ぐるに至つた。

惡戰苦鬪四時間の後には此敵堅陣を拔いて九宮山頂に日章旗を飜しのであつたが、朝陽を浴びて萬歳を唱へた部隊長以下將兵の頬には、今は亡き豪快なる君の笑顔を思ひ、涙滂沱たるものがあつたといふ。

最後の便り(從姉妹宛)——

『博兄さんは非常に元氣で部隊指揮、機關情報係として大いに張切つて、あの朝吉《あさたし》(馬名)に乘つて中支を走り廻つてゐる。

其の外に宣撫係として支那人と交る率が多いので支那語は大抵話せるやうになつた。前線では拳銃をかざして敵司令部に突入し、下つては支那の可愛子供とハトポッポを唄ふ、之れが眞實の軍人らしい生活だと思ふ。あらゆる激戰に參加したがスポーツで鍜へた運動神經のお蔭で、かすり傷一つうけなかつた。それに本部將校唯一の健脚者とうたはれて大いに頑張つて居る。

一日山路十八里の行軍(徒歩)にすら顎を出さずに歩き通した。全行程百里に餘る行軍をやり通した。尤も足中豆だらけになつたが』

陸軍步兵中尉

福原弘君

明治四十三年新潟縣中魚沼郡眞人村に三次氏長男として生れた。昭和七年專門部法律科を卒へ法學部英法科へ進み、昭和十年同科を卒業、直ちに新潟人絹工業株式會社に入社した。

昭和十三年應召し、後仙臺陸軍豫備士官學校に入學、翌春卒業して間もなく征途に上つたが、君の部隊の警備地區は中支戰線の最前線であつて近く敵と相對し困難なる風土を克服し、緊迫せる狀況の下に日夜至嚴なる警備を續けると共に、屢々進攻、敵の企圖を挫折せしめ、その戰鬪力を破碎して聖戦目的達成の一翼として重要なる任務を遂行してをつた。

しかるに本年四月頃より敵は逐次兵力を増加して我前線に進出し来つたので、我軍は之を徹底的に覆滅するに決し、愈々四月二十五日作戦成つた我軍は決死の色も固く勇躍戦線に向つて進發した。かくて翌二十六日江西省靖安縣青山、困麥崗附近に戦闘が展開されたが、君は〇隊長として右翼隊右第一線部隊に屬し、同日未明、部隊が第二遼水を渡河展開線へ進出に際し、河川偵察並に渡河掩護を命ぜらるゝや敵前困難なる地形と狀況下に在つて、沈着周密、しかも機宜に適せる行動をとり、部隊の渡河を容易ならしめ、その展開並に攻撃準備を澁滯なからしめた。

拂曉と共に攻撃前進に移つた〇〇隊は、敵第一線たる青山の敵陣を奪取し、更に第二線困麥崗の堅陣を攻撃するに際し豫備隊であつた福原隊はその左第一線として攻撃に參加を命ぜられたので、困麥崗西側の安靖公路に沿ふ泥濘膝を没する水田中の行動極めて困難なる地形を制し、全身泥塗れとなり、殿前山及その東側高地よりする側防火と困麥崗方面よりの正面火の熾烈極まる十字火を冒し、君は率先身を挺し部下を指揮し勇猛果敢にも匍匐突進を續行し、逐次敵陣右側に肉迫し、部隊主力の進出を容易ならしめた。九時五十分頃に至り敵陣地に稍動揺の色あるを見るや君は敢然陣頭に立ち突撃に移らんとする一刹那、左側方よりせる敵の自動火器の爲に咽喉部、右腹部、右大腿部に同時三彈命中しその場に倒れた。然し剛毅なる君は立直りさま鮮血に塗れ尚指揮を續けたが何分にも致命の重傷とて遂に起つ能はず、部下に抱へられて安全の地に移し應急の手當を施され、折柄駈け寄つた隊長は「福原！傷は淺いぞ、確りせよ」と激勵すれば、「隊長殿、指揮拙く空しく傷いて誠に殘念、申譯ありません」と自己の責任を痛感しつゝ、やがて敵陣を指し「彼の敵は退いたでせうか？部隊はどうなつてゐるでせう。部下は……」と頻りに戦況を訊ね部下を案じてをつたが、間もなく馳せつけた軍醫によつて急救手厚き處置がとられ擔架上の人となつたが、「仇はとるぞ、屹度とるぞ、今部隊は敵を打破つたぞ」との隊長の言葉に「おめでたう。戦功を祈ります。……長々お世話になりました。お禮申上げます。これでお別れでございます。皆さんに宜敷く」と苦しき呼吸のうちにも冷靜鄭重なる別れの挨拶を述べ、從容戦陣の華と散つた。時午前十一時であつた。

一方福原君を失ひ悲憤その極に達せる部隊は、爾後斷乎進擊を續けること三晝夜不眠不休遠く〇〇に進出して敵を徹底的に粉碎、四月二十九日夕に駐留地に歸還、翌三十日に簡素の中にも嚴肅なる慰靈祭が執行された。その訓示に曰く『福原少尉殿を失ふ、四月二十六日は我等戦陣生活の小さき歴史の一頁に濃く印銘して永久に忘却出來ざる日なり、我等何を爲すべきか、少尉殿の死をして更に光輝あらしむべきは誰なるぞ、我等なり、その精神を汲み、その忠誠に習ひ一同鐵石の團結の下異日の忠誠を期すべし』と。

最後の便り――

『拜復長い間御無沙汰に打過ぎ何とも申譯御座いません。度々懐かしい御便り嬉しく拜見いたして居ります。前任地を昨年の明治節に出發いたし、新任地へと行軍いたしました。途中で電報を打ちましたのです。御祝の心からのものでした。それから漸く十一月二十三日に現在地に到着いたしました。此處では部隊主力と離れて他の部隊內に於て或區域の警備を行つて居りました。十二月の終り迄には三回に亙る討伐があり之に參加いたしました。或時は敵の來襲あり部下一名を殘念乍ら戰死させて了ひました。北蒲原出身の兵でした。部隊長殿と離れてゐるので燒骨から御通夜から告別式やら畧儀乍ら一通り行ひました。この戰死の前にはマラリヤ患者を不歸の客として了ひました。私の血液も少々輸血してやつたりしたのですが殘念な事をして了ひました。それで直接御通夜告別式燒骨等も二回したわけでした一寸勝手が分らず面喰つた事もありました。

そして新春早々四日朝より又出動して來ました。中々峻しき山道でした。歸りは連絡がきれ僅かの部隊で山又山處々に部落のある場所を夜遲く迄かゝつて歸途につきました。この時は一寸淋しいやら責任の重大性を泌み〲感じました。途中の部落で正規兵と便衣隊を刺射殺し部隊一同幸ひ無事友軍(部隊の警備してゐる處)のところ迄辿りつき翌日歸還いたしました。

何しろ部隊主力は數里前方に出て居て離れて居る關係上、種々の打合せやら提出書類やらで身體は比較的使ひませんでしたが頭を惱ましました。

その内二月四日部隊主力が歸つて來てやつと一緒になりこれで漸く純然たる○隊長の職務に專念する事が出來る樣になりました。それ迄は報告やら何やら○隊長以上及び以下の仕事にぶつかりました。軍人生活の淺い關係上あれもこれもで閉口しましたが、電話があるので連絡をとり其の處置を仰いで仕事をして居た樣な狀況でした。部隊を合しては山の警備をやつて居りますし、大凡四、五日目には山に上りますし、小屋も粗末なもので焚火をして暖をとつて居ります。ちよい〲炭も使用してゐます敵とはそんなに離れて居ず、谷間を隔てて相對して居りますので張りきつて警備してゐます。

何時も討伐に出動する度每にこれが最後になるかも知れぬと決心して出かけて居りますが、神佛の御加護と皆樣の信心の御蔭を以て、幸ひ無事に興亞聖戰達成の一員の末席を汚して居りますから乍他事御安心下さい。新聞で知りましたが中々大雪で御困りの事でせう。切角御自愛專一の程祈り上げます。

末筆乍ら母上樣へよろしく御傳へ下さい。

敬具

昭和十五年二月二十三日

父上樣』

陸軍歩兵上等兵

渡部一彥君

大正五年横須賀市に故彥太郎氏長男として生れた。昭和十二年專門部商科を卒業、日本窒素鑛業株式會社大阪本社に入社、後同社根室鑛業所へ轉じ勤務した。

昭和十四年八月應召、北支に出征して山西省の警備と討伐に從つたが、本年五月三十一日頃より部隊の新作戰に呼應して、君は文字通りの日夜なき劇務に從事するうち六月四日夕刻より四十度の高熱を發し、全身の倦怠を覺ゆに至つたが、當時君は山中深く輸送掩護の重任に當つてをつた際とて、手當も出來ず又連絡もつかず、爲めに原平鎭の陸軍病院に入院したのは六月十二日であつた。診斷の結果は腸チブスと決定、應急の處置を加へたが病勢は惡路を辿る一方で、翌々日よりは意識混濁し、衞生兵、看護婦の徹夜の看護も空しく、容態急變の直前「お母樣はまだ來ないのか？」と一言洩した外は、終始軍務の事のみを口走りつゝ六月二十三日午後九時十四分護國の英靈と化した。

令弟宛の最後の便り——

『其後は御元氣に勤務致してをることゝ思ひます。僕も元氣に御奉公出來ますから他事乍ら御休心下さい。僕達は今度他の地に來まして、僕達の戰友は何百里と眞夏の中を行軍し、途中匪賊に出逢ひ激戰を展開した由、飲料水缺乏の爲風呂水を漉して飲んだ事もあつたそうです。實に涙ぐましい戰闘振です。然し皇軍の威力は偉大です。

當地は支那に於て相當有名な○○の生れた所で、彼氏の廣大な別莊や中學校、紡績工場などもあります。前方は高山が聳へ頂上には到る所トーチカが建てられて居ります。匪賊も毎夜出ます。いづれ細部に亙りては任地到着次第御一報致度く思ひます。』

陸軍步兵中尉

三原清君

大正二年和歌山縣日高郡御坊町に智學氏の五男として生れた。昭和十一年專門部商科を卒業し松下電熱株式會社に入社營業課に勤務した。

昭和十二年入營渡滿し、後豐橋豫備士官學校を卒へ原隊に在つて新兵の教育に從事中、昭和十四年四月○隊副官として中支戰線に出征目覺しき活躍振りを續けたが、過ゝ大別山中の殘敵殲滅戰に參加、新洲東南方の殘敵掃蕩に奮戰中、九月十二日夜馬鞍山を中心に大別山中に本據を有する第百二十師約三千の敵と壯烈なる遭遇戰を展開し、○○部隊大陸上陸以來の最激戰となつた。かくて十四日部隊長負傷の後をうけ君は部隊の指揮に當り、奪取した馬鞍山の確保に奮斗し、部下を叱咤激勵して敵を制壓しつゝあつたが、同十六日逆襲し來つた敵の手榴彈の爲め黄龍岩附近に於て胸部、顏面を負傷壯烈極まる戰死を遂げた。

君は中學時代既に劍道二段の腕前で、明朗果敢、上長からは信頼され部下からは敬慕された典型的な青年將校として大別山の華と散つたのであるが、君の赫々たる武勳は過般の論功行賞に於ける「功五旭六」の恩賞によつて偲ぶことが出來る。

昭和十六年（一九四一年）

戰線の華と散つた

校友の面影

陸軍歩兵上等兵　高畑宗弘君

大正六年高岡市に久作氏長男として生れた。昭和十二年専門部政治經濟科を卒業し直ちに不二越鋼材工業株式會社に入社した。

昭和十三年應召し同年秋北支に出征、正定の警備に當つた。その間同年末の山西作戰に、翌十四年には第一期粛正作戰、第二期粛正作戰に參加し、勳功抜群なるものがあつた。

昭和十四年九月敵約五、六千が蟠居してをる共産八路軍の根據地鎮莊の掃蕩戰に參加した君は○○部隊の先頭隊とし敵に當り、九月二十七日朝には激闘の末輝かしき一番乘をなし、城頭高く日章旗を飜した。しかるに翌二十八日增援を得た敵は、全力を傾けて周圍より反撃を開始し、小銃彈、手榴彈、迫撃砲彈を集中し來り、本隊の前進意の如くならず、君の部隊に突撃命令が下るや、君は同隊の重機○隊長として突撃の掩護をなしてをつたが、部下が一人倒れ一人傷くといふ不利な狀態に立到つたので、終に君自ら重機を握つて射撃を續行し、敵前百米の距離に近付き敵を斃すこと數知れず味方の前進を有利に導きつゝある折、敵迫撃砲彈の爲散華するに至つた。

孤軍奮闘、しかも敵前至近の地點迄進んで、敵の集中火の中をものともせず掃射を續けた、勇敢にして大膽なる君の最後の活躍振りは、今に部隊の語り草となつてゐる。

最後の便り——

『父上樣今日は御懐しの御便りを拜見致しました。皆樣の御無事は何よりで御座います。北支の方もめつきり涼しくなり、朝晩の寒さは早や去年の冬の寒さを想はせます。高粱も刈り取られ、殘るは赤白の美しい綿畑が一面に續いて、良民の秋の收穫の忙しそうな姿があちこちに見受けられます。一番嬉しいさつま芋も大いに貪り空腹の兵達を慰めて與れます。

クッキリ澄んだ青空を眺めながら敵を討伐に行く時は、故鄕のハイキングを想ひ出させます。近頃身體の調子もとてもよく元氣で張り切つてをります。寫眞もパリパリ寫して母樣達に御安心して頂きたいと思つても、何分不便の地で思ふ樣にフイルムも手に入らず、何れ又手に入り次第お送り致しませう。

今日のお便りで小包を送つて下さつた由、有難ふ御座います。今日から指折數へて待つて居ります。坊やも大きくなつた事でせうね。次回の便り迄でも家族中の寫眞を撮つて送つて下さるように御願ひします。何時も勝手な注文をしてすみません。一ヶ月前から初年兵の教育で多忙の爲思ふ樣に手紙も書けず、取急ぎ亂筆で失禮致します。

父上母上樣には御體大切に、皆も無事で居られる樣御祈り申します。

九月二十日　　宗弘』

陸軍歩兵准尉

兼子義一君

明治三十五年福島縣若松市に三浦茂三郎氏の三男として生れ四歳の折兼子重光氏の養子となり昭和三年政治經濟學部經濟科を卒業した。

昭和十二年事變勃發直後召に應じ荻洲部隊に屬して渡洋し、以來、轉戰又、轉戰すること二年有半、至る所に赫々たる武勳を輝しつゝあつた。しかるに昭和十四年末敵は冬期攻勢と稱し漢水を渡河し、我警備地たる南地區の攪亂を企てたので、これを反撃すべく和和十四年十二月十三日行動を起し、同月二十五日に至る迄に徹底的に之を殲滅し去つたのであつた。

この反撃作戰に際し君は○隊指揮機關として參加し、よく部隊長を補け部隊相互の連絡に任じ、彈丸雨飛の間を剛膽沈着に奮戰任務を完了したのであるが、敵は曠漠たる有利の地形と所々に散在する部落に據り、多勢をたのみ頑強に抵抗し、部下の死傷も相當多く、戰闘も文字通りの慘烈を極めたる中にあつて、君は終始陣頭に立ち部下を叱咤激勵し、勇猛果敢なる突撃を反覆し次々と敵の堅壘を拔き部隊長の戰闘指導を常に有利ならしめ、本戰闘に於ける君の武功は拔群なるものであつた。

君が戰死を遂げたのは十二月十八日であるが、此日君の部隊は敗走する敵を追撃し湖北省京山縣劉家嶺に迫るや、敵は此所を最後の據點と頼み山砲、迫撃砲、機銃を亂射して意外の抵抗を續けて夜陰に及んだ。

君は連日連夜の熾烈なる戰闘の繼續にもかゝわらず、些の疲勞も見せず克く部隊長を補佐し、機を見て果敢勇猛なる突撃を行ひ、遂に敵陣の一角を陥れ、戰意を失ひ算を亂して潰走する敵を急追せんとする一瞬、不幸敵の敷設地雷の爆破によつて、部隊長と共に壯烈無比の最後を遂げたのである。

君は在學中ラグビー部の主將とし活躍、母校ラグビー部の黄金時代を築いたことはラグビーに興味を持つ人々の記憶に新らたなることであるが、あの猪突果敢殪れて後歇む君の驀進振を知る吾々には、戰線に於ける君の奮闘振りがまざ〳〵と眼に浮ぶのである。

陸軍歩兵曹長

平山清一君

大正三年秋田縣能代市（舊能代港町）に清十郎氏三男として生れ、

昭和十二年專門部政治經濟科を卒業し、直ちに嚴父の關係せる昭和木材株式會社に入社營業部に勤務した。

　昭和十三年應召し翌春勇躍北支に出征、始め河北省石家莊西方の山間部に行動し、離石に轉じて警備に當つた。後南下して潞安に入城し駐屯警備の任に着いたが、昨春君の部隊は澤州攻略の命を受けたので同所を出發、澤州目指して進擊勇戰を續ける途次、山西省沁水縣虎頭山附近に蟠居する頑敵約五千を擊滅すべく一齊に攻擊を開始した。當時君の部隊は第一線に在り猛攻に次ぐ猛攻を加へたが、敵は天嶮を利用して頑强に抵抗を續け、戰は夜に入り遂に肉彈戰と化した。此時君の部隊は敵要點に對し夜襲を命ぜられ、將兵決死一丸となつて進攻を開始したが君は連絡掛として終始先頭に立ち部下を激勵、狂へる如く熾烈なる敵の銃砲火をものともせず一歩々々敵陣に近づき、敢然敵中に突入して敵陣の一角を占領し、流石の頑敵をして遂に退却の餘儀なきに至らしめた。しかし此時不幸敵の投じた手榴彈のため君は壯烈極まる戰死を遂ぐるに至つた。時昭和十五年四月二十九日午前一時であつた。

最後の便り（令兄宛）——

『東京よりのお便り愈々御壯健の趣を拜し何よりも慶賀の至りとお喜び申上げます。鄕里もそろ〳〵お花見時を控へすつかり春の氣分横溢澄切つたお氣分でお過しの樣子を思ひ浮べてゐます。〇〇もすつかり春、夏の氣分さへ思はせる日もしば〳〵ですが、又最も嫌ふ黃塵が始まり、濛々として中天に舞上る砂塵に包まるゝには一寸閉口させられます。支那軍も其の後戰意全く薄らぎ、日一日と〇〇警備地に歸つて來る農民の姿が多く、平和な昨今で新政府成立と共にぐつと平和が甦つた樣な感じが致します。能商昇格問題、榊、東雲の合併問題も解決し、着々として能代市制執行準備に懸命の事でございませう。又物資缺乏に依る統制經濟の苦難時代の經營想像も及ばぬ御奮鬪の事と感謝の念に浸つてゐます。

　石井順一さん、齋藤金作先生、千葉先生と皆御健在で何よりです。近日お便りを差上げますが、伊丹さんの早大監督早速お祝ひを申上げます。達次郎は何學校に入つてゐるのですか、さつぱり便りがないので其の後の樣子が判りません。出來ましたならば住所だけお願ひ致します。先日撮りました寫眞四枚同封致します。お笑草まで。

　益々元氣で帝國軍人の本分に邁進致して居りますればお安心の程を。お兄樣始め皆々樣の御健鬪をお祈り申し上げます。』

陸軍步兵伍長

小野寺三良君

　大正二年岩手縣東磐井郡猿澤村に庸雄氏の二男として生れた。昭和十一年專門部商科を卒業し、直ちに大阪商船株式會社に入り高砂丸に勤務した。

　昭和十三年秋應召して渡滿、嚴寒酷暑を克服して〇〇に駐留國境守備の重任に當るうち、昨年五月十八日急性肺炎に冒され、〇〇陸軍病院に入院遺漏なき療養看護をうけたが、病勢の亢進急にして五月二十八日遂に護國の英靈と化した。

最後の便り(令弟宛)――

『長い間御無沙汰してゐて失禮。元氣で働いてゐるかね?

俺も相變らず元氣で軍務に服してゐる。滿洲の春は氣溫が單に暖くなつたことを感じる外何物もない。何と殺風景な春よ!!目に入る山は野火で眞黑に燒跡を見せてゐる。何の面白味もない。

此の前の日曜は准尉、曹長殿と一緒に七人で町とは反對に山へピクニックに行つて來た。さんざんに歩き廻つた後に飲んだビールの味は格別だつた。參考迄に知らして置くがビールは一本二十八錢で內地よりは遙に安いだらう。

內地はもう初夏だらう。井之頭公園の綠が見える樣だ。さつぱり吉祥寺の樣子など知らないけれど皆壯健で居られるか。

家でも啓子(令妹)が女學校に入學して兄弟で家に殘つてゐる者も少くなり母も淋しいだらう。

繁代(令妹、女學校三年生)は俺が除隊したらもつと上級の學校に入れて貰うと言つて勉强してゐるそうだが。

元氣でやつてくれ、變つたことがあつたら知らして欲しい。

五月八日

和助君　　○○兄より』

陸軍步兵中尉

小俣等君

明治三十四年大分縣東國東郡西安岐町中園に碇氏の長男として生れた。昭和四年理工學部電氣工學科を卒業して九州水力電氣株式會社に入り鯰田區送電線路係として勤務した。

昭和十二年秋應召○○工廠に勤務したが昭和十五年春南支派遣の命下り直ちに渡洋、廣東、南寧、海南島の諸地に轉じ、常日頃から誇る健康と溢るゝ元氣とをもつて勇奮活躍するうち徬十日にして任務完了を前に、昭和十五年五月八日廣東に於てマラリヤに侵され、廣東の野戰病院に入院して療養に力めたが病威益々猛けく、五月十二日午前五時遂に怨多き最期を遂げた。

戰線の華と散つた 校友の面影

陸軍步兵大尉 酒井輝君

明治三十五年千葉縣市原郡市西村に正治氏三男として生れた大正十二年專門部商科を卒業、直ちに歸鄕して家業（醬油釀造）に從事した。一方縣青年訓練所指導員として又在鄕軍人會市原郡聯合分會長として盡力し、度々陸軍大臣竝に縣知事より功勞賞、感謝狀、表彰狀等を授與された。

昭和十二年秋出征、吳淞に上陸後は須宅、崇明島、李家橋、靑家柳等に勇戰、更に大場鎭攻略戰に參加し、杭州攻略に際しては○隊長として之に當り、後浦東地區、新場鎭、新港鎭等の殘敵掃蕩を了へ上海の警備に就いた。

昭和十三年武漢作戰成るや之に參加し、蕪湖、彭澤等の要衝を陷れ、鄱陽湖東岸の要害星子縣攻略に當つた。八月二十日午前二時陳庄より進擊を開始した酒井部隊は、僅かの寡勢を以つて獨力鄱陽湖西岸を南下、息をもつかせぬ猛進を續けて、沿道の要所々々に據る敵の前哨警戒陣地を順次陷れ、翌二十一日午後七時星子東門附近の城壁にて大激戰を展開し、同三十分號令一下君は最先頭に立つて突擊を敢行し敵を擊滅、星子一番乘の殊勳を打樹て、酒井部隊の勇名を全部隊に響かせた。かくて一兵も損ずることなく城内掃蕩を了し部隊長より賞詞を、畑最高指揮官より祝電を受くる等の榮譽に輝きつゝ城内に待機するうち、命によつて、天險東孤嶺に據つて友軍の南進を拒んでゐる敵八千を擊滅の爲めに出動、勇敢な敵前上陸を行ひ、二十五日午後六時敵の雨より繁き銃砲火を冒し東孤嶺山麓を迂回して目的地に到着、石田部隊と協力、頑强に抵抗する敵に猛攻を加へたが、二十六日夕刻第一線に在り、軍刀を揮つて部下を指揮激鬪中頭部に貫通銃創を受け壯烈なる戰死を遂げた。

出征以來各所に打樹てた君の赫々たる武勳は今や功五級勳五等雙光旭日章の榮譽に輝いてゐる。

最後の便り――

『七月二十四日目的地に着き、警備勤務に就いてをります。いよ〳〵元氣ですから御安心下さい。二十八日夜より二十九日拂曉にかけて敵約五六百襲擊して來ましたが、戰鬪十六時間後遂に之を擊退し、敵に與へた損害戰死傷約二百、鹵獲兵器重機關銃一、輕機關銃一、小銃五十、彈藥一萬、手榴彈二百、聯隊長殿や師團長閣下から御褒めをいたゞきました。戰利品の前で聯隊長殿と記念撮影をしましたので、出來たら送ります。

暑さも大分凌ぎよくなりました。
揚子江を見下す山頂にて八月一日朝記』

陸軍歩兵伍長

魚住直一君

明治四十四年兵庫縣宍粟郡川東村に梅岡源吉氏の四男に生れ昭和八年専門部政治經濟科を卒へ、神戸新聞社編輯局に勤務、昭和十一年明石市の魚住家と養子縁組をした。

昭和十二年秋沼田部隊附として北支に出征、天津の戰闘を初陣に馬廠、滄州と攻略南下し、黄河を渡河濟南、濟寧の激戰を經て徐州の大會戰に參加して戰功赫々たるものがあつた。次いで武漢攻略作戰に呼應して中支に轉じ信陽目指して進撃を開始し、先づ六安を降し、大別の嶮を突破して固始を陥れ、光州、羅山の要衝を屠り、愈々信陽を目睫の前にして急追撃を開始した君の部隊は、羅山を去る西方約二里の地點に於いて我軍を喰止めんとする頑敵との間に激戰を展開した。當時マラリヤ病によつて我方の兵力は著しく減じてをつたので、君は○隊長として自ら輕機銃を擔ひ、先頭に立つて部下を鼓舞し奮闘を續けるうち不幸敵彈腹部に命中し、遂に信陽攻略の凱歌を擧げ得ず惜しき戰死を遂げたのであつた。時昭和十三年九月二十四日。

最後の便り——

『第一線から第一線にと、轉戰して居ります。御兩親様始め四七子、淑子は元氣で暮して居ますか。私の體は意外にも健康だ、頑張だ。これまでの幾多の戰闘に擦傷一つ受けず御奉公できますのも銃後皆様、御兩親が神に念じて下さるお蔭だと感謝して居ります。

次の戰闘は漢口攻撃だ。戰友も數少になりました。身も心も御國の爲に盡すだけは盡す。安心して下さい。この後の戰闘では命はないと覺悟は定めて居ります。

何も言ふ事はない。私なき後は御兩親様に淑子（長女）を呉々もお頼みする。元氣で暮して下さい。機會があつたらお便りする。』

陸軍歩兵曹長

高下八三君

大正元年廣島縣賀茂郡東野村に龜之進氏の三男に生れた。昭和十一年専門部商科卒業、翌十二年現役として入營し後動員下令と共に渡滿し北滿の護りに就いた。

昭和十四年ノモンハン事件勃發するや軍に従つて勇躍出動し、六月二十日より七月一日まで將軍廟附近、七月二日より七月六日まで哈爾哈河左岸白銀査干附近、七月七日より同月十八日までホルステン河右岸キルデゲイ水附近、七月十九日より同月二十五日まで哈爾哈河右岸七四二高地附近、七月二十六日より八月五日までホルステン河左岸七四二高地西北方砂丘シシキ陣地附近、八月六日より八月二十二日まで哈爾哈河左岸七四四高地附近、八月二十三日にはホルステン河左岸ニゲソクモト兩方地區、八月二十四日より八月二十七日まで舊工兵橋東方地區等の各地に轉戰、激戰に次ぐ激戰を續けたが幸ひ武運に惠まれ擦傷一つ負はず、奮闘よく敵を制壓したのであつたが、八月二十八日ホルステン河右岸イリレギン臺附近の戰闘の際、不幸頭部に盲貫銃創を受け滿蘇國境の華と散つた。

最後の便り――

『出征以來壯健にて各地の戰闘に從軍し銃砲彈は雨の如く豫想以上です。何分にも敵は機械化部隊に狙擊兵ですから。

今日までは元氣で居りますから御安心下さい。狀況は新聞で御承知下さい。八月四日壕內にて』

陸軍步兵伍長

寺戶正典君

大正四年島根縣美濃郡都茂村に定明氏の一人息子として生れた。昭和十二年專門部政治經濟科を卒へ、翌年一月現役兵として入營同年春出征北支に上陸直ちに徐州攻略

戰に參加し、攻略後隴海線の警備に當るうち南支作戰に參加を命ぜられて勇躍出動、〇〇敵前上陸、〇山攻略を始め戰闘數十回に及びその戰功は赫々たるものであつた。同作戰完了後は再び中支に轉じ、海州戰に加はり、昭和十四年三月江蘇省漣水に入城警備に就いたが、間もなく流行性腦脊椎膜炎に浸され、臥床僅かに三日間三月三十日遂に陣歿するに至つた。

死の前日同鄕出の長尾軍曹に『聖戰中途にして病氣に斃れるのは如何にも殘念であるが、今日まで父の諭しの通り只滅私奉公の念は瞬時も忘れず、國家に心身を捧げて來た。たとへ彈の爲めに死せずとも日本人として爲すべき事は爲し來つたと思ふ時、心中安らなものがある。此點決して氣遣はれず、益々銃後の御奉公をお願ひする』と兩親への遺言を賴み、斯病として稀に見る靜かな臨終で、看護に當つた軍醫をして平素の修養の程を感嘆せしめたといふ。

最後の便り――

『御元氣で皆樣お暮しの由、何よりとお喜び致します。小生も至つて元氣で精勵して居りますから御安心下さい。來月で出征以來滿一年になります。此間心に深く銘じた事は、日本人として生れた事です。故國を離れて初めて分明する我國の難有さ、何んとも言葉に表はす事が出來ません。國內の人を一人殘らず此戰地に連れて來て、此難有さをシミジミと味はさせ度いと思つて居ます。

寫眞は受取りました。非常によく出來て居ります。小生のも寫つて居りますが、未だ出來ません。同封出來ず殘念です。

隨分暖かくなりました。內地ももう早春の日が照つて居ると思ひます。しばらくの間手紙を出さないかも知れません。元氣で居りますから御安心して居て下さい。近所の誰方にもよろしくお傳への程を願ひます

お元氣の程を』

陸軍步兵上等兵

村上保彥君

明治四十五年名古屋市中區西脇町に弘吉氏の長男として生れた。昭和十一年政治經濟學部經濟學科を卒へ、家業（貿易商）見習ひの爲外國商會に勤務中、翌昭和十二年夏應召中支に出征し、南京、廣德、徐州、宿縣、壽縣等の攻略戰に奮鬪、その間南市、南京、揚州、淮南地方、津浦線沿線の警備に當つたが、昭和十三年八月急性胃腸炎にて野戰病院に入院、同年十二月九日退院再度前線に復歸、浙河附近の警備に就いた。

昭和十四年襄東作戰爲るや之に參加し應山縣西北地區に十數日に亙つて激戰を交へ敵を掃蕩し、更に進んで五月五日高城河渡河戰を敢行し、之に成功するや、翌六日の拂曉戰にて敵の主力陣の前衞地帶を占領し、續いて敵が最後と恃む紫擅寺高地に肉薄した。敵の機銃、迫撃砲の集中火、手榴彈の亂投の中を決死の色固き我軍は、胸衝く急坂を登攀、敵前二十米先から白兵突撃戰に移り、よもや危險な機關銃座に突つ込んで來やうとは思はなかつた敵は、今更のやうに周章ふためき我勝に先を爭ふ退敵を片つ端から突捲り、逃走する奴を背からつるべ射の猛射を浴せ、敵の遺棄死體は數ふに遑なき程であつた。此突撃戰に於て君は右側胸部に砲彈破片創受け無念の戰死を遂ぐるに至つた。昭和十四年五月七日午前七時であつた。

『――村上の姿が見えないので探しに戻ると彼は重傷で倒てゐたが紫擅寺は取れたか……俺はダメだ構はずに突込んでくれ……と言ふのみでしたが、今から思ふとあれが最期で、實に立派な戰死でした。彼は早大を卒業してゐるにも拘らず大學出などといふことは頽にも現はさず、普通の兵と同じやうに働き、蚌埠で疑似コレラにかゝり内地へ還送されやうとしたのを、頑張り通して戰線へ戻つて來た勇士でしたが……』とは川俣部隊奮戰座談會に於て一戰友がシミジミと君を偲んで語つた述懷である。

君が各所に打樹てた武功は勳八等功七級の恩賞に輝いてゐる。

最後の便り――

『銃執』て彈雨の中に立つわれは
明け行く支那の土とならまし
陽は落ちてあだなす敵もしづまりて
わびしくさわぐ蛙どもなく』

陸軍步兵曹長

石崎利夫君

大正三年利助氏三男として茨城縣鹿島郡德宿村に生れた。昭和十一年專門部商科を卒業し直ちに滿洲國奉天稅務署に奉職した。

昭和十一年末現役兵として入營し翌年滿期除隊後充員召集を受け、土橋部隊に屬し中支に出征、爾來各所に轉戰又は警備に就き、戰鬪に從事しては○隊長或指揮班として勇猛果敢に戰ひ戰功赫々たるものがあり、事務に當つては確實迅速、事務室の机に一人夜遲く迄ランプの下に公務を處理し、常に不言實行、自ら進んで事に當る精勵振りは、部隊の模範として尊敬されてをつた。

昭和十四年六月五日君の部隊は○○守備隊より約二百の敵の襲撃を受け苦戰中なる報に接し急遽非常呼集を行ひ同地に赴く途中、クリークの橋梁を燒き此所に我救援を拒止せんと待構へ居る約百名の敵と衝突し猛烈なる戰鬪が開始された。當時敵は我部隊の赴援を考慮し豫め之を遮斷して守備隊を襲撃したもので、各徒渉地點を悉く占領して居り、此橋梁を突破し守備隊に赴援する外道なき狀況であつた爲め、萬難を排しても此敵を撃退するに決し、對岸橋梁兩側を占領せる敵に對し火力を集中制壓し一擧に突撃するの作戰を立てた。しかし橋梁燒却の程度及橋梁上に設置せられた障碍物の程度が不明なので、是が偵察を必要とした。當時石崎君は指揮班として隊長の傍に在つたが之を知るや進んで偵察を申出で部下二名を伴つて猛火を冒し匍匐橋梁に近附き、橋梁の突撃可能なる狀況並に障碍物の程度を突止め、部下をして報告せしめ、更に橋梁を縱射する敵チエツコ機二銃の位置を確認して報告せしめたが、此時君を發見した敵は猛烈なる集中火を浴せて來た。しかし剛毅な君は何糞ッとばかり銃を執つて敵機銃に猛射を以て酬ひ之を沈默せしむるに至つた。この機に乘じ我方は一擧に突撃を敢行し敵を潰走させたのであつたが、此際君も又突撃に移り先頭きつて前進中、左前方より飛來した敵小銃彈の爲左顳顬部後頭部貫通銃創を受け壯烈なる戰死を遂げた。時昭和十四年六月五日午前五時、場所は浙江省餘杭縣閑林埠西北方松樹頭附近、即ち五月二十七日夜同橋梁守備の命を受け部下十二名と共に警備中、機關銃を有する約百名の敵が襲撃し來るを逸早く發見、部下を陣地に就かしめ敵を一八○米に接近せしめて急襲射撃を浴せ、敵に大打撃を與へ赫々たる武勳を樹てた地點であつた。

死後君の戰功は功六旭七の恩賞に輝いてゐる。

最後の便り――

『拜啓永らく御無沙汰に打過ぎ居り候處父母上樣には如何御過し遊ばされ候や御伺申上候　不肖事御蔭樣にて不相變頑健にて奮鬪致し居り候間乍憚御安意被下度候

當地は只今內地の六月下旬の氣候にて日中の暑さは殊の外に御座候見渡す限り新綠に包まれ江南の風光亦見るべきもの有之候名物のマラリヤ蚊もポツ／＼出て來りマラリヤ病に襲はれるものも見受けられ申候

今度四年兵や下士の一部も交代歸還となり新兵も來り只今の處手不足の爲日夜多忙を極め居り候敵も愈々最後の手段として遊擊戰を用ひ各所に便衣が出沒し仲々油斷出來得ざるもの有之候

過日は兄安東より上海まで來り都合が好ければ戰地にてお會ひ出來得たるものに候へ共何しろ第一線の事故通信や連絡に手數がかゝり且急ぎの用事の爲に遂々會見不出來歸還致し候　實君も不相變元氣にて軍務に精勵致し居り候間卯之吉氏へその旨御傳言被下度田舍にても目下農繁期にて色々と多忙の事と遠察致し居候

父母上樣には呉々も御身御自愛の程御祈り申上候

同封の寫眞は過日杭州にて撮影せしものあまり結構なものに無之候へ共御笑覽まで御送申上候

次に新茶も近い中に調製せられるものと察し居り候へ共出來次第ワカサギのつくだ煮とでも御送り被下候はば至極幸甚の事と存じ候

先は右甚だ拙筆ながら取急ぎ御無沙汰御詫旁々近況一報迄如此候母上樣へもよろしく御傳言被下度候

五月一日夜　於中支戰線　利夫』

陸軍步兵大尉

池田繁一君

明治三十六年廣島縣豐田郡瀨戶田町に生れ昭和四年法學部を卒業、朝日新聞社に入社、鹿兒島通信局勤務となり、鹿兒島縣川內通信部主任を經て福岡縣大牟田通信部主任を勤務中、昭和十二年末應召出征した。

當所片野部隊の○○隊長として徐州大會戰に參加、それより北滿に轉戰後三木部隊に屬し、バイアス灣敵前上陸に加はり、次いで北海の敵前上陸戰に活躍し、更に北進して南寧を攻略、之が警備に就いた。當時（昭和十四年末）○○隊は南寧縣九塘圩附近の警備として派遣されてゐたが、十二月十六日頃より戰車砲を有する優勢なる敵の攻擊を受けるに至つたので、三木部隊の一部は之が急援のため十八日出動を命ぜられ、池田君は部下を率ひて出發十九日拂曉より友軍と共に攻擊を開始したが、敵は兵力を益々增加し、正面約五萬、四周約二十萬の大軍を擁して我に抗し、我方又寡兵を以て此大軍に對し猛烈なる激戰を展開した。當時君は○隊と共に第一線に在り、最も重要なる高地を確保して居た爲め、敵はこの高地奪回に主力を傾注し、彼我の交す銃砲聲眞に物凄く爲めに山も崩れんばかりの有樣であつた。池田君は部隊の先任○隊長として部下を激勵、奮戰力鬪しつゝあつたが二十日午後十時二十五分敵砲兵の集中火を受けた折、身邊近く炸裂した砲彈のため頭部盲貫、右臂部、左手掌砲彈破片創を受けてドツト倒れ、一度は軍刀を杖に起ち上つて指揮を續けんとしたが力及ばず再び倒れたので、直ちに壕內に收容された軍醫の手當を受けたがその甲斐なく午後十一時二十分遂に絕命した。

君の中支に、北滿に、南支に打樹てた赫々たる勳功も、今や功五旭六の輝く恩賞に燦と輝いてゐる。

最後の便り（夫人宛）——

『前略大變御無沙汰しました。內地はお正月が近づいて師走の風が吹きまくつてゐることでせう。英一君（長男）、繁子ちやん（長女）はお正月が近づいて嬉しいことでせう。

小生は滿洲からウニの罐詰を送つて頂くやう手紙を書いた直後、寒い滿洲を離れて一路南へ〱と航行、敵南方の物資補給路遮斷のため、その要點たる○○攻略戰に參加、○○○○○にして目下同地に駐留、英氣を養つて居ります。同攻略戰は重疊たる山岳地帶と水田のなかで行はれるうへ、戰鬪間細雨の連續で弱りました。おまけに糧食の補給にも惱まされました。然し皆元氣旺盛、痛い足を踏みしめて意氣軒昂既に敵を吞むの慨を以て押し進みました。（後略）』

陸軍步兵中尉

玉井忠郎君

大正二年四谷區鹽町に石川漣平氏の二男として生れた。大正五年玉井家（母方實家）の養嗣子となり、昭和十二年商學部を卒業

し、直ちに日本精工株式會社に入社、營業部販賣係として勤務した。

昭和十三年春應召し仙臺陸軍豫備士官學校を卒へ、昭和十五年三月倉橋部隊附となり中支に出征江南作戰に參加した。

江南作戰は四月二十日頃より開始され、〇〇鎭に集結進軍を開始した我軍は早くも四月二十一日安徽省宣城縣紅陽樹附近に於て敵を輕く一蹴し、同月二十三日拂曉敵第一〇八師、第六四七師が死守する宣城縣珩瑯山堅壘の突破にかゝり、鐵條網を切斷し又は乘り越え、胸を衝く絶壁を攀ぢ、高標三百二十米の絶頂に向つて突擊を行ひ之を陷れ、時を移さず淸戈江——南陵道を南陵に向つて轉進、君は尖兵長として殘敵と新に加はつた第五二師とを急追しつゝ、同日夕刻一字格を占領した。

翌二十四日敵は黎明より玉井隊に對し逆襲を試み來つたが、效果なきを知るや後退三百米附近に在つて猛射を集中し始めたので、尖兵隊玉井隊は小癪とばかり各所に抵抗する敵を蹴散らしつゝ正午頃南陵東方四粁の敵退却收容陣地大村吳に到着、彈雨を浴びつゝ一軒家の裏にて晝食を了し、敵情を偵察の後當面の敵陣地を攻擊、南陵以西に於て敵を捕捉殲滅するに決し、君の部隊は右翼第一線となつて展開、機銃、聯隊砲等の射擊と共に進擊を開始して、クリーク又クリークの困難なる地形を突破し敵陣に近迫した玉井隊は、一擧敵陣に突入することに決し、君は眞先立つて菜の花畑を突進する折、左方より狙擊し來つた一彈にて下腹部より腰部に至る貫通銃創を受け、南陵を眼前に壯烈なる最後を遂げた。

最後の便り——

『其の後は御無沙汰致しました。去〇日午後〇〇を出港、〇〇日未明揚子江に入り午後上海飯田棧橋に着き數時間上陸、須田少尉の知人總司令部經理部出張所員畑氏（主計中尉）の案内にて市中を見物。事變當初問題となりしガーデンブリッヂ、カセイホテル、競馬場、遠くデスフィールド公園等英國の勢力區域を廻りました。我國の勢力範圍たる北部共同租界は復興振未だ充分ならず、僅か北四川路街のみ其の面目を保ち、これとても橋の南側に比すれば何となく淋しく、戰亂も知らぬが如く行き交ふ英、米、支各國人の姿に賑ふのを目擊して、言ふに言はれざる不快を覺え、上海の第一印象は餘り良いものではありませんでした。

當夜は船内に歸り、船は翌日未明錨を揚げて出港し、翌〇〇日午後三時〇〇に到着、兵站司令部の斡旋にて城外揚子ホテル（元英人經營）に二泊する事に定めました。

〇〇日午後總司令部尾形少佐殿に面接、多忙の樣子なれば十數分にて辭し去り、其の後市中見物中遇然入隊當時の通信隊の軍曹（當時班附の先任上等兵）に會ひ、兵營は城内にありとの事、近くなれば同道して當時の班長、教官、戰友の面々に暫く振りにて會ひ、二時間程昔話をして戻りました。

〇〇日朝八時半汽車にて南下正午〇〇驛に着き、直ちに部隊本部に行き副官に挨拶なし、當地の模樣を聞き宿所など定め此日は終り、翌〇〇日新任部隊長に申告なし隊附本庄中佐に配備、敵情、兵力、連絡、過般の討伐の樣子等の説明を聞き一日を費し

○○日身體檢査、豫防摂取なし、午後高木隊附の命令を受け、翌日出發せよとの事にて其の準備にかゝりました。

○○日朝雨中を出迎えの護衞兵若干と出發、正午部隊主力の警備地に到着致しました。警備位置は○○市南端より南下十五粁、○○を結ぶ線の交點にして、河の左岸、山の東側麓に兵營を設け、四圍に陣地を築きて南方及西方の敵と對峙して居ります。討伐は既に終り各隊は警備地に戻り、○隊長は將校の來着を餘程待つてゐるらしく准尉を途中まで迎へに出し、自らも屋外に出て待つて居りました。直ちに第○○隊長を命ぜられ、晩は早速○隊長の主催する歡迎會がありました。

○○出帆の日は五月頃の如き暖かさでありましたが○○上陸以來内地より寒く、殊に朝夕冷え、一寸ばかり風邪を引きましたが漸く恢復いたしました。昨日は○隊の警備區域及四粁程西に分屯せる○○隊の陣地を見廻りに出掛けました。當隊の正面四粁——六粁の地點に第一四四師（四川軍）の一部が出て居り、毎日銃聲は聞えますが積極的に出て來る様な事はありません。

昨日は春らしく天氣もよくぽか〳〵して居りましたが、今日は又寒くなりました。只今主力の居る當陣地には將校は部隊長と私と二人きりにて、今迄は部隊長自ら初年兵の教育に當つて居り檢閲も目前に迫り、私も專ら其の方に當り未だ落着く暇もなく案外に多忙を極めて居ります。氣候、四圍の風景は一寸武藏野に類似して居り、起居には御心配される事はありません。お蔭を以て元氣です。細部に關しては日を更めてお便り致します。取り敢へず安着の御報告まで。

皆樣御自愛の程を

三月二十一日　忠郎』

陸軍步兵大尉

加島致一君

明治四十一年鳥取縣西伯郡車尾村に山内長三郎氏長男として生れた。

昭和五年高等師範部國語漢文科を卒へ直ちに米子市立高等淑德高等女學校に教鞭を執つたが、後米子市加島家の養嗣子となり家業（紙商）に從ひ、一方在鄕軍人分會長として鄕軍に盡力した。

昭和十二年支那事變勃發直後應召北支に出征し、幾何もなく南趙扶鎭の激戰に於て左肩より脊骨を貫く銃創を負ひ天津陸軍病院にて加療後内地に送還され、松江陸軍病院に入院、昭和十三年一月幸ひ治癒退院して千葉陸軍步兵學校に研究の爲派遣され、同年夏新美部隊附となり再度北支に出征、○隊長として分屯地に在つて討伐に警備に宣撫に活躍した。

昭和十五年六月二十七日君は分屯地より連絡の爲部隊本部の常駐地に來り打合せを終へ小數の部下を引率自動車にて分屯地に歸還の途次、河北省安國縣南張村附近の橋梁に差掛るや、敵の敷設せる地雷に觸れ轟然たる爆音と共に自動車が破壞したので、君は直ちに部下を部署に就かしめ、對敵隊形を取らせる暇もなく、待伏せる敵は四圍より攻擊を開始したので此所に數十倍する敵と悲壯なる戰闘が展開せられ、君は二名の傳令を以て部隊本部及分屯部隊に急報せしめ、全員一丸となつて激戰一時間、遂に彈藥盡くるまで孤軍奮闘し、急報によつて兩方面より救援部隊が戰場に到着した折は、最後の一兵が敵と格闘して居り、増援隊の到るまで最後の一兵に至るまで一歩も退くことなく奮闘を續けたのであつた。此激闘中君は心臓部の貫通銃創によつて壯烈なる戰死を遂げたのであつた。

最後の便り――

『久敷御無沙汰致しました。御一同様お變りはございませんか、御伺ひ申上げます。嘸かし御多忙の御事と存じ上げます。降而小生も益々元氣で働いて居ります。御安心下さいませ。特に重大なる〇〇を授かり大いに奮闘せねばならぬと存じて居ります。レコードの「最後の訓辭」にもあります樣に命は　天皇陛下にお捧げ申して了つたのですから、後は生死を達觀して大いに戰抜き勝抜かねばならぬと存じて居ります。

當地は大分雨が降る樣になりました。茄子や南瓜の苗の植替えをやり、野菜畑も出來上り、これで當分食糧の方も心配はないと思ひます。これから又新らしい兵舎を造らうと思つて居ります。又〇〇で多忙でございます。

暑の砌り御身御大切になさいます樣御祈りいたします。六月十六日』

陸軍輜重兵一等兵

松倉明君

大正三年宮城縣登米郡新田村にて求馬氏五男として生れた。

昭和十二年専門部政治經濟科を卒業、仙臺鐵道局に奉職し、久慈驛、田名部驛、四ツ倉驛等を歴任、仙鐵經理部用品課に勤務中、昭和十五年春應召田中靜部隊に屬して征途に上つた。

始め中支戰線に在り日夜繁多なる軍務に精勤、次いで宜昌作戰に參加し、酷熱の下、豪雨の中、泥濘の野に敵の反撃を排除しつゝ進撃、繁激休みなき輸送業務を完了し、部隊の本作戰行動を遺憾なからしめた。

六月下旬作戰完了と共に湖北省宜昌縣鴉鵲嶺地區の警備に着き、次いで同地野戰倉庫に勤務を命ぜられ、專心業務に勵み居たるところ、七月十七日急性氣管支炎に罹り軍醫の治療を受けたが病床に就くことを肯んぜず、そのうち病勢漸次亢進し來つたので同月二十一日同地野戰病院に入院萬全の處置を加へたが、病勢急速に惡化し翌二十二日午後四時三十分戰友に看護られつゝ興亞の礎石となつた。

最後の便り――

『長らく御無沙汰致し誠に申譯御座いません。上陸して始めて内地の皆樣の御便りを手にした時位嬉しく感じた事はありません。初信十三通頂きました。母さんより二回、君子（妹）より一報、田名部四ツ倉愛子各驛長さんより一報宛、國防より二報、友人より一報と一束にて〇〇で頂たわけです。

私もお蔭で酷暑に打勝つて軍務に精勵して居ります故御安心下さい。御便り慰問袋はどん〳〵御送附願ひます。何よりの樂みです。慰問袋はまだ頂戴致しません。主として仁丹、手拭、申又等特に御願ひ致します。御願迄。母上、きみ子に宜敷しく。

先は後便にてサヨナラ』

戰線の華と散つた
校友の面影

陸軍砲兵大尉　吉村吉太郎君

明治四十年長岡市に文四郎氏長男として生れた。昭和六年商學部を卒業し直ちに歸省、家業（醬油釀造）に從事した。

支那事變勃發直後應召して北支に出征、太沽上陸後敵を制壓しつゝ平漢線を南下し、保定を降し、要衝娘子關を抜き山西省に入り太原攻略戰に參加し隨處に武勳を輝した。爾來太原以南の各地に轉戰を重ね、陝西省、河南省より執拗に侵入し來る共產匪を討伐中、昭和十四年十二月初旬陣中に於て急性腎臓炎に罹り、運城の野戰病院に入院療養に力めたが、天遂に君に命を假さず、翌昭和十五年一月十九日陣歿するに至つた。

× ×

陸軍砲兵上等兵　芝崎正樹君

大正四年埼玉縣比企郡大河村に生れた。昭和十二年高等師範部英語科を卒業し、直ちに播磨造船所に入り祕書課に勤務した。

昭和十三年秋應召、間もなく中支戰線へ出征し各地に幾轉戰、惡戰死鬪を經て昭和十四年夏一時內地に歸還したが、同年末再度南支一線へ出動、翌昭和十五年一月南寧攻略戰に參加したが、一月二十三日右戰鬪準備作戰たる廣西省邕寧縣八塘墟古寨に（南寧の東南方約二粁）於ける戰鬪に於て不幸戰死を遂ぐるに至つた。當日部隊長より重大命令を受けた君の隊は、前記八塘墟古寨の高地に陣地を敷き、正午少し前より戰鬪は開始された。君の陣地より先づ第一彈が放たれ、續いて第二彈、第三彈が發砲された刹那、側面より飛來した敵の重迫擊砲は君の砲車頭上に炸烈し、頭部、腹部、左腰部に破片創を蒙り濛々たる砲煙下に壯烈な最期を遂げた。

最後の便り——

『出發に際しましては種々何時も乍ら御面倒をお掛けしてすみません。厚く御禮申上げます。御蔭樣にて〇〇日無事現地に到着致しました故御安心下さい。當地の風物は、中支とは格段の相違にて、點々として散在するヤシの林にバナナが黃色く重なつて垂れ下つてゐる樣子等、誠に何とも云はれぬ珍さを覺えます。其うち最前線に動く日も近いことゝ思ひます。先づは御通知まで。』

皆々樣によろしく御願致します。』

× ×

陸軍歩兵中尉

安達不二男君

大正三年静岡市に於て故將總氏の長男に生れた。昭和十二年法學部英法科を卒へ日立製作所に入り、日立工場勞務係として勤務した。

昭和十三年現役兵として入營、後豊橋敎導學校に入學し、同校卒業後見習士官として昭和十四年秋勇躍中支戰線へ出征、戰闘を繰返すこと二十數回、その間新兵の敎育に從事し席の暖まる暇もなき奮闘の日夜を送つた。

昭和十五年宜昌作戰に參加した君は、五月十八日その作戰の一部たる小保庄（湖北省棗陽縣湖河鎭）の戰闘に於て、○隊長として部下を指揮し敵の正面を衝き猛攻を加へたが、多數の敵は民家に據りチェッコ機銃にて掃射し來つたのに反し、我方は何等の掩蓋物なき平原よりの攻撃であつたので文字通りの惡戰苦闘であつた。しかも勇敢不敵なる我軍は一歩々々敵に接近し、約百米附近迄前進した折、突撃地點に今一息と前進命令を發するため立上らんと中腰になつた一瞬、敵彈によつて左胸部より右方腰部への貫通銃創を蒙り壯烈なる戰死を遂げた。

最後の便りは、未だ見ない長女千穂子さん（一昨年三月出生）の成育振りを想像し、母堂と夫人にその養育方を篤と依頼し「戰闘は則るべからざる困苦に堪へて行かねばなりませんが征く處として勝たざるなきその快感は、その總てを淸算して餘りあります。皇國男子のみの味ひ得る特權です」と元氣と自信に充ち溢れたものであつた。

× ×

陸軍歩兵上等兵

山岸　肇　君

大正六年舞鶴市に七三郎氏長男として生れた。昭和十四年專門部商科を卒業と共に川崎車輛株式會社に入社したが、同年末入營翌春小川部隊に屬して中支に向つて出征、警備殘敵掃蕩に從ひ、後漢水作戰に參加しよく困苦缺乏に耐へ北に南に奮戰進撃を續けたが、六月十八日早朝敵の大部隊に遭遇し、激戰を展開、寡を以て衆に當り一歩も讓らず奮闘中、君の所屬部隊に敵迫撃砲撃の集中火を受け、午前六時五分その一彈は山岸君の側方二米の所に落下し、右鼠蹊部、右下腿部、下腹部等に砲彈破片創を蒙り倒れたが、豪毅な君はなほも戰闘を繼續せんとするのを戰友等によつて無理に後送され、意識も極めて明瞭、回復の見込もあるやうに思はれたのであつたが腹部の破片創が致命傷となり、翌十九日遂に陣歿するに至つた。

最後の便り——

（御兩親宛）『大變長い間御無沙汰致してゐます。皆樣には御變り無く御過しの事と存じます。私も無事元氣で居ります故御安心下さい。

勝（商學部在學の令弟）の學部へ進學と共に御兩親樣の念願の大半を達せられ、我が家を謳歌せずにはゐられません。幸子（令妹）も愈々最終學年です。良い成績をとる樣今から努力する樣願つてゐます。』

（令妹宛）『幸子よ、私は髭を伸ばしてゐません。不精者もね。リーグ開幕、早稻田の成績は如何です。相變らず石黒が投げてゐますか。應援を賴みます。

猫は健かなりや、彼奴の存在も捨て難いもの。何か變つた面白い事はないか。お前の名筆に俟つ事久しと言ふものだ。

お前も今年一杯で愈々卒業だから社會人への準備を心掛けて貰ひ度い。文學的教養なども望ましいね。映畫なども母上と一緒に出來るだけ見ておいて欲しい。新綠五月も近い。體位向上をはかり益々朗かに通學して下さい。御祈りしてゐます。御兩親樣に宜敷く。』

× ×

陸軍步兵軍曹

吉野宣昭君

大正二年千葉縣津田沼町に生れ、昭和十二年商學部を卒業し同年末幹部候補生志願兵として入隊したが、翌年の甲種幹部候補生採用試驗に病氣の爲缺席したため伍長にて昭和十四年除隊、卽日臨時召集を受けたので、遺言狀を認め爪及頭髮と共に嚴封して母堂に手交し新年早々勇躍して南支へ向つて出征した。

君が戰地に到着した當時は、賓陽作戰の眞只中であつて、直ちに○隊長に拔擢せられ各地を轉戰、殊に君の部隊が感狀を受けた中大村附近の殲滅戰に於ては赫々たる武勳を樹てた。

三月上旬江南作戰が開始せられるや君も之に參加し、激鬪を繰返すこと二十餘回、部隊長、副官を助けて見事なる戰果を收めた。爾後○○地警備に就き○隊副官助手として、重要なる功績調査事務に從事し之を完了した。しかるに昭和十五年七月十八日廣西省邕寧縣亭子圩に於てマラリヤに罹病、同月二十三日野戰病院に入院加療、恢復に努めたが、天は君に殘餘の武勳樹立を許さず、七月三十日午後五時二十分遂に陣歿するに至つた。

最後の便り（母堂宛）——

『今日は七月十六日です。二、三日前までは每日の樣に夕方になると丁度南洋のスコールの如く大雨が降りましたが、こゝ二、三日はヂリヂリ灼熱の太陽が輝いて居ります。

家の方は皆さん相變らず御元氣の事と思ひます。私も此頃は胃腸の方もスッカリ丈夫になり、又仕事も樂になりましたので至極元氣ですから御安心下さい。最近は戰鬪もなく專ら英氣を養つて居る狀態です。去る十四日の日曜日は生憎日直でありました爲外出できませんでした。外出も東京と違つて乘物がある譯ではなく、炎天下を步くのですから樂ではありません。其れに約一時間も掛りますから相當疲れます。早く市內に駐屯したいものです。市內には水道電灯もありますから非常に便利です。

中支方面では今盛んに漢水戰が行はれて居る樣ですね。併し支那軍には戰意が無い樣ですから近い中に終るでせう。佛國も獨遂に降服した以上佛領印度支那よりの援蔣ルートも弱化した事と思ひますが、未だ相當多量の軍需品を毎日送つて居る樣です。今後佛國の出樣如何ではどんな紛爭が起るかも判りません。內地も夏の眞盛りで、さぞ暑いことゝ存じます。呉々も御身體に御注意の程御願ひ致します。今日は此れで失禮致します。皆樣に宜しく

七月十六日　宣昭』

× ×

陸軍步兵一等兵

遠藤壽之君

大正二年岡山縣都窪郡吉備町に賢吾氏の二男として生れた。

昭和十一年專門部法律科を卒業後直ちに東北興業株式會社創立事務所に就職、同社創立後事業部に勤務した。

昭和十二年夏應召し同年末召集解除となつたが昭和十三年再應召し赤柴部隊に編入され中支に出征、徐州會戰に參加後、蕭縣、永城、亳縣、拓城縣、睢縣、蘭封、東明、歸德等江蘇、河南兩省に亘つて轉戰勇戰、奮闘を繼續中、不幸赤痢に侵され直ちに、歸德野戰病院に入院一意療養に盡し一時快方に向つたが引續いて慢性腸炎を發し更に肺結核を併發し、萬全の手當の甲斐なく昭和十五年七月一日遂に興亞の尊き犧牲となつた。

× ×

陸軍步兵一等兵

高野忠幸君

明治四十三年山梨縣東山梨郡鹽山町に生れ昭和十年商學部を卒業、東京電燈株式會社に入社福利課に勤務した。

昭和十三年春應召中支出征後、漢口攻略戰に參加し、長江筋の要衝を次々と陷れ、十月四日には要害半壁山要塞を粉碎し、續いて銀山峯、大王山、大冶等の各所に激戰を交へ之等を拔いて武昌一番乘の武勳を樹立し、更に敗敵を追討して奮闘するうち、昭和十三年十一月五日胸膜炎に侵され野戰病院に入院療養に專心したが經過思はしからず、內地陸軍病院に後送され、昭和十四年秋除役退院して自宅に於て專ら靜養に努め、再起奉公を期してをつたが、昭和十五年十月病勢急變し同月十三日午後零時三十分遂に簀子を替るに至つた。

× ×

陸軍步兵軍曹

對木康夫君

大正五年熱海市に生れ、昭和十二年專門部商科を卒業した。

卒業後は家業（溫泉旅館）に從事してゐた

が、昭和十三年一月出征し張家口、蔚縣附近に駐屯し、北は察哈爾省の宣化、暖泉鎭、桃花堡より南は山西省の廣靈、洗場庄、南土嶺、鄒家窑、石門子、東齊堂、張家房、上清水等廣範圍に亙つて匪賊討伐、敗敵掃蕩に寧日なき奮闘を續けたが、昭和十五年八月二十五日腸チフスに罹り蔚縣野戰病院に入院、翌九月四日途に朔北の華と散つた。

最後の便り――

『東京の舞踊と音樂の慰問團に、久方振りにてギターやアッコーデオンの音をきゝました。偕樂園といふ酒保の前の廣場で、戰地に居る氣分も忘れ、これこそ何處かの音樂會にでも招待された樣な氣分でした』

× ×

東日・大每南支特派員

坂上 績君

明治四十一年北海道根室本線池田に於て徹氏長男として生れた。樺太大泊中學を卒業第二高等學院に入り、昭和八年法學部英法科を卒へ、更に明大新聞研究科に入學、昭和九年同科を修了直ちに靜岡民友新聞社に入社した。昭和十一年六月東京日日新聞社に轉じ社會部に勤務中、從軍記者として南支に特派出張を命ぜられ、昭和十四年末廣東北部地區の翁英作戰に參加し、昭和十五年一月更に轉じて櫻田部隊と共に欽州より南寧を經て長驅賓陽を衝き、戰車隊と共に賓陽縣城一番乘を敢行し、敵四十餘ケ師を殲滅せる皇軍奮闘の狀況を具さに報道、更に佛印國境に近き龍州作戰に參加し、次いで靈山附近の殘敵掃蕩戰に加はり、前記賓陽作戰に於ては櫻田部隊長より感謝狀を受くる等、報道戰士としてその活躍は目覺しかつた。

昭和十五年七月には佛印よりの援蔣軍需品輸送遮斷作戰に加はり、南寧前線支局長として活躍するうち、八月十五日風土病たる南寧熱に冒され後退して野戰病院にて應急の加療を受け、同十九日廣東博愛病院に入院したが病勢一向に衰へず「皇軍はどうした。後のニユースが心配だ。どうせ死ぬなら第一線で彈丸に當つて死にたかつた」と叫びつゝ九月十一日陣歿するに至つた。

最後の便り（令妹死去に對する弔電）――

『順子の死を悼む。生前あれ程迄皆に可愛がられたのだから、屹度天國に往つて居るだらう。僕も元氣で働くからそちらも元氣を出して下さい。』

× ×

陸軍步兵大尉

井出彌一君

明治四十三年長野縣北佐久郡南御牧村に伊三郎氏長男として生れた。昭和十一年法學部英法科卒業後江戸川區役所に奉職中、昭和十三年應召、翌年勇躍して征途に上つた。

君の戰場は蒙疆の第一線であつて、四周悉く嶮阻なる山嶽を以て圍まれてゐる上に、數里離れた周りには一萬二萬の共產軍が常に蟠踞して居るといふ狀態で、一日と雖も氣を許せない困難なる地域であつた。

偶々昭和十五年九月二十二日夜君の警備地は三千の共產軍に襲はれ、しかも敵は迫擊砲さへ備へた精銳であつた。滿を持してをつた井出隊は全員士氣旺盛、好敵御參なれと許り之を邀擊した。當時小柴部隊主力及各隊も殆んど同時に優勢な敵と會し交戰中であつたが、就中二十二日夜の井出隊の東團堡附近の戰鬪は緒戰より激戰となり徹宵にわたり、未明には近接戰鬪を展開、手榴彈を交へる程で最も激戰であつた。數十倍する敵は我が寡兵を侮り、その攻擊は極めて執拗であつたが、井出隊長以下健鬪善戰敵に百五十の損害を與へて退却の止むなきに至らしめた。しかし敵は東團堡平地を奪取し、部隊主力の脊後を衝くと同時に後方連絡を斷ち、隣接部隊攻擊の據點となさんとしてをつた爲め、遠卷きに包圍して持久戰に出ようとし、多衆を恃む勢は仲々侮り難きものがあつた。

爾後二十三、二十四、二十五と四日に亘り全くの孤軍奮鬪であつて遂に敵に八〇〇の損害を與へ之を完全に擊碎したのであつたが、特に二十四、五兩日の戰鬪は激烈を極めた。二十二日、二十三日共に多大の損害を被つた敵は、我救援隊の來らざるを幸ひとして更に新手を增し、二十四日日沒と共に南、北、東の三方より攻擊し來つたので我方は至近の距離に引寄せ、正に鐵條網を越えんとする折一勢に射擊を開始し又も彼我必死の激戰が展かれ、遂に白兵戰を演ずるに至つた。かゝるうち一方敵は追々兵力を增加し、西北角の陣地を奪取せんと新たに攻擊し來り、四圍悉く敵となり、手榴彈、銃聲は徹宵寸時も絕えない有樣で、東北角陣地の如き餘りにも多勢の敵にともすると押されんとしたが、一兵に至る迄の不屈な戰鬪精神は敵を遂に近寄らせず、拂曉に至り敵の企圖を挫折退却せしむるに至つた。しかし不眠不休の激戰三日に及び勇猛なる部下の傷付くもの多く彈藥も殆んど缺乏に加へ救援隊の望も見込立たず、二十四日二十五日漸く天候回復し飛行機來つて彈藥を投下するも意の如く入手出來ず、隊長たる井出君の心勞は如何ばかりであつたか、察するに餘りあるものであつたらう。

二十五日日沒と共に再度新手を交代して敵は襲擊して來た。出來るだけ敵を引寄せた君は攻擊命令を下し、隊長以下白刃を振つて獅子奮迅、その豪膽機敏なる行動に敵は壓倒され後退の止むなきに至つたが我方も寡兵の上に當夜の戰鬪で相當の負傷者を出した。しかるに深更に及び執拗なる敵は兵力を增加し更に攻擊するの氣配が見えたので、君は悲壯なる決意を固め、重要軍用物を悉く處理し、部下と共に死なんと最後の覺悟を定め、脊水の陣を布いた。

戰鬪は再び開始された。指揮所にあつて指導中だつた君は、戰鬪が激烈になるに從ひ部下を鼓舞激勵すべく、彈雨の中を西北陣地へ東南陣地へと慘烈を極むる各陣地を馳せ廻り、偶々東側陣地にあり部下を叱咤激勵中、飛來した敵彈頭部に命中し壯烈なる戰死を遂げた。時二十六日午前一時三十分、場所は蒙疆淶源縣東團堡。

しかし君の布いた脊水の陣は見事效を奏し、拂曉に至り完全に敵を擊碎敗走せしめた。

君の最後の地はその不滅の武勳と不倒不拔の偉大なる精神とを永く忍ばんとて、井出濱田平地と名付けられ（濱田とは君の部下であつた隊長の姓で、共に戰死を遂げた人）小柴部隊では次の樣な歌が唄はれてゐる。

唐子嶺峠を越ゆれば東團堡
勳は香しヨ井出部隊ヨ

老三圓の三千騎を一手に引受けて
孤軍亦奮闘討死す

最後の便り（夫人宛）――

『その後御丈夫の事と存じます。大陸もすつかり晩秋となり、朝夕寒くなりました。松本も段々寒くなると思ひますが如何ですか。其後チヤコも義坊も丈夫で腕白して居る事と思ひますが如何ですか。小生も無事軍務に勵んで居りますから御安心下さい。

當地は只今秋の收穫時です。田畑にある穀物を夜中部落民同志がお互に盜み合ふ有様で、毎夜丁度內地の西瓜畑の番人の樣に小屋掛でお互の生活の爲めの穀物を監視して居る有樣です。全く可哀そうと云はんかむしろみじめなものです。生活に迫はれて生きんが爲めのお互の盜みで、我々も處罰するのを躊躇する有樣です。

敵も此のところ不思議とおとなしくして居ります。今月から來月一杯位は一番警戒を要する時と思はれます。

時折チヤコ、義坊の夢を見ます。急に會ひ度くなります。

今日はこれで失禮、皆んな丈夫で暮す樣祈る。九月十七日』

× ×

陸軍軍曹　西島達雄君

大正四年滋賀縣坂田郡長濱町に庄五郎氏三男として生れた。

昭和十四年商學部を卒業後直ちに芝浦電氣株式會社に入りマツダ購買課に勤務した。

昭和十四年末入營し、鷲津部隊に屬して北支に出征し、甲種幹候として軍務に精勵し、徐州〇方地區附近の掃蕩戰に出動して敢闘赫々たる戰果を收めた。

しかるに昭和十五年七月〇〇方面地區の殘敵討伐戰開始せられ、君も亦之に參加連日連夜に亙つて豪雨を衝き奮戰中、不幸病魔（A型チフス）の侵す處となり、徐州野戰病院に後送入院したが病勢一進一退、加ふるにマラリヤをも併發するに至り、十月二十四日午後十一時二十五分、前線復歸の希望空しく怨多き陣歿をなした。

最後の便り――

『御兩親樣先日の手紙でマラリヤになつた事を書きましたが、藥のお蔭で此處二・三日熱も出なくなつて漸次快方に向つてきりますから御安心下さい。長い病院生活種々御心配をおかけしまして濟みません

（中略）

戰友達は討伐々々で仲々だそうで、相當負傷者や病人も出てゐるやうです。私も早くよくなつて再び元氣で前線に立ちたいものと願つております。

其れから今日は御兩親樣に喜んで戴ける大ニュースがあるのですが、昨日より食事が並食となり麥飯となつた事です。もうお粥ともお別れです。

昨日軍醫殿のお許しが出て「善哉」を頂戴致しましたが、久し振りで美味しく戴きました。

此んな具合ですから少しも御心配しないで下さい。

十月十七日朝

御兩親樣　達雄誌す』

戰線の華と散つた

校友の面影

陸軍軍屬 加治三郎君

大正四年福岡縣企救郡曾根町にて牛九郎氏三男として生れた

昭和十三年専門部商科を卒へ、引續き特設の東亞研究科に在學し、宣撫官の試驗に合格、同年夏勇躍して北支に向つて出發、梅田部隊附として北京に止り、同年九月より山岡部隊に配屬平遙班勤務となつた。

該班は平遙縣、介休縣を擔當してをつたが、當時介休城は絶えず敵襲を受け、殊に鐵路の破壊されること頻々たるものがあつた。斯如き狀況の中にあつて君等は守備隊と協力して鐵路愛護村結成或は指導に、或は靑少年警護團の敎育に、他方縣政府を援助し民心獲得に日夜粉骨碎身の努力を續けた。

昭和十三年九月末より、平遙縣東北の李家橋方面に派遣せられ愛護村結成、治安維持會結成指導の任に服した。其頃君は少しく風邪氣味であつたに拘らず一意任務の遂行に專念し、加ふるに惡天候を冒し非衞生的な家屋に起居しつゝ勤務を續行するうち盜汗、咳嗽あり四肢倦怠を覺ゆるに至つたが、責務の重大性に鑑み身體不調を顧みず一段と緊張使命の達成に邁進した。爾後前記症狀の外に輕度の發熱、食慾不振、肩凝感等が加はつたが少しも意に介せず、平遙班長の極力の勸告で平遙野戰病院にて受診服藥しつゝ宣撫工作に專心した。

同年十月北京本部附となり、途中數回の敵襲を受け苦闘を重ねて同月九日北京に歸着、引續いて北京本部に勤務した。しかるに前記症狀が益々惡化するので、昭和十三年十月二十八日北京兵站病院に入院、更に同十一月末歸還し北方陸軍病院に入り銳意加療に力めたが、昭和十五年七月十五日遂に死去、興亞の一礎石となつた。

× ×

陸軍少尉 金本博君

大正四年長崎縣南松浦郡福江町に河野勉氏の弟として生れ、

昭和十三年法學部獨法科を卒へ、神戸市の金本家と養子緣組をなした。母校卒業後東洋製鑵株式會社に入り戸畑工場營業課に勤務中入營北滿守備に當つたが、甲種幹候に合格して奉天豫備士官學校に入學、昭和十五年六月同校を卒業原隊に歸還、八月○隊長として綠川部隊に屬し中支に派遣せられた。

同部隊は昭和十五年六月以來數次に亙つて電擊的討伐戰を敢行し、我警備管區を窺覦し得ざるまでに敵に大打擊を與へ、その行動に掣肘を加へてをつたが、尙も執拗に特務戰を展開し來り、我軍の討伐の間隙に乘じ或は深夜道路を破壞し、或は通信線を切斷し或は小部隊を襲擊する等の盲動を續けた。此間に處して綠川部隊は廣大なる警備地區を擔當し、小兵力を各要點に分散配置し寧日なき活動によつて交通通信線を確保し治安の確立に努力、新東亞建設の中心地たる所謂三角地帶の肅正に萬全を期してをつた。

金本君は九月十六日部隊に着任早々○隊長として東安鎭附近の戰鬪に參加し、卓越せる指揮振と勇猛果敢なる戰鬪精神に加へ高邁なる人格は忽にして部下敬仰の的となつた。しかるに崩壞一步前に足搔く重慶より指令を受け、皇軍占據地區內の治安攪亂及所謂總攻勢を企圖してをつた敵は、九月二十六日夜を期し敵四○師を基幹とする數ケ師は、我第一線各警備隊に對し全面的總反擊の擧に出で來つた。情報に基き此事あるを豫期し待機中であつた我方は直ちに出動、肅々として敵に近接、暗夜を利して夜襲により一擧に之を殲滅せんものと彈藥の裝塡を一切禁じ、將兵一同悲壯なる決心の下に二十二時頃警備地を進發した。

しかし敵は掩護物又は家屋內銃眼に據つて、地形地物を利用し猛射するに反し、我は遮蔽物とて全然なき開濶地にて道路兩側は水田、敵陣地前はクリーク縱橫に走り剩へ數日來の豪雨に增水しをる狀態で、前進は頗る困難であつた。而も突擊路たる二三の橋梁は敵の重機を以て固め我進攻を阻んでをつた。玆に於て敢然白兵を以て突入するに決し、金本君は部下を率ひて最右翼となり敵の左翼に向つた。此時敵は我突擊を察知し全火力を以て我第一線部隊を掃射し來り、正面、側方より飛來する彈丸は文字通りの雨霰、四周の稻穗を薙ぎ倒さん許りの物凄さであつた。

突擊を開始するや君は剛膽不敵この十字火を浴びつゝ敢然先頭に立ち、膝を沒する水田中を怒濤の如く猛進し、將に白刄を揮つて敵陣に突入せんとする一時、飛來した敵彈は君の右前胸部に命中し、敵前僅か十米の所に於て壯烈なる戰死を遂げた。時正に昭和十五年九月二十七日午前一時二十分であつた。

× ×

陸軍曹長
渕岡哲郎君

大正十年兵庫縣加西郡下里村に生れた。昭和十年商學部を卒業し、家業たる淸酒釀造業に從事したが昭和十三年初夏應召翌春出征した。

出征以來北支各地に轉々奮戰を續けたが昭和十五年九月二十一日早曉、山東省高苑縣魏家堡附近に於て、我に數十倍の共產軍と不期遭遇戰を展開、寡を以て克く衆に當り、指導教官たりし君は隊長に協力して部下を指揮外鬪三時間半、增援隊到着を前にして敵彈の爲頭部を貫通され壯烈極まる戰死を遂げた。

最後の便り——

『御母上樣には御元氣で安心致しました。

昨日は方々より四五通手紙がきまして非常に嬉しかつたです。小生相變らず元氣一ぱいで居りますから御安心下さい。一時は大變涼しくなつて居りましたが又こゝ二三日は非常に暑くなりました。今は高粱が大變長く伸びて居ります。附近の木には内地と同じく蟬が鳴いて居ります。市には西瓜も終りに近づき葡萄が出始めました。八月十五日』

× ×

陸軍大尉

畠山金之助君

明治四十年秋田縣北秋田郡綴子村に金治氏の長男に生れた。

昭和八年商學部を卒へ昭和産業株式會社に入社した。

昭和十三年秋應召し、北支谷口部隊に屬し臨汾附近の殘敵掃蕩戰に參加、翌年四月以降よりは池ノ上部隊に轉屬して山西省の五臺山、忻縣、崞縣一帶の治安維持と鐵道警備に當り傍ら敗匪討伐に從事した。

昭和十五年九月二十三日未明、君が警備隊長として警備中の奇村鎭は一千餘名の敵八路軍の襲擊を受くるところとなつた。君は寡兵を以て之に對し奮戰中、午前四時三十分頃敵迫擊砲彈の爲、右下腿部に爆創を蒙り其場に倒れたが氣丈な君は看護兵に看護されつゝ、本部に無電を以て應援を求め尚も指揮し續け、遂に急救を俟たず敵を擊退せしめた。かくて君は直ちに後送され平原鎭陸軍病院に入院加療中、瓦斯懷疽敗血症を併發し、九月二十九日午後九時三十分朔北の華と散つた。

最後の便り（夫人宛）――

『昨十六日書いた手紙は未だ連絡がないので出さないでゐるから一緒に着くだらう。一寸暇になつたが何しろ前面には木ッ葉共ではあるが澤山居る。油斷はしたくても出來ない。毎晩眼が覺めて仕方がない。

兵隊は夕方になると靴や脚絆を揃へて寢る。最近は先づ、武裝を解いて寢るが一時は全員武裝のまゝ寢て朝になるとやつと安心するといふ狀態でした。日中は演習だ。こつちから來たときは何うする、あつちから來たときは何うする、毎日大軍のやつて來たときの演習さ。

最近は何うやら前面も討伐で沈まつた樣で一寸暇さ。然し今の内に電線や道路を修理して置かぬといかぬと思つて、今度は土工監督です。相手が佛國とか英國とかならば迅ふに參つてゐるが、八路軍なんといふ青豆を食つて戰爭する連中が居るから容易でない。

電線工夫をやつたり土方監督をやつたり夕方になると拳銃を枕元に置いて寢るといふ殺風景極まる生活。但し皆歸順兵と話したり冗談に又八路軍の處へ歸つて行けと言つたり大笑ひしてゐる。昨日は十五夜で滿月も曇つて駄目でしたが、支那人から貰つた月見パンを食べて月見をした。機關銃を屋根に上げて月見さ。田舍に居るときは御汁粉を食べて裏の畑から梨をお月樣に上げた事を思ひ出した。

ドラム罐の風呂丈は戰地でなければないだらう。一日に二食の支那人が青豆を食べたり、もろこしを食べたり、菜葉丈食べたり物凄い代用品許りで、全く我々は考へさせられます。

羨しいのは純綿の着物丈です。之も大概

の人は白か黒か一色の着物だから、シャレも何もない。之も生活が單純であつて良いでせう。我々は贅澤になつてしまつたんですね。では又。九月二十八日』

×　×

陸軍上等兵

井内正隆君

明治四十二年神戸市に於て平兵衛氏長男として生れた。昭和六年專門部商科を卒へ、後郷里にあつて青年團相談役として青年の教育に從事したが、昭和八年神戸食料品株式會社に入社、昭和十年日本規格工業株式會社に轉じ同社支配人に就任、更に、專務取締役に昇進同社中心人物として活躍した。

昭和十四年夏應召し南支に出征、廣東を中心として周圍の警備と掃蕩に當つた。偶々昭和十五年九月二十四日廣東省番禺縣綱頂附近に據る殘敵討伐に出動、逐次敵を制壓し、正に總攻擊に移らんとする直前、擲彈筒部隊に在つた君は三發の擲彈を敵陣地に發射し、第四發目の彈を筒に入れ續射せんとする一瞬、敵の迫擊砲彈落下して君の擲彈筒に命中し、敵の彈と擲彈同時に爆發頭部並に左腕に二ケ所負傷、直ちに後退して左腕を切斷し頭部を手術中戰死を遂ぐるに至つた。場所は綱頂西北側高地、時は午前十時二十四分。

最後の便り(長女初代さん(六歳)宛)——『ハツヨサン、テガミアリガトウ。タイヘンジヨウズニカケテキマス。一ド、ハツヨサンヤ、一サン(長男三歳)ヲミタイト、オモヒマスガ、マダ、シナノ、ヘイタイガ、トキドキクルノデ、モウスコシ、カヘレマセン。オリコウニシテ、マツテキタラ、カヘツテ、ヨイトコロヘ、ツレテイツテ、アゲマス。』

×　×

陸軍曹長

高森萬里君

大正三年大連(原籍大分縣大野郡牧口村)に於て里見氏の長男に生れた。昭和十三年政治經濟學部經濟科を卒業し直ちに東洋拓殖株式會社に入社し大連支店に勤務中入營、昭和十五年夏五十君部隊に配屬されて中支方面に出動した。

出征後は南京より〇〇方面に出で、常に新四軍と對峙し哨兵勤務と宣撫工作に從事し、分哨長として活躍中、十月初旬發熱したが責任感强き君は病を押し服務中腸チブスと確診せられ前線より後退、十月十二日蕪湖野戰病院に入院したが、病急に革まり十月十九日陣歿するに至つた。

最後の便り——

『三食共青菜と味噌、風呂は石油罐、酒ビール煙草には不自由なし。夜間は敵襲に備へ一睡も出來ず。晝は親日良民を作る爲め常に村民に接す。新聞を見たし、慰問袋を待つ。時々敵彈の飛來するあるも慣れて來た。病中も何時も元氣にて活躍中』

戰線の華と散つた

校友の面影

陸軍軍屬 多根芳郎君

大正元年島根縣美濃郡小野村小濱に田村寛一氏の三男として生れ、昭和十四年母堂の生家である山口縣須佐町多根家の養嗣子となつた。昭和十三年專門部政治經濟科を卒業し、後渡滿して大連商事に入り、更に華北汽車公司を經て蒙疆汽車公司に轉じ張家口營業所副所長として活躍中であつた。

しかるに昨春第二次五原作戰が開始せらるゝや、君は包頭駐屯軍の命を受け昭和十五年三月十九日張家口を出發之に參加した。當時五原四邊は未だ敵反撃の兆あり瞬時の偸安を許さざる情勢にあつたが、當地區は濕地あり砂漠ありといつた、輸送上誠に困難を極むる土地であつた。

君は他の從業員と共に克くその使命を體し、益々險惡なる情勢を恐れず、自然障害に屈せず軍需輸送の大業に當りつゝあつたが三月二十日公司從業員三十八名が生死不明なりとの飛報に接し、直ちに救援隊を組織して同二十二日現地に向ひ、猛烈なる敵襲を排除し千辛萬苦漸く包頭を去る百九十五粁、五原を去る十粁の地點析桂鄕附近迄進み、此處に於て又々激戰を開始敵の苛烈なる掃射を受けつゝ奮鬪中、偶々敵陣よりの迫撃砲彈は君の身邊に落下炸裂し、爆發破片に依つて腹部、兩腿足部に無數の破片創を受け、五原入城を目睫にして後退の已むなきに至つた。二十三日午後零時四十分であつた。直ちに安北陸軍病院に收容され醫療に萬全を盡したが、何を言ふても瘡痍致命、翌二十四日午前六時遂に護國の鬼となつた。

因に君は母校在學中柔道部に席を置き、五段の腕前にものを言はせて、母校の爲に氣を吐いたものである。

× ×

陸軍軍曹 大島清一郎君

大正三年盛岡市仁王に生れ、昭和十三年法學部佛法科を卒業直ちに鴨川ニッケル株式會社鴨川精錬所に勤務した。

昭和十三年末入營、同十五年南支に向ひ征途に上り、吉岡部隊に屬し南寧を中心に附近の掃蕩戰に從ひ轉戰十數回に及んだ。

偶々昭和十五年十月六日未明より君は○

○隊長として部隊を率ひ警備地を進發し、南寧西南約三十粁の根竹州附近の殘敵掃蕩に向つたが、正午頃突如敵迫擊砲の洗禮を受け戰鬪を開始した。敵は約五ケ師、根竹州前方の丘陵地に據つて我に猛火を浴せ來つた。君は急霰の如き敵彈をものともせず部下を激勵、丘陵に向つて進擊又進擊、暮色漸く迫らんとする午後六時丘陵中腹に到達、敵陣に今一息といふ折不幸敵機關銃彈によつて鐵帽を通し顱頂部を射貫かれた。しかし强氣な君は少しも屈することなくその場に於て國旗を以て繃帶となし、尙も部下の指揮に當り、友軍到着と共に該丘陵を占領するに及び後退野戰病院に入院加療を受け、十一月二十七日高雄陸軍病院に移つたが、此頃より重態に陷り萬全の手當も甲斐なく十二月二日午後二時遂に聖戰の華と散つた。

最後の便り(母堂宛)――

『御無沙汰致して居りました。皆元氣の事と思ひます。私も元氣に御奉公をいたして居ります。每度の行軍にも別に大した事もなく却つて聯隊に居た頃よりも元氣です。まめも殆んど出來ず、其の上に兵隊にはつきものの皮膚病にも全然罹らずに居ります行軍でも出發前に神饌をいたゞいて居ります。思へば何につけ彼につけ感謝の心一ぱいであります。

水の惡い事は想像以上で泥水や靑苔の浮いた池水で食器を洗つたり、行軍の時には水さへ見れば狂つた樣に走つてむさぼり飮むうまさ、その水に選擇なんぞして居る餘裕はありません。それでも患ふ者もありません。下痢をして居り、血の樣な色の小便をしながら埃の道を足も燒けつく樣に熱い日に、涯もない道を步く時の苦しい事、着けば飯盒炊事に追はれ、蚊に苦しみながら三四時間もまどろめば、又今日も限りない行進、人間の力の底知れない深さ、思へば怖しくなります。

命といふものの言ひ樣もない强さ、何ともいふ事が出來ません。元氣で居られる事はいくら感謝してもしきれません。唯今は南寧から移動して某所に警備をして居ります。

時々討伐に出ます。近頃は彈なんぞなかなかあたらないと言ふ自信がはつきりつきましたが、頭の上をひゆう〳〵、きゆつ〳〵と通るのは餘りいゝ氣持ではありません。

物には別に困りませんが、便りがないのが一番淋しく思ひます。仕方のない事ですが、ほかの者に來て居るのに自分だけに來ないといふ事が、たまらない氣がします。

隊の者も皆元氣で事故もありません。不德な自分には勿體ないと思ひます。何處へ何時動くか分りませんが岩波文庫の柳多留上卷を早速送つて下さい。

半ヅボンに開襟シヤツ、それにヘルメツトといふいでたちでやつて居ります。內地では見られない服裝です。

又當分は便りが出來ないかも知れませんので今日は書きました。龜代(妹)も元氣のことと思ひますがよろしくお傳へ下さい。

九月二十三日

清』

×　×

陸軍上等兵

臼井義孝君

大正三年岡山縣吉備郡穗井田村に素一氏の長男として生れた

昭和十一年專門部政治經濟科を卒へ更に學部へ進み昭和十四年政治經濟學部を卒業、直ちに岡山合同貯蓄銀行に入り矢掛支店に勤務した。

　昭和十四年末入營、後中支に出征し上海上陸以來片倉部隊に屬し、江南各地に或は警備に或は宣撫に或は掃蕩に刻苦活躍した。昨昭和十五年十月江南作戰が開始せらるゝや、君も之に參加連日連夜に亙る戰鬪に警戒に不眠不休の奮闘を續けた。しかるに當時君は不順なる氣候風土と休養なき活動の爲健康を害してをつたにも不拘毫も之を意に介せず頑張つたのであるが日に日に身體の疲勞甚しく、遂に戰友と別れて後退し、十一月七日常州野戰病院に入院小康を得たので同月十五日上海陸軍病院に轉送された。その後病勢夙に募りアメーバ赤痢を併發、一月五日午前十一時五十分、興亞聖戰の人柱となつた。

　最後の便り――

『父上樣其後御無沙汰致して居ります。皆樣にはお變りございませんか。小生十月中旬頃倒れてより、一時は重體にて生死の境を往來致しましたが、今ではどうやら生命を取止め療養致して居ります。軍醫殿や看護婦殿及び戰友各位の御手厚い御看護により未だ自由は出來ませんが只々感謝の生活を致して居ります。何卒御安心下さい。さうして一日も早く靜養致し原隊復歸の上、皆樣の御厚情に報ひねばならないと念願致して居ります。病狀はまだ二、三ヶ月以上の入院に服さねばならない事と存じますがしかし決してもう御心配には及びません。水野樣に先般お手紙を頂きました處本年は松茸をお送り致されましたとて感謝の御禮狀が參りました。宜しく申傳へて呉れる樣にとの事でありました。又銀行より慰問袋や慰問の手紙を頂きまして非常に嬉しく感じて居ります。自分より御禮狀が書けませんので父上より宜敷申して下さい。矢掛支店の人々にも宜しくお傳へ下さい。菊池支店長殿と德田さん丈けで小林さんや渡邊さんがゐないので自分も以前の樣な親しみを感じません。が若し逢はれたら宜しくお傳へ下さい。小林君も本望を達し高松の方へ轉任になつたそうですが、彼の事ですから益々張切つてゐる事と信じます。

　又聞きますれば男子御出產の由でしたが後便によりますれば不幸死去なされた由にて、何と申して良いやら分りません。御一家の御嘆きの程さこそと御察し申しますが其後叔母上樣は如何でございますか御伺ひ申上げます。キクエより一應ハガキが來て居りましたが、丁度〇〇直前でしたので忙しくお見舞の手紙も出して居りませんので宜しくお傳へ下さい。又淳ちやんは京都から歸りましたでせうか。遅れ馳せながら母上の御容態は如何でありますか。矢張り戰地に來て居りましても氣になり思はぬ日とてありません。一日も早く良くなられ以前の身體になられる樣お祈り致して居ります餘り御身體に御無理なさらぬ樣出來るだけの治療をして下さる樣お願ひ申し上げます。

　「旅に病んで夢は枯野をかけめぐる」と云ふ芭蕉の句がありますが、走馬燈の樣に色々の事がベツドの上を去來致します。遙か天井のみ見つめてゐるのは、餘り樂ではありません。最後に恐れ入りますが、先般お願ひ致しました樣に毛のシヤツ及びヅボン下を一着づゝお送り下さい。お願ひ致します。

　末筆乍ら何卒皆々樣御身御大切に、父上には之より決算期にて益々御多忙の御事と存じます。何卒呉々も御身を大切に、自分の事は決してもう御心配下さいません樣に。

先づは右近況御通知申上げます。

十二月十八日　　義　孝拝

（右失禮乍ら看護婦代筆いたしました）』

――――

×　×

陸軍曹長

栗原六郎君

大正六年宇都宮市尾上町に於て喜市氏六男に生れた昭和十三年專門部商科を卒業し直ちに日本放送協會總務局料金部に庶務係として勤務した。

昭和十四年入營、翌年秋長谷川部隊に編入され北支に出征、固安城の第一線陣地に配屬された。君が配備に就いて間もなくの十月二十日午前一時、固城の我警備隊が八路軍朱占魁匪約二千の襲撃を受け、其一部は部落內に侵入し來り激戰中との報告あり、次で彭村警備隊も同樣包圍され奮戰中との無電があつたので所屬部隊一部は彭村に、他の一部は高橋中尉を隊長として遠方の固城急援の爲自動車により一時五十分出發した。栗原君は此急援隊に屬し○○隊長として初陣發足したのであつた。しかるに三時十分途中蘇家橋部落附近に潜伏して居つた八路匪は一齊に射撃を開始し來り、此所に交戰三時間、拂曉に至り全く敵に包圍された。一方固城よりの無電にて固安殘留者を以て編成せる急援隊は午前十時固安を急遽進發したが、攻城打援の戰法に出た敵は蘇家橋手前の武家長村にて急襲に出でたので、交戰一時間之を潰走せしめ、途中の敵を蹴散らしつゝ午後三時四十分遂に先遣高橋隊と感激の連絡なり、衆を恃み頑強に抵抗する敵と對峙した。

しかし此まゝにては戰況一向に轉換せずと見た我軍は突撃敢行に決し野砲曲射砲の援護の下に一擧敵陣に殺倒、當るを斬り逃ぐるを突き逆襲し來る敵には機銃の掃射を以て酬ひ、その戰闘の激甚さは言語を絶した。此時栗原君は擲彈筒火器を發見。劍電飛雨の間を物ともせず機先を制して之に突入した折、無念敵の一彈は右胸部に命中、殘念の聲と共に倒れた。之を目撃した隊長は衛生兵と共に君を凹地に運び込んだが遂に立たず、隊長と戰友の手を握つたまゝ冥目初陣の華と散つた。時午後四時二十分

最後の便り――

『其後皆々樣には相變らず御健勝にて御暮しの御事と拜察致します。小生も討伐勤務相當多忙の中にありて元氣一杯頑張つて居りますから何卒御休心下さい。此間迄は南門の分哨長として勤務して參りました。當地は北支の大きな部落で、大きな城壁に圍まれてゐます。此城壁の上を歩くだけでも二時間は掛ります。此城內に入るのに南門北門とあり、部落民の通行は本部で發行せる良民證と言ふ證明書を持參するものに限ります。その南門の城壁上にある營兵所から下を見ると支那人の日常生活が手に取る樣に分ります。右方は廣漠たる平地で、南門に續く支那商店街には支那人が朝六時頃から夕方まで一生懸命活動してゐます。支那人は日本人と異り一年中何やら喧しく怒鳴つてゐます。今果實の秋で梨柿と地面にアンペラを布いて五つ位づゝ奇麗にかざり賣つてゐます。大變食慾をそゝります。落花生も特產物です。

第○○隊は此の○○城內の中央に位し石

田部隊本部から約二十米位しか離れてゐず又城内は相當賑かですから御安心下さい。當部隊の主要なる任務は城壁外に近くせまつて來る共産匪の討伐にあります。又近く大討伐に出動します。

部隊には先輩が多く、大分慣れて來ました。加藤菓子屋の平さんがゐます。北京の本部には村山金平氏の長男が主計中尉で主計部の隊長をしてゐるとの話、又いつかお會する機會もある事でせう。正三兄樣と中學校の同級の筈です。

それから刀を一本送つて下さい。ちやんとつれる樣に又つれる樣に帶革も作つて下さい。討伐に付て行きたいと思つてゐます。

當地の氣候は三寒四温現在のところ日中はとても暖かです。では又後便で。

お寒くなりますから祖父上初め御兩親兄上姉上皆々樣御自愛專一に御願ひ致します。

十月十九日　　六　郎』

×　×

陸軍上等兵

三宅義雄君

明治四十四年高松市にて豐吉氏長男として生れた。昭和九年專門部商科卒業後、香川縣學務部社會課に奉職中、昭和十四年夏應召、直ちに第一線に出征した。

上村部隊に配屬された君は、本部付として重要任務に服し、部隊と共に中支那戰線に活躍、常に率先して事に當り、當時炎暑下に戰友の多くが胃腸炎、マラリヤに侵され續々臥床する中にあつて、君一人出征當時元氣をもつて奮鬪を續けてをつた。しかるに十一月上旬頃より健康の上に暗影を見るに至つたが、之を輕視し相變らず軍務に精勵するうち、軍醫の萬全なる診斷の結果肺浸潤と決定、十一月二十二日武昌兵站病院に入院加療したが病勢思はしからず、遂に肺結核に轉症、十二月八日南京陸軍病院に後送され、凡ゆる處置が採られたがその甲斐空しく、翌昭和十五年一月一日午後七時五十五分聖戰の華と散つた。

最後の便り（嚴父宛）——

『隨分御無沙汰したので心配せられて居る事と思ふ。實は十一月二十二日胸の方が少し惡くて當病院に入院した。今の所熱は毎日三八度——九度出るので安靜にして居る必要があり、手紙も出せずにすみませんでした。病氣も今の所ははつきり分りませんが、自分のは左肺の方が惡い樣です。上陸以來少し無理をして身體を使つたのが病氣の原因の樣にも思はれます。隊長殿も昨日御見舞下さいました。大した病氣ではありません。一日も早く全快してお國の爲に働きたいと思つて居ます。決して御心配なき樣、母上、久子（夫人）にも御傳へ下さい。

十二月三十日　　義　雄』

戰線の華と散つた

校友の面影

陸軍中尉

吉岡大一郎君

明治三十五年熊本縣鹿本郡來民町に繁藏氏一男として生れた。

大正十五年高等師範部國語漢文科卒業後熊本縣南關實科高等女學校教諭となり、次いで同水俣實務學校に轉じ同校の創立に盡し、更に熊本縣立山鹿高等女學校の教壇に立ち子女の育英に專念した。

昭和十三年秋應召、翌十四年春勇躍中支戰線に向つて征途に上り、坪島隊に屬して岳州南方第 線の警備につき、岳陽を南へ五里、洞庭湖へ注ぐ新墻河を隔てゝ敵と相對峙する事數ケ月、君は○隊長として部下を克く掌握し 外柔内剛圓滿なる人柄と、沈着果斷の資性とは部下の敬仰を 身に集めてをつた。

しかるに皇軍動かずと觀てか敵は同河左岸に堅固なる陣地を構築し、相當活潑に挑戰的態度を示し來つたので、江南作戰の機漸く熟した九月、長沙正面の十數個師に及ぶ頑敵膺懲の贛湘作戰は開始せられた。即ち九月十三日より行動を開始した坪島部隊は、同月十八日には新墻河右岸の敵前進據點たる既設陣地に據れる敵を擊破し、翌十九日には渡河攻擊の據點たるべき同河右岸各要所を全面的に確保した。

これより先吉岡君は部隊長の命を受け、十九日午後八時渡河據點たる童城橋を夜襲を以て奪取し、爾來此處を據點として挺身河川及敵陣地の狀況を偵察し、皇軍の渡河攻擊準備に全力を傾到した。何しろ敵が死守する新墻河南岸は、堤防そのものが既に蜿蜒たる掩蓋銃座で、この堅陣に向つての敵前渡河は、寸分齟齬のなき河川偵察こそ成敗を決ずる鍵である。此重大責任を負つた吉岡君以下の決死隊は敵歩哨の眼を潜つて河中に入り、敵の銃眼三十米乃至五十米の危地に身を曝しつゝ、 本の丸太に身を托し頭だけを出して銃眼線を注視しながら水流のまゝに數キロ宛水深の測量、機銃座の數まで虱潰しに偵察すること、數十キロ、遂に敵陣地は完全に偵察され、赫々たる戰果を樹立する端緒は握られたのであつた。

かくて二十三日東天白むや友軍の砲擊重火器の猛射は開始せられ、さしもの敵も沈默するに至り砲煙は敵陣地を覆ひ我軍の渡河を容易ならしめた。午前八時四十分攻擊前進の命下るや、時こそ至れりと堤防を乘越へ、濁水を 擧に強行渉破し、狼狽する敵の盲射も物ともせず、對岸陣地に白兵を以て突入し、君は傳家の名刀左文字を揮つて當る敵を斬捲り、物凄き白兵戰の後瞬間にして該陣地を奪取、時を移さず君は部下を率ひて河岸部落を掃蕩し、更に部隊が正面高地にある敵第一線陣地に對し攻擊前進を開始するや、吉岡隊は、原、村田各隊の中間に伍し、進擊命令一下遮蔽物なき乾田中を、一、二尺の畔路を唯一の前進路となし、猛進すること五百米、此時正面並側面高地のトーチカは一齊に火を吐き我前進は愈々困難となつた。此處に於て君は强行突破を決行するより道なしと決意を固め、部下に突擊命令を下し、自ら先頭に立つて再度敵陣に突入せんとする折、正面よりチェッコ機銃の猛射を受け、右胸部及大腿部に貫通銃創を負ひ、一度は立上つたが何分の重傷とて再度其場に昏倒した。時午前十一時三十分。

其後幾何もなくして該陣地は我軍の占據するところとなつたので吉岡君は假繃帶のまゝ野戰病院に後送されたが、加療の甲斐なく翌二十四日午前一時遂に陣歿するに至つた。

嚴父繁藏氏は劍をもつて家をたつる人、現に鹿本劍友會長として令名あるが、君もまたその嫡男として劍道四段の腕前だつた。しかるに不圖今次の聖戰に於て、その腕前を傳家の寶刀左文字に托して、思ひ殘すことなきまでに奮鬪、その拔群の勳功は昭和十五年五月の論功行賞に於て功五旭六の恩賞に裏付けられて永く青史に輝くことになつた。君も武門に生れた男子として、本懐至極の事であらう。

最後の便り（令閨宛）——

『九月九日、今日東京のお父さんの小包と手紙、あなたからのシャツとカツヲブシの小包一緒にとどいた。今日は重陽の節句であるし、いゝ日であつた。お父さんからのには、フルーツみつ豆二罐、理研ビタス二罐、ピース二罐、ハミガキ粉二袋、御心づくしの品々が中村やの駄菓子の罐に丹念につめて有つた。東京の皆さんが揃つて丈夫であること、行一（長男）や堆子（長女）に二、三年は着られるやうな大きな洋服を送つたこと、威夫（二男）が坐るやうになつてさぞ威嚴があるだらうと噂してゐることなど細々と書いてあつた。シャツは早速着てゐる。人絹がまじつてゐるさうだが、ちつともさうは思へず大變着心地がいゝ。

お父さんにお知らせした樣に、私はその後不相變元氣でゐる。體重もだん〳〵增してゐるやうな氣がする。毎日毎日こちらにゐても何かと多忙であるが急に凉しくなつて大助りである。こちらも雨は一向降らぬ。

行一も幼稚園がそろ〳〵始まつてゐよう。子供たちの樣子を讀むことがどんな本をよむよりも、なによりもたのしい。

近日中に皇師數萬堂々の進擊開始だ。行動に入つたらまた暫く通信が出來兼ねるから今日は急いで書く。明日は侍從武官殿の宿舍警戒で明後日歸つて來る。

十一日、武官の警戒を了つて歸ると、出發が○日中に迫つて隊は多忙を極めてゐる。

殘置荷物の整理を了つて今度持つて行く身の廻り丈の部屋は簡素で爽やかなことである。鐵カブト、眼鏡、軍刀、拳銃、水筒圖囊、防毒面、これ丈身につけて行けば後の日用品は當番の江口一等兵が背囊に入れて行く、凉しくなつて來たし、それに新鋭の增援部隊が到着してゐるし、今度の戰は日支事變の止めの太刀を打込むほどの戰果を期待してゐる。さう寒くならない中に一段落つくことゝ思ふ。そしたらゆつくり便りを書く。

先日、大隊の運動會が了つてから廣場で將校丈で寫した寫眞、小さくてよく分らぬが送る。

このあたりの叢には夜になると、すゞむ

し、くつわ蟲、內地にゐるとおんなじ蟲の聲で賑やかである。その中また書く。
皆様によろしく。（九月十一日）』

× ×

陸軍大尉
松島彌三郎君

明治三十四年三重縣安濃郡村主村に彌三八氏長男に生れた。大正十二年專門部商科を卒業し歸鄕して家業（酒造業）に從つた。後衆望を荷つて村主村長の席に就き、又村主在鄕軍人分會長、安濃郡在鄕軍人聯合分會長に推されて活躍、その實績顯著なるものがあつた。

昭和十三年夏召に應じ勇躍征旅に上り、爾來杭州、大通、銅陵、黃白城、漢口附近等の戰闘に參加し、赫々たる武功を隨所に樹立した。特に揚子江岸王家塝附近の敵前上陸戰に於ては部隊最先頭を命ぜられ、有力なる飛行機、砲兵掩護下に、熾烈なる敵十字火を侵し、敵陣地直前に上陸し、頑强に抗する敵を擊破し、大通、銅陵附近の皇軍戰勝の基を開いた。

越えて昭和十四年十二月十五日、銅陵東方觀音廟附近に據る敵掃蕩戰に出動し、君再び先陣を承り、大敵を向ふに廻して猛攻を續け、翌十六日手兵を提げて夜襲を敢行、彈雨の下を徐々敵堅壘に肉迫したが、我に數倍する敵の銃火は熾烈を極め、面を上ぐべくもなかつた。しかし君は部隊を叱咤激勵し、匍匐前進を續け、遂に敵陣に突入、君の指揮刀閃めく下敵潰れんとする一瞬、一彈君の胸部を貫き部隊最先頭に殪れ、壯烈なる最期を遂げた。時十二月十六日午後八時十分であつた。

君が此悲壯死生を超えた奮闘は當面の敵を敗走せしめ、更に江南の敵を潰走せしむる因となつたのであつた。

最後の便り——

『皆々樣御變りあらせられざることゝ存じ候私事幸に無事軍務に精勵致し居り候間御安心下され度候全く不思議な位健康に有之候痔も出征以來一度も起り不申其の他一切の病氣は致し不居一日も病氣の爲御奉公を缺いた事がなく自分ながら不思議に候上官を始め部下小隊長或は他の中隊の將校同輩も僕の健康には驚嘆致し居る位に候、是れ全く皆々樣の熱誠なる祈願の賜と存じ深く感謝致し居り候尙大隊に於ても現在僕の中隊が一番困難なる方面に使用され居り候へども部下小隊長以下部隊全員は何の不平もなく喜んで任務に積極邁進致し居り候亦本日迄の部隊成績も他中隊に劣らざる行動を致し居り候間御安心下さると同時にお喜び下され度候同封新聞紙の記事中第二部作品の白晝敵前渡河の先陣をなせるは僕の部隊に有之當時其の勇敢敏捷なる行動につき上司より激賞を賜り是れをニュース映畫のフヰルムに收めればと迄賞せられ面目を施せしものに有之候此の行動が石谷部隊の記念すべき遺品となり今後永久に東京偕行社（？）に掲示されるを思へば感激亦新たなるもの有之實に嬉しく思ひ候誠心誠意御奉公仕り候て死しても恥を後世に殘し家族の皆樣に迄恥かしい思をおさせ申すが如き行動は不致決意に有之候此の點何卒御安心下され度候

追々寒さに向ふ折柄御兩親始め一同の御要心を切に祈り居り候

先は右迄　亂筆御赦しを乞ふ
十一月十八日雨の午後十時
御雨親様　　　　　彌三郎』

× ×

陸軍上等兵
長野正久君

大正四年滿洲國安東縣に於て故虎海氏の三男として生れた。

昭和十二年政治經濟學部政治學科を卒業、直ちに金剛山電氣鐵道株式會社に入社、昭和十四年入營し同年出征中支に派遣された。

出征後は川俣部隊に屬して京漢線の警備に當り、宜昌攻略戰開始せらるゝや之に參加し、轉戰擊鬪三ケ月、千數百粁の山野を踏破輝く戰果を收め、再び襄東地區に轉進、蜿蜒たる京漢鐵路を警備し、敵蠢動の機先を制して常に積極的討伐掃蕩に從ひ、寡兵克く敵の覬覦游擊を封じた。

更に漢水作戰なるや勇躍之に參じ、嶮難を突破して奇襲敵を潰滅し、衆敵を急追白兵を揮つて之を蹴散し、敵中を馳驅縱横、赫々たる戰功を樹立し、兵團の名聲を彌々高からしめた。

しかるに昭和十五年七月十二日湖北省當陽徒山に於て發病し、野戰病院に入り十月十二日漢口兵站病院に轉じ、慢性細菌性赤痢と決定治療を受けつゝあつたが心臟の衰弱加はり、遂に十月二十五日午前十一時五十分陣歿するに至つた。

最後の便り――

『其後は意外の御無沙汰に打過ぎ誠に申譯ありません。多忙に取紛れ失禮とは重々存じ乍らも今日まで御無沙汰して了ひました。何卒惡からず御許し下さい。

先日は御鄭重なる御便りに接し有難く拜見仕りました。同封の寫眞夢寢にも忘れ得ぬ懷しの母初め弟妹の姿を目のあたりに見て、何とも形容し難い感慨に打たれました。よくこそ御多忙中にも拘らず御手數お掛け下されて何ともお禮の言葉も御座いません。

去る四月十日は〇〇を出發してより滿一ケ年の記念日に當り、過ぎし方を振返つて幾多の貴い試練を經て今日に至つた事を思へば、感無量なるものがありました。戰鬪に警備にそれこそ寧日なき有様でしたが、嘗て學生時代を醉生夢死の間に過した小生には、軍隊生活、まして生命をかけた野戰の生活こそほんとうに生き甲斐のあるよき修業道場であると心得てゐます。討伐間屢々身危險に襲はれましたがそれを克服(?)した後の氣持こそ、生命の伸長といはふか何とも云へぬ悦を味はひます。

昨年十一月初旬より本年一月下旬にかけては、敵の冬期攻勢を全面的に受けて折角の正月も卷脚絆を卷いて寢たやうな始末でした。討伐が終つて再び最前線の警備を命ぜられ、現在居る〇山に既に二ケ月半許り滯在して居りますが、最初の一ケ月は陣地構築に夜に日を次いでの猛作業で、それこそ文字通り不眠不休で頑張り、何處から敵が攻めて來ようともびくともしない堅固な陣地を構築しました。先般旅團長閣下の御巡視あり、有難きおほめの言葉を給はりました。

時正に春酣、東京近郊も花見の客に休日は賑はふ頃でせうが、こゝは滿目殺風景な山野許りで、眼を樂しませる風物とて何物もなく唯時折思ひ出した様に遠くで彼我の撃ち合ふ銃砲聲が聞ゆる許りです。こうして手紙を書いてゐる手の先へ、暖い午下りの春の陽が燦々と降りそゝいで、眠む氣を催す位よい陽氣になりました。

末筆乍ら御兩親初め皆様によろしく御傳へ下さい。

昭和十六年四月十五日　正久』

××

陸軍中尉 吉田義之君

明治四十四年名古屋市熱田區に大口勝次郎氏三男に生れ後同市南區の吉田鐸吉氏の養嗣子となつた。昭和七年專門部商科を卒業し、直ちに生家たる材木商大口商店に勤務。昭和十四年秋應召して南支に派遣せられた。

出征後は服部部隊に屬し廣東を中心にして警備掃蕩に寧日なき活躍をなしたが、昭和十五年五月二十二日廣東省從化縣良口墟附近に據る頑敵討伐に際し、君も手兵を提げて之に參加した。此日吉田隊は部隊の第二攻撃部隊であつたが、敵前に近迫後、右翼第一線となり、龍井腦の敵陣地奪取を命ぜられた。龍井腦は敵が數ケ年を費して構築した陣地で、數線の鐵條網及多數のトーチカを有し、難攻不落を誇る堅壘であつた。君の部隊は初め龍井腦前約千米附近に達するや、豫備隊として展開攻撃を開始したが、左翼第一線は稜線上に在つた爲め、正面及斜方面より敵の猛射を浴び前進意の如くならなかつた。右の情況を見るや、吉田君は敢然として獨斷第一線部隊の左方に展開し部隊長に報告すると共に攻撃猛進を開始し、遂に龍井腦南端突角を奪取し、部隊の龍井腦最高地奪取を容易ならしめた素因を作つた。

吉田君は右突端を占領するや、直ちに日章旗を高く掲げ、前面の敵狀を偵察中、敵の十字火を浴び、數彈を身に受け壯烈極まる戰死を遂げた。時二十二日午後零時三十分であつた。

最後の便り(令閨宛)——

『一同家庭に落付き懸命に銃後の護りをしてゐる様子、結構〱、安心した。子供の可愛らしさがよく文字に表はれてゐた。

自分はこちらへ來て一層子供の爲に生甲斐を感じるやうになつた。今日○隊本部前の廣場で、南支○○市在住の○○兩縣人會主催の郷土慰問演藝會が催されたので一寸見物に行つた。丁度五ツ位の可愛らしい女の子が人形さんを負つて「これが戰地の最後の便り……」と上手に踊つた時には、全くほろりとさせられてしまつた。尚其時この映畫は郷土へ持歸つて各地で、第一線の郷土勇士達はかくの如く元氣で働いてゐるといふ事を知らせる爲、巡廻映寫をすると云ふてゐた。それで自分も早速その一部へ顔を出した。○長官舍の階段を森初中尉や兵隊と共に降りてくるところである。

又大阪朝日新聞社の山田記者に頼んで第一線へ來てもらつて○隊の者が全部寫してもらつた。その中に自分は三四枚入つてゐる。今日陣地の前へ敵の投降者が○名來たので、武裝解除等で忙しかつた。投降者とも一緒に寫した。何日か記載せられるであらう。

物凄い雨期はやゝ下火になつた樣だ。天氣が良いと暑い。いろ〳〵の都合でこゝ屢らくは便りを出さない。若しこの次便りが屆く時は面白いニユースを滿載する。小包便は未だ到着しない。近日中に屆いてくれるとよいがどうやら間に合はぬらしい。

家の事に就ては心配してゐない。今迄も一意專心御奉公して來たが、今後はより一層働いて、一族一門を始め鄕黨の皆樣に、酬ゆる覺悟である。五月三日　義之』

×　×

陸軍主計曹長
山内卓夫君

大正二年北海道俱知安町に於て信彌氏の二男に生れた。昭和十一年政治經濟學部經濟學科を卒業、石狩鑛業を經て玉成鑛業株式會社に勤務した。昭和十三年召集を受け、後經理部幹部候補生となり、〇〇師團經理部に於て敎育を受け、昭和十五年初夏勇躍出征、〇〇部隊主計經理部員として山西省離石縣に駐屯、直ちに數十里の前線に出張活躍中、七月初旬マラリヤに罹り離石の野戰衞生班に送還、療養に努むるうち病勢惡化、七月十一日午後五時遂に陣歿する至つた。

×　×

陸軍軍曹
兒玉二郎君

明治四十四年豐島區高田本町に節氏二男に生れた。昭和九年專門部政治經濟科を卒業、直ちに三越本店に入り庶務課に勤務した。

昭和十三年春應召、同年秋〇〇部隊兵器勤務隊に編入せられて出動武漢攻略戰に參加、要衝咸寧、崇陽を經て湖北省通城及其附近の警備に從事後、馬首を廻らせ武昌、南京、濟南を經て天津に到着、警備、討伐敎育等に精勵しつゝあつたが、昭和十四年五月初旬より左濕性胸膜炎を發し野戰病院に入院、後送され東京第二陸軍病院に入院、鋭意療養を加へたが人爲如何ともなし難く、遂に再び起たず昭和十五年五月二十八日午後一時三十分興亞聖戰の人柱となつた。

君は母校在學中山嶽部に席を置き、未だ藥の味を知らなかつたと言ふ程健康體の持主、殊に其健脚振は、戰線に在つて追從する部下が困難を感じてをつたといふ。其健康に自信滿々たる君が圖らざる病魔の爲めに空しく殪れるに至つたのは、君として定めし殘念なことだつたと思ふ。

君の令弟節雄君（昭14專政）も目下北支戰線に活躍中である。

校友戰歿者

陸軍中尉　田中武夫君

大正二年旅順市に於て德三郎氏三男に生る。旅順第一中學を卒へ第二高等學院を經て昭和十二年政治經濟學部經濟學科を卒業、後入營北支に出征〇〇隊長として奮闘中昭和十五年八月二十七日午前七時山東省に於て戰死す。

最後の便り——

『御兩親樣益々御健勝の由安心致候今回御送附被下候小包郵便二個と共に承德の水野氏より一個、萩市永安氏より一個都合四個着直に開函致し恰も夜店の如き觀を呈し一同大喜にて分配致し候。

目下當地方は毎日降雨にて思ふ行動に支障を生じ閉口致居候得共私は益々元氣にて勤務致居候間御安心被下度候野菜、果物等も豐富に有之官の給與も充分有之候故何の不自由も無之候間何卒御安心被下度先は御禮と共に御兩親樣の御健康を伏て哭々も祈上候

八月十八日　武夫

御兩親樣』

×　×

陸軍軍曹　福島一君

明治三十七年埼玉縣兒玉郡丹莊村に要作氏長男として生る。昭和二年專門學校商科卒業後埼玉縣秩父郡金澤村小學校に奉職、更に大同生命保險株式會社に轉じ勤務中應召、中支に轉戰中昭和十二年十月三日午後四時江蘇省に於て戰死す。第一回の論功〇賞にて勳七等、功六級に敍せらる。

最後の便り——

『〇〇日珍らしき好日和、上海に着、東洋紡績に一泊、（門衛等皆インデアンです）翌々日現部處につき、我隊は、カテケ野戰倉庫の警備につく。現在地は敵も直ぐ近くに居ます。同じ部隊でも第一線は一、二里の所ですが、死んで歸る者もあります。しつかりやつてゐます。いづれまた。』

×　×

陸軍曹長　笹木義親君

大正四年深川區に親丸氏の二男に生る。東京府立第三中學より第一高等學院を經て商學部に入學、昭和十三年同學部を卒業、花原製作所に入り購買課に勤務、後入營出

征して南支に活躍中、昭和十六年一月十二日午後一時三十五分廣東省にて戦死す。

最後の便り——

『もうあと二三時間で新しい年を迎へようとしてゐる大晦日の晩です。夕方御母さんからの慰問袋がとどきました。有難う御座いました。いろ〳〵の點で意義のあつた又面白い年でした。御蔭様で體の方はこれ以上を望めない良いコンデイツシヨンです。大晦日の夜と云へば必ず明治神宮へ御詣りした學生時代を懐しく思ひます。こちらは戦地と言つても何にも不自由をして居りません。御餅も二三日前隊で搗きました。數の子も食べられます。明朝元旦には隊長以下全員の年初めの御祝ひがあります。御母さんを始め例によつて忙しい年末を過した事でせう。御父さんも此頃はとても元氣らしく安心して御奉公が出來ます。お正月には牛込も荻窪も來て賑ふでせう。どうか家中してゐゝ御正月を迎へ御父さんをリダーに新生活のスタートを切る様に。呉々も御體にお氣付け下さい。三十一日夜』

× ×

陸軍中尉

永樂桂太郎君

大正三年大阪市港區にて庄太郎氏の二男に生る。浪華商業より専門部商科に入學更に法學部英法科に進み、昭和十三年同科卒業昭和鑛業株式會社大阪伸銅所に勤務した。

後入營出征し、〇隊長として山西省山岳地帯に轉戰奮闘中、昭和十六年一月三十日午後一時五十分戦死を遂ぐ。

最後の便り——（戦死發表後到着）

『姉さん御久振りです。今日二ケ月間の討伐から隊に歸つて見て、澤山の手紙と慰問袋に驚いてゐる所です。早速手紙を開封して見ますと、私が昨年十二月七日討伐に出發前出した葉書が何かに紛れて着かなかつたのでせう、討伐に行つて來ますから心配なき様にと書いて出したのですが・・・・

それが爲に慰問袋や軍服の到着通知も出せなかつたので大變心配かける事となつたのです。今日歸つて來て手紙と合せて慰問袋や軍服を調べましたら全部間違ひなく手に入りました。毛布も手に入つて居ります。有難う御座いました。

一ケ月の討伐の豫定も二ケ月になりその間山ばかり約二百五十里を歩きました。酷寒時の山は又格別です。雪と氷に閉され敵中横斷の苦しみを味ひました。然し幸か不幸か今度の敵はとても弱く、追へば必ず逃げて仕まい、二ケ月の間に敵と會つたのは六回で、その他は唯敵を求めて山中を行軍するのみです。煙草には不自由しませんでしたが甘い物に弱りました。そして長い間風呂に入りませんでしたので體中虱だらけでシャツやサル又服等は虱の運動會でかゆくてたまりませんでした。

多くの部下を苦しみの中に引連れ犠牲者を出來る限り少くせんが爲に叱り飛ばして病氣や足痛者を引張つて二ケ月色々と修養

致しました。人間の足の力と氣力とには自分自身でも驚いてゐます。

　今度も大分敵を殺しました。軍刀も少し曲りました。漸く隊へ歸つて來て今日明日はゆつくり休養して又隊の近くの敵と戰ひます。私の隊の近くの敵はとつても强くて戰爭の仕甲斐があります。明日の夜位から又近くの山に以前の如く登ると思ひます。敵は五丁位の所に陣取つてゐますから、敵と又睨合です。近くこれを攻擊します。相當の覺悟はしてゐます。武運を祈つてゐて下さい。

　風呂にも入りすつかりシャツを着更へて新らしい少尉の軍服を着て机に向つてゐます。多くの手紙を開いてみました。小包も二十ケばかり全部開いて部下にも分けてやりました。餘り澤山なので當分は食べ切れません。又山へ持つて登ります。手紙も姉さんからでも十通程あり友人先輩からでも三十通も來てゐました。

（追伸）

　姉さん　討伐から歸つて多くの手紙を開いて見ますと友人先輩から父の死亡の悔狀が澤山來てゐました姉さんが私に祕めて下さつた御氣持はよく分りますが、それでだまつて知らぬ顏でゐやうかとも考へて見ましたけれども、やがて知れる事です。此際祕める事なしに知らせて下さればその方が良いと思ひます。

　長い間父の直筆の手紙が來ないので、相當の病氣とは考へてゐましたが、そんなに早く亡くなられるとは夢にも思はず、相不變心配をかけてゐました。父の死を知つた時は瞬間ボーッとしましたけれど今は全く落付きました。恐らく十一月の中旬位に亡くなられたのでせう。

　内地にゐる時分暑い夏福岡に面會に來て下さつた時無暗に父を歩かせたのが惡かつたのでうか？父の亡くなられるとき「桂太郎に死亡せし時は知らすな」と言つて亡くなられたものと思ひます。世の常の子がさうである如く今更ながら私の親不孝が悔まれてなりません。一時も早く墓前に參り度く思ますがそれもならず、獨り北支の地より父の靈を慰めます。

　秀治にも多分知らせないのでせう。秀治は私より氣が弱いですから又それに將來に大きな影響を與へますから、きつと私より一層悲觀するでせう。私よりも知らせずに置きませう。母なきあと子は軍に入り、芳子一人、父は全くさみしい人でした。

　今は何といつても軍籍にある身、大君の盾となり一途に軍人の途に邁進する他ありません。唯どうか父の病氣と臨終の模樣と遺言でもあれば直ぐ知らせて下さい。一月廿七日』

× ×

陸軍軍曹

矢野政由君

大正六年福岡縣田川郡大任村に故由藏氏の四男に生る。福岡縣立田川中學より專門部政治經濟科に入り昭和十三年同科を卒業、大阪中山製鋼所に勤務す。

　後北滿警備に次いで北支に出征奮鬪を續けるうち、昭和十六年三月十八日午前五時山西省にて戰死す。

最後の便り——

くのも近いことでせう。皆樣益々御元氣の事でせう。小生慰問袋を頂き、大變な好物ばかりで喜んで故國の香を滿喫しました。

多忙なる日を前にして之で失禮致しますが、小生益々頑健、心も身も見て頂きたい程張り切つてゐますので御安心下さい。では又御元氣でゐて下さい。

三月七日　致由』

母上樣

×　×

陸軍中尉　林　縁君

大正五年本郷區に於て九一郎氏長男に生る。日大第二中學より專門部政治部經濟科に入學、昭和十二年卒業後神戸海上火災保險株式會社に入社勤務中應召、爾來北支に在り活躍中、昭和十六年四月十日午前〇時四十分戰死す。

最後の便り――

『御無沙汰申上げました。其後は相變らず御元氣でお過しの事と存じます。

明後日新黄河〇〇の爲め出發致します。無事再び此土が踏めましたら早速お便り致します。何時も同じ氣持で出て行きます。大島先程大島兄より慰問袋を戴きました。大島兄姉には特に感謝して行つたと傳へて下さい。

只々最後のお願ひ、今迄より一層仲よく出征遺族として恥しくない樣に行動して下さい。此手紙が着く頃にはもう彈丸の中を元氣で走つてゐる事と御想像下さい。ではお自愛の程を　さよなら

御兩親樣　縁拜』

×　×

陸軍兵長　田宮豊吉君

大正八年荒川區に倉吉氏二男として生る。京華商業を經て專門部商科に入り、昭和十四年卒業、直ちに凸版印刷株式會社に入り同社板橋工場營業部に勤務。

後渡滿軍務に服するうち發病、昭和十六年五月六日午前十時五十分「急性出血性球麻痺」にて〇〇陸軍病院にて戰病死す。

最後の便り――

『小生其の後いたつて元氣で御奉公致して居りますから御安心下さい。初年兵の入隊で何かと忙しく心ならずも便りを出さず申譯御座いませす。月日の經つのは早いもの萬歳の聲に送られ故郷を出て早一年は夢の如く過ぎ去り、今度は良き兄となり多くの弟達を指導して行く事になりました。先日一選拔で上等兵に進級を命ぜられ、未熟乍らも部隊長殿より照準技倆賞狀を戴きました。之も部隊幹事御一同樣の良き御指導とお母樣始め皆々樣の御支援と深く謝して居ります。では皆々樣によろしく』

戰線の華と散つた
校友の面影

陸軍軍曹　井原海介君

明治三十四年龍夫氏三男として佐賀縣佐賀郡西川副村に生れた。龍谷中學を經て母校專門部政治經濟科に入り、大正十五年同科を卒業し、佐賀電氣軌道株式會社に入社、後大阪中央放送局に轉じ勤務した。

杭州灣金山衛附近の上陸戰を初陣として亭林鎭、楓涇鎭、嘉善、湖州、廣德、寧國、蕪湖附近等の激戰に參加し、その戰功赫々たるものがあつた。

しかるに昭和十二年十二月九日、安徽省蕪湖縣灣沚鎭西南方鐵橋附近の戰鬪に於て奮闘逐に壯烈なる戰死をなすに至つた。當時敵は對岸に陣地を構築し、亂射我に抵抗を續けたが、部隊は尖兵隊の儘の隊勢で、敵の破壞した鐵橋を工兵隊の手で復舊工事成るを待ち突撃を準備してをつた。かくて復舊工事成るや第〇〇隊を先頭に井原君を斥候長として勇猛果敢に渡河を開始、敵の猛射を冒して奔流の如く進撃するうち、橋上中途にて胸部に貫通銃創を受け、壯烈なる戰死を遂げた。時午前〇時四十分であつた。

×　×

陸軍歩兵伍長　清水清君

大正三年富山縣下新川郡魚津町に故清次郎氏長男に生れた。東京主計商業を經て專門學校政治經濟科に入り、昭和十一年同校を卒業して千代田火災保險株式會社に入り業務部調査課に勤務した。

昭和十四年九月二十五日、田中部隊長指揮の下に河北省西方山岳地帶に蟠踞する共産八路軍討伐のため行動を起し、基地陳莊覆滅を目指して重疊たる山岳地帶に進軍、翌二十六日には敵の前進據點慈峪鎭を屠り更に二十七日陳莊を完全に攻略してその重大任務を果し、二十八日朝木道溝に沿ひ歸隊の途次、我に十數倍する敵に遭遇し、敵は高家莊の天嶮を利して挑戰し來り、玆に北支討伐戰開始以來の大激戰が展開された。やがて我軍は同地區の制高地點たる破門口村西北側の高地を占領するや、敵は之が奪回を企て、周圍より猛烈なる十字砲火を浴せ來り、我方は肉彈を以て之に當り、二十九日の午前一時頃よりは戰鬪最も峻烈を極め、遂に敵を粉碎するに至つたが、此邊一帶は五百米餘の峻峯が連立し、幾百丈の斷崖その間を縫ふといつた誠に險惡なる地勢に加へ、二十倍に近い大敵を向ふに廻した事とて、我方も部隊長始め數多の犠牲者を出すに至つた。君も此戰鬪に於て壯烈極まる戰死を遂げたのであつた。

遺族として母堂、夫人、長男がをられる。

最後の便り——

『今日は時間がなかつたのでお父さんに亂筆簡單なお便りを出して失禮した。お前からの新聞も有難く落掌。

大分寒くなつて歩哨に立つて居ると特に非道いさうです。東京では眠り病が流行してゐる樣ですが、充分子供にも注意してやつて下さい。御兩親によろしく。九月二十日夜』

× ×

陸軍曹長 **臼井孝君**

大正四年神奈川縣三浦郡三崎町に春吉氏長男として生れた。昭和十四年商學部を卒業し東京ロール製作所（現大谷重工業株式會社）に入社勤務した。

その後大陸に渡り北支山東省に在つて轉戰、警備大いに活躍した。

其後甲種幹候に選ばれ昭和十五年十二月一日〇〇豫備士官學校に入學後間もなくマラリヤを發病、更に急性肺炎を併發し、將校として第一線での新たなる活躍を開始すべく、滿々張切つた君の鬪志の弦も果敢なく切れて、昭和十五年十二月十二日病歿するに至つた。

最後の便り——

『御願ひしたき件

一、父母の寫眞（大きさ隨意）

一、裝面用のメガネ（ツルがゴムの輪になつてゐる物、近視十一度）

右は直ちに取揃へて置いて下されたし。

只取揃へて置いて被下度し。

確く御願ひ申上げます。』

（右は〇〇豫備士官學校卒業後再度戰線に赴く際持つて行くつもりで、その準備を依頼したものである。）

× ×

陸軍伍長 **田川二夫君**

大正五年澁谷區に謙吉氏二男として生れた。大阪の上宮中學を卒へ早稻田第二學院に入り、昭和十四年商學部を卒業、直ちに三菱銀行に入り大森支店に勤務した。

その後〇〇に駐屯して一途軍務に精勵し、専ら治安警備に任じつゝあつたが、昭和十五年八月三日發病、胸膜炎兼腹膜炎の診斷をうけ直ちに入院、爾來鋭意病魔の克復に力めたが、遂に再び起つ能はず、同年十二月二十七日異境に護國の鬼と化した。

最後の便り

『（略）○○も今ではすつかり夏らしくなり、日中などは相當の暑さの時があります。そして晝が永く、明るくなるのは三時半頃からで日が暮れて暗くなるのは九時頃ですからね。此頃父さんから手紙が來ませんが皆元氣ですか。隆も大分大きくなつた事でせう。僕も元氣で健康もすこぶる良いです。體重は六十九キロ約十八貫餘になりました。その爲駈足が幾分しにくゝなりました（後略）
七月七日』

遺族は御兩親竝令兄一人。

× ×

陸軍一等兵

赤井恒道君

君は前第四高等學校教授現講師赤井直好氏の四男、大正三年十二月廿二日、石川縣金澤市に生る。金澤一中を經て昭和十五年三月早稻田大學政治經濟學部經濟學科を優秀なる成績にて卒業、同年直ちに日本通運株式會社に入社、敦賀支店に勤務した。

北滿警備の最前線に參じ、零下數十度の極寒を冒して活躍中、不幸病魔の襲ふところとなり、四月五日突如、胃潰瘍穿孔の出血により隊員の看護も空しく逝去した。

同君も入營に際しては是非幹部候補生試驗に合格して大いに國家のため盡し度いと語つてゐたのに、この不幸は誠に哀痛の極みである。

同君の所屬部隊長たる山田正大尉は突如起つた同君の病氣につき大要左の如き手紙を父君に寄せ同君の長逝を惜んだ。

「御令息は入隊以來熱誠軍務に勉勵され、士氣亦旺盛、將來有爲の人物と頼もしく存じ居り候ひき、然るに三月中旬輕き胃痛あり、診斷を受けしめ候ひしも自覺症狀尠く同月廿九日全治と相成り候處四月三日起床と共に貧血あり、醫務室に收容中氣分爽かなりとて『入院しては幹候に影響あらずや』などと敎官、班長、戰友などと雜談致し、同夜入室せし胃痙攣の戰友を慰安など致し居り候處五日五時就床中突如少量の吐血あり、宿直醫官診斷中症狀惡化いたし六時五〇分急遽入院せしめ申候も悲しい哉、既に意識不明となり遂に八時〇五分　昇天いたされ申候遺言とても聽取の暇なき急變にて候ひき（中略）噫召されて皇國の干城となり、選ばれて國防の第一線に家門の榮譽期待を双肩に勇躍渡滿し朝夕軍務に精勵され在りし英姿なほ彷彿たり、皆樣の御胸中を拜しては悲痛重責交ゝ迫り申上べき辭も無之候云云」

母堂あてに左の最後の手紙が四月六日戰病死の悲電の後に到着した。

『拜啓過日は御便り有難く存じます。久しく御無沙汰申上げました。當滿洲は四月にならうとしてゐますが内地と異りなか〳〵寒うございます。内地はもう大分暖かになつたことでせう。私事毎日無事でゐます。父上始め皆樣御元氣のことゝ存じます。兄上達にはまだ通信してゐませんが母上より宜敷御傳へ下さい云云』

遺族は御兩親、令兄三人、令妹一人。

【解説】戦没校友の中国戦線

早稲田大学教育学部非常勤講師
早稲田大学大学史資料センター嘱託
望月 雅士

一 戦没校友二六六人の戦場記録

1 特集「戦線の華と散った校友の面影」と戦没校友

本書は早稲田大学の校友会雑誌『早稲田学報』（以下『学報』）の一九三七年一一月号から一九四一年八月号まで連載された、特集「戦線の華と散った校友の面影」（以下「面影」）の全ての記事を影印版で出版するものである。「面影」は日中戦争勃発後、一九四一年五月までの四年間に、陸軍の軍人・軍属として戦没した早稲田大学の校友二六六人（うち一八人がノモンハン事件で戦死）の戦いの記録である。

戦後、日本戦没学生記念会編『きけ わだつみのこえ*1』に代表されるように、戦没した学生らの遺稿に注目が集まり、数多くの遺稿集が出版されてきたが、「面影」の場合、校友会雑誌という特定の読者を対象とした冊子に掲載されたためか、これまで全くと言ってよいほど、顧みられることはなかった。管見の限りでは、『早稲田大学百年史』第四巻第六章「レクイエム」で、四人の戦没校友の「最後の便り」が紹介されているに過ぎない*2。日中戦争以降、他の大学でも戦没した校友の追悼記事が編まれたものと推測するが、当時の校友会の規模からしても、「面影」を超える記事は他にはないと思われる*3。『きけ わだつみのこえ』を戦没学徒にとどまらず、「若い大学・高専の卒業生を含ん*4」だ遺稿集として読むならば、本書に収録された戦地からの「最後の便り」は、まさに早稲田版の「わだつみのこえ」とも言うべきものである。日中戦争勃発から八〇年を迎える今年、この二六六人の戦没校友の記録を世に問いたいと思う。

『学報』は早稲田大学校友会が発行する校友会誌で、日中戦争当時は月刊で刊行されていた（編輯発行人は早稲田大学副幹事の大島正一）。当時の早稲田大学校友会は、①卒業生、②現任教職員、③維持員、評議員、基金管理委員、商議員、およびこれに準ずる者、④推薦校友からなり、会長は早稲田大学総長の田中穂積である*5。一九三七年一一月三〇日現在、校友会会員数（生存者）は四六七三〇人を数える*6。

一九三七年七月七日の盧溝橋事件で日中戦争が勃発し、早稲田大学の校友のなかからも出征者が続出していく。『学報』一九三七年九月号は「雑録」欄の「会員消息」に「会員出征」のコーナーを設け、充員召集を受け出征した校友三〇名の氏名を載せ、翌一〇月号からは毎号、校友会名で「今次支那事変に際し、出征校友諸君の氏名承知致度候に付、御本人は元より御親戚、御知友等に応召又は出征者有之候節は、乍御手数御通報相煩度候」との「お願ひ」を所載している。

一九三七年から四一年までの校友の応召者数は『学報』に登載されただけでも、一九三七年六〇六人、一九三八年一四八一人、一九三九年一三九一人、一九四〇年五四九人、一九四一年六八六人にのぼる*7。九月号の「会員消息」内の「会員出征」欄には、早くも木村鬼雄〔1〕（以下〔　〕内の番号は、巻末データの通し番号）と荒野健常〔16〕の戦死情報が出ている*8。

このように校友から戦没者が続出するなかで、『学報』一九三七年一一月号から特集「面影」の連載は始まる。連載にあたって『学報』編集部がどのような編集方針を立てたのかは明らかではないが、記事からは以下のような特徴を読み取ることができる。

①戦没校友の履歴、家族構成、軍歴、戦闘および戦死状況をできるだけ詳細に記載すること。

②戦没校友が家族らに宛てた手紙のうち、「最後の便り」を掲載すること。

「面影」は当時の時代状況を反映して、軍事上の機密情報などに伏字が施されるといった内容面での制約を逃れないが、それでも『学報』編集部は丹念に戦没校友の最期を書き残そうとしたことが行間から感じ取れる。もっとも編集部の誰が「面影」の編集を担当したのか、また実際に『学報』誌面での情報提供の呼びかけのほかに、どのように情報を収集したのかなど、編集過程に関することは一切不明である。

「面影」は日中戦争勃発から一九四一年五月までの戦没者を対象とするが、その四年間のすべての戦没校友を取り上げているわけではない。『早稲田大学百年史』第四巻の「戦争犠牲者名簿」によると、その間の校友の戦没者数は三三一人（うち在学生四人）であるから、約八割が「面影」に登載された計算となる。

「面影」が初めて掲載された『学報』一九三七年一一月号には「校友戦傷者」の欄も設けられ、八人の校友の戦傷が報じられている。だが戦傷者が続出したためだろうか、この欄は翌一二月号で終了する。そしてこの号から、新たに戦地の校友からの投書欄ともいうべき「戦地だより」（一九三八年四月号から「戦地便り」）欄が設けられ、柴山信三と安田道章の手紙が掲載された。「戦地だより」は当初は余白を埋める程度の小さな扱いに過ぎなかったが、一九三八年三月号から一頁、四月号二頁、七月号三頁、八月号五頁と拡充されていく。

四年近くにわたって連載された「面影」ではあるが、一九四一年八月号で終了する。なぜ連載を中止するのか、『学報』には何の説明もない。「面影」と対をなすかのように連載された「戦地便り」は、『学報』の戦時中最後の発行号となる一九四四年一月号まで継続しているため、戦地からの手紙が掲載できなくなったという理由は考えにくい。また一九四一年に入って急激に戦没者が増加したため、編集が困難になったのではないかとも考えられるが、「戦争犠牲者名簿」から、前述の戦没者数三三一人を年度別に見ると、一九三七年七～一二月五四人、三八年一～一二月九二人、三九年一～一二月九二人、四〇年一～一二月六八人、四一年一～五月二五人となり、戦没者が急に増えているわけではない。

「面影」を通読して気付くのは、一九四一年七月号から記事が簡略化している点である。つまり「面影」最終回の前号となるこの号から、戦没者に関する情報が極めて乏しくなっている。入営日時や戦没地、戦死に至るまでの経緯や死因といった項目が記載されなかったり、簡易に書かれるというケースが目立つようになる。また最終回となる一九四一年八月号は「面影」ではなく、なぜか「校友戦歿者」にタイトルが変わっている。

このような編集上の変化からは、『学報』編集部において遺族への交渉や取材が難しくなったことが推測される。「戦地便り」は届いた手紙をそのまま収録すればよいが、「面影」の場合は遺族との接触が欠かせない。こうした遺族への交渉や取材が時間的理由や担当者の交替などによって難しくなったため、「面影」は中止されたのではないだろうか。

「面影」の内容は、①生年、②出身地、③卒業年、④卒業学部・部・学校、⑤勤務先、⑥入営年月、⑦戦没地、⑧戦死年月日、⑨戦死理由、⑩最終階級、⑪遺族情報、⑫戦死状況、⑬最後の便り、によって構成される。大学が把握している情報以外は遺族からの情報提供によるためか、すべての項目が記載されているとは限らない。

戦没校友の年齢を戦没年から生年を差し引いて算出した場合、後述する軍属の稲村国次郎の四八歳を除けば、年齢層の幅は二〇歳台前半から四〇歳台前半までにわたり、そのうちの七割は二〇歳台である。だが、三割が三〇歳台から四〇歳台であることは、年齢の高い層まで多数動員した日中戦争の特徴*9をよくあらわしている。最終学歴は学部、専門部、高等師範部、専門学校で、当然のことながら、在学生は含まれていない*10。

最終階級は二等兵から大尉までさまざまだが、士官・下士官・兵卒に分類すると、士官八五、准尉一、下士官九五、兵卒七三、他一二となり、士官では中尉、下士官は伍長、兵卒は上等兵が多い。職業は職種こそさまざまだが、いわゆるホワイトカラー層が圧倒的に多く、工場長や代表社員、専務取締役など役職者も見られる。戦前の高等教育事情や職業階層から見ても、彼らは当時のエリート層に属するといってよいだろう。

本書巻末の「戦没校友二六六人の履歴と情報」の⑥の入営年月を見ると、大学卒業後、日中戦争勃発に伴う応召が圧倒的に多いことに気付く。本間雅晴は第二十七師団長当時、大阪朝日新聞の従軍記者池田源治の『インテリ部隊』に「序」を寄せ、日露戦争段階では、中隊で文字を理解できる兵は五、六人だったが、日中戦争以降は「中、大学卒業者が多く混って居る*11」と書いている。日中戦争の特徴として本間は、「中、大学卒業者」という「インテリ」が部隊の構成要員となっているところに、日露戦争段階との違いを認めているのである*12。

日中戦争勃発以降、大学出身者の若い階層が戦争に大量に動員されていくが、こうした事態は「日本人が直面した新しい経験*13」に他ならなかった。そのため日中戦争以降、本稿でも利用する、大学卒業者による軍隊体験記や遺稿集の出版が相次ぐ*14ことになる。満州事変で戦地に行った校友がどれほどいたのかは不明だが、その当時の『学報』を見ても、校友の「戦地便り」に類するものはもとより、出征情報に関する記事も皆目見られない。日中戦争が勃発し、瞬く間に校友から戦死者が続出したことは、大学にとっても、まさに「新しい経験」に違いなかった。「面影」の連載は、そうした戦争によって生じた衝撃の結果、始まったものとも言える。

近年の軍事史研究、戦争史研究において、兵士に焦点をあてた研究が進んでいるが、こうした「インテリ」が戦場や戦闘、さらには戦争をどのように見ていたのか、また銃後に何を伝えようとしたのかなど、

「インテリ」兵士の実像を探る研究は意外と進んでいない。このような研究動向をふまえ、本稿の二以下では、戦没校友が遺した「最後の便り」が持つ意味について若干の検討を加えてみたい。

2 「最後の便り」と軍事郵便

「面影」に収録された「最後の便り」は断片的なものも含めると、全部で一九二通ある。そのほとんどが手紙であるが、なかには「日記」(菅尾泰二〔129〕)や「陣中日誌」(渡辺秀夫〔50〕)などのケースも見られる。残念ながら、その原本を確認できたものはない。原本の所在は不明ながら、写真版であれば、阿江一友〔161〕の「最後の便り」が、その遺稿集『不死鳥　ノモンハンにて戦死せる阿江一友』(ダイヤモンド社、一九四〇年)の口絵写真に確認できる。

「最後の便り」は多くの場合、軍事郵便物として送達されている。戦地の将兵が内地の家族らに軍事郵便を出す場合、野戦郵便局に差し出すが、局がない場合は各部隊が取りまとめて兵站司令部に差し出し、野戦郵便局に送付する*15。一方、家族の側からは出征兵士の士気を高めるためにも、軍事郵便を出すことが政府や軍から奨励されていた*16。

軍事郵便をいかに戦地の将兵たちが待ち望んだかは、「最後の便り」からも窺える。南寧付近で掃討戦を繰り返していた大島清一郎〔245〕は、「物には別に困りませんが、便りがないのが一番淋しく思ひます。仕方のない事ですが、ほかの者に来て居るのに自分だけに来ないといふ事が、たまらない気がします」と母宛の手紙に記している。

一方、銃後の家族からも頻繁に手紙を送っていたことは、中条政信〔102〕の手紙に見える。中条は碭山を出発し、ひと月「討伐戦」に従事したが、その間に家族からは一四通の手紙が届いていた。宜昌作戦に参加した松倉明〔226〕には、内地から一三通の手紙が届いた。松倉にとっては、これが初信だった。その喜びを松倉は、「御便り慰問袋はどん〳〵御送附願ひます。何よりの楽です」と書き送っている。

では、軍事郵便は実際にどのように送達されたのだろうか。「最後の便り」から、その一端を見てみよう。山田大六〔183〕は一九三九年六月一二日からノモンハンの戦場で戦っていたが、七月二九日の手紙に「本日和子よりの写真入の手紙廻送にて受領、今始めて野戦郵便取扱が開始されましたので初信致す次第です」と、妻宛てに書いている。この日ようやく野戦郵便の取り扱いが始まり、手紙が出せるようになったというわけである。

池畑不二男*17〔188〕の「最後の便り」からも、軍事郵便の実情の一端が窺える。池畑は将校として武漢作戦に加わり、廬山戦から徳安の攻略、およびその警備にあたっていた。漢口占領後の一九三八年一一月四日、池畑は徳安から那覇市の妻に軍事郵便を出した。それによると、一〇月一七日に妻に手紙を出してからは前進と移動で多忙であり、また野戦郵便局がないため、手紙が出せない状況が続いていたという。池畑は、また次のように書いている。九月一二日付の妻の手紙を九月二〇日に受け取ったが、それ以後は郵便局と離れたため、手紙とは全く無縁となった。一一月四日の今日、徳安から九江までの郵便があることを知り、急いで手紙を認めたのだと。池畑は「内地よりの手紙受取れぬ時は二三ケ月もあるも、野戦郵便局が近くに設置されたら次々と手紙の洪水と存候」と書き、妻や息子からの手紙を「心まち」にしていると伝えている。

よく知られているように、軍事郵便には検閲がある。もっともこれまでの研究では、検閲がどのように行われたのかなど、その実態は必ずしも明らかではない。一九四二年の『北支憲高第三〇九号　郵便検閲月報（八月）』を分析した寺戸尚隆氏によると、検閲は抜き取りによって行われ、軍事郵便の九～一〇パーセントに実施されていたという*18。それでも軍事郵便を書く際に、検閲の存在は「書き手の本音抑制要素」として働いた*19。

「最後の便り」を通読すると、とくにノモンハン戦で戦った将兵の手紙に、検閲を念頭に自己抑制を窺わせる表現が散見される。「明日の命を知らぬ我々の国境守備生活、ソ聯が目下の相手、詳細は申し上げられません」（島崎実〔160〕）、「戦況を御知らせ致し度いのですが是れは許されません」（中村五郎〔150〕）、「余り余計なことをゴタ〳〵記して防諜上支障があつては大変ですから、この位にしてお茶をにごして置きませう」（久保正雄〔194〕）。

これらは直接、検閲を意識した表現となっているが、ノモンハン戦の下士官や兵卒の場合、全体的に短文が多く、また次のように戦況は新聞などの報道に委ねる旨の手紙も見られる。「くわしくは新聞、ニュースにて」（山田大六〔183〕）、「状況は新聞で御承知下さい」（高下八三〔219〕）、「〇〇部隊の活躍振りは新聞紙上で伝へられたことゝ思ひます。宜敷御想像下さい」（中村新人〔158〕）。これに対し、阿江一友〔161〕と村上哲二〔166〕の二人の見習士官の場合は、下士官や兵卒よりもノモンハンの戦場を伝える内容となっている。

「最後の便り」には、軍事郵便の検閲にあたっていたと見られる士官の手紙もある。江南作戦に参加した玉井忠郎〔224〕の手紙には、「只今主力の居る当陣地には将校は部隊長と私と二人きりにて、今迄は部隊長自ら初年兵の教育に当つて居り検閲も目前に迫り、私も専ら其の方に当り未だ落着く暇もなく案外に多忙を極めて居ります」という文言が見える。この手紙によると、部隊長と玉井の二人で、部隊内の軍事郵便の検閲をまとめて行っていたもののようである。

「最後の便り」のなかには、軍事郵便のルートを通さずに、戦地から家族へ手紙を送っているケースもある。河東田徳三郎〔27〕は上海戦線を戦っていたが、書いた手紙を軍事郵便ではなく、読売新聞記者に投函を依頼している。河東田の「最後の便り」の内容については後述するが、母と妻宛に手紙を書いたものの、かえって心配をかけるのではないかと懸念して弟宛とし、さらにその上で記者に依頼して普通郵便で送るという周到さである。戦況が「幾分不利」のなか、「決死的歩兵」として最前線を戦っていた河東田は、文字通り「最後の便り」を家族に送ろうとしたのかもしれない。自分が直面している戦場をありのままに伝えるためには、軍事郵便では難しいと思ったのであろう。

軍事郵便には検閲があり、「本音」が「抑制」される効果をもたらした点は先述したとおりだが、近年の研究では、日中戦争期を通して、検閲自体が厳しく実施されていたわけではないことも明らかになっている。藤井忠俊氏は上海戦の段階では、戦況が報じられているケースが少なくないことを指摘し、その理由として、検閲する側に「神経が行き届いていなかったから*20」だろうと推測している。

この問題については、新井勝紘氏も一九三八年三月に書かれた兵士Aの軍事郵便から、検閲が必ずしも厳密に行われているわけではないことを明らかにしている*21。「最後の便り」でも、日中戦争初期の上海戦や華北戦では、階級を問わずリアルにその戦場の実態を伝える手紙が少なくないが、その後は概して、生々しい戦場を伝える手紙が減少していく傾向にあるように思われる。

「最後の便り」には、戦場での「本音」を帰還する戦友に託した手紙も見られる。華中戦を戦っていた長坂泰男〔122〕は父へ宛てた最後となる手紙で、自身の戦争体験については「私も始めて弾の下をくゞり、戦争の如何を知りました」とだけ書き、帰還する戦友に「様子」を話すよう依頼した旨を記している。すでに一九三八年初頭より長期持久戦に即応するため、出征部隊の一部が帰還を始めていたが*22、これら帰還将兵の帰郷後の言動は陸軍当局の懸念するところとなっていた。山脇正隆陸軍次官は関係陸軍部隊への一九三九年二月六日付通牒案*23で、「帰還将兵の帰郷後に於ける不穏当なる言辞は、流言飛語の因となるのみならず、皇軍に対する国民の信頼を傷け、或は銃後団結に罅隙を生ぜしむる等、其の弊害極めて大なるものあり」と書いている。

陸軍当局が取り締まろうとした「不穏当なる言辞」とは、「国民の歓迎に狎れ、或は凱旋気分に駆られ、又は従軍の辛苦を体験せりとの優越感等より穏当ならざる言動に出づる」ことであり、また「自己の名誉又は功績を吹聴せんが為、殊更に事実を捏造して上官及他部隊を誹謗し、又は戦場の悲惨を誇張し、或は物知り顔に軍機事項を洩し、乃至は座興の為戦場に於ける軍紀風紀紊乱の状況を針小棒大に造言する」といった行為だった。最前線で戦っていた将兵たちが帰還するや、戦地で抑制された「本音」が「捏造」や「誇張」を伴いながら噴出しはじめたことに、陸軍当局は苛立ちを隠せなかったのである。

3 虚偽の戦死情報

「面影」に記載された戦死状況は、原隊や所属部隊などから届いた戦死通告や、戦友からの手紙などが情報源となっている。一九三八年八月一七日、山西省蒲州城で戦死した、歩兵第七十七聯隊第十一中隊の中田信雄の場合は、「当時同隊にありて奮戦せし白衣の戦友より戦死当時の状況を聞*24」いたものが情報源である。遺族は中田と同じ部隊で戦傷し、帰還した戦友から情報を得、それを『学報』編集部に提供していたのである。

だが、校友の戦死状況が必ずしも真実を伝えているとは限らない。稲村国次郎〔34〕のケースは、まさにそれに該当する。稲村は一八八九年鳥取県に生まれ、一九一三年専門部政治経済科を卒業後、一九年オックスフォード大学に留学し、五年間学んだ。帰国後、一時期早稲田大学講師を務めた後、陸軍憲兵学校嘱託教授として教鞭をとっていたが、「面影」によると、一九三七年秋、陸軍通訳を命ぜられて出征した*25。

「面影」の記事によれば、南京戦後の一二月二三日午前一一時頃、稲村は南京郊外紫金山東北地区の敗残兵の掃蕩、俘虜取扱状態を視察中、紫金山北方約四千メートルの高地南側路上で敗残兵数名から射撃され、頭部に受傷したため応急処置を施したが、自動車で南京に帰る途中、戦死したという。稲村の戦死については、『東京朝日新聞』と『報知新聞』が一九三八年一月二七日付で報じているが、「面影」同様、ともに南京紫金山北方で戦死としている。

稲村の長男新太郎氏のもとには、父国次郎の戦死に関わる資料が遺されている。まず、二点の資料を以下に紹介しよう。

①現認証明書　　中支那方面軍司令部附軍特務部勤務谷村静夫陸軍歩兵少佐

一九三七年一二月二三日付

「現認証明書

中支那方面軍司令部附　陸軍通訳　稲村国次郎

右者昭和十二年十二月二十三日紫金山東北方地区ノ敗残兵ノ掃蕩及浮〔俘〕虜取扱状況視察ノ為、谷村少佐ト同行シ、同日午前十一時頃紫金山北方約四千米、標高一四七・一米高地南側道路上ニ達シタル時、突如左側面ヨリ数名ヨリナル敗残兵ノ射撃ヲ受ケ、頭部ニ受傷セリ。依テ直チニ応急処置ヲ施シ、自動車運転手ヲ励マシ疾走シ、危険地帯ヲ脱シ在南京方面軍司令部ニ帰還途中、遂ニ戦死ヲ遂ケタルコトヲ現認ス。

中支那方面軍司令部附軍特務部勤務陸軍歩兵少佐谷村静夫　㊞

昭和十二年十二月二十三日」

②戦死通告　　閑院宮載仁参謀総長

一九三八年一月二九日付

「　陸軍通訳　稲村国次郎

右昭和十二年十二月二十三日紫金山北方約四千米附近ニ於テ頭部貫通銃創ヲ受ケ戦死セラレ候条、此段通告候也。

追テ市町村長ニ対スル死亡報告ハ戸籍法第百十九条ニ依リ官ニ於テ処理可致候。

昭和十三年一月二十九日

参謀総長　㊞」

稲村の遺族に送られた、谷村静夫少佐と参謀総長名の二通の書類に書かれている戦死状況は「面影」に記載された内容と同じである。しかも谷村のそれは、稲村と「同行」した谷村本人によって「現認証明」され、「事実」であることが疑い得ないものとなっている。しかし、次の加来止男の書翰は、これとは全く異なる戦死状況を伝えている。

③加来止男書翰　畑宗一宛　一九三八年二月一六日付

「御手紙有難拝見。母上最近大変御元気になられし由、長い間の根気よい御養生の賜と存じます。此上共決して無理をなさらぬ様御大事に願上げます。

稲村さんの御話初耳でした。御手紙を読み終るや早速御戦死の跡を弔ふべく、御線香や有りあはせの果物や菓子の御供へを携へ武装もいかめしく警戒兵を従へ紫金山に向ひました。途中、憲兵隊に立寄り事情を聞きました処、憲兵隊長横田少佐（稲村先生の教へ子）暗然として次の様に語られました。

稲村先生ですか。誠に御気の毒でした。先生は戦死になって居る事と存じますが、実は上海に於て自働車事故で亡くなられたのです。場所は上海市政府から海軍陸戦隊の方に行く途中の其美路上で、運転員が操縦を誤り路傍に停止して居た海軍のトラックに衝突、稲村先生は即死、同乗の広瀬軍医中佐及運転員は重傷したのださうです。

此の意外なる情報を耳にし、一層御気毒に存じ、暫らくは憲兵隊長と共に御生前の御噂などを致し哨〔悄〕然として帰りました。

此の真相は部外発表は勿論、御遺族にも知らせぬ方がよいかも知れませぬが、聞いたまゝを御通知申上げますから然るべく御取計下さい。

当方頗る元気です。近頃蘇聯の飛行機や飛行士がドン〳〵敵軍に加入して来ますので、少しは手ごたへがある様になって来ました。前線将兵の士気は極めて旺盛です。しかも自信に満ち〳〵た余裕振を示して居る事は実に力強いものがあります。南京はボツ〳〵春めいて来ました。追々紫金山麓で花見の宴でもやりながら長期抗戦の御相手を致しませう。

焦りもがいて居る蔣介石の近況と我軍の此の落着き振りとは、長期抗戦も勝負あったりと言ふ処です。

銃後も前線の此の意気と其の余裕に見習ってもらひ度いものです。

平素御無沙汰は平に御詫申上げます。消息は時々花子から御伝へ致す様にしますから、親類への通信は今後も失礼させて戴きます。

二月十六日

止男

宗一様　外御一同様」

（以上、①〜③はいずれも稲村新太郎氏所蔵）

加来止男はこの時、木更津海軍航空隊司令で海軍大佐である。加来はこの後、航空母艦飛龍の艦長となり、一九四二年六月のミッドウェー海戦で戦死する。宛先の畑宗一は稲村の義弟にあたり、また畑の義弟が加来である。こうした縁戚関係から、加来は畑に情報を提供し、それが稲村の妻に伝えられたのである。

加来は稲村の教え子でもある中支那派遣憲兵隊の横田昌隆*26少佐から情報を得たのだが、それによれば、稲村は上海市政府から海軍陸戦隊へ行く途中、其美路上で運転手の操縦ミスにより自動車事故死したというものだった。つまり、谷村静夫の「現認証明書」にしても、参謀総長名の「戦死通告」にしても、でっち上げだったことになる。これが誰の指示なのかはわからないが、事故死という真相は秘され、敗残兵の銃撃で死亡したという虚構の戦死状況が遺族へ伝達されたのである。

稲村国次郎の遺品の軍帽

軍服など稲村の遺品類は軍から遺族へ返されたが、そのなかのひとつに、亡くなった時に着帽していたとされる軍帽がある。だが、この軍帽のどこを見ても、被弾の痕跡はない。稲村新太郎氏によると、返還された死亡時の軍服には、細かいガラス片が大量に付着していたという。なお、この軍帽は、二〇一五年稲村氏から早稲田大学大学史資料センターへ寄贈された。

二 「最後の便り」が伝える中国戦線

以下では、戦没した校友がとくに多い四つの戦場、上海戦線、武漢作戦、華北戦線、ノモンハン事件を「最後の便り」によって特徴づけてみたい。

1　上海戦線

①絶望の戦場

一九三七年七月七日、北京郊外の盧溝橋で日中両軍が衝突した。一一日現地停戦協定が結ばれるが、近衛文麿内閣は華北への派兵を声明した。二八日日本軍は総攻撃を開始し、北平や天津を占領した。翌八月九日の大山事件を機に上海へも戦火が拡大し、中国との全面戦争へと発展した。一方、蔣介石は七月一七日、廬山で「最後の関頭」談話を発表し、八月一五日には対日抗戦の総動員令を下した＊27。

八月一四日、第三、第十一、第十四師団などに動員が下令され、翌一五日第三・第十一師団によって上海派遣軍（松井石根軍司令官）が編成された。二三日、上海派遣軍は黄浦江の揚子江への合流地点呉淞鎮と、その西北方の川沙鎮付近に上陸するが、中国軍の激しい抵抗に直面したため、九月一一日、第九、第十三、第百一師団などに上海派遣が命じられた＊28。

渡辺秀夫〔50〕は高等師範部卒業の元小学校教員で、所属は第三師団歩兵第三十四聯隊である＊29。同聯隊は九月五日、呉淞桟橋付近へ一斉に上陸し、九日楊行鎮攻撃の部署についた。楊行鎮の中国軍は蔣介石直系の王敬久率いる第八七師五千の兵で、クリークや墓地、煉瓦壁に囲まれた部落を利用して防御陣地を固めていた。一一日、楊行鎮の攻撃が開始された＊30。渡辺が兄へ抜き書きして送った陣中日誌は、この頃のものである。

「来る日も来る日も穴倉生活です。壕を掘って陣中構築するのが明けても暮れてもの生活です」。「〇〇より約三百米前進して棉畑の中に壕を掘る。時悪しく月夜のため敵の集中射撃を受く。迫撃砲の弾丸附近に一帯に落下す」。「剣電弾雨の中を前進又前進、敵は頑強に抵抗して散兵壕より猛射す。友軍は未だ曾てない苦戦なり」、「敵の弾丸は実に篠つく雨よりも激し《ママ》（略）中央軍たる正規軍は死を以て抵抗してゐる」。

上海戦線の日本軍は苦戦を続けた。中国軍は上海を首都防衛の重点地区と位置づけ、兵力を集中させて激しく抵抗した*31。その激戦の模様は渡辺のほかにも、上海戦線を戦った戦没校友の「最後の便り」に見える。「今日も雨がしと〳〵降つてゐる。不相変敵機関銃、野砲が眼前にて猛射を浴せて来る。支那軍も非常に頑強に抵抗する。今日で戦闘開始以来九日目、肉弾又肉弾で前進す、その間敵弾は絶えず耳をかすめて飛んで行く。今日まで生きたのは不思議な位（略）今はたゞ〳〵運命を賭して戦ふのみ。望むものは食ふものばかり」（青木秀夫〔6〕）。「彼等の乱射は流弾となつてよく飛んで来ます」（遠山史郎〔11〕）、「毎日夜中といはず、昼中といはず、敵の迫撃砲、小銃、砲弾の中に文字通り悪戦苦闘を続けて居ます」（菊地正治〔7〕）。

日蓮正宗の僧侶であった土屋儀正〔23〕も、渡辺と同じ歩兵第三十四聯隊の所属だった*32。土屋は九月一五日の楊行鎮戦で負傷して野戦病院に半月入ったものの、再び前線に復帰する。一〇月一〇日、土屋は友人に手紙を書いた。この頃、歩兵第三十四聯隊は大場鎮攻略のため、八房宅で激戦の最中にあった。一〇月九日の戦闘模様について『歩兵第三十四聯隊史』には、「聯隊は、雨をついて払暁より攻撃を再開したが、突入は不成功に終わった。相次ぐわが砲、爆撃によってすでに廃墟に等しい八房宅へ、今なお、敵は兵力を増強しその抵抗も必死*33」とある。

そして土屋は最前線に立つ不安と絶望感を赤裸々に伝える。

「再び第一線に立つた。愈々激戦だ。こちらの損害も多いが、敵の損害も多い。前進すると何処にも死体がごろ〳〵してゐる。此の頃、他の部隊の知人と会へば、誰は死んだ、負傷した、未だ生きてゐる、こんな話ばかりだ。内地での生活―恐らくあまり望ない夢。この頃誰も内地での生活を話さなくなつた。苦しくなるからだ。雨だ。毎日雨だ。畑の中の壕の中で、ぐしよ濡れ、泥まみれ、どろ〳〵になつて戦つてゐる。あゝ、その上戦場には嫌な病気さへ蔓つてゐる」。

八房宅の陣地戦は、一二八人の戦没者と一九二人の戦傷者を出し、将兵のほとんどがマラリア、赤痢、脚気、壊血病、鳥目などに冒され、健康な者は青年将校一、二名を数えるに過ぎないという激戦となった。必死の抵抗を続ける中国兵の戦死は三五〇〇人にのぼったという＊34。

一〇月一六日から、歩兵第三十四聯隊は大場鎮の攻略戦に入った。その二日後、土屋は戦死する。大場鎮は上海市区の北側に位置し、東西に走馬塘が流れ、南北に走る滬太公路が上海市内へと通じ、南方四キロの真茹には上海から南京への鉄道が走る要衝＊35である。この大場鎮戦では砲兵弾薬の補充が円滑に行われず、前線は砲兵の援助を欠いたまま戦闘を続けた＊36。戦友によると、土屋は「銃を握った儘」戦死していたという。

上海戦線は一〇月下旬の段階で蘇州河の線に到達したに過ぎず＊37、戦死傷者も激増し、一一月八日の段階で上海戦開始以来、戦死九一一五人、戦傷三一二五七人、計四〇六七二人にまで達していた＊38。

②荒廃する上海

激戦の結果、中国最大の貿易港として世界にその名を知られた上海の街はどうなったのだろうか。伊藤徳次郎〔14〕は一〇月六日の呉淞鎮クリーク敵前渡河を決行し、第一線で戦闘を続けていた。伊藤は一九三三年法学部を卒業後、都広告社を設立し、経営にあたっていた。敵前渡河直前の一〇月三日付の手紙で、伊藤は「当地は砲弾と戦塵で一面見渡す限り廃墟です。大震災の焼跡を御想像下さい」と友人に伝えている。東京府麻布区市兵衛町に住む伊藤には、荒廃した上海は、さながら関東大震災後の東京を想起するのが最も近かったのである。

上海の街には、戦死体が累々としていた。校友たちはそうした状況を手紙で伝えている。東京日日新聞社山形支局記者の菊地正治〔7〕は一〇月八日付の手紙で、「死骸は所々に塁〔累〕々」と書いている。大同生命保険仙台支店に勤務していた河東田徳三郎〔27〕は一〇月一〇日付の手紙に、「壕の中はハラバヒになってやうやく歩く位のもの（略）敵死体の上を上つて歩く。その死体の腐爛し居る為臭がどうしてもとれず飯を食ふに困つた」と記している。

河東田の手紙からは、戦死した中国兵の遺体が野晒しになっている現状がわかる。日露戦争では日露両軍の合意の下で戦死傷者が収容されていたが、こうした「戦場掃除」＊39が、日中戦争ではその初期の段階から行われていなかったのである。河東田が伝える戦場の光景は、確かに「アジア太平洋戦争末期の日本兵の姿そのもの＊40」に違いなかった。

土屋儀正のほか、市川祐三〔30〕、藤田清五郎〔33〕が戦死した大場鎮を視察したのが、前出の稲村国次郎〔34〕である。南京戦後の一二月二〇日のことである。稲村はその戦場の様相を次のように描いている。

「今日は大場鎮方面の戦跡を詳細に視察して来た。此の地には自動車の便が極度に不便なので、上海近傍の視察でも容易ではない。種々慰問団など来ても結局徒歩で視察し出来得る程しか見られない。今日は自動車を十分使用して見て来た。此の地は敵が本戦争の上海附近の根拠地であつた丈に、トーチカあり塹壕あり、山あり谷あり、クリークあり鉄条網あり、実に堅固其のものゝ所だ。之れでは仏のヴエルダンも同然だと思つた、と同時によくも落したと感心した。僕の到着以前の陥落だのにまだ死体も晒されてある。手が届かないのだ。我が兵の死体は片付けが即座に済んで、野晒されてあるのは元より敵のものだ。戦争には敗けられない」。

2　武漢作戦

徐州作戦終結後の一九三八年六月一五日、大本営御前会議は武漢攻略作戦実施を決定し、一八日作戦準備を下令した。武漢攻略作戦では、まず中支那派遣軍の下に編成された第十一軍が揚子江両岸沿いに五個師団半の兵力で武漢へ進行し、四個師団から成る第二軍は北方の大別山系を西進することが計画された。その規模は、日中戦争勃発以来、最大規模の兵力が動員される作戦計画だった＊41。

魚住直一〔218〕は専門部政治経済科を卒業後、神戸新聞社編輯局に勤務していた。一九三七年秋華北へ出征、翌三八年徐州会戦後、武漢攻略戦に加わった。「面影」の記事では珍しく「沼田部隊附」と所属部隊名が明記されているが、これは沼田多稼蔵大佐率いる第十師団歩兵第三十九聯隊を指す（一九三八年六月二二日から太田米雄が聯隊長）。

歩兵第三十九聯隊は武漢攻略戦にあたり、第十師団岡田支隊（岡田資少将）に属し信陽を目指して進軍、六安から大別山山脈を北麓沿いに西進し、九月二一日羅山を占領した＊42。この江北戦線について『東京朝日新聞』九月二三日付夕刊一面は、「羅山完全に占領す　大別山ライン外廓線茲に崩壊」の大見出しで報じ、「大別山作戦の前半」は「我が赫々たる武勲裡に終了した」と讃えた。

大々的な戦果を報じる『朝日』の記事からは、それを読む読者の歓声が聞こえてくるが、魚住の妻への最後となる手紙には、そうした国民の熱狂とは裏腹の最前線の戦場に立つ将兵の内面が行間から伝わってくる。

「第一線から第一線にと、転戦して居ります。（略）次の戦闘は漢口攻撃だ。戦友も数少になりました。身も心も御国の為に尽すだけは尽す。安心して下さい。この後の戦闘では命はないと覚悟は定めて居ります。何も言ふ事はない。私なき後は御両親様に淑子（長女）を呉々もお頼みする」。

「戦友も数少になりました」と魚住は書くが、「面影」の記事にも見えるように岡田支隊では糧食が欠乏し、マラリア患者が多発するなど戦死傷者が後を絶たなかった。また羅山付近の中国軍の抵抗は激しく、多数の戦死傷者を出すに至った。羅山占領後の翌二二日からは中国軍が奪回のため反攻を開始し、「数コ師の敵が羅山の西方、北方、南方から連日攻撃してきた＊43」という。二四日魚住は羅山から西方地点の戦闘で腹部被弾により戦死する。

筧芳雄〔111〕は武田玄六商店に勤めていたが、日中戦争勃発後間もなく出征、上海敵前上陸、徐州会戦に加わり、武漢攻略戦に参加した。筧の部隊は一九三八年八月一五日に安徽省の廬州を出発、大別山山脈北方の中国軍と戦闘を続けるなか、九月六日武廟集で前進困難に陥ったため敵陣に突入、右肺に穿透性盲貫銃創を負い、一二日葉家集の野戦病院で戦死した。筧は廬州出発直後の一九日に、妻に宛てて手紙を書いた。「戦争といふものは、ぶつかつて見なければわからないものである」。筧はこの言葉のうちに、どのような思いを込めていたのだろうか。

朝鮮総督府京畿道庁地方課に勤務していた小川士気旺〔80〕は第十一軍に属し、九江から武漢に向けて進軍したが、その途中、田家鎮八峰山総攻撃の最中、頭部貫通銃創で戦死する。小川は魚住や筧らとは別の南方のコースから進軍していたが、「気は既に漢口を呑んでゐます。全部が全部、無事に還れぬと覚悟はきまつてゐるやうです」と、決意のほどを家族に書き送っていた。

戦闘中に病を発症し（戦傷を病因とする場合は除く）、戦病死した校友は二六六人中六〇人に及ぶ。病名は赤痢、急性大腸炎、コレラ、マラリア、腸チフスなど感染症が多く、発症地域は中国全域にわたる。すでに日中戦争初期の段階から戦場で発病するケースが頻発*44していたが、校友の場合、武漢作戦の頃から戦病死が増えていく。坂本良介〔72〕、菅尾泰二〔129〕、恩田実〔119〕、柿沼平八郎〔107〕、津田兎亀雄〔101〕、河合喜三郎〔110〕、川上英〔131〕、池畑不二男〔188〕らが武漢作戦の過程で戦病死した。

朝鮮総督府内務局に勤務していた恩田実〔119〕は武漢攻略戦に参加するため、一九三八年八月二五日廬州を出発した。炎天下を行軍中、三〇日六安で病を発症し、蕪湖の野戦病院へ移送された。この頃、六安地域では気温四〇度を超える日が続き、しかも道路が徹底的に破壊されたため、後方補給部隊の追随が困難となっていた。兵士たちは携帯糧食に頼らざるを得なくなり、しかも給水不良が重なったため、多数の落伍者が続出する事態となった＊45。

野戦病院で療養中の恩田は一一月三日の日誌に、「余りにも残念な蕪湖の一病室で、猛烈なる下痢と脚気で人間並とは思へぬ大衰弱とに攻め悩まされ乍ら呻吟する身」と書いている。戦場で病に倒れたことについて、恩田は「故郷の方々にも第一線の戦友同輩にも全く合す顔なしだ」と恥じた。この三日後の九日、赤痢へ転症した後に心臓衰弱が加わり、恩田は戦病死する。

3　華北戦線

①山岳戦の現実

一九三七年七月二八日の華北総攻撃による北平・天津の占領後、中国中央軍が察哈爾省へ進出し、さらに南口付近を占領したことは、平津地方の支那駐屯軍に脅威を与えることになった。八月九日、参謀本部は察哈爾作戦の実施を決定、支那駐屯軍に関東軍が策応し、察哈爾省内の中国軍の掃滅を命令した。この命令により、第五師団長の指揮する独立混成第十一旅団は察哈爾省へ向かい、北京西北方の南口を攻略したが、その後の戦闘は中国軍の激しい抵抗により進捗しなかった＊46。

小迫勝一〔12〕は高等師範部を卒業後教職に就き、呉商業学校などで教鞭をとっていた。第五師団山田部隊＊47に所属する小迫は、南口での中国軍との激戦を皮切りに山岳戦に参加した。南口からの山岳戦は当時新聞でも報道され、『東京朝日新聞』一九三七年八月二一日付は「南口大山岳戦」の見出しの下、二〇日発の特電で「山岳戦に得意の敵は随所に出没、恐らく我国戦史始まつて以来の大規模の山岳戦を展開してゐる」と報じた。しかしその山岳戦がどのようなものなのか、読者にはわからない。

山岳戦の最中、小迫は妻へ手紙を書いていた。

「本当の山の中へ入つて手紙なんか書いても、もう出せないのだ。今は千米程ある山の中で敵と向ひ合つてゐる。野営をつゞけつゝこんな所まで来た。雨が降つて褌まで濡れた事も度度ある。腰部位もある河を渡つた事もあつた。一寸でも雨が降ると足が取れないやうな泥土の所も通つて来た。山地にかゝつてからは車も通らないので弾を馬に乗せた。そしたら馬が弱つて歩かないので閉口した。それで支那馬を十頭ばかり徴発したが未だ足りないんだ。深い山の中だから後から弾を送る事なんか出来ないので、動けない程持つて来て居る」。

山岳地帯への進攻作戦に入った小迫の部隊は、後方からの補給が期待できないため、大量の弾薬を携行していた。しかし馬が弱り、駄馬輸送ができなくなったため、「支那馬」を一〇頭ほど「徴発」したというのである。日中戦争では、現地調達という「徴発」が日常的行為として行われていたが*48、小迫が直面した戦場では、「徴発」もできない山岳戦へと戦闘が展開していた。

「昨夜は夜通し雨が降つたが、それでも敵は間断なくポン〳〵撃ち続けた。頭の上をピュー〳〵と飛んだが、それでも疲れて寝てしまつた。明けて今朝（十八日）は霧が深くて向は見ゑない。それでも支那兵は撃続けて居る。今（正午）もう食物はなくなつてしまつた。山の中で後方の連絡はなし」。

ここで手紙は書きかけのまま途絶えている。新聞報道では知ることのできない、補給の全く途絶えた戦場の現実がここにはある。この四日後、小迫は胸部貫通銃創により戦死する。九月一六日の官報は、平漢線板橋村付近の戦闘で戦死した小迫ら三二人の進級を発表し、『東京朝日新聞』九月一七日付はそれを「三十二勇士進級」と報じた*49。

戦没歌人として名高い渡辺直己の短歌に、小迫を詠んだ一首がある。「いちはやく君敵陣に憤死しぬ雨暗き北支の山を思ふかな*50」。小迫と渡辺とは、おそらく呉市内の教員仲間として親しかったのかもしれない。渡辺は小迫の戦死を「憤死」という言葉で言い表した。小迫が「憤」っていたとすれば、それは果たして中国軍に対してだったのだろうか。

察哈爾作戦で省都張家口を占領した後、日本軍は山西省、綏遠省へと進攻を続けていった。関東軍と北支那方面軍は山西作戦によって、一九三七年九月大同、一一月には省都太原を占領する。翌三八年一月一〇日、北支那方面軍は第一軍に対し、南部山西省の戡定作戦を推進するとともに占拠地域の安定確保を命令した。これにより第一軍は、二月中旬から三月上旬にかけて戡定作戦を実施した。当時山西省南部の山岳地帯には、閻錫山が指揮する約二五個師二〇数万がおり、共産軍は山西省の五臺、楡社、静楽附近の山岳地帯で遊撃戦を展開していた＊51。

山西省の太原占領後、楡次付近の警備にあたり、山西戦が始まると最前線で戦ったのが魚谷太郎〔36〕である。魚谷は専門部商科を卒業後、故郷の光州に帰り、商店を経営していた。山西戦が始まる直前、光州校友会幹事に宛てた手紙には、これから戦う中国軍が次のように記されている。

「連戦連敗の支那軍は既にその大半は戦意を失つたとは云へ、失地を奪回しやうと、峻峰連なる天険を利用して強固な防禦陣地を楯に、之れを最後の陣地と死守致し、小癪にも日本兵一兵たりとも入れじと頑強な抵抗を試みるとの情報にて、之れを攻略せんとする我々の苦戦激戦は従来以上のもの之有と今から充分予想致され、尚ほ且つ飢と寒気に依る困苦欠乏は猶甚しきものあると存ぜられ、而も此の度は正面攻撃ならば相当の損害はあるものと一同全く悲壮な決心をいたして居ります」。

「悲壮な決心」で戦っていた魚谷は、二月二五日迫撃砲を受けて右臀部剥脱の戦傷を負い、二七日戦死した。

②治安戦の実態

日中戦争で日本軍が直面したのは、国民政府軍との正面作戦と八路軍や新四軍、抗日ゲリラ部隊とのゲリラ戦（非正規戦）という、二つの戦場であった。とくに華北地域においては、八路軍や抗日ゲリラが鉄道や橋、幹線道路を破壊して日本軍の物資輸送に打撃を与えるとともに、日本軍が占領した地域を内側から解放し、抗日根拠地（解放区）を拡げていった。これに対し日本軍は抗日根拠地に対する燼滅掃蕩作戦、いわゆる治安戦を展開していった＊52。

下村秀〔55〕は法学部を卒業後兵役に服し、一九三七年日本砂鉄工業に入社するが、その年の夏に出征した。下村は出身地や戦闘経緯からすると、第十四師団歩兵第十五聯隊に所属したと推定される。同聯隊は山西省をはじめ、華北各地を転戦した。下村は両親に宛て、一九三八年四月一五日手紙を書いた。

「苦しき山西の山嶽戦も去月末終了、御承知の如く毎日々々敗残兵討伐に日夜不眠不休の活動を続けてをります。敗れし支那は独特のゲリラ戦術を以て朝に夕に逆襲し来り、我々歩兵は全く苦戦です。五日許り前に前線に敵襲あり凄い肉弾戦を展開、明け方完全に撃退、敵の屍七八百、こんなに沢山の死人を一所で一度に見た事は生れて始めてです。過去数十度の戦闘で随分多くの戦死者を見受けましたが、約一千の屍が城壁に添ひ一ケ所に山をなしたことは始めてです」。

下村が書く「五日許り前」の「肉弾戦」とは、四月一〇日の河南省における済源守備隊の戦闘と推測される。第一軍参謀部第一課の「戦時旬報」第二三号＊53の四月一一日付によれば、一〇日朝、済源守備隊（歩兵第十五聯隊の三中隊、山砲一中隊基幹）は約三千の中国軍の攻撃を受け、交戦八時間の後、撤退させた。日本軍の損害は戦死一〇、負傷四九（うち将校四）、一方、中国兵の遺棄死体は五百を下らなかったという。

中支那派遣軍が武漢攻略戦を行っていた頃、北支那方面軍は北部山西粛正作戦の最中だった。山西省北部一帯は共産党軍の根拠地であり、「其の余波は今や北支の全域に波及」していたため、「徹底的清掃を実施して其の禍根を芟除」することが作戦の目的だった＊54。だが徐州作戦に続いて武漢作戦でも、華北戦線から多くの兵力が抽出されたため、華北の占拠地域の確保は容易ではなかった＊55。

宇野修二〔108〕は専門部政治経済科を卒業後、銀座の松屋呉服店に勤めていた。日中戦争勃発後に出征、河北省や山西省の北部地域で「匪賊討伐」にあたっていた。

「最近の我々は、例の如く匪賊討伐にて彼等のゲリラ戦術の裏を行つてゐる次第です。しかし彼等の行動は実に敏速で、常に山岳地帯を利用して手の出し様のないことが時々あります。現在我々は盆地の様な所に警備してゐます（略）附近へはまだ〳〵土匪、共産匪（第八路軍）が盛んに出没して、自動車道路等を破壊して困つてゐます。先日は久し振で道路偵察に出たところ、山頂より射撃され、約四時間に亙つて交戦しました」。

宇野がこの手紙を書いた一九三八年一一月二六日には、漢口は陥落していた。しかし中国共産党は、一〇月一三日から一一月一六日まで延安で開かれた第六期六中全会で長期抗戦を決議し、武漢陥落後から持久戦の第二段階が始まると位置づけていた*56。宇野は手紙に続けて書いている、「漢口は陥落し長期交戦もいよ〳〵第二期に入りました。がこれからが大変だらうと想像します。我々の凱旋の如きまだ〳〵想像にも価しません。此大陸へは日本軍隊が全部来ても充分ではないでせうから」と。

一九四〇年八月から一二月にかけて、華北では八路軍が一一五団四〇万の兵力を動員して、日本軍の警備隊をはじめ、鉄道や橋梁、通信施設、炭坑などを攻撃した。いわゆる百団大戦である。八路軍の攻撃は、とくに山西省で激しく、日本軍は大規模な反撃作戦を実施した*57。

永楽桂太郎〔263〕は法学部を卒業後、昭和鉱業大阪伸銅所に勤めていた。「面影」に、出征後山西省の山岳地帯を転戦したとあるのは、この八路軍に対する反撃作戦と思われる。永楽の手紙によると、一二月初めからは、ひと月の予定で「討伐」を遂行したが、二か月を要したという。翌四一年一月末にようやく帰隊し、すぐさま姉に手紙を書いた。

「一ケ月の討伐の予定も二ケ月になり、その間山ばかり約二百五十里を歩きました。酷寒時の山は又格別です。雪と氷に閉され敵中横断の苦しみを味ひました。然し幸か不幸か今度の敵はとても弱く、追へば必ず逃げて仕まい、二ケ月の間に敵と会つたのは六回で、その他は唯敵を求めて山中を行軍するのみです」。

永楽の二か月に及ぶ「討伐」は作戦時期からすると、山西省西部興県南方地区の共産党根拠地への燼滅作戦と推測される*58。将校の永楽は二か月間の「討伐」を振り返り、「多くの部下を苦しみの中に引連れ犠牲者を出来る限り少くせんが為に叱り飛ばして、病気や足痛者を引張つて二ケ月色々と修養致しました。人間の足の力と気力とには自分自身でも驚いてゐます」との感想を書いた。

二か月に及ぶ行軍では、「今度も大分敵を殺しました。軍刀も少し曲りました」とも書いている。こうした燼滅作戦を中国側は「三光作戦」(焼光、殺光、搶光)と呼んだ*59。姉にこの手紙を書いた三日後、永楽は戦死する。

4　ノモンハン事件

①壊滅の戦場

一九三九年五月一一日、「満州国」とモンゴル人民共和国の国境付近ノモンハン周辺で、満州国軍とモンゴル軍が国境争いを理由に衝突した。そのため海拉爾駐屯の小松原道太郎師団長率いる第二十三師団の部隊が派遣され、モンゴル軍を撃退した。その後、モンゴル軍に加えてソ連軍がノモンハン付近に出現したため、小松原師団長は山県支隊を派遣、二八日から再び交戦となった。だがソ連軍からの反撃により、山県支隊は撤退した(第一次ノモンハン事件)。

山県支隊の撤退後、ソ蒙軍がハルハ河を越えてノモンハン付近に兵力を集中したため、六月一九日小松原師団長はこの状況を関東軍に報告、関東軍司令部は第二十三師団に戦車二個聯隊と歩兵一個聯隊を配属してソ連軍への攻撃を命令した。第二十三師団では七月三日、戦車団を基幹とする安岡支隊がハルハ河に進出しているソ連軍を正面から攻撃したが、ソ連軍の反撃を受け、失敗に終わった。一方、師団主力は二日夜、ハルハ河を渡河し、ソ連軍を背後から包囲攻撃しようとしたが、翌三日ソ連軍の攻撃を受け、大きな損害を出して撤退した*60。この第二次ノモンハン事件により、校友の古賀康男〔151〕と中村英武〔159〕が戦死した。ノモンハンで戦死した校友は一八人、古賀と中村を除く一六人のノモンハン戦は、この後から始まる。

村上哲二〔166〕は一九三七年商学部を卒業後、東洋電業に勤めていた。阿江一友〔161〕は一九三七年政治経済学部を卒業、在学中は棒高跳びの選手として鳴らし、卒業後はダイヤモンド社で雑誌『経済マガジン』の編集に携わっていた。阿江には、遺稿集『不死鳥　ノモンハンにて戦死せる阿江一友の手記』(一九四一年、ダイヤモンド社)が残されており、ダイヤモンド社長の石山賢吉が序文を書いている。この遺稿集には、早稲田時代の同窓で東洋経済新報社の奥原時蔵が追悼文を寄せている。そのなかで奥原は、出征直前の阿江には「気持の動揺」があり、「整理しきれぬものがある」こと、そしてその「動揺」を解決するには、「軍隊生活の中に積極的に突入する」以外にないと語っていたことを明かしている。そして出征する阿江を東京駅に見送りに行った時の光景を、奥原は次のように回想する。「ごつた返す人の群れ、囂々たる喧騒の中で、見送られる阿江君と、見送る我々の姿は、確かに異様な光景であつた。旗もなく、歌も唱はず、而も大分飲んでゐた君の目には、涙さへ見られた*61」と。

村上も阿江も見習士官として第二十三師団歩兵第七十一聯隊第三大隊第九中隊に所属*62し、ノモンハンの第一線に配属となった。歩兵第七十一聯隊第三大隊は八月五日、第二大隊などとともにホルステン河左岸工兵橋南方約四キロ付近に集結した。一三日にはソ連軍から七四一高地を奪取し、第二大隊とともにソ連軍の砲撃のなかを前進していった*63。ソ連軍とのこうした戦闘状況のなか、阿江は一三日、村上は一五日に手紙を書く。

阿江の「最後の便り」によれば、戦場到着初日に、早くも「相当はげしい砲弾の集中火を浴び」た。村上も、第一線に到着する四キロ前からソ連軍の砲弾網に直面し、前進が困難となった。それでも「第一線に着くまでは死傷あってはならぬと兵を激励し、ホルステン河を渡り、左右前後の砲弾を巧に避け着隊安堵、時まさに午後八時全員無事。敵優秀なる砲弾は九時より砲撃を開始、陣地の壕附近に盛んに落下し、落雷よりも危険。今夕更に前進して○隊の活躍に参加しなければな」らなかった。

阿江はソ連軍との戦闘を「滅ソの聖戦」と意義づけ、「一途目的遂行に日夜邁進する皇軍の活躍は、世紀の一偉観であり、後世史家は、必ずや之を東亜ルネサンス確立の一大転機として記録することでありませう」と讃えた。そうした意義ある戦争を戦うことは、ひとりの人間にどのような意味を持つのか。「戦ひの体験は私にとつても亦私の人生の過程に於ても最も輝かしい貴重なるものに相違ありません。それほど戦争は厳粛な事実なのです。時々刻々の変化に、兵隊は生命を的に戦つてゐるのです」。そして「何等生に執着することなく、ぐん〳〵戦つて行く逞しさには頭の下る思ひが致します。茲にほんとの皇軍の強さがあるのでせう」と、誇った。阿江は「軍隊生活の中に積極的に突入」し、懸命に自らを奮い立たせていたのである。

このような「皇軍」への自信と誇りは、久保正雄〔194〕も母宛の手紙に書いている。久保は一九三七年文学部東洋史学科を卒業、翌三八年春応召し、北満警備にあたっていたが、七月七日から第二十三師団歩兵第七十二聯隊に配属となった。速射砲手として選抜され出動したのだという。同聯隊はノロ高地以北の左翼隊左聯隊に位置し、八月に入ってからはソ連軍からの激しい攻撃を受けた*64。八月七日の同聯隊の戦闘詳報*65によれば、一七時三〇分頃からソ連軍からの砲撃が激しくなり、一八時からはソ連軍戦闘機三〇機による攻撃を受け、「砲爆煙濛々として天地を蔽ひ目視困難」となった。さらにソ連軍は砲撃とともに戦車攻撃を開始し、一八時三〇分頃からはソ連兵約二百人が第一大隊正面に、つづいて約四百人が第二大隊正面に接近するという戦闘状況となった。九日になって戦況が落ち着いたからであろう、久保は一一日に母へ手紙を書く。

久保はソ連軍について、「支那と異りその機械化部隊など仲々侮り難い」ことを認める。「敵の攻撃は砲弾をそれこそ物すごい程たゝきつけてその上飛行機で対地攻撃をし、それから戦車を伴って歩兵がやってくるんです」。ソ連兵の狙撃についても、壕から頭を「余り出すと狙撃兵に一発で殺され」ると、その正確さを認める。このようなソ連軍に直面しても、久保は「我軍の最後の肉弾戦だけは最も誇るべきものですね。ワーツと喊声を挙げて突込めば敵は一たまりもなく後退してしまひますから偉なるかなです」と、日本軍への自信と誇りに揺るぎはなかった。だが八月二〇日になると、ソ連軍は狙撃三個師団、戦車六個旅団の兵力により総攻撃を開始した。歩兵第七十一聯隊は各大隊ごとに分断包囲され、壊滅状態となった。そして二六日には、森田徹聯隊長が戦死した*66。

村上と阿江は、ともに八月二三日に戦死した。「面影」の記事によると、村上は七四四高地、阿江は三角山（七五八高地）で戦死したとされる。この日、三角山を拠点とする第三大隊は、午前一〇時頃からソ連軍の戦車約四〇輌、狙撃兵約四百人に包囲攻撃され、日没頃全滅した*67。午後九時、偵察隊が見た三角山には、戦死者の遺体が累々とし、頂には赤旗が翻っていたという*68。

「面影」の記事によれば、久保の最期は八月三〇日、七五五高地南方一キロ付近での戦闘だった。久保の属した歩兵第七十二聯隊の『ノモンハン』事件戦闘詳報」のこの日の記事には、「十三時敵戦車の攻撃し来るもの二十台に及び、我が陣地内の掩壕に一弾一弾と猛射し、且つ迫撃砲を以て西南北の三方面より猛烈なる射撃を浴せ、我が陣地射弾を蒙らざる所なき状態に至*69」ったとある。

第二十三師団の壊滅という大敗に対し、関東軍はそのほとんどの兵力によってソ連軍に決戦を挑もうとしたが、大本営は九月三日、関東軍にノモンハンの攻撃中止を厳命し、さらに七日には植田謙吉関東軍司令官らを更迭し、一五日停戦協定を成立させた。ソ連軍の主張する国境線を容認し、一個師団の犠牲という代償を払い、ノモンハンでの戦闘は終結する*70。

所属部隊などから遺族に届いた戦死通告が、必ずしも正しい情報でない場合があることは、稲村国次郎のケースで見たとおりである。では、日本軍が敗勢、あるいは敗退となった戦場の場合、戦死はどのように伝えられたのだろうか。

②戦死の伝え方

鳥海林〔189〕は一九三六年専門部政治経済科を卒業後、神奈川県庁の庶務課に勤務していた。「面影」によると、鳥海は染谷部隊に属していたとある。染谷部隊とは、染谷義雄中佐が部隊長の穆稜重砲兵聯隊のことで、鳥海が所属したのは、その第一中隊（石井包四郎中隊長）*71である。穆稜重砲部隊は編成から一年も経たないうちに、訓練と組織が充分でないまま、ノモンハン戦に投入*72された。

八月二〇日からソ連軍の大攻勢が始まり、バルシャガル高地東側の砲兵諸隊は二三日頃からソ連軍の砲兵、戦車、狙撃部隊の攻撃を受けた。砲兵諸隊の一角をなす穆稜重砲部隊に対しては、二六日ソ連軍の機甲部隊が三方向から攻撃を加え、最後の段階を迎えた*73。「面影」の記事によると、二五日夜、ソ連軍の戦車一五〇台と狙撃兵から成る一大部隊が穆稜重砲部隊に攻撃を始めたため、染谷部隊長は自ら陣頭に立ち、「全員肉弾となって突撃せよ」と部下を激励してソ連軍へと斬り込んだ。鳥海は奮闘したが弾丸が尽きたため、部隊長に遅れず突入し、「死闘数時間の後、翌二十六日払暁部隊長は遂に腹部に敵弾を受けて倒れ、多くの兵も衆寡敵せず相次いで枕を並べて斃れたのであった。此時鳥海君も頭部及腹部に砲弾破片創を蒙り、同日夕刻他の亡き戦友の後を追つて、ハルハ河畔の華と散つた」とある。

「面影」が描くこの壮絶な死に様は、染谷部隊長のみならず、下士官の鳥海の戦死までを見届けた生還者がいたかのような叙述になっている。この記述は真実なのだろうか。『戦史叢書　関東軍』1によれば、染谷部隊長の最期は用意していた絶筆に日時を記入し、伝令下士官に託して砲兵団長に報告させた後、観測所で自決し、将兵は火砲と運命を共にした＊74とある。また秦郁彦氏によると、二六日に全滅した穆稜重砲部隊には、染谷ら幹部の死を見届けた者はなく、詳細は不明としている＊75。

三　戦場から伝えたこと

1　空腹と疲労

中国へ出征した校友たちがまず直面したのは、気候の違いや慣れない水の問題だった。日中戦争勃発後、校友最初の戦没者となる木村鬼雄〔1〕は一九三五年一二月一日第二十師団第七十七聯隊に入営、盧溝橋事件が起こるひと月前に除隊となり復職した。だが七月一一日に充員召集を受け、一六日華北へ出動、二七日郎坊の戦闘に引き続く行宮陣地の攻撃の際、中国軍から迫撃砲を受け戦死する。

出征から戦死までの半月ほどの間に、木村は五通の手紙を家族に送っている。戦死する二日前の七月二五日付の手紙では、「フラ〳〵今にも倒れんばかり」、「満身これ汗といふ訳で靴にまで汗がたまる次第」、「唯暑いのには閉口です」と、兄に天津地域の暑さを訴えている。しかも水は悪質で、チフスに罹る恐れがあるため、生水の代わりにサイダーを飲料水の代替にしているという。

上海戦の戦場では、食料や水が不足した。前出の渡辺秀夫〔50〕は楊行鎮の総攻撃で「未だ曾てない苦戦」に陥るなかで、食料の輸送が途絶え、飲料水もない状況に直面した。渡辺は言う、「弾丸は恐ろしくないが食物の欠乏を最も恐る」と。

上海戦を戦う、『東京日日新聞』記者菊地正治〔7〕の一〇月八日付の母への手紙には、「水がなく泥水を高価な濾過機械に通して、それを沸して飲んでゐます。食物も仲々手に入りません」とある。この五日後、菊地は戦死する。横浜市中区区役所税務課に勤務していた高沢宏三〔128〕も一〇月六日付の母への手紙で、「上陸以来入浴は勿論洗顔も出来ず、やがてしらみもわくでせう。冷い水が欲しいです。何処へ行つても濁つた水を沸して飲んでゐます」と書いた。高沢は呉淞鎮上陸後、蘊藻浜クリーク左岸地区での一〇日間にわたる戦闘に参加し、手紙を書いたこの日、クリーク渡河戦で戦死した。高沢の死の代償は、「功六級勲七等」だった。

彦坂廉二〔147〕は太陽生命保険に勤務していたが、日中戦争勃発直後応召、中支那派遣軍に従い、華中戦線を戦い続けた。日付はわからないが、姉への手紙で「戦地は想像以上に暑いですよ。誰もがこんな暑いことは生れて始めてだと云つて居ります。しかも支那の建物は煉瓦造りですから、なか〳〵冷えなく夜おそくまで暑くいやになつて仕舞ます。陽の光が東京附近よりは可成暑いですよ」と書いている。

日中戦争が日本軍の兵士たちにとって徒歩行軍の連続であったことは、よく知られている。火野葦平の『麦と兵隊』(一九三八年)にも、徐州作戦に従軍する兵士たちの行軍がリアルに描かれている。だが武漢作戦以降、中国内陸部へ戦線が拡大したため、行軍日数が延び、糧秣不足のみならず、露営の連続は肉体的な疲労と赤痢やマラリアなどの感染症を蔓延させる結果となった*76。

戦没校友の「最後の便り」のなかにも、行軍の記載が散見される。前出の永楽桂太郎〔263〕は、山西省の山岳地帯を二か月間に千キロも歩いた。翁英作戦から賓陽作戦に参加し、「広西の曠野」に難行軍を続けた中島良一〔207〕は、「行軍は素晴らしいもので、十日間に八十里の難路を猛行軍をやつてのけた」と妻に書いている。ほぼ同じ頃、山西省で警備と討伐にあたっていた渡部一彦〔210〕は、弟宛ての手紙に「僕達の戦友は何百里と真夏の中を行軍し、途中匪賊に出逢ひ激戦を展開した由、飲料水欠乏の為風呂水を漉して飲んだ事もあつたそうです。実に涙ぐましい戦闘振です。然し皇軍の威力は偉大です」と書いた。

渡部自身は間もなく、腸チフスのため戦病死する。

2　敵兵殺害

橋本宇一〔28〕は専門部商科を卒業後、東京府三鷹の自宅内尚武館道場や東三鷹青年学校で剣道を指南していた。早大在学中、橋本は剣道部に所属し、四段の腕前だったという。華北戦線を転戦するなか、ある市街での残敵掃蕩戦で橋本は中国軍の将兵四名と遭遇した。そして「敵将校は青龍刀にて立向ひ来るを日本刀にて応戦、直ちに之を血祭に上げ」た。橋本にとっては、むろん「真剣勝負」は初めてのことで、「切合中は無《(夢)》中なりしも、人を切倒したる時の心境は余りよきもの」ではなかったと感想を書き送っている。

一方で、上海戦線の鴻田重徳〔35〕は中国兵への射撃に「面白さ」を感じていた。鴻田は理工学部電気工学科を卒業し、二〇歳台ですでに松下電器産業無線部工場長の要職にあった*77。鴻田は父に書いた、「日本軍の夜襲及突撃は常に成功し、之れにはチヤンもあわてゝ逃げまくります。逃げる敵を撃つ面白さも又一段です」と。

日中戦争勃発直後、中田信雄〔78〕は郎坊で中国軍と初めて戦った。前述の遺稿集『中田軍曹の手記』（一九四〇年）に収録された七月二七日付の「陣中日誌」には、中国兵を射撃する際の心境が綴られている。

「面白いように倒れる。憎くて射つのでない。怖ろしくて射つのでない。射たねば射たれるから射つ、と言ふ観念があるのでもない。唯無意識にぶつ放すだけだ。飛んで来る弾丸に身を遮蔽しようとも思はない。当る時はどんなにしてゐても当つた戦友達を見て来た自分には、この観念が一層強まつて来て段々心に落着きが出来てきた。『法学士、人を殺す。か。』こんな事を考へながら、充分の姿勢で味方の登壁を助けて射ちつゞけた*78」。

南京攻略戦に参加した校友は少なくないが、そのなかのひとりに梅本善平〔62〕がいる。日中戦争が始まった直後に応召、その後、在学中から交渉していたサイパン島の南興水産への入社が決定する。入隊後の梅本は華北を転戦後、南京攻略戦に参加した。

「慈父と仰ぐ部隊長殿も過般名誉の戦死をなされました。亦巽上等兵外五名を失ひました。南京郊外の戦闘で御座いました。戦闘も酣の十二月十日午後二時三十分敵の砲弾命中砲手六名中一名の重傷者を残し、全部名誉の戦死をなされました。（略）後方より我分隊の有様を見てゐた戦友は砲弾命中の瞬間には全部駄目と思つたと申して居りました。然るに私は微傷さへも負ひません。部下の仇討に再び生命をあたへられたので御座いませう。一日も早く仇討致し度いと思つてその日の来るのを待つてゐます。神仏の御加護に依り見事敵討する事が出来たならば、私の仕事は上出来です。六勇士の御蔭で南京攻撃には実に立派な戦をやる事が出来ました。他に負けない働をしたと思つてゐます。支那兵のヒヨロ／＼弾には斃れないと〇〇の兵営で御父上御母上に申上げました。今度は必ず敵討をする迄は決して斃れません。見事敵討をして名誉の戦死でも致しましたならば、ほめて下さい。（略）高木先生よりいたゞきました軍刀も全くよく働いて呉れました」。

梅本の所属したのは、第十六師団（中島今朝吾師団長）歩兵第三十三聯隊と推測される。この手紙中の戦死した部隊長とは、菅原道雄少佐と思われる。第十六師団は一二月一〇日から南京近郊の紫金山地域を攻撃し、一二日同山頂を占領*79するが、その最中の一〇日菅原は戦死する。梅本の手紙には、「仇討」ないしは「敵討」という言葉が繰りかえし使われている。部隊長や戦友らの戦死を目の当たりにするなかで、梅本がいかに報復の念を強めていったかをこの手紙は伝える。そして手紙末尾の「軍刀も全くよく働いて呉れ」たとの文言は、南京戦での梅本の戦いぶりを物語っている。

3　中国を知る

中国兵に対する認識の転換の必要性は、日中戦争の初期の段階からすでに指摘されていた。支那事業研究会を主宰する後藤蒼洋は、日中戦争勃発段階から第一線の将兵を取材し、一九三八年三月『臨戦諮問録』を出版した。新聞や雑誌で日本軍将兵の「奮闘」については報道されているが、「戦地にも銃後にも、知るが如くにして—しかも明瞭を欠くが如き憾ある、臨戦認識」を広めることが出版のねらいだった。

後藤はこのなかで「支那兵に対する認識の是正」を求め、「日本人の頭には日清日露の役に用ゐられた『清国郎《チャンコロ》』といふ言葉が先入主となり、しかもそれが弱いといふ代名詞の如くに考へられてゐる。（略）これは恐るべき時代の錯誤」とする。「現代の支那兵は如故《マヽ》に強いか?」、後藤はその理由として、欧米諸国から最新の武器が提供されているだけでなく、抗日思想を統一し、地の利を活かした軍官学校出身の将校らが「抗日戦線へと突撃して来る*80」からだと述べている。

出征した校友たちは、戦場で中国兵の真の姿を見ることになる。それは内地でイメージしていた中国兵とは異質なものだった。早稲田大学調査課職員の岡崎確〔2〕は日中戦争勃発後応召、第五師団に属し、輜重兵特務兵として察哈爾作戦に参加した。第五師団は一九三七年九月一五日に蔚県を占領後、一部部隊を山西省の霊邱へと進出させ、大営鎮—霊邱—淶源道を守備させた*81。この霊邱付近の戦闘で岡崎は戦死する。

八月二九日付の兄宛の手紙で岡崎は、「二十三日から本隊に別れ、馬砲川といふ部落です。二十八日まで毎日毎夜敵襲に逢ひ、ヒユー〳〵と敵弾が頭上をかすめて飛び、進退を阻まれて、死を決したことも一二回ありましたが、丁度後から来た部隊の援助を得て、漸く敵の包囲を避け、山と平野の境まで出て来ました。支那軍は堅固な高山岩石の要塞に居て、味方も相当損害を受けました。チヤン〳〵といつてあまり馬鹿になりません」と書いている。おそらく岡崎は出征するまでは中国軍を軽視しており、実際に中国兵と戦場で相見えて、初めてその実態を知ったのだろう。

前出の鴻田重徳〔35〕は上海戦線に参加し、呉淞上陸後、「一部落々々を攻撃」していった。一九三七年一〇月八日周家屯から父に宛てた手紙には、「支那兵は少し抵抗すれば、いや歩兵が匍つて近付けば逃げる始末です。だが前から聞いて居るやうな支那兵と大部違ひ、兵隊らしくなつて居るには感心です」と書いている。

校友の多くは、出征して初めて中国を知ることになる。その中国体験とはどのようなものだったのだろうか。小原和夫〔58〕は結婚二か月で応召、華北戦線に従軍後山東省に入り、張店、沂水、郯城の各地で「激戦に次ぐ激戦」を経験した。妻に手紙を送った一九三八年三月一日の時点で小原が山東省内のどこにいたのか、鉄道沿線から一二〇キロほど離れた奥地の「某県城」という以外にはわからないが、戦闘後、住民がほとんどいなくなったその都市について、「支那人の放棄したこの小都会の文化の水準は相当なものであつて、交通の不便な奥地にこんな処もあるかと、実際支那といふ国は不可解である」と書いている。「抗日宣伝は行届いてゐるし、ラクトーゲンの缶やら大学目薬が転んでゐたり、相当な書籍が散乱」し、「日本の一寸した町の文化とは比較にならないほど進んでゐる」。

小原は政治経済学部を卒業後、山口県美禰郡伊佐町河原の百戸部落を対象に農村改革を進めるなど、農村問題を専門とする研究者だったが、その眼からすると、「交通の不便な奥地」でさえも文化水準の高い中国という国に驚きを禁じ得なかったのである。

井本孝〔88〕は高等師範部卒業後の一九三七年一月に入営、翌三八年七月中国戦線に加わった。九月五日、武漢攻略戦に従軍するため、安徽省の廬州を出発した。出発にあたり井口は家族に、「支那大陸は歩けば歩く程広いことが判ります。毎日〳〵広い平原を地平線から地平線に向つて歩きますが、歩いても〳〵見へるのは唯遠い地平線です」と伝えた。そして余りにも広い中国に対し、「今の所唯々漢口へ漢口へです。何も判らぬ所を漢口方向目指して進むばかりです」と書いた。ここには、広大な中国に圧倒されるひとりの日本兵が、ただただ無機質的に漢口へと進軍していく姿がある。

4 なぜ手紙や日記を書くのか？

藤井忠俊氏は『兵たちの戦争』で、弾丸飛び交うなかで手紙や日記を書くことは不可能だと述べている。「兵は、戦闘の合間に書いているのである。（略）戦闘の合間というのは結構時間があり、兵は意外に時間をもてあましていることがある。暇なのである*[82]」と。たしかに中国戦線では、四六時中戦闘が行われているわけではなく、駐留生活の時間が長いことは、さまざまな記録から明らかである。しかし、そうした「もてあまし」た時間のなかで、戦地からの手紙は書かれたのだろうか。

前出の渡辺秀夫〔50〕は楊行鎮総攻撃後の第一線の戦場で、「〇月〇日　私は今二百米前方の敵と対峙しつゝ壕中に於てこの手紙を書いて居ります。迫撃砲弾が無気味な音を立て、頭上をとんで行く（略《〔ママ〕》）最後迄私は〇〇〇として全責任を尽して必ず護国の鬼となります」と、陣中便りを綴っている。この記述を見てわかるように、渡辺は死を覚悟した戦場の最前線で手紙を書いている。荒井とみよ氏が言うように、激戦に次ぐ激戦、戦闘の苦難のなかでも、日記や手紙は書かれているのである*[83]。

作家日比野士朗は雑誌『中央公論』一九三九年二月号に掲載した「呉淞クリーク」で、クリーク敵前渡河決行直前、妻に手紙を書く主人公の心理を書いている。

「図嚢を膝の上におき、いつものようにそれを机のかわりにして妻に手紙を書いた。誰かに何かを話さずにはいられない衝動を感じたからだった。そんなふうに気まぐれにぽつりぽつりと語ったら、この二、三日来の重みが一枚一枚はがれて行くにちがいないとおもったからだった。だが、とりとめもなくあたりの有様などを叙しているうちに、私の目は次第に自分の胸の奥にむいて来るのである*[84]」。

第一線の戦場においても、書かずにはいられない「衝動」を日比野は表現している。戦場の最前線で手紙を書くとは、「自分の胸の奥」への問いかけでもあったのである。

5　戦場から銃後へ

朝倉昇〔83〕は一九三六年法学部を卒業後、家業の洋家具製造業に携わっていた。一九三八年五月出征、上海から長江対岸の通州の警備や残敵掃蕩に関わった。朝倉が所属した第百一師団歩兵第百五十七聯隊は七月中旬から湖口、彭沢、香口付近の警備を担当し、八月一二日には第十一軍からの命令により星子付近を攻略した後、隘口街付近に進出し、徳安へと向かうことになった。しかし師団主力によって廬山南麓の中国軍陣地を攻めたが、徳安への進軍は容易ではなかった*85。

「面影」の記事によると、朝倉は一〇月七日隘口街前面右側に聳える硝瓜船山の山岳戦で戦死したとあるが、歩兵第百五十七聯隊の「隘口街青石橋附近攻略戦戦闘詳報*86」一〇月八日付によると、「師団右翼隊は昨七日夕刻、硝瓜船高地の敵陣地に突進、同高地を奪取、本早朝より隘口街北方高地に向ひ突進中なり」とあり、「面影」の記事と一致する。

朝倉の手紙は「面影」に収録された遺稿のなかでも、最も長文にわたるものである。この手紙は兄に宛てられたものだが、朝倉は「戦争とは怎んなものか？僕達は何をしたか？」と自問する。まさにこの手紙は、「自分の胸の奥」にある思いを書き連ねたものと言える。

「山には敵が居て極く近くから吾々を狙撃して居るのです。この家から一歩でも出ると、否、水を汲んで居る兵士の一人が、ほんの僅かに体を乗り出した唯それ丈の事で腹を縫《ママ》れて仕舞つた、そんな現状なのです。敵の眼は絶えず吾々の行動を見詰めて居るのです。昼間は頭上を駈る彼我の迫撃砲弾の不気味な音、けたゝましい気狂ひじみた自動火器の叫び声炸裂する弾、この奇妙な交響楽が吾々を愉しませ慰めて呉ます。

夜は敵の火器の総動員です。種々雑多な各国の優秀な自動火器、チエツコ、ブローニング等の軽機、水冷式のまるでオートバイみたいな音を立る重機、之等と共に二重の音を立てる炸裂弾を打つ小銃、ダアーンと地響きする手擲弾、斯んなものが無闇矢鱈と、気狂ひが半鐘でも叩くのか、それとも地獄の底に雷でも落ちたのか、戦争騒ぎと云ふのでせう斯んなのを。地球がひつくり返る心配でもあるかのやうに無茶苦茶に鳴らして来るのです。とても睡れたものではありません。勿論従つて少しの緩みも警戒には許されません」。

朝倉は内地の新聞でも報道された一文字山の攻撃戦、さらには千メートルを超える山岳戦での戦闘についても書いていく。そして「書いても書いても今は尽きる事の無い豊富な経験、辛酸を味ひました」と記す。

「雨に濡れてふるへる夜半の寒さ、敵と睨めつこの睡られぬ幾夜、斯んな死線を彷徨する苦心は兵隊でないと判らない事ですし亦兵隊だけが知つて居れば好いのです。初めはのんびりと暮して居るであらう銃後の生活が羨しく思はれてなりませんでしたが、考へて見ると戦線と同じ苦労を銃後の人々に強る事の甚だ無意味である事を悟りました。悠々たる国民の生活、其処から常に新しい強力な戦ふ力が生産されるのだと斯んな考へ方をして居ます」。

朝倉がこの手紙を書いた頃、内地では火野葦平が「麦と兵隊」を雑誌『改造』一九三八年八月号に発表し、翌九月には単行本化されてベストセラーとなっていた。そのなかに「杭州に居る時に、色々な方面で、最近内地の消息が伝えられ、銃後国民の緊張振りは事変勃発直後に比して甚しく弛緩しているというようなことをよく聞いた（略）今、この荒涼たる戦場の中を走る感懐としては、再び、軽薄な国民に対する憤りが胸の底から湧き上って来るのを禁じ得なかった*87」という一節がある。火野は前線の兵士が「荒涼たる戦場」に直面しているにもかかわらず、銃後が「弛緩」していることに「憤り」を隠さない。

戦場は違うが、朝倉も火野と同じもどかしさを感じている。「書いても書いても」、兵隊の「苦労」は銃後とは分ち合えないのである。前線と銃後とが体験を共有することは、土台不可能だと朝倉は感じている。火野は銃後に「憤り」を感じ、朝倉は「苦労」の共有化がそもそも「無意味である事を悟」っている。そして朝倉は、そのような「悠々たる国民の生活」から新たな「戦ふ力」が再生産されていくと、自らを納得させるのである。

6　何のために戦うのか？

では最後に、校友たちは何のために中国戦線を戦っていたのかを検討したい。日中戦争が戦争目的を明確にしないまま、拡大を続けていったことはよく知られている。しかしながら、最前線の戦場に立つ将兵は、果たしてそれで戦闘へのモチベーションが持続できるのだろうか。校友たちの「最後の便り」には、戦争の意義を表現する言葉として、「平和」や「東洋平和」という表現が散見される。「東洋平和」という言葉が、日清戦争以来、日本が戦争を始める際の常套句であり、日中戦争期の兵士の手紙にも「東洋永遠の平和」など、いくつかのバリエーションを伴いながら多用されたことは鹿野政直氏の指摘*88するところである。鹿野氏は、「兵士たちは、『東洋永遠の平和』という類の、戦争の聖化のために発案されてきた言葉以外に、みずからの想いを託す言葉をもたなかった*89」と論じている。鹿野氏の対象とする「兵士たち」が農民兵士であるとするならば、「インテリ」将兵の校友の場合はどうなのだろうか。彼らの場合もそうした「聖化」された概念に、「みずからの想いを託」していたのだろうか。

戦没校友たちの「最後の便り」を検討すると、彼らが「東洋平和」を言う時、そこにはより具体的なイメージが伴っていたように思われる。まず、激戦の続く上海戦線からの渡辺利雄〔38〕の手紙を見てみよう。渡辺が九月二九日に家族へ宛てた「最後の便り」には、「之より後は一切を皇国に捧げ申上げたる吾身、暴戻あくなき彼等に正義の剣を突きつけん迄」とある。ここでいう「正義」を「東洋平和」と同義と見るならば、「正義」を乱す「暴戻あくなき彼等」という言い方は、一九三七年八月一五日の近衛内閣声明に同様のフレーズを見ることができる。その声明に「支那軍の暴戻を膺懲」するとあるように、「暴支膺懲」というスローガンは日中戦争勃発段階から政治が煽動し、社会に充満した表現に他ならない。渡辺の手紙の文言は、この時点での政府が唱える戦争目的を念頭に発せられているのである。

小山正美〔76〕は出征以来、華北の山野に物資を輸送するため転戦を続けていた。山西省で戦死する直前の一九三八年三月一一日付の手紙には、「五色の新国家の国旗が翩翻とひらめき、皇軍のよき指導のもとに四千年の古代の支那の姿が再生してゐます。東洋平和のため、国家の礎となつて、皇軍は東に南に西に北に苦闘を続けてゐます」とある。「五色の新国家の国旗」とは、中華民国臨時政府を指す。中華民国臨時政府は一九三七年一二月一四日、北支那方面軍の指導によって北京（一〇月一二日北平を改称）に成立した政権である。華北占領地域に誕生したこの傀儡政権に、山西省で戦う小山は「東洋平和」の実現を夢見て「苦闘」を続けているのである。

山西省の八路軍との戦いを続けていた高橋義夫〔67〕は、廃墟と化した街の風景に「戦争のいやな一面」を見ていた。高橋は言う「現象にあらはれた面だけを見れば誰だつてその悲惨に眼を掩ひたくなることでせう。しかし我々はこの悲しい現実を力強く踏み越えて一日も早く明るい東洋平和の黎明をもたらすべき必然的、宿命的な重荷を背負つてゐます」と。ここには、眼前の戦争が引き起こした「悲しい現実」の克服の先に、「東洋平和の黎明」を位置づけている。したがって八路軍との困難な戦いにも、高橋は「『東洋平和の来るまでは僕は断じて帰りません』唄の文句を地で行く覚悟でゐます」と、決意を新たにするのである。

前出の池畑不二男〔188〕は武漢攻略作戦の廬州戦、さらに徳安攻略戦に参加していたが、その手紙には「先日は広東も陥落し引続き漢口陥落、廿七八日には徳安も陥落されあるも彼蔣介石は未だに悪夢覚めやらず誠に気の毒に存候。これも三国其他の力を頼り夢見居る為と可申、此の上はいよ〳〵吾等は長期戦を覚悟致し吾等の使命達成のため、意を堅く致せし次第に御座候（略）現在の我等国民として東洋平和のため、いよ〳〵其の意を堅く可致覚悟致せし次第」とある。広東、漢口と陥落したものの戦争が「長期戦」の段階に入ったことを、池畑は「東洋平和」の実現という戦争目的によって決意を新たにさせている。

中村五郎〔152〕は一九三九年八月二七日ノモンハンで戦死するが、その六日前の二一日付の手紙に、「自分等は皆国権を維持する為め、東洋平和の為めに此処国境最前線にありて八紘一宇の大精神に則り、大君に捧げまつりし命を鴻毛と愛国の熱情に燃へ、日夜健闘」と書いている。中村にとって「東洋平和」は、国境の最前線で「国権を維持」することの実現によって達成されるものであった。

このように「東洋平和」という概念は、校友たちにとっては自らが参加する戦争のなかで理解や解釈がなされ、具体的な実相を帯びていたと言える。戦場に立つ校友たちは、「東洋平和」という表現にそれぞれが意義を施しながら、戦場での勝利と戦争の終結を願いつつ戦っていたのである。

おわりに

本書に登場する二六六人の戦没校友が戦った日中戦争は、敗戦まで八年余り続くこの戦争の、ちょうど前半部分にあたる。この時期の日中戦争の特徴は全面戦争が限界に達し、持久戦への移行を余儀なくされたところにある。戦没校友中岡工〔170〕の「最後の手紙」の言葉で言えば、「戦ひも愈々長期戦」の段階になったことを意味する。

戦争のこのような段階で送達された「最後の手紙」には、文面に制約が課されながらも、のちの太平洋戦争段階とは違い、戦争のもつ多様な実相が戦場に立つ「インテリ」将兵の眼を通してさまざまに描出されている。それらを通して今日の私たちは、最前線の戦場がどのようなものであるかを生々しく知ることができる。

本書に登場する戦没校友を年齢層で分類すれば、そのほぼ二割近くが二〇歳台前半、二五歳から三〇歳までの層が半数を占め、残りの三割が三〇歳以上となる。「面影」のプロフィールを見てわかるように、彼らは大学を卒業し、社会を歩みはじめた、あるいはその地歩を占めつつあった「インテリ」たちで、妻帯者も少なくない。「最後の手紙」を「面影」に記載された情報と重ね合わせて読めば、戦時中はもとより、戦後の長きにわたる遺族の方々の苦難の日々を想起せずにはいられない。「最後の手紙」をそうした視点を合わせ持ちながら読む時、戦争がもたらした悲劇と損失の大きさに改めて眼を向けざるを得ない。

※引用資料には、今日では差別的な用語や表現が見られるが、歴史資料としての価値、および性格上、原文のまま記載した。なお引用資料には適宜句読点を付し、擬態語などを除き、カタカナ表記はひらがなに直した。また資料中に記されていた省略部分は筆者のそれと区別するため、「(略)」に〔ママ〕を付した。

最後に、本稿をまとめるうえで、稲村新太郎氏に多大なお力添えをいただきました。心よりお礼申し上げます。

註

1　『きけ わだつみのこえ』は、一九四九年に日本戦没学生手記編集委員会編で初版が刊行されたが、その出版に至る経緯、およびその後の刊行経緯などについては、日本戦没学生記念会編『新版　きけ　わだつみのこえ』岩波文庫、一九九五年、を参照。
2 早稲田大学編『早稲田大学百年史』第四巻、一九九二年、一六七〜九頁。
3 慶應義塾大学では、『三田評論』で「事変関係特別報告」が連載され、塾員の戦死が報じられている。
4 岡田裕之『日本戦没学生の思想』法政大学出版局、iii頁。『きけ　わだつみのこえ』は戦没学生の遺稿集として編集されているが、日本戦没学生記念会理事長を務められた岡田氏が述べているように、実際には、大学の学生だけでなく、卒業生の遺稿も多数収録されている。
5 「早稲田大学校友会規則」、早稲田大学校友会『昭和十三年用　会員名簿』上、一九三七年、一一〜三頁。
6 「卒業学科別会員員数表」早稲田大学校友会『昭和十三年用　会員名簿』下、一九三七年、九六四頁。
7 前掲『早稲田大学百年史』第四巻、一五八頁。
8 『早稲田学報』一九三七年九月号、三一頁。なお、田中一英、示村直、木村重充の三名が通州事件で戦死・遭難したことも同号に記載されている（三一頁）。田中は日本陸軍特務機関で戦死、示村は通州金水楼、木村は冀東政府内でそれぞれ遭難とある。
9 藤原彰『昭和の歴史5　日中全面戦争』小学館ライブラリー、一九九四年、二六八頁。
10 早稲田大学では、日中戦争初期の段階より、在学生からも戦没者があらわれている。その最初は、文学部英文科二年の小森忠夫である。小森は一九三七年一〇月二日、山西省で戦死した（『縮刷版　早稲田大学新聞』一九三七年一二月八日付、龍渓書舎、一九八〇年、二五五頁）。なお、日中戦争勃発段階の兵役制度では、大学に在学中は願いを提出すれば、二七歳を上限に徴集の延期が認められていた（蜷川壽惠『学徒出陣』吉川弘文館、一九九八年、三四頁）。
11 池田源治『インテリ部隊』中央公論社、一九四〇年、一頁。
12 池田源治は『インテリ部隊』で、「インテリ兵」を次のように描いている。
『君も、既に気づいてゐるだらうが、この部隊には、インテリ兵が非常に多い。』
『インテリ兵と云ひますと？』

『中等学校以上、大学、専門学校等の卒業生だ。』

『インテリ兵士と普通の兵隊さんとの割合はどの程度ですか？』

『部隊全部の三分の二が、中等学校卒業以上で、そのまた三分の二が大学、専門学校出だ』（一六頁）。
13 高田里恵子「編集と誤読」『桃山学院大学人間科学』三三号、二〇〇七年、一八四頁。
14 同右、一八四頁。
15 財満幸恵「戦中の軍事郵便とその検閲について」昭和館編『昭和のくらし研究』八、二〇一〇年、三八頁。
16 一ノ瀬俊也「軍事郵便」『地域のなかの軍隊8　日本の軍隊を知る』吉川弘文館、二〇一五年、一五八頁。
17 池畑は大学部商科を卒業後、那覇商運組に入社し、代表社員だった。また那覇商工会議所議員として那覇市の実業界で活躍していた。ジャーナリストの小田栄（天界）は出征する池畑を那覇の桟橋で見送り、衆議院議員として漢口へ戦地慰問に向かう際は、池畑の家族から伝言を言付かる関係にあった。小田によると、池畑の人柄は「謹直そのもの」で、「冗談は一ついわず、かしこまった人柄は、会うたびに私に襟を正す思いをさせ」たが、「思いやり」の深い人物だったという（『天界物語』全東京新聞社、一九六一年、二三七～二四一頁）。
18 寺戸尚隆「軍事郵便の検閲と民衆の戦争意識への影響」龍谷大学国史学研究会『国史学研究』三一号、二〇〇八年、一一七～八頁。
19 同右、一一六頁。
20 藤井忠俊『兵たちの戦争』朝日新聞社、二〇〇〇年、一一三頁。
21 新井勝紘「パーソナル・メディアとしての軍事郵便」『歴史評論』二〇〇七年二月号。
22 吉田裕・吉見義明編『資料日本現代史10　日中戦争期の国民動員①』大月書店、一九八四年、三四四頁。
23『資料　日本現代史11　日中戦争期の国民動員②』大月書店、一九八四年、月報一一～一二頁。
24 中田昌義編『中田軍曹の手記』一九四〇年、二頁。
25 陸軍憲兵学校長島本正一「給与増額相成度件上申」（杉山元陸相宛、一九三八年一月二〇日付〈アジア歴史資料センター　C06085171700１937〉）によると、稲村国次郎は一九三七年一二月二一日陸軍通訳に採用のため、同校退職とある。なお『東京朝日新聞』一九三八年一月二七日付には、奏任官待遇とある。
26 横田昌隆はその後、一九四一年第二野戦憲兵隊付となり、マレー、シンガポール、スマトラ作戦に参加、翌四二年二月のシンガポール華僑粛清事件に関わったことにより、一九四七年四月二日イギリス軍シンガポール裁判で無期懲役刑が下った（大西覚『秘録　昭南華僑粛清事件』金剛出版、一九七七年、一一三、一二四〜五頁）。
27 前掲『昭和の歴史5　日中全面戦争』九七、一一〇頁。
28 防衛庁防衛研修所戦史部『戦史叢書　支那事変陸軍作戦』1、朝雲新聞社、一九七五年、二九八頁。
29 静岡聯隊史編纂会編『歩兵第三十四聯隊史』静岡新聞社、一九七九年、五〇三頁。なお、同書には「渡辺秀雄」とあるが、誤記である。
30 同右、二九二〜六頁。
31 前掲『昭和の歴史5　日中全面戦争』一一五頁。
32 前掲『歩兵第三十四聯隊史』四一四頁に「土屋義正」とあるが、「儀正」の誤記である。
33 同右、三七八頁。
34 同右、三七八〜九頁。
35 古川隆久・鈴木淳・劉傑編『第百一師団長日誌』中央公論新社、二〇〇七年、一三七頁。
36 前掲『戦史叢書　支那事変陸軍作戦』1、三八〇頁。
37 前掲『昭和の歴史5　日中全面戦争』一一八頁。
38 前掲『戦史叢書　支那事変陸軍作戦』1、三八七頁。
39 前掲『兵たちの戦争』二一二頁。
40 同右、二一二頁。
41 前掲『昭和の歴史5　日中全面戦争』一八五頁。
42 防衛庁防衛研修所戦史部『戦史叢書　支那事変陸軍作戦』2、朝雲新聞社、一九七六年、一四三〜四頁。
43 同右、一四四頁。

44 校友ではないが、歩兵第三十六連隊の山本武の回想記によれば、上海戦線では、毎日のように赤痢で入院する兵士が出たという。山本はその理由のひとつに、中国兵の戦死体で汚染されたクリークの水で飲食せざるを得なかったことを挙げている（山本武『一兵士の従軍記録』しんふくい出版、一九八五年、五一頁）。
45 前掲『戦史叢書　支那事変陸軍作戦』2、一四二頁。
46 前掲『戦史叢書　支那事変陸軍作戦』1、二四〇～三頁。
47 『東京朝日新聞』一九三七年九月六日付。
48 前掲『兵たちの戦争』一二二頁。
49 『東京朝日新聞』一九三七年九月一七日付。
50 『渡辺直己全集』創樹社、一九九四年、一〇七頁。
51 『戦史叢書　支那事変陸軍作戦』2、一一頁。『東京朝日新聞』一九三八年二月一九日付。
52 笠原十九司『日本軍の治安戦』岩波書店、二〇一〇年、二四～五頁。
53 アジア歴史資料センター C11111004000。
54 北支那方面軍司令官寺内寿一「状況報告」一九三八年九月一五日、防衛庁防衛研修所戦史室『戦史叢書　北支の治安戦』1、朝雲新聞社、一九六八年、六四頁。
55 同右、六五頁。
56 同右、九九～一〇〇頁。
57 同右、三三八～九頁。
58 同右、四三六～七頁。
59 江口圭一『新版十五年戦争小史』青木書店、一九九一年、二〇七～八頁。
60 前掲『昭和の歴史5　日中全面戦争』二三五～八頁。
61 『不死鳥　ノモンハンにて戦死せる阿江一友の手記』ダイヤモンド社、一九四一年、四〇一頁。
62 「歩兵第七十一聯隊職員表」一九三九年八月二一日。アジア歴史資料センター C13010490400。

63　五五八会編『歩兵第七十一連隊史』一九七七年、九六～一〇一頁。
64　防衛庁防衛研修所戦史室『戦史叢書　関東軍』1、朝雲新聞社、一九六九年、六一〇～三頁。
65　「歩兵第七十二聯隊『ノモンハン』事件戦闘詳報」アジア歴史資料センター C13010501700。
66　同右、六五九頁。
67　前掲『歩兵第七十一連隊史』一〇七頁。
68　アルヴィン・D・クックス『ノモンハン』3、朝日文庫、一九九四年、九三～四頁。
69　アジア歴史資料センター C13010504300。
70　前掲『昭和の歴史5　日中全面戦争』二四二～三頁。
71　穆稜重砲兵聯隊史編纂委員会『穆稜重砲兵聯隊史』一九八九年、七頁。
72　前掲『ノモンハン』3、二〇六頁。
73　前掲『戦史叢書　関東軍』1、六七五頁。
74　同右、六七五頁。
75　秦郁彦「第二十三師団、壊滅す」日本大学政経研究所『政経研究』四九巻二号、二〇一二年、一一四頁。
76　山田朗「兵士たちの日中戦争」倉沢愛子他編『岩波講座アジア・太平洋戦争5　戦場の諸相』岩波書店、二〇〇六年、四〇頁。
77　鴻田には追悼録として、鴻田章編『故陸軍歩兵軍曹工学士鴻田重徳陣中日誌』一九三八年、がある。
78　前掲『中田軍曹の手記』六八頁。
79　前掲『戦史叢書　支那事変陸軍作戦』1、四二八頁。
80　後藤蒼洋『臨戦諮問録』支那事情研究会、一九三八年、五七頁。
81　前掲『戦史叢書　支那事変陸軍作戦』1、三三五～六頁。
82　前掲『兵たちの戦争』五八頁。
83　荒井とみよ『中国戦線はどう描かれたか』岩波書店、二〇〇七年、一八一頁。

84 日比野士朗『呉淞クリーク・野戦病院』中公文庫、二〇〇〇年、三八頁。
85 前掲『戦史叢書　支那事変陸軍作戦』2、一三三～四頁。
86 アジア歴史資料センター C11111828900。
87 火野葦平『土と兵隊・麦と兵隊』新潮文庫、一九五三年、一三一～二頁。
88 鹿野政直『兵士であること』朝日新聞社、二〇〇五年、一四八～一五〇頁。
89 同右、一五四頁。

戦没校友二六六人の履歴と情報

凡例

一、「戦没校友二六六人の履歴と情報」は、『早稲田学報』（以下『学報』と略）一九三七年一一月号から一九四一年八月号まで連載された「戦線の華と散った校友の面影」より、①生年　②出身地　③卒業年　④卒業学部・部　⑤勤務先　⑥入営あるいは出征年月日　⑦戦没地　⑧戦死年月日　⑨戦死理由　⑩最終階級　⑪「最後の手紙」の宛先・差出年月日　⑫遺族、に分けて整理したものである。データの収録にあたっては、原則として『学報』の記事をそのまま収録した。そのため「北支」、「中支」、「事変」など、今日では適切ではない用語もそのまま記載した。該当記事のない項目は欠番とした。

二、『学報』データ中の元号は西暦に直した。

三、⑤は出征時段階とした。なお、勤務先名中の「株式会社」や「合資会社」などの記載は削除した。

四、⑥については、「応召」や「出征」、「出動」、「征途に上る」、「上陸」など、さまざまな書き方がされているが、できるだけ記事の内容に沿って記載した。なお「一昨年」、「今夏」など年月の記載に関しては、可能な範囲で年代を明記した。志願や召集、除隊などの記述がある場合は、そのまま記載した。

五、⑦については、該当する中国の省名等を推定して（　）内に入れた。「戦争犠牲者名簿」（早稲田大学編『早稲田大学百年史』第四巻、一九九二年、一八〇～二九二頁）から判明する場合は「名簿」と記した。負傷あるいは発病した後、病院で死没した場合は、負傷・発病地と死没した病院名を記した。なお、必要に応じて注記を付した。

六、⑧については、前記「戦争犠牲者名簿」から判明する場合は、「名簿」と記した。

七、⑨の「死因」が明確でない場合は、「戦死」あるいは「戦病死」とのみ記した。

八、⑪で部隊長や戦友らからの手紙、家族のコメントなどがある場合は（　）内に記入した。

九、⑫では、本編で削除した遺族欄のうち、続柄のみ記した。父や母、兄らが遺族とされているが、妻帯を確認できる場合は（　）内に記した。続柄が明記されていない場合は、「最後の便り」の宛先者としたが、特定できない場合は推定した続柄に「カ」を付した。

（作成・望月雅士）

〈一九三七年一一月号〉

1　木村鬼雄
①一九〇九年　②大阪市　③一九三五年　④政治経済学部政治学科　⑤日本鋼管　⑥一九三五年一二月一日入営↓一九三七年六月除隊↓一九三七年七月一一日充員召集　⑦（河北省）朗坊　⑧一九三七年七月二七日　⑨迫撃砲被弾　⑩陸軍歩兵伍長　⑪兄一九三七年七月二五日　⑫兄

2　岡崎　確
①一九〇八年　②島根県鹿足郡青原村　③一九三三年　④高等師範部国語漢文科　⑤早稲田大学調査課　⑥一九三三年入営↓一九三四年除隊↓一九三七年七月応召　⑦（山西省）霊邱　⑧一九三七年九月二五日　⑩陸軍輜重兵特務兵　⑪兄一九三七年八月二九日　⑫妻

3　橋本正一
①一九〇八年　②徳島市　③一九三二年　④高等師範部英語科　⑤岩井商店　⑥一九三二年末入営↓一九三三年除隊↓一九三七年八月一七日充員召集　⑦（上海）羅店鎮　⑧一九三七年八月二八日　⑨顔面貫通銃創　⑩陸軍歩兵少尉　⑫妻

4　木村一郎
①一九一一年　②栃木県足利郡筑波村　③一九三五年　④商学部　⑤名古屋製陶所　⑥一九三六年入営↓除隊↓一九三七年八月一五日応召　⑦（河北省）涿州　⑧一九三七年九月一六日　⑨戦死　⑩陸軍歩兵伍長　⑪父一九三七年九月四日　⑫父

5　日高繁雄
①一九一三年　②福岡市官内町　③一九三五年　④専門部政治経済科　⑤京橋区役所　⑥一九三六年四月入隊　⑦山西省天鎮城北門　⑧一九三七年九月一一日　⑨戦死　⑩陸軍歩兵上等兵　⑪両親一九三七年九月二日　⑫父

6　青木秀夫
①一九一〇年　②静岡県庵原郡庵原村　③一九三三年　④専門部政治経済科　⑤三井生命保険営業部　⑥一九三三年入営↓除隊↓一九三七年八月一五日充員召集　⑦上海　⑧一九三七年九月二三日　⑨戦死　⑩陸軍歩兵伍長　⑪下宿先一九三七年九月二一日　⑫父ヵ

7　菊地正治
①一九〇六年　②宮城県刈田郡福岡村　③一九三二年　④政治経済学部政治学科　⑤東京日日新聞社山形支局

⑥一九三二年入営↓一九三三年一二月除隊↓一九三七年九月一一日召集令↓一九三七年九月一二日入隊　⑦上海　⑧一九三七年一〇月一四日　⑨戦死　⑩陸軍歩兵少尉　⑪母一九三七年一〇月八日　⑫父ヵ

〈一九三七年一二月号〉

8　井関　茂

①一九一〇年　②和歌山県那賀郡上名手村　③一九三二年　④専門部政治経済科　⑤農場経営　⑦（河北省）田各庄⑧一九三七年九月一五日　⑨頭部貫通銃創　⑩陸軍歩兵中尉　⑪弟一九三七年九月二日　⑫妻

9　佐藤一人

①一九一二年　②岐阜県本巣郡土貴野村　③一九三四年　④専門部商科　⑤商工省貿易局　⑥一九三四年入営↓除隊↓一九三七年出征　⑦（上海）宝宅　⑧一九三七年九月一五日　⑨腹部銃創　⑩陸軍歩兵伍長　⑫父ヵ

10　北村忠夫

①一九一〇年　②三重県度会郡北浜村　③一九三二年　④政治経済学部経済学科　⑤中外商業新報社経済部　⑥一九三七年夏出征　⑦（河北省）姚馬渡　⑧一九三七年九月一五日　⑨腰部銃創　⑩陸軍歩兵中尉　⑫父

11　遠山史郎

①一九一四年　②埼玉県所沢町　③一九三四年　④専門部政治経済科　⑤内務省警保局図書課　⑦（上海）楊家宅　⑧一九三七年一〇月八日　⑨戦死　⑩陸軍歩兵少尉　⑪父一九三七年一〇月一日　⑫父

12　小迫勝一

①一九〇六年　②広島県賀茂郡広村　③一九三〇年　④高等師範部国語漢文科　⑤呉商業学校　⑦（河北省）南口　⑧一九三七年八月二二日　⑨胸部貫通銃創　⑩陸軍歩兵中尉　⑪妻一九三七年八月一八日（遺留品）　⑫父ヵ

13　鶴田勝次

①一九一五年　②岡崎市　③一九三六年　④専門部法律科　⑤逓信省簡易保険局主計課　⑥一九三七年一月入営　⑦上海（「名簿」）　⑧一九三七年九月二〇日　⑨戦死　⑩陸軍歩兵一等兵　⑫父ヵ

14　伊藤徳次郎

①一九一一年　②東京市麻布区市兵衛町　③一九三三年　④法学部独法科　⑤都広告社経営　⑦（上海）楊家宅　⑧一九三七年一〇月七日　⑨頭部貫通銃創　⑩陸軍歩兵

少尉　⑪友人一〇月三日　⑫妻

15　嶺村長賛

①一九〇二年　②仙台市　③一九二九年　④文学部国文科　⑤満州帝国協和会東京事務所　⑥事変勃発後応召　⑦江蘇省三家村　⑧一九三七年一〇月二〇日　⑨戦死　⑩陸軍歩兵少尉　⑪両親一〇月五日・妻一〇月五日　⑫妻

〈一九三八年一月号〉

16　荒野健常

①一九一三年　②東京市荒川区日暮里町　③一九三六年　④専門学校商科　⑤日清生命　⑥一九三七年一月入営　⑦（河北省）張北　⑧一九三七年八月二一日　⑨腹部銃創　⑩陸軍歩兵上等兵　⑪両親一九三七年七月二二日　⑫父

17　稲垣　隆

①一九一〇年　②東京府大森町　③一九三五年　④理工学部電気工学科　⑤愛知時計電気　⑥一九三七年七月出征　⑦（河北省）豊台　⑧一九三七年九月二五日　⑨腹部銃創　⑩陸軍輜重兵特務兵　⑫兄

18　大串鋭彦

①一九〇〇年　②東京市小石川区　③一九二七年　④文学部英文科　⑤徳島県庁　⑥一九三七年夏征途に上る　⑦上海曹宅　⑧一九三七年一〇月八日　⑨戦死　⑩陸軍歩兵伍長　⑫妻

19　梶川勝太郎

①一九〇二年　②東京市四谷区新宿　③一九二五年　④専門部商科　⑤浴場鉄霊鉱泉経営　⑥一九三七年九月下旬上陸　⑦（上海）呉淞　⑧一九三七年一〇月七日　⑨戦死　⑩陸軍歩兵伍長　⑪妻一九三七年一〇月一日　⑫妻

20　高井立夫

①一九〇七年　②新潟県西蒲原郡米納津村　③一九三一年　④法学部英法科　⑤衛生材料商　⑥一九三七年一〇月二日呉淞上陸　⑦上海　⑧一九三七年一〇月二四日　⑨被弾　⑩陸軍歩兵中尉　⑪妻一九三七年一〇月一五日　⑫妻

21　川瀬富雄

①一九〇八年　②岐阜県稲葉郡佐波村　③一九三四年　④文学部英文科　⑤日本放送協会福井放送局　⑥満州事

変の際出征 ⑦（上海）西塘 ⑧一九三七年一〇月一〇日 ⑨下腹部銃創 ⑩陸軍歩兵伍長 ⑫兄

22 萩原俊雄
①一九一三年 ②沼津市 ③一九三四年 ④専門学校政治経済科 ⑤逓信省簡易保険局文書課 ⑥一九三七年九月上旬上陸 ⑦（上海）金家湾 ⑧一九三七年九月一六日 ⑨右下腹部貫通銃創 ⑩陸軍歩兵上等兵 ⑫妻

23 土屋儀正
①一九一二年 ②静岡県富士郡上野村 ③一九三五年 ④文学部独文科 ⑥一九三五年末入隊→一九三七年六月帰休除隊→一九三七年夏応召 ⑦（上海）大場鎮 ⑧一九三七年一〇月一八日 ⑨戦死 ⑩陸軍歩兵伍長 ⑪友人一九三七年一〇月一〇日・（戦友→母） ⑫母

〈一九三八年二月号〉

24 横井勝郎
①一九一〇年 ②愛知県海部郡津島町 ③一九三六年 ④商学部 ⑥一九三七年一月入営 ⑦（上海）田堵宅 ⑧一九三七年一〇月一三日 ⑨胸部貫通銃創 ⑩陸軍歩兵一等兵 ⑫父

25 上岡己平
①一九一〇年 ②愛媛県喜多郡五十崎町 ③一九三三年 ④高等師範部国語漢文科 ⑤五十崎青年学校 ⑦（上海）羅天鎮 ⑧一九三七年九月二七日 ⑨頭部・左胸部銃創 ⑩陸軍歩兵中尉 ⑪日記 ⑫母

26 筒井専太郎
①一九〇一年 ②東京市麻布区西町 ③一九二六年 ④商学部 ⑤王子製紙黒沢工場 ⑥一九三七年中秋征途に就く ⑦（江蘇省）句容県孟塘 ⑧一九三七年一二月一三日 ⑨頭部貫通銃創 ⑩陸軍砲兵軍曹 ⑫妻

27 河東田徳三郎
①一九〇七年 ②宮城県宮城郡七北田村 ③一九三二年 ④専門部政治経済科 ⑤大同生命保険仙台支店 ⑥一九三七年一〇月一日上海上陸 ⑦上海 ⑧一九三七年一〇月一六日 ⑨頭部・胸部砲創 ⑩陸軍歩兵伍長 ⑪弟一九三七年一〇月一〇日 ⑫妻

28 橋本宇一
①一九一四年 ②東京府北多摩郡三鷹村 ③一九三六年 ④専門部商科 ⑤尚武館道場・東三鷹青年学校（剣道指南） ⑦（山東省）八里庄→徳州・兵站病院 ⑧一九三

七年一一月二七日　⑨腹部盲貫銃創→壊血症　⑩陸軍輜重上等兵　⑪兄ヵ　⑫兄

29　立石蘇一
①一九〇九年　②福岡県宗像郡赤間町　③一九三三年　④高等師範部国語漢文科　⑤久留米高等女学校　⑥一九三七年一一月五日杭州湾上陸　⑦（浙江省）杭州　⑧一九三七年一一月一一日　⑨戦病死　⑩陸軍輜重兵特務兵　⑫妻

30　市川祐三
①一九一二年　②埼玉県大里郡明戸村　③一九三六年　④商学部　⑤桃井商店（貿易商）　⑥一九三七年一月入営　⑦（上海）大場鎮　⑧一九三七年一〇月一九日　⑨頭部貫通銃創　⑩陸軍歩兵上等兵　⑫父

〈一九三八年三月号〉

31　伊藤　勇
①一九〇三年　②福岡県嘉穂郡千手村　③一九二六年　④高等師範部英語科　⑤熊本県立御船中学　⑥一九三七年秋杭州湾上陸　⑦（浙江省）富陽鎮　⑧一九三七年一二月二五日　⑨頭部貫通銃創　⑩陸軍歩兵伍長　⑫妻

32　山本祐一
①一九一〇年　②三重県安濃郡安西村　③一九三一年　④専門部商科　⑤津市大門百貨店経理部　⑦（江蘇省）東亭鎮　⑧一九三七年一一月二三日　⑨腹部・胸部銃創　⑩陸軍歩兵少尉　⑫妻

33　藤田清五郎
①一九〇九年　②静岡県賀茂郡下田町　③一九三一年　④専門部商科　⑤呉服商　⑥兵役→除隊→上海上陸　⑦（上海）大場鎮→野戦病院　⑧一九三七年一〇月二四日　⑨腹部貫通銃創　⑩陸軍歩兵軍曹　⑪母一九三七年一〇月二〇日　⑫母（妻）

34　稲村国次郎
①一八八九年　②鳥取県岩美郡美保村　③一九一三年　④専門部政治経済科　⑤陸軍憲兵学校嘱託教授　⑥一九三七年秋出征　⑦（江蘇省）南京・紫金山（実際は上海）　⑧一九三七年一二月二三日　⑨頭部負傷（「解説」参照）　⑩陸軍通訳　⑪妻一九二七年一二月二〇日　⑫妻

〈一九三八年四月号〉

35　鴻田重徳
①一九〇九年　②東京市小石川区表町　③一九三四年

④理工学部電気工学科　⑤松下無線　⑥一九三七年夏出征　⑦（上海）謝家宅　⑧一九三七年一〇月二九日　⑨左胸部貫通銃創　⑩陸軍歩兵軍曹　⑪父一九三七年一〇月八日　⑫父

36　魚谷太郎

①一九〇九年　②朝鮮全羅南道光州府　③一九三三年　④専門部商科　⑤塩屋商店　⑦山西省→太原・野戦病院　⑧一九三八年二月二七日　⑨迫撃砲による臀部剝脱　⑩陸軍歩兵伍長　⑪光州校友会幹事宮道明一九三八年二月七日　⑫父

37　三留武雄

①一九〇六年　②神奈川県中郡旭村　③一九三二年　④政治経済学部経済学科　⑥一九三七年秋呉淞上陸　⑦（上海）李家橋　⑧一九三七年一〇月二二日　⑨腹部・頭部銃創　⑩陸軍歩兵中尉　⑪兄一九三七年一〇月一九日　⑫兄

〈一九三八年五月号〉

38　渡辺利雄

①一九〇八年　②富山市　③一九三〇年　④専門部商科　⑤富山県警察部警務課警察練習所教官　⑥第一次上海事変に従軍　⑦（上海）盛宅突角陣地　⑧一九三七年一〇月一二日　⑨腹部銃創　⑩陸軍歩兵軍曹　⑪家族一九三七年九月二九日　⑫妻

39　西山隆治

①一九〇〇年　②神奈川県中郡吾妻村　③一九二四年　④専門部商科　⑤東京税務監督局　⑥一九三七年初秋呉淞上陸　⑦（上海）南金宅　⑧一九三七年一〇月二五日　⑨迫撃砲弾爆破創　⑩陸軍歩兵軍曹　⑫妻

40　津田秋邦

①一九〇八年　②和歌山市　③一九三四年　④政治経済学部経済学科　⑤大蔵省為替局　⑥一九三七年夏応召　⑦山西省盂石県燦赫山　⑧一九三八年二月二四日　⑨腹部手榴弾創　⑩陸軍歩兵伍長　⑫父

41　熊谷国男

①一九一〇年　②宮城県登米郡宝江村　③一九三六年　④法学部英法科　⑤明照社会館　⑦（安徽省滁県）池河駅　⑧一九三八年二月一八日　⑨左胸部貫通銃創　⑩陸軍歩兵二等兵　⑪（部隊長より遺族への手紙）

42　白石春男

①一九一〇年 ②東京市小石川区久堅町 ③一九三二年 ④文学部国文科 ⑤国民精神文化研究所 ⑦南京 ⑧一九三七年一二月一一日 ⑨胸部貫通銃創 ⑩陸軍歩兵少尉 ⑫父

〈一九三八年六月号〉

43 島田松雄
①一九〇九年 ②高知県吾川郡弘岡下ノ村 ③一九三三年 ④専門部政治経済科 ⑤大阪石炭協会 ⑥一九三三年末入営→除隊→一九三七年応召 ⑦上海→内地帰還途上病院船内 ⑧一九三七年一〇月二四日（名簿） ⑨脚気衝心 ⑩陸軍歩兵伍長 ⑫妻

44 伊豆野信也
①一九一五年 ②熊本県甲佐町 ③一九三六年 ④専門部政治経済科 ⑥一九三七年三月入営→幹部候補生 ⑦山西省虎北村→部隊負傷者集合所→病院 ⑧一九三八年四月一九日 ⑨左上膊骨折貫通銃創 ⑩陸軍歩兵上等兵 ⑫父

45 松田幸助
①一九〇三年 ②三重県北牟婁郡桂城村 ③一九二八年 ④政治経済学部経済学科 ⑤桂城村島勝浦漁業組合常務理事・桂城村村会議員 ⑥一九三七年北支へ出征 ⑦（山西省）濬県城 ⑧一九三八年三月二八日 ⑨胸・頭部貫通銃創 ⑩陸軍歩兵伍長 ⑫妻

〈一九三八年七月号〉

46 石村 繁
①一九一一年 ②富山県下新川郡石田村 ③一九三四年 ④政治経済学部経済学科 ⑤日本紙業購買課 ⑥一九三七年九月南支へ出征 ⑦（江蘇省）丁家橋宅 ⑧一九三七年一〇月二三日 ⑨側腹部貫通銃創 ⑩陸軍歩兵伍長 ⑫兄

47 間江 亀
①一九一〇年 ②広島県御調郡木の庄村 ③一九三三年 ④専門部商科 ⑤読売新聞社社会部 ⑦（山東省）萊陽県辛荘→野戦病院 ⑧一九三八年三月二九日 ⑨負傷部分化膿→敗血症 ⑩陸軍歩兵軍曹 ⑫父

48 加藤英雄
①一九一一年 ②三重県四日市市 ③一九三二年 ④専門部商科 ⑤大同洋紙名古屋支店 ⑥一九三七年初秋北支へ出動 ⑦（山東省）金郷 ⑧一九三八年五月一三日 ⑨頭部貫通銃創 ⑩陸軍歩兵少尉 ⑫母

49　青木　実
①一九〇六年　②青森県三戸郡三戸町　③一九三五年　④政治経済学部政治学科　⑤逓信省電気試験所第三部　⑦山西省屯留県二仙頭　⑧一九三八年四月三日　⑨胸部貫通銃創　⑩陸軍歩兵中尉　⑪妻一九三八年四月一日　⑫妻

〈一九三八年八月号〉

50　渡辺秀夫
①一九一二年　②静岡県駿東郡清水村　③一九三五年　④高等師範部国語漢文科　⑥一九三五年末入営→一九三七年除隊帰休→事変勃発後征途に上る　⑦南京（『歩兵第三十四聯隊史』）　⑧一九三八年四月二四日　⑨左胸部貫通銃創　⑩陸軍歩兵軍曹　⑪兄（陣中日誌）　⑫母

51　道下甚作
①一九一三年　②富山県下新川郡大家庄村　③一九三六年　④専門部政治経済科　⑤浅草国際劇場　⑦（安徽省）懐遠県田庄児　⑧一九三八年五月四日　⑨頭部貫通銃創　⑩陸軍輜重兵上等兵　⑪両親一九三七年一二月一八日　⑫父

52　太田政明
①一九〇三年　②青森県北津軽郡長橋村　③一九三〇年　④専門部政治経済科　⑤青森電燈　⑥特別志願将校→一九三七年北支へ出征　⑦（山東省）台児荘　⑧一九三八年四月二七日　⑨戦死　⑩陸軍歩兵大尉　⑪妻一九三八年四月一六日・（部下兵士による最期の様子）　⑫妻

〈一九三八年九月号〉

53　馬淵　章
①一九〇八年　②岐阜県安八郡南平野村　③一九三〇年　④専門部商科　⑤大垣市勝沼計理士事務所　⑥事変勃発後直ちに応召　⑦（安徽省宿県）南平鎮　⑧一九三八年五月一一日　⑨頸部貫通銃創　⑩陸軍歩兵伍長　⑫母

54　中村大三郎
①一九〇三年　②栃木県河内郡姿川村　③一九二九年　④商学部　⑤味噌製造業　⑥一九三七年出征　⑦（河南省）蘭封県　⑧一九三八年五月一九日　⑨胸部貫通銃創　⑩陸軍歩兵少尉　⑫父

55　下村　秀
①一九一二年　②前橋市　③一九三四年　④法学部英法科　⑤日本砂鉄工業　⑥一九三四年兵役→除隊→一九三七年夏出征　⑦河南省唐手庄　⑧一九三八年五月二五日

⑨前額部貫通銃創　⑩陸軍歩兵曹長　⑪両親一九三八年四月一五日　⑫父

56　田辺善一郎

①一八九五年　②三重県志摩郡船越町　③一九一九年　④大学部文学科哲学科　⑤三重県立志摩水産学校　⑥事変勃発直後応召　⑦（安徽省）安慶　⑧一九三八年七月一二日　⑨被弾　⑩陸軍歩兵軍曹　⑫子息

〈一九三八年一〇月号〉

57　渡辺信二

①一九〇八年　②新潟県北魚沼郡小千谷町　③一九二八年　④専門部商科　⑤栃木県立鹿沼農商学校　⑥一九三七年上海上陸　⑦（安徽省）鳳陽　⑧一九三八年二月三日　⑨右股盲貫銃創　⑩陸軍歩兵中尉　⑪妻一九三八年一月ヵ　⑫妻

58　小原和夫

①一九一一年　②山口県吉敷郡小郡町　③一九三六年　④政治経済学部政治学科　⑤農村改革研究　⑥一九三七年北支へ出征　⑦（山東省）郯城県大王庄　⑧一九三八年五月一日　⑨胸部貫通銃創　⑩陸軍歩兵伍長　⑪妻一九三八年三月一日　⑫妻

59　山田健雄

①一九一五年　②青森市　③一九三七年　④専門部政治経済科　⑤山田高等家政女学校　⑥一九三八年出征　⑦（安徽省）渦湯　⑧一九三八年五月二五日　⑨胸部貫通弾創　⑩陸軍歩兵上等兵　⑪母・（母の言葉）　⑫母

60　藤本四郎

①一九〇九年　②山口市　③　九三二年　④専門部商科　⑤洋鉄商　⑦江蘇省袁庄　⑧　九三八年四月三〇日　⑨胸部迫撃砲破片創　⑩陸軍歩兵曹長　⑪妻一九三八年三月一九日　⑫妻

61　土井修爾

①一九〇九年　②広島県安佐郡長東村　③一九三三年　④法学部英法科　⑤台湾高雄州体育主事　⑥事変勃発するや間もなく応召　⑧一九三八年七月七日　⑨顔面丹毒症　⑩陸軍歩兵中尉　⑫父

〈一九三九年一月号〉

62　梅本善平

①一九一四年　②三重県北牟婁郡尾鷲町　③一九三五年　④専門部政治経済科　⑤南興水産（入社決定）　⑥一九三五年入営→除隊→事変勃発直後応召　⑦河北省威県古

城営　⑧一九三八年三月六日　⑨戦死　⑩陸軍砲兵伍長
⑪両親　⑫父

63　森久二朗
①一九一一年　②広島県芦品郡大正村　③一九三二年
④専門部法律科　⑤北川鉄工所　⑥一九三三年末入営↓
除隊↓事変勃発と同時に出征　⑦山東省鄆城県劉湖　⑧
一九三八年四月三〇日　⑨左胸部・左脇腹・両股手榴弾
創　⑩陸軍歩兵伍長　⑪母一九三八年三月二二日　⑫母

64　佐藤勝雄
①一九〇四年　②長野県北佐久郡中津村　③一九二六年
④専門部商科　⑥事変勃発後間もなく応召　⑦河南省蘭
封県盂皎集↓野戦病院　⑧一九三八年五月二四日　⑨左
大腿部貫通銃創　⑩陸軍歩兵曹長　⑪遺言一九三八年五
月二二日　⑫父（妻）

65　西郷邦彦
①一九一四年　②東京市　③一九三七年　④商学部　⑤
三菱商事会計課　⑥一九三八年春応召　⑦北京　⑧一九
三八年七月一〇日　⑨前額部銃創　⑩陸軍歩兵一等兵
⑫父

66　中島一精
①一九一二年　②熊本市　③一九三六年　④専門部政治
経済科　⑤第一生命保険相互大阪支部　⑥一九三八年夏
応召　⑦（江西省）廬山　⑧一九三八年八月二九日　⑨
左胸部貫通銃創　⑩陸軍歩兵中尉　⑪母一九三八年八月
二四日　⑫兄

67　高橋義夫
①一九一一年　②岩手県遠野町　③一九三六年　④文学
部英文科　⑤処女の友編輯部　⑥一九三七年一〇月応召
⑦山西省絳県　⑧一九三八年九月二六日　⑨頭部銃創
⑩陸軍歩兵上等兵　⑪兄・姉一九三八年八月一〇日・
（部隊長よりの公報）　⑫兄

〈一九三九年二月号〉

68　安藤　龍
①一九〇一年　②岐阜県安八郡名森村　③一九二七年
④商学部　⑤室内装飾業　⑦山西省祁県韓家庄　⑧一九
三八年一〇月二日　⑨顔面手榴弾創　⑩陸軍歩兵曹長
⑫兄

69　鳥川正夫
①一九一二年　②神戸市　③一九三七年　④理工学部機

械工学科　⑤大正造船鉄工所　⑥一九三八年夏中支へ出征　⑦（安徽省）安慶野戦病院　⑧一九三八年九月二一日　⑨急性大腸炎　⑩陸軍航空兵上等兵　⑫父

70　須藤安夫
①一九一一年　②東京市渋谷区　③一九三七年　④商学部　⑤東京市逓信局赤坂工務出張所機械係　⑥一九三八年春応召　⑦河南省寧陵県火食店→北京兵站病院　⑧一九三八年九月四日　⑨被弾　⑩陸軍歩兵上等兵　⑫父

71　川島一郎
①一九一三年　②宇治山田市　③一九三七年　④商学部　⑤昭和スレート販売　⑥一九三八年一月応召　⑦（山東省）歴城県臥牛山→青島野戦病院　⑧一九三八年八月二五日　⑨胸部貫通銃創　⑩陸軍歩兵上等兵　⑪父一九三八年八月一七日　⑫父

72　坂本良介
①一九〇三年　②熊本県鹿本郡桜井村　③一九三三年　④政治経済学部　⑤茨城県庁経済部土木課　⑥一九三八年夏応召　⑦南京陸軍病院　⑧一九三八年八月二二日　⑨戦病死　⑩陸軍歩兵伍長　⑪（妻の言葉）　⑫妻

73　佐藤弘俊
①一九〇六年　②久留米市　③一九二九年　④専門部政治経済科　⑤久留米市役所会計課　⑥事変直後軍に従い北支へ出征　⑦小倉陸軍病院　⑧一九三七年一二月二〇日　⑨気管支炎　⑩陸軍砲兵中尉　⑫妻

74　山手正明
①一九一二年　②広島県深安郡広瀬村　③一九三六年　④専門部商科　⑤広瀬村郵便局長　⑥一九三八年春征途に就く　⑦江蘇省西夏疃　⑧　九三八年五月二〇日　⑨右大腿部貫通銃創　⑩陸軍歩兵上等兵　⑪弟　⑫父

75　平野謹弥
①一九一四年　②宮城県栗原郡長岡村　③一九三七年　④専門部法律科　⑤大蔵省為替局　⑥一九三八年一月入営　⑦牡丹江省穆稜陸軍病院　⑧一九三八年七月一二日　⑨外傷疾患　⑩陸軍歩兵科幹部候補生　⑫父

76　小山正美
①一九〇六年　②弘前市　③一九三〇年　④高等師範部国語漢文科　⑤南津軽郡黒石尋常高等小学校　⑥一九三〇年末入営→除隊→応召　⑦山西省潞城附近神大村　⑧一九三八年三月一六日　⑨手榴弾創　⑩陸軍輜重兵中尉

⑪妻一九三八年三月一一日　⑫妻

〈一九三九年三月号〉

77　松藤松生

①一九〇五年　②福岡県山門郡大和村　③一九三三年

④高等師範部英語科　⑤大和村青年学校　⑥一九三七年

一一月五日杭州湾上陸　⑦（安徽省）河南店　⑧一九三

七年一二月五日　⑨戦死　⑩陸軍歩兵中尉　⑫妻

78　中田信雄

①一九一一年　②大阪市東区半入町　③一九三六年　④

法学部英法科　⑥一九三六年末入営　⑦山西省蒲州城

⑧一九三八年八月一七日　⑨頭部貫通銃創　⑩陸軍歩兵

軍曹　⑪兄・（部隊長からの公報）　⑫兄

79　今井史郎

①一九〇八年　②長岡市　③一九三二年　④商学部　⑤

日本火災保険東京営業課　⑥一九三七年出征　⑦（河南

省）新店　⑧一九三八年九月二四日　⑨後頭部貫通銃創

⑩陸軍歩兵中尉　⑫妻

80　小川士気旺

①一九一四年　②熊本県玉名郡川沿村　③一九三七年

④専門部法律科　⑤朝鮮総督府京畿道庁地方課　⑥一九

三八年夏漢口へ征途に上る　⑦（湖北省）田家鎮八峰山

⑧一九三八年九月二七日　⑨頭部貫通銃創　⑩陸軍歩兵

上等兵　⑪家族一九三八年九月六日　⑫母

81　清水善之助

①一九〇五年　②平塚市　③一九二九年　④商学部　⑤

国定教科書神奈川県特約所　⑥一九三七年秋出征　⑦

（江西省）隘口街　⑧一九三八年一〇月三日　⑨下腹部

貫通銃創　⑩陸軍歩兵大尉　⑪妻　⑫妻

82　原　正雄

①一九一三年　②東京市渋谷区神泉町　③一九三七年

④商学部　⑤東京自動車工業　⑥一九三八年三月北支へ

出動　⑦（江西省）武寧県羅磐岳　⑧一九三八年一〇月

一日　⑨頭部銃創　⑩陸軍歩兵伍長　⑪父　⑫父

83　朝倉　昇

①一九一二年　②東京市芝区片門前町　③一九三六年

④法学部英法科　⑤洋家具製造業　⑥一九三八年五月出

征　⑦（江西省）隘口街　⑧一九三八年一〇月七日　⑨

右後頭部貫通銃創　⑩陸軍歩兵上等兵　⑪兄一九三八年

九月二三日　⑫父

84　伊藤好夫
①一九一三年　②山梨県巨摩郡今諏訪村　③一九三六年　④専門部政治経済科　⑤日清製菓　⑥一九三八年秋中支へ出動　⑦（江西省）隘口街　⑧一九三八年一〇月四日　⑨腹部盲管銃創　⑩陸軍歩兵上等兵　⑪父　⑫父

85　宮本俊男
①一九〇一年　②東京市浅草区　③一九二五年　④法学部独法科　⑤浅草青年学校教練科主任　⑥事変勃発後間もなく征途に就く　⑦（江西省）若渓　⑧一九三八年一〇月七日　⑨迫撃砲弾爆破創　⑩陸軍歩兵大尉　⑪両親一九三八年九月二七日　⑫妻

86　原田　馨
〈一九三九年四月号〉
①一九一三年　②大阪市　③一九三五年　④専門部商科　⑤三井物産大阪支店　⑥一九三七年一一月出征　⑦（江蘇省カ）憑郯家　⑧一九三八年四月三〇日　⑨左胸部貫通銃創　⑩陸軍歩兵上等兵　⑪家族一九三八年三月一〇日　⑫父

87　永田寿男
①一九一〇年　②鹿児島県川辺郡加世田町　③一九三三年　④政治経済学部　⑤大日本精糖　⑥一九三八年六月征途に上る　⑦（江西省）張家山→野戦病院　⑧一九三八年七月二八日　⑨右大腿部骨折貫通銃創　⑩陸軍歩兵中尉　⑪家族一九三八年七月二六日　⑫父

88　井本　孝
①一九一三年　②広島県蘆品郡服部村　③一九三六年　④高等師範部国語漢文科　⑥一九三七年一月入営　⑦（河南省）沙窩　⑧一九三八年九月二六日　⑨右胸部貫通銃創　⑩陸軍歩兵中尉　⑪家族一九三八年九月五日　⑫父

89　奥田義男
①一九〇二年　②鳥取市　③一九二六年　④高等師範部国語漢文科　⑤鳥取第二中学校　⑦（河南省）羅山　⑧一九三八年一〇月七日　⑨前額部盲管銃創　⑩陸軍歩兵大尉　⑪鳥取第二中学校教職員生徒一同一九三八年八月四日　⑫妻

90　牛丸敏雄
①一九一五年　②富山県中新川郡三郷村　③一九三七年　④専門部商科　⑤商工省貿易局輸出課　⑥一九三八年春中支へ出動　⑦（湖北省）李明地方高地　⑧一九三八年

一〇月一一日　⑨左右大腿部砲弾爆創　⑩陸軍歩兵上等兵　⑫父

91　金子　清
①一九一五年　②埼玉県北足立郡六辻町　③一九三六年　④商学部　⑤東京電気　⑥一九三八年春出征　⑦（湖北省）陽新県張家山　⑧一九三八年一〇月二〇日　⑨右胸部・右腰部破片創　⑩陸軍歩兵伍長　⑪父一九三八年九月八日　⑫父

92　佐藤誠治
①一九一四年　②宇都宮市　③一九三四年　④専門部商科　⑤朝鮮殖産銀行本店　⑥一九三八年九月応召　⑦龍山陸軍病院　⑧一九三八年一一月二日　⑨皮下蜂窩織炎疑症　⑩陸軍歩兵一等兵　⑪（母より戦死を伝える手紙）　⑫兄

93　松本　保
①一九一二年　②京都府中郡周枳村　③一九三六年　④高等師範部国語漢文科　⑤奉天省立開原国民高等学校教諭　⑥一九三八年五月頃応召　⑦安徽省貴地県河口　⑧一九三八年一一月六日　⑨地雷による爆創　⑩陸軍輜重兵上等兵　⑪弟一九三八年一〇月二二日　⑫父

94　馬場　浩
①一九一二年　②宇都宮市　④理工学部電気工学科　⑤富士電機製造　⑥一九三八年夏南支へ出動　⑦華中（名簿・湖南省ヵ）　⑧一九三八年一一月二二日　⑨左腹部貫通銃創　⑩陸軍歩兵上等兵　⑪両親一九三八年一一月一九日　⑫父

〈一九三九年五月号〉

95　矢口　正
①一九一三年　②北海道　③一九三五年　④専門部政治経済科　⑤北海道空知郡芦別村奔茂尻小学校　⑥一九三六年入隊　⑦（河北省）武安県武安和村　⑧一九三八年五月九日　⑨大腿部貫通銃創　⑩陸軍歩兵軍曹　⑪家族一九三八年五月八日　⑫父

96　斎藤函麓
①一九〇一年　②静岡県田方郡川西村　③一九二四年　④商学部　⑤小池証券調査部　⑥一九三七年初秋出征　⑦江西省永修県梧桐尖山頂　⑧一九三八年一〇月一三日　⑨顔面手榴弾破片創・胸部貫通銃創　⑩陸軍歩兵曹長　⑪子息一九三八年一〇月一日・二日　⑫子息（妻）

97　栗山一郎

①一九〇一年 ②大分県 ③一九二五年 ④理工学部機械工学科 ⑤樺太鉱業大平鉱業所 ⑥一九三七年九月応召 ⑦(広東省)博羅県五子洞 ⑧一九三八年一〇月一九日 ⑨胸部銃創 ⑩陸軍歩兵曹長 ⑪妻一九三八年九月一七日 ⑫妻

98 吉田雅夫
①一九一三年 ②神戸市 ③一九三五年 ④商学部 ⑤上組 ⑥一九三六年入営 ⑦(湖北省)慈口鎮 ⑧一九三八年一〇月三一日 ⑨左胸部銃創 ⑩陸軍衛生伍長 ⑪家族 ⑫父

99 水田 豊
①一九一五年 ②兵庫県赤穂郡矢野村 ③一九三七年 ④専門部法律科 ⑤鹿島組庶務係 ⑥一九三八年夏出征 ⑦(湖北省)慈口鎮 ⑧一九三八年一〇月三一日 ⑨砲弾爆破創 ⑩陸軍歩兵上等兵 ⑪家族一九三八年一〇月二四日 ⑫父

100 浅利政孝
①一九〇三年 ②東京 ③一九二六年 ④商学部 ⑤昭和銀行三田支店 ⑥一九三七年九月出征 ⑧一九三八年一一月二九日 ⑨マラリア・気管支炎 ⑩陸軍輜重兵上等兵 ⑪家族一九三八年一一月一六日 ⑫父

101 津田兎亀雄
①一九一二年 ②東京市淀橋区西大久保 ③一九三六年 ④法学部英法科 ⑥一九三八年五月中支へ出征 ⑦(江西省)硝瓜船山→野戦病院→南京兵站病院 ⑧一九三八年一二月二日 ⑨戦病死 ⑩陸軍歩兵曹長 ⑫父

102 中条政信
①一九一五年 ②高岡市 ③ 九三六年 ④専門部商科 ⑤戸出物産 ⑥一九三八年九月北支へ出征 ⑦(江西省)陳庄 ⑧一九三八年一二月一三日 ⑨頭部迫撃砲弾破片創 ⑩陸軍歩兵伍長 ⑪家族一九三八年一二月四日 ⑫父

103 堂前吉一郎
①一九一五年 ②福井県坂井郡雄島村 ③一九三六年 ④専門部商科 ⑤酒造業 ⑥一九三八年一月中支へ征途に上る ⑦(江西省)瑞昌県磨山庵 ⑧一九三八年八月三〇日 ⑨頭部貫通銃創 ⑩陸軍歩兵上等兵 ⑪父 ⑫父

〈一九三九年六月号〉

104　鈴木明治
①一九一三年　②東京市大森区　③一九三六年　④専門部商科　⑥一九三七年入営　⑦斉斉哈爾陸軍病院↓内地還送　⑧一九三八年一一月一一日　⑨右肺尖炎　⑩陸軍歩兵上等兵　⑫父

105　星野喜一郎
①一九〇八年　②栃木県上都賀郡鹿沼町　③一九三一年　④高等師範部英語科　⑥事変勃発直後北支へ出征　⑦（河南省）金城　⑧一九三八年三月三日　⑨左背部盲貫銃創↓野戦病院　⑩陸軍歩兵中尉　⑪妻　⑫妻

106　藤平輝治
①一九〇四年　②千葉県長生郡西村　③一九二八年　④高等師範部国語漢文科　⑤千葉県長生郡土睦村小学校・葛飾郡高木村小学校　⑥一九三七年末出征　⑦（江西省）萬庄　⑧一九三八年九月二七日　⑨腹部貫通銃創　⑩陸軍歩兵軍曹　⑪父一九三八年九月二一日　⑫父

107　柿沼平八郎
①一九一三年　②埼玉県大里郡幡羅村　③一九三七年　④専門部商科　⑤東陽物産　⑥一九三八年八月応召　⑦（江西省）合掌街野戦病院　⑧一九三八年一一月二七日　⑨腸腹痛　⑩陸軍歩兵上等兵　⑪家族一九三八年一〇月二〇日　⑫父

108　宇野修二
①一九一〇年　②沼津市　③一九三三年　④専門部政治経済科　⑤松屋呉服店　⑥一九三七年出征　⑦（山西省）南土嶺　⑧一九三八年一一月二九日　⑨右胸部貫通銃創　⑩陸軍歩兵中尉　⑪義兄一九三八年一一月二六日　⑫父

109　宮川育男
①一九一四年　②佐賀県杵島郡西川登村　③一九三七年　④専門部政治経済科　⑥一九三八年春出征　⑦（湖北省）小嶺↓（湖北省）武昌野戦病院　⑧一九三八年一二月八日　⑨頸部爆裂小銃弾創等　⑩陸軍歩兵上等兵　⑫父

110　河合喜三郎
①一九一二年　②福井県遠敷郡小浜町　③一九三六年　④理工学部機械工学科　⑤日本製粉東京工場　⑥一九三八年初出征　⑦湖北省陽新県三渓口↓上海陸軍病院　⑧一九三八年一二月一二日　⑨脚気・心臓麻痺　⑩陸軍歩

兵上等兵　⑪家族ヵ　⑫兄

〈一九三九年七月号〉

111　筧　芳雄
①一九〇三年　②宮城県登米郡登米町　③一九二四年　④専門部政治経済科　⑤武田玄六商店　⑥事変勃発後間もなく出征　⑦（河南省）武廟集↓葉家集野戦病院　⑧一九三八年九月一二日　⑨右肺穿透性盲貫銃創　⑩陸軍歩兵中尉　⑪妻一九三九年八月一九日　⑫妻

112　本田宣人
①一九〇五年　②長野県南佐久郡切原村　③一九三一年　④専門学校商科　⑤北佐久郡春日尋常高等小学校　⑥一九三七年北支へ出征　⑦（河南省）懐慶野戦病院　⑧一九三八年九月二一日　⑨コレラ　⑩陸軍歩兵軍曹　⑪母・兄一九三八年九月一〇日　⑫妻

113　岩永静夫
①一九一二年　②長崎県西彼杵郡伊王島村　③一九三七年　④法学部英法科　⑤帝国火災保険福岡支店　⑥一九三八年春出征　⑦（湖北省）均山　⑧一九三八年一〇月一四日　⑨胸部貫通銃創　⑩陸軍歩兵伍長　⑪兄　⑫父

114　斎藤弥七郎
①一九一五年　②静岡県浜名郡白脇村　③一九三六年　④専門部商科　⑤西遠銀行　⑥一九三八年秋中支に向け出征　⑦（江西省）徳安野戦病院　⑧一九三八年一一月七日　⑨マラリア・急性大腸炎　⑩陸軍歩兵上等兵　⑪両親一九三八年九月二五日　⑫父

115　佐藤竹介
①一九一一年　②兵庫県朝来郡生野町　③一九三四年　④文学部英文科　⑤日本放送協会文芸部　⑥一九三八年春応召　⑦河北省順徳　⑧一九三九年二月一日　⑨頭部貫通銃創　⑩陸軍歩兵伍長　⑪父一九三九年一月八日　⑫妻

116　宮久保徳明
①一八九六年　②徳島県美馬郡脇町　③一九二〇年　④大学部商科　⑤日産自動車　⑥事変勃発直後応召　⑦（河北省）石家荘兵站病院↓大阪陸軍病院　⑧一九三九年四月二日　⑨心臓脚気　⑩陸軍輜重兵軍曹　⑪妻　⑫妻

〈一九三九年八月号〉

117　松本祥一

①一九一〇年　②香川県木田郡古高松村　③一九三二年　④専門部商科　⑤香川県土庄商業学校　⑥一九三八年夏出征　⑦（湖北省）通山　⑧一九三八年一〇月二日　⑨腹部砲弾爆破創　⑩陸軍歩兵中尉　⑪家族　⑫母ヵ

118　赤座貞雄

①一九〇九年　②名古屋市　③一九三二年　④商学部　⑤三井生命保険名古屋支店　⑥一九三七年秋出征　⑦（湖北省）望城崗　⑧一九三八年一一月七日　⑨脊部貫通銃創　⑩陸軍歩兵大尉　⑪妻　⑫妻

119　恩田　実

①一九一四年　②島根県八東郡忌部村　③一九三六年　④専門部政治経済科　⑤朝鮮総督府内務局裡里土木出張所　⑥事変起るや間もなく出征　⑦（安徽省）六安野戦病院→蕪湖野戦病院　⑧一九三八年一一月九日　⑨胃腸病・赤痢・心臓衰弱　⑩陸軍輜重兵上等兵　⑪日誌一九三八年一一月三日　⑫父

120　谷健一郎

①一九〇一年　②小樽市　③一九二四年　④専門部政治経済科　⑤警視庁築地署　⑥一九三八年夏北支へ出征　⑦（河北省）葉家荘　⑧一九三九年一月二八日　⑨頭部銃創　⑩陸軍歩兵中尉　⑪遺書一九三八年八月二七日・妻一九三九年一月二七日　⑫妻

121　岡田　穣

①一九〇三年　②兵庫県有馬郡三田町　③一九二五年　④専門部法律科　⑤巽電機工業所　⑥一九三八年夏出征　⑦（広東省）江夏→広州野戦病院→広島陸軍病院　⑧一九三九年二月二〇日　⑨呼吸器疾患　⑩陸軍輜重兵上等兵　⑫妻

122　長坂泰男

①一九一五年　②静岡県小笠郡加茂村　③一九三七年　④専門部政治経済科　⑤旭可鍜　⑥一九三七年就職決定の日召集を受ける　⑦（湖北省）応山県郝家大店　⑧一九三九年四月六日　⑨胸部・腹部貫通銃創　⑩陸軍歩兵上等兵　⑪父　⑫父

〈一九三九年九月号〉

123　佐々木辰三

①一九〇四年　②秋田県平鹿郡横手町　③一九二九年　④法学部英法科　⑤飲食店経営　⑥事変勃発後間もなく出征　⑦山西省横嶺関　⑧一九三八年八月一七日　⑨被弾　⑩陸軍歩兵曹長　⑪家族（戦死後遺留品として送ら

れたもの） ⑫兄

124　鹿野　清
①一九一六年　②東京市豊島区　③一九三七年　④専門学校商科　⑤白米商　⑥一九三八年春征途に上る　⑦（江西省）修水川　⑧一九三九年三月二〇日　⑨胸部弾創　⑩陸軍工兵伍長　⑪弟　⑫父

125　斎藤盈夫
①一九一〇年　②栃木県芳賀郡清原村　③一九三四年　④商学部　⑤富士写真フィルム東京出張所　⑥一九三八年夏出征　⑦（河北省）運河　⑧一九三九年五月八日　⑨左頸部盲貫銃創　⑩陸軍歩兵中尉　⑪妻一九三九年四月三〇日　⑫妻

126　杉浦政義
①一九一二年　②東京市江戸川区　③一九三五年　④高等師範部国語漢文科　⑥一九三五年入営渡満↓一九三六年末除隊↓一九三七年応召　⑦海南島　⑧一九三九年五月四日　⑨左臀部銃創　⑩陸軍輜重兵中尉　⑪父一九三九年三月九日　⑫父

127　岡部友夫
①一九一一年　②石川県羽咋郡志雄町　③一九三六年　④法学部英法科　⑤日産化学工業遠賀鉱業所労務課　⑥一九三八年末中支へ出征　⑦湖北省通城県白石尖高地　⑧一九三九年四月三〇日　⑨左胸部穿透性破片創　⑩陸軍歩兵中尉　⑪父一九三九年四月二五日　⑫父

〈一九三九年一〇月号〉

128　高沢宏三
①一九〇七年　②横須賀市　③一九二八年　④専門部商科　⑤　横浜市中区区役所税務課　⑥一九三七年秋征途に就く　⑦（上海）薀藻浜クリーク　⑧一九三七年一〇月六日　⑨頭部銃創　⑩陸軍歩兵軍曹　⑪妻一九三七年一〇月六日・母同日ヵ　⑫妻

129　菅尾泰二
①一九一三年　②兵庫県飾磨郡余部村　③一九三六年　④専門部政治経済科　⑥一九三八年夏応召　⑦（安徽省）六安野戦病院　⑧一九三八年九月一日　⑨悪疾に急性盲腸炎併発　⑩陸軍歩兵上等兵　⑪日記一九三八年八月二一日・二二日　⑫父

130　内田正三
①一九一四年　②東京市赤坂区青山北町　③　一九三六

年　④専門学校商科　⑤日本簡易火災保険東京支店　⑥一九三八年夏征途に就く　⑦（江西省）金輪峯　⑧一九三八年九月二七日　⑨左胸部貫通銃創　⑩陸軍歩兵上等兵　⑪家族　⑫父

131　川上　英

①一九一四年　②大分県杵築町　③一九三七年　④専門部政治経済科　⑤東京信用保証協会　⑥一九三八年初秋出征　⑦（江西省）九江↓（江西省）瑞昌野戦病院　⑧一九三八年一二月二〇日　⑨赤痢　⑩陸軍歩兵上等兵　⑪家族一九三八年一一月初旬到着　⑫父

132　中田徳太郎

①一九一三年　②水戸市　③一九三四年　④専門部商科　⑤東京地方専売局　⑥事変勃発直後出征　⑦河南省孟県↓内地還送↓宇都宮陸軍病院　⑧一九三九年一月一八日　⑨マラリア↓慢性腸炎　⑩陸軍歩兵曹長　⑪両親一九三八年八月四日　⑫父

133　渡辺孝史

①一九一三年　②秋田県由利郡本荘町　③一九三六年　④専門部政治経済科　⑥一九三七年入営↓一九三八年千葉歩兵学校　⑦江蘇省東海県房山　⑧一九三九年三月一〇日　⑨右腹部破片創　⑩陸軍歩兵中尉　⑪日記　⑫父

134　丸尾　実

①一九〇三年　②大分県下毛郡大江村　③一九二八年　④政治経済学部経済学科　⑤朝鮮慶尚南道庁　⑥事変勃発直後出征　⑦（江蘇省）野戦病院　⑧一九三九年四月一七日　⑨腹部盲管銃創　⑩陸軍歩兵大尉　⑪両親　⑫父

〈一九四〇年二月号〉

135　黒田常蔵

①一九〇八年　②米沢市　③一九三二年　④商学部　⑤野村生命保険本社　⑥事変勃発直後出征　⑦山西省翼城県　⑧一九三九年二月八日　⑨左腹部盲貫銃創　⑩陸軍歩兵大尉　⑪母一九三八年一一月二〇日　⑫母

136　田中政一

①一八九七年　②岡山県後月郡出部村　③一九二一年　④専門部政治経済科　⑤後月織物　⑥一九三八年応召　⑦広東省鶴山県沙坪　⑧一九三九年三月三一日　⑨心臓貫通銃創　⑩陸軍歩兵軍曹　⑫妻

137　楠山藤正

①一九一五年　②石川県江沼郡矢田野村　③一九三七年　④専門部商科　⑤大池ガレーヂ　⑥事変勃発直後出征　⑦（湖北省）武昌野戦病院　⑧一九三九年四月一八日　⑨戦争水腫　⑩陸軍輜重兵一等兵　⑪「陣中だより」（北国新聞へ寄稿）一九三八年三月頃　⑫父

138　和田成信
①一九一〇年　②奈良県南葛城郡秋津村　③一九三四年　④専門部商科　⑤タイガー計算器東京支店　⑥一九三八年夏出征　⑦（江蘇省）句容県勝潭村江荘部落　⑧一九三九年五月二三日　⑨頭部貫通銃創　⑩陸軍歩兵中尉　⑪家族ヵ一九三九年三月一一日・兄一九三九年五月一五日　⑫兄

139　古張義三郎
①一九一二年　②福島県東白川郡高城村　③一九三六年　④商学部　⑤大蔵省専売局収納課　⑥一九三七年秋応召　⑦（浙江省）南潯　⑧一九三九年六月二三日　⑨頭部貫通銃創　⑩陸軍歩兵伍長　⑪弟一九三九年六月五日　⑫弟

140　井口秀夫
①一九一二年　②和歌山市　③一九三七年　④理工学部機械工学科　⑤日立製作所電気部　⑥一九三八年三月応召　⑦北京にて発病→大阪陸軍病院→阪大病院　⑧一九三九年六月一八日　⑨戦病死　⑩陸軍砲兵一等兵　⑫兄

141　前田元義
①一九一二年　②北海道北見国紋別郡興部村沙留　③一九三七年　④商学部　⑤沙留運送社　⑥一九三八年入営　⑦河南省信陽県常平村北方高地　⑧一九三九年七月一〇日　⑨手榴弾創　⑩陸軍歩兵少尉　⑪家族一九三九年六月二六日　⑫父

〈一九四〇年三月号〉

142　広田静昭
①一九一一年　②和歌山県海草郡宮前村　③一九三三年　④専門部商科　⑤昭光紡績　⑥事変勃発直後勤務演習に応召　⑦広東野戦病院→高雄陸軍病院　⑧一九三九年五月二五日　⑨胸膜炎　⑩陸軍砲兵中尉　⑪妻一九三九年三月二二日　⑫妻

143　佐藤貞寿
①一九一四年　②東京市世田谷区大原　③一九三五年　④専門部商科　⑤小林捨次郎商店　⑥一九三八年応召　⑦（江蘇省）武進県　⑧一九三九年六月二日　⑨腹部貫

通銃創・頸部銃創　⑩陸軍騎兵曹長　⑪兄一九三九年五月八日　⑫兄

144　飯田俊章
①一九一六年　②大分県宇佐郡西馬城村　③一九三七年　④専門部商科　⑤今永商会　⑥一九三八年応召　⑦（江西省）武寧にて発病→野戦病院→小倉陸軍病院　⑧一九三九年七月二日　⑨腹膜炎　⑩陸軍歩兵上等兵　⑪姉一九三九年三月二八日　⑫母

145　有本良雄
①一九一一年　②尼崎市　③一九三五年　④法学部独法科　⑤蛭間　⑥一九三八年応召　⑦湖北省黄陂県王家河　⑧一九三九年七月二三日　⑨頭部貫通銃創　⑩陸軍歩兵上等兵　⑫妻

146　藤田文質
①一九一二年　②宇部市草江　③一九三六年　④法学部英法科　⑤大阪鉄工所　⑥一九三八年応召　⑦ノモンハン・ハルハ河右岸　⑧一九三九年七月二七日　⑨胸部貫通銃創　⑩陸軍歩兵曹長　⑪兄一九三九年七月二三日　⑫兄

147　彦坂廉二
①一九一一年　②豊橋市　③一九三六年　④法学部独法科　⑤太陽生命保険　⑥事変勃発直後応召　⑦（安徽省）蕪湖県方村北方小馬湾　⑧一九三九年八月二一日　⑨右足・右腰・脇下・左腕銃弾創→入院先で腹膜炎を併発　⑩陸軍歩兵伍長　⑪姉　⑫母

148　浅山精一
①一九一三年　②熊本市　③一九三四年　④専門部商科　⑤熊本市役所　⑥一九三八年応召　⑦（江西省）南昌　⑧一九三九年八月一五日　⑨左大腿部銃創　⑩陸軍歩兵中尉　⑫兄

〈一九四〇年四月号〉

149　大門正信
①一九一四年　②高岡市　③一九三六年　④専門部商科　⑤日本スレート　⑥一九三七年入営　⑦（江西省）武寧→野戦病院　⑧一九三八年一〇月二五日　⑨右大腿部貫通銃創→ガスエソ菌　⑩陸軍輜重兵中尉　⑪伯母　⑫弟

150　小篠兼五郎
①一九一四年　②東京市荒川区三河島町　③一九三七年　④専門学校商科　⑤真中呼子笛製造業　⑥事変勃発後間

もなく応召 ⑦（江西省）南昌 ⑧一九三九年四月二九日 ⑨頭部貫通銃創 ⑩陸軍輜重兵伍長 ⑪母一九三九年四月一〇日 ⑫母・（部隊長より母への和歌二首）

151 古賀康男
①一九一四年 ②福岡県宗像郡神興村 ③一九三六年 ④専門部政治経済科 ⑤日本電解製鉄所 ⑥一九三七年入営→服役満了→今次事変に際会し応召→一九三九年一月千葉〇〇学校入学→一九三九年五月征途に就く ⑦ノモンハン・ハルハ河とホルステン河合流地点 ⑧一九三九年七月二日 ⑨戦車内に手榴弾侵入破裂 ⑩陸軍歩兵中尉 ⑪父一九三八年二月二二日 ⑫父

152 中村五郎
①一九一六年 ②東京市京橋区月島東仲通 ③一九三八年 ④専門部商科 ⑤金辰商事 ⑥一九三九年入営 ⑦ノモンハン・興安北省イリンギンブルードロ七三一高地西方 ⑧一九三九年八月二七日 ⑨左胸部破弾破片創 ⑩陸軍砲兵上等兵 ⑪勤務先一九三九年八月二一日 ⑫父

153 外山 弘
①一九一三年 ②三条市 ③一九三七年 ④法学部仏法科 ⑤日本鮭鱒缶詰共同販売会 ⑥一九三八年入営 ⑦ノモンハン・九〇四高地 ⑧一九三九年九月八日 ⑨右側腹部・左腋高部貫通銃創 ⑩陸軍歩兵曹長 ⑪両親一九三九年八月二一日 ⑫父

154 豊福隆之
①一九一三年 ②福岡県三井郡山川村 ③一九三七年 ④文学部英文科 ⑤産業組合中央会「家の光」部経理課 ⑥一九三八年入営→同年陸軍教導学校 ⑦（湖南省）霊官廟 ⑧一九三九年九月一五日 ⑨左蹠蹊部・下腹部銃創 ⑩陸軍砲兵少尉 ⑪母一九三九年九月六日 ⑫父

〈一九四〇年五月号〉

155 神原 茂
①一九〇七年 ②神戸市須磨区 ③一九三一年 ④文学部英文科 ⑤神風水産 ⑥事変勃発直後応召 ⑦（山西省）河津北方 ⑧一九三八年五月一七日 ⑨手榴弾創 ⑩陸軍騎兵中尉 ⑪妻・遺言 ⑫妻

156 柴田末男
①一八九八年 ②愛知県愛知郡日進村 ③一九二四年 ④商学部 ⑤猪高村信用組合預金部・在郷軍人会猪高村分会長 ⑥事変勃発直後応召 ⑦（湖北省）応山県徐家

店東北方山岳地帯　⑧一九三九年四月一三日　⑨銃創
⑩陸軍歩兵大尉　⑪妻　⑫妻

157　塚田泰一
①一九一二年　②東京市本郷区菊坂町　③一九三六年
④政治経済学部　⑤日本電気工業経理課　⑥一九三八年
初夏応召　⑦（江西省）南昌　⑧一九三九年四月二七日
⑨腹部貫通銃創　⑩陸軍歩兵上等兵　⑪叔父一九三九年
四月二四日　⑫祖母

158　中村新人
①一九一〇年　②大分市　③一九三六年　④商学部　⑤
荏原製作所販売課　⑥事変と同時に応召　⑦ノモンハン
⑧一九三九年八月二九日　⑨被弾　⑩陸軍歩兵伍長　⑪
家族一九三九年八月二日　⑫兄

159　中村英武
①一九一二年　②東京市日本橋区小伝馬町　③一九三八
年　④文学部国文科　⑤文筆で立つべく創作に専念　⑥
一九三八年末入営　⑦ノモンハン・白銀査オボー　⑧一
九三九年七月三日　⑨頭部銃創　⑩陸軍歩兵上等兵　⑪
家族一九三九年六月二四日　⑫父

160　島崎　実
①一九一五年　②茨城県多賀郡鮎川村　③一九三七年
④専門部政治経済科　⑤日立製作所海岸工場発送課　⑥
一九三八年一月応召　⑦ノモンハン・興安北省新巴爾虎
左翼旗七四二高地　⑧一九三九年七月一六日　⑨頭部銃
創　⑩陸軍歩兵伍長　⑪姉一九三九年六月七日　⑫父

161　阿江一友
①一九一四年　②兵庫県加東郡滝野町　③一九三七年
④政治経済学部経済学科　⑤ダイヤモンド社　⑥一九三
八年入営→甲種幹部候補生　⑦ノモンハン・七五八高地
（三角山）　⑧一九三九年八月二三日　⑨胸部貫通銃創
⑩陸軍歩兵少尉　⑪父一九三九年八月一三日　⑫父

162　前田正義
①一九一三年　②北海道夕張郡長沼村　③一九三六年入
学（一九三六年専門部法律科卒）　④法学部　⑥一九三
七年入営→陸軍予備士官学校　⑦ノモンハン　⑧一九三
九年八月二九日　⑨戦死　⑩陸軍歩兵中尉　⑪両親一九
三九年八月二九日　⑫父

163　芳賀正一
①一九一二年　②京都府竹野郡豊栄村　③一九三六年

④政治経済学部経済学科　⑤大蔵省銀行局　⑥一九三七年秋応召　⑦（江蘇省）金壇・療養所　⑧一九三九年一〇月二二日　⑨マラリア・急性腹膜炎併発　⑩陸軍歩兵伍長　⑪両親　⑫父

164　斎藤秋夫
①一九〇一年　②福井県大野町　③一九二六年　④商学部　⑤東京市教育局庶務課　⑥一九三八年夏応召　⑦済南陸軍病院→徐州野戦病院→広島陸軍病院　⑧一九三九年一〇月二二日　⑨急性大腸炎→左肺門腺炎　⑩陸軍主計中尉　⑪妻一九三九年八月七日　⑫妻

165　岩本六二
①一九一二年　②山口県厚狭郡小野村　③一九三五年　④専門部政治経済科　⑤広島鉄道局下関保線事務所徳島出張所　⑥一九三八年夏応召　⑦ノモンハン・ホルステン河右岸地区　⑧一九三九年七月一四日　⑨戦死　⑩陸軍歩兵伍長　⑫妻

〈一九四〇年六月号〉

166　村上哲二
①一九一三年　②鹿児島市　③一九三七年　④商学部
⑤東洋電業　⑥一九三七年末応召→陸軍幹部候補生学校
⑦ノモンハン・七四四高地　⑧一九三九年八月二三日　⑨全身爆創　⑩陸軍歩兵少尉　⑪家族一九三九年八月一五日　⑫父

167　藤田正二
①一九一三年　②前橋市　③一九三六年　④商学部　⑤有隣生命保険東京支部　⑥事変勃発の秋応召　⑦ノモンハン・パルシャガル高地　⑧一九三九年八月二六日　⑨戦死　⑩陸軍歩兵伍長　⑪家族一九三九年九月六日着・（父の追悼文）　⑫父

168　菅谷勇夫
①一九一四年　②茨城県筑波郡島名村　③一九三七年　④専門学校商科　⑤風見章内閣書記官長の下で執務　⑥一九三八年一月応召　⑦ノモンハン・七五二高地　⑧一九三九年八月二四日　⑨腹部貫通銃創　⑩陸軍歩兵伍長　⑫父

169　八木美昌
①一九一二年　②今治市　③一九三五年　④法学部独法科　⑤富士写真フィルム　⑥一九三八年初秋出征　⑦（安徽省）馮廟集　⑧一九三九年一〇月一一日　⑨腹部貫通銃創　⑩陸軍歩兵上等兵　⑪父一九三九年一〇月一

〇日　⑫父

170　中岡　工
①一九一五年　②奈良市　③一九三八年　④政治経済学部経済学科　⑥卒業後直ちに主計中尉採用試験合格→主計見習士官→陸軍経理学校　⑦山西省昔陽県家荘村　⑧一九三九年一〇月一六日　⑨搭乗機被弾により敵陣地へ自爆突入　⑩陸軍主計大尉　⑪両親　⑫父

171　長谷川利典
①一九一五年　②名古屋市　③一九三七年　④専門部商科　⑤長谷川時計舗　⑥一九三七年一二月応召　⑦河北省雁宿崖西方高地　⑧一九三九年一一月三日　⑨前膊・左腹部貫通銃創　⑩陸軍歩兵軍曹　⑫兄

172　和田盛夫
①一九一二年　②静岡県庵原郡由比町　③一九三六年　④商学部　⑤駿州銀行　⑥事変勃発後間もなく応召　⑦（山西省）五台山東方黄土嶺　⑧一九三九年一一月一〇日　⑨腹部より左大腿部へ貫通銃創　⑩陸軍歩兵伍長　⑪家族　⑫父

173　佐野　昇
①一九一一年　②東京市芝区白金志田町　③一九三四年　④商学部　⑤三井物産名古屋支店毛類課　⑥一九三九年九月陸軍省嘱託　⑦（綏遠省）厚和にて発病→包頭病院　⑧一九三九年一一月一二日　⑨腸チフス・肺結核　⑩陸軍技手　⑫妻

174　大塚義太
①一九〇七年　②長野県北佐久郡中佐都村　③一九三〇年　④高等師範部国語漢文科　⑤岩村田中学校　⑥事変勃発直後応召　⑦山西省霊石　⑧一九三九年一二月一六日　⑨胸部・腹部・大腿部貫通銃創・手榴弾爆裂傷　⑩陸軍歩兵中尉　⑪岩村田中学校長　⑫妻

175　宮内達男
①一九一七年　②千葉県海上郡椎柴村　③一九三七年　④専門部商科　⑤計理士　⑥一九三八年現役志願兵→陸軍歩兵学校　⑦（山西省）太原陸軍病院　⑧一九三九年一二月一五日　⑨戦病死　⑩陸軍歩兵中尉　⑫父

176　猪瀬　勇
①一九一二年　②東京市本所区亀沢町　③一九三六年　④商学部　⑤貿易商野沢組　⑥一九三七年入営→除隊→歩兵学校　⑦山西省河頭村　⑧一九三九年一二月二六日

⑨腹部貫通銃創　⑩陸軍歩兵大尉　⑪父　⑫父

177　樋口三男

①一九一七年　②岡山県浅口郡鴨方町　③一九三七年　④専門部政治経済科　⑤海軍省経理局　⑥一九三八年応召　⑦河北省石家荘にて発病→保定陸軍病院→（内地）陸軍病院　⑧一九三九年一二月二八日　⑨肺結核　⑩陸軍歩兵上等兵　⑫父

〈一九四〇年七月号〉

178　金城清太郎

①一九〇三年　②那覇市　③一九二八年　④商学部　⑤雑貨商　⑥一九三八年応召　⑦（江西省）雷鳴鼓劉附近石堡山　⑧一九三八年一〇月一〇日　⑨頭部貫通銃創　⑩陸軍歩兵中尉　⑪父一九三八年八月二〇日　⑫父

179　山口周甫

①一九一七年　②高崎市　③一九三八年　④専門部商科　⑤満鉄新京用度事務所　⑥一九三九年春征途に就く　⑦河北省房山県西班各庄西南方高地　⑧一九四〇年一月六日　⑨右胸部盲貫銃創　⑩陸軍歩兵上等兵　⑪父一九四〇年一月五日・（母の短歌・父の感懐）　⑫父

180　藤田終治

①一九〇五年　②長岡市　③一九三一年　④高等師範部英語科　⑤日本醸造工業　⑥事変勃発後間もなく応召　⑦江西省南昌県李家無名寺附近　⑧一九三九年六月一六日　⑨右胸部より左背部へ貫通銃創　⑩陸軍歩兵伍長　⑫妻

181　中田正雄

①一九〇九年　②大阪府中河内郡玉川村　③一九三二年　④政治経済学部経済学科　⑤岩本房吉商店（岩本証券）　⑥一九三八年応召　⑦（広東省）澄海県金砂東南　⑧一九三九年六月二四日　⑨右大腿部後面会陰部・左大腿部後面貫通銃創　⑩陸軍歩兵中尉　⑪妻　⑫妻

182　三ヶ尻邦介

①一九一六年　②大分県大分郡植田村　③一九三八年　④専門部商科　⑤日本建築紙工業　⑥一九三九年初夏征途に就く　⑦（湖北省）蒲圻→蒲圻野戦病院→上海陸軍病院　⑧一九三九年八月二七日　⑨戦傷で入院中脚気・腸チフス　⑩陸軍歩兵上等兵　⑪家族　⑫母

183　山田大六

①一九一七年　②宮崎県南那珂郡油津町　③一九三八年

④専門部法律科　⑥一九三九年入営　⑦ノモンハン　⑧一九三九年七月三一日　⑨迫撃砲弾爆破創　⑩陸軍歩兵上等兵　⑪母一九三九年七月二九日　⑫妻

184　佐伯喜三郎

①一九〇九年　②姫路市　③一九三三年　④商学部　⑤三井鉱山三池鉱業所労務課　⑥一九三七年夏応召　⑦河北省大名県龍王廟　⑧一九三九年八月一日　⑨頭部貫通銃創　⑩陸軍歩兵大尉　⑪母　⑫兄

185　吉田恵寿

①一九一一年　②福岡市　③一九三四年　④政治経済学部経済学科　⑤神戸製鋼所　⑥一九三九年出征　⑦山西省聞喜県裴社村　⑧一九三九年一〇月二五日　⑨頭部貫通銃創　⑩陸軍歩兵上等兵　⑫父

186　池田逸馬

①一九〇七年　②佐賀県杵島郡江北村　③一九三一年　④法学部英法科　⑤税務署　⑥事変勃発するや軍の求めに応じ一九三八年渡洋　⑦広東市　⑧一九三九年一二月一六日　⑨腹部貫通銃創　⑩南支派遣軍司令部嘱託　⑫兄

187　坂本　満

①一九一五年　②彰化市　③一九三八年　④法学部英法科　⑤農林省大臣官房調査課　⑥一九三九年春出征　⑦（広東省）石窩山南方　⑧一九三九年一二月一九日　⑨左足関節貫通銃創　⑩陸軍歩兵伍長　⑪家族一九三九年一二月一五日ヵ着　⑫父

〈一九四〇年九月号〉

188　池畑不二男

①一八九八年　②鹿児島県　③一九二二年　④大学部商科　⑤那覇商運組・那覇商工会議所議員　⑥一九三八年出征　⑦（江西省）徳安にて発病→野戦病院→小倉陸軍病院　⑧一九三八年一二月二八日　⑨急性腹膜炎　⑩陸軍歩兵中尉　⑪妻一九三八年一一月四日　⑫妻

189　鳥海　林

①一九一五年　②神奈川県中郡大田村　③一九三六年　④専門部政治経済科　⑤神奈川県庁庶務課　⑥一九三六年末重砲兵聯隊入隊　⑦ノモンハン・ノロ高地　⑧一九三九年八月二六日　⑨頭部・腹部砲弾破片創　⑩陸軍砲兵曹長　⑪家族一九三九年七月一〇日　⑫父

190　近藤寿一

①一九一四年　②山口県小野田町　③一九三七年　④専門部商科　⑤播磨造船所木材係　⑥一九三八年夏出征　⑦広西省南寧県四塘→南寧野戦病院　⑧一九三八年一二月二七日　⑨左上腹部右前胸部穿透性貫通銃創→心臓麻痺　⑩陸軍歩兵上等兵　⑪家族一九三八年一〇月二七日　⑫父

191　島田藤吉郎
①一九〇七年　②茨城県那珂郡湊町　③一九二九年　④専門部法律科　⑤警視庁上野署　⑥一九三七年末出征　⑦（広西省）合浦西側　⑧一九四〇年一月二三日　⑨搭乗機被弾により敵陣地へ自爆突入　⑩陸軍工兵大尉　⑪妻一九四〇年一月一二日　⑫妻

192　中村邦衛
①一九〇八年　②愛知県大野町　③一九三二年　④高等師範部国語漢文科　⑤台湾日日新聞社企画部ニュースカメラマン　⑥一九三八年秋応召　⑦広西省南寧　⑧一九四〇年一月二日　⑨左背部砲弾破片創・左大腿軟部貫通銃創　⑩陸軍歩兵一等兵　⑪家族一九三九年一月　⑫父

193　大野　寛
①一九一〇年　②東京市中野区鷺宮　③一九三五年　④政治経済学部　⑤日本糖業連合会台湾支部　⑥一九三八年応召　⑦広西省南寧県七塘　⑧一九四〇年一月二二日　⑨左胸部穿透性砲弾破片創　⑩陸軍歩兵伍長　⑪父一九三九年一二月　⑫父

〈一九四〇年一〇月号〉

194　久保正雄
①一九一二年　②東京市牛込区　③一九三七年　④文学部東洋史学科　⑥一九三八年春応召　⑦ノモンハン・七五五高地南方　⑧一九三九年八月三〇日　⑨頭部貫通砲弾片創　⑩陸軍歩兵上等兵　⑪母一九三九年八月一一日　⑫母

195　中井陽次
①一九〇四年　②兵庫県加西郡九会村　③一九三二年　④法学部英法科　⑤天理教校講師・天理教教学部所管学校職員　⑥一九三八年七月軍属（主計）　⑦江蘇省にて発病→野戦病院→大阪陸軍病院　⑧一九三九年一一月一七日　⑨急性大腸炎・マラリア　⑩陸軍軍属　⑪兄一九三九年九月一三日　⑫兄

196　滝本直行
①一九〇六年　②新潟県三島郡日越村　③一九三〇年

④専門部政治経済科 ⑤百三十九銀行 ⑥一九三七年秋応召 ⑦湖北省京山県聶家場 ⑧一九三九年一二月一六日 ⑨左胸部貫通銃創 ⑩陸軍歩兵大尉 ⑪長男 ⑫妻

197 渡辺藤吉郎

①一九一三年 ②横浜市 ③一九三八年 ④理工学部建築学科 ⑤南省吾建築事務所 ⑥一九三九年四月北支派遣建築技術官として応募 ⑦北京陸軍病院→東京陸軍病院 ⑧一九三九年一二月二六日 ⑨戦病死 ⑩陸軍軍属 ⑫父

198 鈴木茂三

①一九〇八年 ②京都市 ③一九三二年 ④法学部独法科 ⑤京都瓦斯 ⑥一九三九年末応召 ⑦安徽省貴池県白砂堡東方高地 ⑧一九四〇年一月三日 ⑨左鎖骨上窩盲管銃創 ⑩陸軍砲兵上等兵 ⑫妻

199 西谷義太郎

①一九一五年 ②大阪市 ③一九三八年 ④政治経済学部経済学科 ⑤西谷鉄工所 ⑥一九三八年末入営 ⑦（広西省）百済墟 ⑧一九四〇年一月二四日 ⑨左頭部手榴弾炸裂破片創 ⑩陸軍歩兵上等兵 ⑪家族一九四〇年一月一一日 ⑫兄

200 山本 達

①一九一三年 ②三重県河芸郡飯野村 ③一九三六年 ④専門学校商科 ⑤大倉火災海上保険統計課 ⑥一九三八年応召 ⑦安徽省にて発病→野戦病院 ⑧一九四〇年一月一三日 ⑨戦病死 ⑩陸軍歩兵伍長 ⑪家族一九三九年一二月七日 ⑫父

201 山本盛光

①一九〇七年 ②大阪府三島郡阿武野村 ③一九三〇年 ④商学部 ⑤計理士 ⑥一九三八年夏応召 ⑦広東省従化県牛心嶺 ⑧一九四〇年三月五日 ⑨頭部貫通銃創 ⑩陸軍工兵大尉 ⑫妻

202 湯浅紀美男

①一九一五年 ②三重県尾鷲町 ③一九三六年 ④専門部商科 ⑤尾鷲町紀勢無尽 ⑥一九三八年秋応召 ⑦京都陸軍病院赤十字病院 ⑧一九四〇年四月七日 ⑨戦病死 ⑩陸軍主計伍長 ⑫父

203 高木 一

①一九一七年 ②長岡市 ③一九三七年 ④専門部商科 ⑤帝国産金興業 ⑥一九三八年秋応召 ⑦湖北省田店 ⑧一九四〇年五月一七日 ⑨左側胸部右前胸部貫通銃創

⑩陸軍歩兵伍長　⑪家族一九四〇年五月一日　⑫父

204　沖田日出郎
①一九一六年　②佐賀県　③一九三八年　④専門部商科
⑤日本通運門司支部　⑥一九三九年春入営　⑦ノモンハン→旅順陸軍病院→大阪陸軍病院赤十字病院　⑧一九四〇年二月二〇日　⑨胸膜炎→脳膜炎　⑩陸軍工兵上等兵
⑫父

〈一九四〇年一二月号〉

205　新田輝雄
①一九一三年　②新潟県刈羽郡中通村　③一九三五年
④専門部商科　⑤日本石油大阪販売店　⑥一九三八年末応召　⑦（湖北省）四〇五・七高地　⑧一九四〇年七月二日　⑨頭部貫通銃創　⑩陸軍歩兵中尉　⑪両親　⑫父

206　北村富士三
①一九一六年　②新潟市　③一九三八年　④専門部商科
⑤新潟硫酸　⑥一九三八年末入営　⑦牡丹江省にて発病
⑧一九四〇年四月二二日　⑨C型パラチフス　⑩陸軍輜重兵伍長　⑪家族一九四〇年三月三一日　⑫兄

207　中島良一
①一九一三年　②佐賀県藤津郡五町田村　③一九三六年
④商学部　⑤日本勧業証券京都支店　⑥一九三九年夏応召　⑦広東省番禺県　⑧一九四〇年四月二四日　⑨大暴風雨による救護活動中頭部負傷→心臓麻痺　⑩陸軍輜重兵上等兵　⑪妻　⑫父

208　牧浦博
①一九一一年　②今治市　③一九三五年　④商学部　⑤小光社販売部　⑥一九三六年春入営→一九三九年夏応召→陸軍通信学校　⑦湖北・江西省境九宮山　⑧一九四〇年四月二六日　⑨頭部貫通銃創　⑩陸軍騎兵中尉　⑪従姉妹　⑫母

209　福原　弘
①一九一〇年　②新潟県中魚沼郡真人村　③一九三五年
④法学部英法科　⑤新潟人絹工業　⑥一九三八年応召→仙台陸軍予備士官学校　⑦江西省靖安県青山　⑧一九四〇年四月二六日　⑨咽喉部・右腹部・右大腿部被弾　⑩陸軍歩兵中尉　⑪父一九四〇年二月二三日　⑫父

210　渡部一彦
①一九一六年　②横須賀市　③一九三七年　④専門部商科　⑤日本窒素鉱業根室鉱業所　⑥一九三九年八月応召

⑦山西省にて発病→（山西省）原平鎮陸軍病院　⑧一九四〇年六月二三日　⑨腸チフス　⑩陸軍歩兵上等兵　⑪弟　⑫母

211　三原　清
①一九一三年　②和歌山県日高郡御坊町　③一九三六年　④専門部商科　⑤松下電熱営業課　⑥一九三七年入営　⑦（湖北省）新州　⑧一九三九年九月一六日　⑨胸部・顔面手榴弾創　⑩陸軍歩兵中尉　⑫父

〈一九四一年一月号〉

212　高畑宗弘
①一九一七年　②高岡市　③一九三七年　④専門部政治経済科　⑤不二越鋼材工業　⑥一九三八年応召　⑦（河北省）鎮荘（「名簿」）　⑧一九三九年九月二八日　⑨迫撃砲弾爆破創　⑩陸軍歩兵上等兵　⑪父一九三九年九月二〇日　⑫父

213　兼子義一
①一九〇二年　②若松市　③一九二八年　④政治経済学部経済学科　⑥事変勃発直後応召　⑦湖北省京山県劉家嶺　⑧一九三九年一二月一八日　⑨地雷爆破　⑩陸軍歩兵准尉　⑫父

214　平山清一
①一九一四年　②能代市　③一九三七年　④専門部政治経済科　⑤昭和木材営業部　⑥一九三八年応召　⑦山西省沁水県虎頭山　⑧一九四〇年四月二九日　⑨手榴弾創　⑩陸軍歩兵曹長　⑪兄　⑫父

215　小野寺三良
①一九一三年　②岩手県東磐井郡猿沢村　③一九三六年　④専門部商科　⑤大阪商船・高砂丸勤務　⑥一九三八年秋応召　⑦満州→陸軍病院　⑧一九四〇年五月二八日　⑨急性肺炎　⑩陸軍歩兵伍長　⑪弟一九四〇年五月八日　⑫父

216　小俣　等
①一九〇一年　②大分県東国東郡西安岐町　③一九二九年　④理工学部電気工学科　⑤九州水力電気鮎田区送電線路係　⑥一九三七年秋応召　⑦広東にて発病→広東野戦病院　⑧一九四〇年五月一二日　⑨マラリア　⑩陸軍歩兵中尉　⑫妻

〈一九四一年二月号〉

217　酒井　輝
①一九〇二年　②千葉県市原郡市西村　③一九二三年

④専門部商科　⑤醤油醸造業　⑥一九三七年秋出征　⑦（江西省）東孤嶺　⑧一九三八年八月二六日　⑨頭部貫通銃創　⑩陸軍歩兵大尉　⑪家族一九三八年八月一日
⑫父

218　魚住直一
①一九一一年　②兵庫県宍粟郡川東村　③一九三三年
④専門部政治経済科　⑤神戸新聞社編輯局　⑥一九三七年秋北支出征　⑦（河南省）羅山　⑧一九三八年九月二四日　⑨腹部銃創　⑩陸軍歩兵伍長　⑪妻　⑫妻

219　高下八三
①一九一二年　②広島県賀茂郡東野村　③一九三六年
④専門部商科　⑥一九三七年現役として入営　⑦ノモンハン・ホルステン河右岸イリレギン台附近　⑧一九三九年八月二八日　⑨頭部盲貫銃創　⑩陸軍歩兵曹長　⑪家族一九三九年八月四日　⑫父

220　寺戸正典
①一九一五年　②島根県美濃郡都茂村　③一九三七年
④専門部政治経済科　⑥一九三八年一月現役兵として入営　⑦江蘇省漣水にて発病　⑧一九三九年三月三〇日
⑨流行性脳脊椎膜炎　⑩陸軍歩兵伍長　⑪家族・戦病死前日の遺言　⑫父

221　村上保彦
①一九一二年　②名古屋市　③一九三六年　④政治経済学部経済学科　⑤外国商会　⑥一九三七年夏応召　⑦（湖北省）紫擅寺高地　⑧一九三九年五月七日　⑨右側胸部砲弾破片創　⑩陸軍歩兵上等兵　⑪和歌　⑫父

222　石崎利夫
①一九一四年　②茨城県鹿島郡徳宿村　③一九三六年
④専門部商科　⑤満州国奉天税務署　⑥一九三六年末現役兵として入営　⑦浙江省余杭県閑林埠　⑧一九三九年六月五日　⑨左顳顬部後頭部貫通銃創　⑩陸軍歩兵曹長
⑪両親一九三九年五月一日　⑫父

223　池田繁一
①一九〇三年　②広島県豊田郡瀬戸田町　③一九二九年
④法学部　⑤朝日新聞社大牟田通信部　⑥一九三七年末応召　⑦南寧県九塘圩　⑧一九三九年一二月二〇日　⑨頭部盲貫・右臀部・左手掌砲弾破片創　⑩陸軍歩兵大尉
⑪妻　⑫妻

224　玉井忠郎

①一九一三年　②東京市四谷区塩町　③一九三七年　④商学部　⑤日本精工営業部販売係　⑥一九三八年春応召↓仙台陸軍予備士官学校　⑦安徽省南陵県　⑧一九四〇年四月二四日　⑨下腹部腰部貫通銃創　⑩陸軍歩兵中尉　⑪家族一九四〇年三月二一日　⑫母

225　加島致一
①一九〇八年　②鳥取県西伯郡車尾村　③一九三〇年　④高等師範部国語漢文科　⑤紙商　⑥一九三七年事変勃発直後応召　⑦河北省安国県南張村　⑧一九四〇年六月二七日　⑨心臓貫通銃創　⑩陸軍歩兵大尉　⑪家族一九四〇年六月一六日　⑫母

226　松倉　明
①一九一四年　②宮城県登米郡新田村　③一九三七年　④専門部政治経済科　⑤仙台鉄道局仙台経理部用品課　⑥一九四〇年春応召　⑦湖北省宜昌県にて発病↓同地野戦病院　⑧一九四〇年七月二二日　⑨急性気管支炎　⑩陸軍輜重兵一等兵　⑪父ヵ　⑫父

〈一九四一年三月号〉

227　吉村吉太郎
①一九〇七年　②長岡市　③一九三一年　④商学部　⑤醤油醸造業　⑥事変勃発直後応召　⑦（山西省）運城野戦病院　⑧一九四〇年一月一九日　⑨急性腎臓炎　⑩陸軍砲兵大尉　⑫妻

228　芝崎正樹
①一九一五年　②埼玉県比企郡大河村　③一九三七年　④高等師範部英語科　⑤播磨造船所秘書課　⑥一九三八年秋応召　⑦広西省邕寧県八塘墟古寨　⑧一九四〇年一月二三日　⑨頭部・腹部・左腰部破片創　⑩陸軍砲兵上等兵　⑪叔父ヵ　⑫叔父

229　安達不二男
①一九一四年　②静岡市　③一九三七年　④法学部英法科　⑤日立製作所日立工場労務係　⑥一九三八年現役兵として入営↓豊橋教導学校　⑦湖北省棗陽県湖河鎮　⑧一九四〇年五月一八日　⑨左胸部より右腰部貫通銃創　⑩陸軍歩兵中尉　⑪母・妻　⑫妻

230　山岸　肇
①一九一七年　②舞鶴市　③一九三九年　④専門部商科　⑤川崎車輛　⑥一九三九年末入営　⑦（湖北省）　⑧一九四〇年六月一九日　⑨腹部破片創　⑩陸軍歩兵上等兵　⑪両親・妹ともに一九四〇年四月　⑫父

231 吉野宣昭
①一九一三年 ②千葉県津田沼町 ③一九三七年 ④商学部 ⑥一九三七年末幹部候補生志願兵として入隊（翌三八年甲種幹部候補生採用試験を病気のため欠席）↓一九三九年除隊↓即日臨時召集 ⑦広西省邕寧県亭士圩にて発病↓野戦病院 ⑧一九四〇年七月三〇日 ⑨マラリア ⑩陸軍歩兵軍曹 ⑪母一九四〇年七月一六日 ⑫父

232 遠藤寿之
①一九一三年 ②岡山県都窪郡吉備町 ③一九三六年 ④専門部法律科 ⑤東北興業事業部 ⑥一九三七年夏応召↓同年末召集解除↓一九三八年再応召 ⑦（河南省）帰徳野戦病院 ⑧一九四〇年七月一日 ⑨赤痢・慢性腸炎・肺結核 ⑩陸軍歩兵一等兵 ⑫父

233 高野忠幸
①一九一〇年 ②山梨県東山梨郡塩山町 ③一九三五年 ④商学部 ⑤東京電灯福利課 ⑥一九三八年春応召 ⑦漢口攻略戦↓野戦病院↓内地陸軍病院↓一九三九年秋除役↓自宅療養中死亡 ⑧一九四〇年一〇月一三日 ⑨胸膜炎 ⑩陸軍歩兵一等兵 ⑫妻

234 対木康夫
①一九一六年 ②熱海市 ③一九三七年 ④専門部商科 ⑤温泉旅館業 ⑥一九三八年一月出征 ⑦（河北省）蔚県野戦病院 ⑧一九四〇年九月四日 ⑨腸チフス ⑩陸軍歩兵軍曹 ⑪家族ヵ ⑫兄

235 坂上 績
①一九〇八年 ②北海道根室本線池田 ③一九三三年 ④法学部英法科 ⑤東京日日新聞社社会部 ⑥従軍記者として南支に特派出張 ⑦（広西省）南寧にて発病↓野戦病院↓広東博愛病院 ⑧一九四〇年九月一一日 ⑨南寧熱 ⑩東京日日新聞社・大阪毎日新聞社南支特派員 ⑪妹死去に対する弔電 ⑫父

236 井出弥一
①一九一〇年 ②長野県北佐久郡南御牧村 ③一九三六年 ④法学部英法科 ⑤東京市江戸川区役所 ⑥一九三八年応召 ⑦（河北省）淶源県東団堡 ⑧一九四〇年九月二六日 ⑨頭部銃創 ⑩陸軍歩兵大尉 ⑪妻一九四〇年九月一七日 ⑫妻

237 西島達雄
①一九一五年 ②滋賀県坂田郡長浜町 ③一九三九年 ④商学部 ⑤芝浦電気マツダ購買課 ⑥一九三九年末入

営↓甲種幹部候補生　⑦徐州野戦病院　⑧一九四〇年一〇月二四日　⑨A型チフス　⑩陸軍軍曹　⑪両親一九四〇年一〇月一七日　⑫父

〈一九四一年四月号〉

238　加治三郎
①一九一五年　②福岡県企救郡曾根町　③一九三八年
④東亜研究科　⑥宣撫官試験合格↓一九三八年夏北支へ出発　⑦平遙野戦病院↓北京兵站病院↓帰還・北方陸軍病院　⑧一九四〇年七月一五日　⑨戦病死　⑩陸軍軍属　⑫父

239　金本　博
①一九一五年　②長崎県南松浦郡福江町　③一九三八年　④法学部独法科　⑤東洋製缶戸畑工場営業課　⑥入営↓奉天予備士官学校　⑦（浙江省）東安鎮　⑧一九四〇年九月二七日　⑨右前胸部銃創　⑩陸軍少尉　⑫父

240　稲岡哲郎
①一九一二年（記事には一九二一年とあるが誤り）　②兵庫県加西郡下里村　③一九三五年　④商学部　⑤清酒醸造業　⑥一九三八年初夏応召　⑦山東省高苑県魏家堡　⑧一九四〇年九月二一日　⑨頭部貫通銃創　⑩陸軍曹長　⑪母一九四〇年八月一五日　⑫母

241　畠山金之助
①一九〇七年　②秋田県北秋田郡綴子村　③一九三三年　④商学部　⑤昭和産業　⑥一九三八年秋応召　⑦山西省奇村鎮↓平原鎮陸軍病院　⑧一九四〇年九月二九日　⑨右下腿部迫撃砲弾爆破創↓瓦斯懐疽敗血症　⑩陸軍大尉　⑪妻一九三九年ヵ九月二八日　⑫妻

242　井内正隆
①一九〇九年　②神戸市　③一九三一年　④専門部商科　⑤日本規格工業　⑥一九三九年夏応召　⑦広東省番禺県綱頂　⑧一九四〇年九月二四日　⑨頭部・左腕負傷↓手術中死亡　⑩陸軍上等兵　⑪長女　⑫妻

243　高森万里
①一九一四年　②大連　③一九三八年　④政治経済学部経済学科　⑤東洋拓殖大連支店　⑦（安徽省）蕪湖野戦病院　⑧一九四〇年一〇月一九日　⑨腸チフス　⑩陸軍曹長　⑪家族　⑫父

〈一九四一年五月号〉

244　多根芳郎

①一九一二年　②島根県美濃郡小野村小浜　③一九三八年　④専門部政治経済科　⑤蒙疆汽車公司張家口営業所　⑥一九四〇年三月一九日張家口出発　⑦（綏遠省）析桂郷↓（綏遠省）安北陸軍病院　⑧一九四〇年三月二四日　⑨腹部・両腿足部破片創　⑩陸軍軍属　⑫母

245　大島清一郎
①一九一四年　②盛岡市　③一九三八年　④法学部仏法科　⑤鴨川ニッケル鴨川精錬所　⑥一九三八年末入営　⑦（広西省）南寧根竹州↓野戦病院↓高雄陸軍病院　⑧一九四〇年一二月二日　⑨頭部貫通銃創　⑩陸軍軍曹　⑪母一九四〇年九月二三日　⑫母

246　臼井義孝
①一九一四年　②岡山県吉備郡穂井田村　③一九三九年　④政治経済学部　⑤岡山合同貯蓄銀行矢掛支店　⑥一九三九年末入営　⑦江南作戦中発病↓常州野戦病院↓上海陸軍病院　⑧一九四一年一月五日　⑨アメーバ赤痢　⑩陸軍上等兵　⑪父一九四〇年一二月一八日　⑫父

247　栗原六郎
①一九一七年　②宇都宮市　③一九三八年　④専門部商科　⑤日本放送協会総務局料金部　⑥一九三九年入営　⑦（河北省）固安　⑧一九四〇年一〇月二〇日　⑨右胸部銃創　⑩陸軍曹長　⑪家族一九四〇年一〇月一九日　⑫父

248　三宅義雄
①一九一一年　②高松市　③一九三四年　④専門部商科　⑤香川県学務部社会課　⑥一九三九年夏応召　⑦中支那戦線で発病↓武昌兵站病院↓南京陸軍病院　⑧一九四〇年一月一日　⑨肺浸潤↓肺結核　⑩陸軍上等兵　⑪父一九三九年一二月三〇日　⑫父

〈一九四一年六月号〉

249　吉岡大一郎
①一九〇二年　②熊本県鹿本郡来民町　③一九二六年　④高等師範部国語漢文科　⑤熊本県立山鹿高等女学校　⑥一九三八年秋応召　⑦（湖南省岳陽県）新墻河↓野戦病院　⑧一九三九年九月二四日　⑨右胸部・大腿部貫通銃創　⑩陸軍中尉　⑪妻一九三九年九月一一日　⑫妻

250　松島弥三郎
①一九〇一年　②三重県安濃郡村主村　③一九二三年　④専門部商科　⑤酒造業　⑥一九三八年夏応召　⑦（安徽省）銅陵東方観音廟　⑧一九三九年一二月一六日　⑨

胸部貫通銃創　⑩陸軍大尉　⑪両親一九三九年一一月一八日　⑫妻

251　長野正久
①一九一五年　②満州国安東県　③一九三七年　④政治経済学部政治学科　⑤金剛山電気鉄道　⑥一九三九年入営　⑦湖北省当陽徒山→野戦病院→漢口兵站病院　⑧一九四〇年一〇月二五日　⑨慢性細菌性赤痢　⑩陸軍上等兵　⑪家族一九四〇年四月一五日　⑫母

252　吉田義之
①一九一一年　②名古屋市　③一九三二年　④専門部商科　⑤材木商大口商店　⑥一九三九年秋応召　⑦広東省従化県良口墟　⑧一九四〇年五月二二日　⑨被弾　⑩陸軍中尉　⑪妻一九四〇年五月三日　⑫妻

253　山内卓夫
①一九一三年　②北海道倶知安町　③一九三六年　④政治経済学部経済学科　⑤玉成鉱業　⑥一九三八年応召→経理部幹部候補生　⑦山西省離石県にて発病→野戦衛生班　⑧一九四〇年七月一一日　⑨マラリア　⑩陸軍主計曹長　⑫父

254　児玉二郎
①一九一一年　②東京市豊島区高田本町　③一九三四年　④専門部政治経済科　⑤三越本店庶務課　⑥一九三八年春応召　⑦天津にて発病→野戦病院→東京第二陸軍病院　⑧一九四〇年五月二八日　⑨左濕性胸膜炎　⑩陸軍軍曹　⑫父

〈一九四一年七月号〉

255　井原海介
①一九〇一年　②佐賀県佐賀郡西川副村　③一九二六年　④専門部政治経済科　⑤大阪中央放送局　⑦安徽省蕪湖県湾沚鎮　⑧一九三七年一二月九日　⑨胸部貫通銃創　⑩陸軍軍曹　⑫妻

256　清水　清
①一九一四年　②富山県下新川郡魚津町　③一九三六年　④専門学校政治経済科　⑤千代田火災保険業務部調査課　⑦河北省陳荘　⑧一九三九年九月二九日　⑨戦死　⑩陸軍歩兵伍長　⑪妻一九三九年九月二〇日　⑫妻

257　臼井　孝
①一九一五年　②神奈川県三浦郡三崎町　③一九三九年　④商学部　⑤東京ロール製作所（大谷重工業）　⑥入営

↓予備士官学校　⑦予備士官学校入学後発病　⑧一九四〇年一二月一二日　⑨マラリア・急性肺炎　⑩陸軍曹長　⑪家族　⑫父

258　田川二夫
①一九一六年　②東京市渋谷区　③一九三九年　④商学部　⑤三菱銀行大森支店　⑦治安警備中発病　⑧一九四〇年一二月二七日　⑨胸膜炎兼腹膜炎　⑩陸軍伍長　⑪家族一九四〇年七月七日　⑫父

259　赤井恒道
①一九一四年　②金沢市　③一九四〇年　④政治経済学部経済学科　⑤日本通運敦賀支店　⑦北満警備中発病　⑧一九四一年四月五日　⑨胃潰瘍穿孔　⑩陸軍一等兵　⑪母一九四一年三月・（所属部隊長より父宛の手紙）　⑫父

〈一九四一年八月号〉

260　田中武夫
①一九一三年　②旅順市　③一九三七年　④政治経済学部経済学科　⑦山東省　⑧一九四〇年八月二七日　⑨戦死　⑩陸軍中尉　⑪両親一九四〇年八月一八日　⑫父

261　福島一
①一九〇四年　②埼玉県児玉郡丹荘村　③一九二七年　④専門学校商科　⑤大同生命保険　⑦江蘇省　⑧一九三七年一〇月三日　⑨戦死　⑩陸軍軍曹　⑪家族　⑫父

262　笹木義親
①一九一五年　②東京市深川区　③一九三八年　④商学部　⑤荏原製作所購買課　⑦広東省　⑧一九四一年一月一二日　⑨戦死　⑩陸軍曹長　⑪家族一九四〇年一二月三一日　⑫父

263　永楽桂太郎
①一九一四年　②大阪市港区　③一九三八年　④法学部英法科　⑤昭和鉱業大阪伸銅所　⑦山西省　⑧一九四一年一月三〇日　⑨戦死　⑩陸軍中尉　⑪姉一九四一年一月二七日　⑫姉

264　矢野政由
①一九一七年　②福岡県田川郡大任村　③一九三八年　④専門部政治経済科　⑤大阪中山製鋼所　⑦山西省　⑧一九四一年三月一八日　⑨戦死　⑩陸軍軍曹　⑪母一九四一年三月七日　⑫兄

265　林　緑
①一九一六年　②東京市本郷区　③一九三七年　④専門部政治経済科　⑤神戸海上火災保険　⑦華北　⑧一九四一年四月一〇日　⑨戦死　⑩陸軍中尉　⑪両親　⑫父

266　田宮豊吉
①一九一九年　②東京市荒川区　③一九三九年　④専門部商科　⑤凸版印刷板橋工場営業部　⑦満州で発病→陸軍病院　⑧一九四一年五月六日　⑨急性出血性球麻痺　⑩陸軍兵長　⑪家族　⑫父

編者
早稲田大学 大学史資料センター
1998年、早稲田大学大学史編集所の発展的改組により設置。早稲田大学の歴史、創設者大隈重信および関係者の事績を明らかにし、これを将来に伝承するとともに、比較大学史研究を通じて、早稲田大学の発展に資することを目的としている。現在、「早稲田学」を開設して学生に対する自校史教育を担い、早稲田大学百五十年史編纂事業の事務局としてその中心事務を担当している。

早稲田《わせだ》の戦没兵士《せんぼつへいし》“最後《さいご》の手紙《てがみ》”
——校友たちの日中戦争——

2017年8月15日　第1刷発行

編　者

早稲田大学 大学史資料センター

発行所

㈱芙蓉書房出版
（代表 平澤公裕）
〒113-0033東京都文京区本郷3-3-13
TEL 03-3813-4466　FAX 03-3813-4615
http://www.fuyoshobo.co.jp

印刷・製本／モリモト印刷

ISBN978-4-8295-0715-5